Die deutsche Berufsfreiheit und die europäischen Grundfreiheiten

STUDIEN UND MATERIALIEN ZUM ÖFFENTLICHEN RECHT

Herausgegeben von Herbert Bethge

Band 17

PETER LANG
Frankfurt am Main · Berlin · Bern · Bruxelles · New York · Oxford · Wien

Alexander Glos

Die deutsche Berufsfreiheit und die europäischen Grundfreiheiten

Ein Strukturvergleich

PETER LANG
Europäischer Verlag der Wissenschaften

Bibliografische Information Der Deutschen Bibliothek
Die Deutsche Bibliothek verzeichnet diese Publikation in der Deutschen Nationalbibliografie; detaillierte bibliografische Daten sind im Internet über <http://dnb.ddb.de> abrufbar.

Zugl.: Passau, Univ., Diss., 2002

D 739
ISSN 1433-1500
ISBN 3-631-39880-8

www.peterlang.de

Für Ania

VORWORT

Die Arbeit lag im Sommersemester 2002 der Juristischen Fakultät der Universität Passau als Dissertation vor.

Herzlicher Dank gilt Herrn Prof. Dr. Herbert Bethge für die Betreuung der Arbeit und für die Aufnahme in die Reihe „Studien und Materialien zum Öffentlichen Recht". Für die überaus zügige Erstellung des Zweitgutachtens danke ich Herrn Prof. Dr. Hartmut Söhn.

Meinem Freund Michael Reiling gebührt Dank für wertvolle Tips und Anregungen während der Erstellung der Arbeit. Für die finanzialle Unterstützung danke ich der Studienstiftung des deutschen Volkes. Die moralische Unterstützung hat in jeder Phase der Arbeit meine Frau Ania übernommen, der ich diese Arbeit gewidmet habe.

Frankfurt am Main, im Dezember 2002 Alexander Glos

INHALTSVERZEICHNIS

EINLEITUNG

Die vorliegende Arbeit beschäftigt sich mit einem Strukturvergleich zwischen der Berufsfreiheit des Art. 12 I GG und den wirtschaftlichen Grundfreiheiten des europäischen Gemeinschaftsrechts.

Der Begriff der Grundfreiheiten bedarf einer Präzisierung. Mit „den" Grundfreiheiten sind im folgenden nur vier der sechs Freiheiten des Binnenmarktes gemeint: die Warenverkehrsfreiheit[1] (Art. 28 EG)[2], Arbeitnehmerfreizügigkeit (Art. 39 EG), Niederlassungsfreiheit (Art. 43 EG) und Dienstleistungsfreiheit (Art. 49 EG). Die Kapital- und die Zahlungsverkehrsfreiheit (Art. 56 EG) bleiben hingegen außer Betracht.

Bei Art. 12 I GG konzentriert sich die Untersuchung auf die Berufsfreiheit, während die Ausbildungsfreiheit weitgehend ausgeklammert werden soll.

Die Berufsfreiheit ist das Grundrecht, welches den europäischen Grundfreiheiten am nächsten liegt. Berufsfreiheit und Grundfreiheiten betreffen oftmals die gleichen oder zumindest gleich gelagerte Fälle, wie etwa das Bosman-Urteil des EuGH und das Kienass-Urteil des BAG zeigen[3]. Seit dem Keck-Urteil des EuGH kommt hinzu, daß die in der klassischen Dreistufentheorie des Bundesverfassungsgerichts angelegte Unterscheidung zwischen Berufszugang und Berufsausübung eine gewisse Entsprechung im Gemeinschaftsrecht findet[4]. Außerdem ist gerade die Berufsfreiheit wegen ihrer Beschränkung auf Deutsche „ins Visier" des gemeinschaftsrechtlichen Diskriminierungsverbotes geraten[5]. Anhand der Berufsfreiheit lassen sich also auch die Wechselwirkungen zwischen den Grundfreiheiten und dem nationalen Verfassungsrecht gut darstellen.

Ermöglicht wird ein sinnvoller Vergleich zwischen der Berufsfreiheit und den Grundfreiheiten dadurch, daß man von einer gemeinsamen Dogmatik der

---

[1] Das auch zum freien Warenverkehr gehörende Verbot von Zöllen und zollgleichen Abgaben (Art. 25 EG) gehört nicht zu den klassischen Grundfreiheiten und wird in dieser Arbeit nicht behandelt.

[2] In der vorliegenden Arbeit orientiert sich die Zitierweise des EG-Vertrags (vor allem in Hinblick auf die Neunumerierung durch den Amserdamer Vertrag) an der Praxis des EuGH, vgl. Pressemitteilung Nr. 57/99, 30. Juli 1999 (http://www.curia.eu.int/de/jurisp/renum.htm).

[3] Vgl. dazu unten zweiter Teil, C. III., S. 101; weitere gleich gelagerte Fälle betreffen etwa die Vereinbarkeit von Glücksspielmonopolen mit Berufsfreiheit und Grundfreiheiten (siehe dazu *Rausch*, GewA 2001, S. 102 ff. m.w.N.) oder das an Augenoptiker gerichtete Verbot, bestimmte Augenuntersuchungen vorzunehmen (vgl. EuGH, Mac Quen, Slg. I 2001, S. 837 [S. 869] mit ausdrücklichem Verweis auf BVerfG, EuGRZ 2000, S. 480).

[4] Vgl. dazu unten fünfter Teil, C. I., S. 220 ff.

[5] Hierzu erster Teil, B. III., S. 40 ff.

Grundfreiheiten ausgeht. Daß diese gemeinsame Dogmatik erst in jüngerer Zeit in den Blickpunkt der europarechtlichen Literatur gerückt ist[6], liegt nicht zuletzt daran, daß sich der Europäische Gerichtshof in seiner pragmatischen Rechtsprechung mit allgemeinen Aussagen oft zurückhält oder diese zumindest nicht so ausführlich begründet, wie man das beispielsweise von den deutschen höchsten Gerichten gewohnt ist[7]. Allerdings hat v.a. *Bleckmann* schon frühzeitig darauf hingewiesen, daß sich bei den Grundfreiheiten sehr viele Probleme stellen, wie sie ähnlich auch in der Grundrechtsdogmatik auftauchen[8].

Der Vergleich der Grundfreiheiten mit einem deutschen Grundrecht bietet sich an, um einerseits Lösungen aus dem deutschen Recht auf das Gemeinschaftsrecht zu übertragen. Andererseits kann aber auch die Entwicklung des Gemeinschaftsrechts Anlaß bieten, bestimmte Teile der deutschen Grundrechtsdogmatik zu überdenken. Insgesamt kann es aufgrund der immer stärkeren Durchdringung des nationalen Rechts durch das Gemeinschaftsrecht nur von Vorteil sein, wenn man in beiden Rechtsordnungen zu gleichen Ergebnissen kommt oder doch zumindest mit vergleichbaren methodischen Ansätzen arbeitet. Diese methodischen Ansätze und Strukturen sichtbar zu machen, ist das Anliegen dieser Arbeit. Selbstverständlich kann im Rahmen dieser Arbeit nicht jedes dogmatische Problem im Zusammenhang mit den Grundfreiheiten und der Berufsfreiheit umfassend erörtert werden[9]. Die Untersuchung konzentriert sich daher auf folgende Strukturen: Berechtigung, Rechtsbindung, Rechtscharakter, Eingriff und Rechtfertigung.

---

[6] Vgl. statt aller *Kingreen*, Die Struktur der Grundfreiheiten des Europäischen Gemeinschaftsrechts, 1999.

[7] *Oppermann*, Europarecht, 2. Aufl. 1999, Rn. 724: Die Urteile des EuGH „zeichnen sich oft durch eine für deutsche Verhältnisse apodiktische Kürze aus". Zur Kritik des Begründungsstils des EuGH vgl. *Everling*, EuR 1994, S. 127 ff.

[8] *Bleckmann*, Gedächtnisschrift für Christoph Sasse, 1981, S. 665 ff.

[9] Unter anderem wird auf das Problem des Grund- bzw. Berufsfreiheitsverzichts nicht eingegangen.

ERSTER TEIL: DIE RECHTSTRÄGERSCHAFT

Zunächst stellt sich die Frage, wer Berechtigter der Grundfreiheiten bzw. der Berufsfreiheit ist. Bei den Grundfreiheiten sind (auch) in diesem Zusammenhang viele Fragen noch nicht so umfassend geklärt wie in der deutschen Grundrechtsdogmatik. Deshalb wird die Rechtsinhaberschaft hier umfassend untersucht und anschließend die Berufsfreiheit vergleichend gegenübergestellt.

Die Frage nach der Berechtigung oder Rechtsträgerschaft ist nicht gleichbedeutend mit dem persönlichen Schutz- oder Anwendungsbereich: es geht zwar einerseits um die persönlichen Merkmale, die eine Person erfüllen muß (Staatsangehörigkeit, natürliche/juristische Person etc.), aber auch um die sachlichen Voraussetzungen der Tätigkeit, die diese Person ausübt oder ausüben will (dies wird normalerweise im sachlichen Schutzbereich untersucht). Sachlicher und persönlicher Schutzbereich sind gerade bei den Grundfreiheiten oft schwer zu trennen. Die Frage, ob jemand Arbeitnehmer ist, also die Tätigkeit eines Arbeitnehmers ausübt, wird z. B. meist als persönlicher Schutz- oder Anwendungsbereich der Arbeitnehmerfreizügigkeit bezeichnet[10]; hingegen wird die Frage, ob jemand eine Tätigkeit ausübt, die als Dienstleistungserbringung bezeichnet werden kann, normalerweise im sachlichen Schutzbereich der Dienstleistungsfreiheit behandelt[11]. Im folgenden wird in einem umfassenden Ansatz untersucht, wer sich auf die Berufsfreiheit bzw. Grundfreiheiten berufen kann, d.h. es wird, soweit notwendig, auch der sachliche Schutzbereich einbezogen.

A. Die Berechtigten der Grundfreiheiten

Die Rechtsträgerschaft bestimmter Personengruppen ergibt sich unmittelbar aus dem Wortlaut der jeweiligen Grundfreiheit.

I. Im Vertrag genannte Personengruppen

Die im Vertrag genannten Personengruppen lassen sich in zwei Gruppen einteilen: Arbeitnehmer und Selbständige.

1. Arbeitnehmer: Art. 39 EG

Die Arbeitnehmer werden in Art. 39 EG angesprochen. Sie können sich also auf die Arbeitnehmerfreizügigkeit berufen. Der Begriff des Arbeitnehmers ist im

---

[10] *Schweitzer/Hummer*, Europarecht, 5. Aufl. 1996, Rn. 1154 ff.

[11] *Schweitzer/Hummer*, Europarecht, 5. Aufl. 1996, Rn. 1186 ff. („Umfang" der Dienstleistungsfreiheit).

EG-Vertrag nicht definiert. Dennoch geht der EuGH davon aus, daß es sich um einen gemeinschaftsrechtlichen Begriff handelt[12]. Dies erklärt sich daraus, daß man die Arbeitnehmerfreizügigkeit praktisch zur Disposition der Mitgliedstaaten stellen würde, wenn man es ihnen überließe, festzulegen, wer Arbeitnehmer ist[13]. Der EuGH definiert Arbeitnehmer als Personen, welche während einer bestimmten Zeit für einen anderen weisungsgebunden Leistungen gegen Vergütung erbringen[14]. Dieser Begriff unterscheidet sich nicht grundlegend vom deutschen Arbeitnehmerbegriff[15]; wichtigster Unterschied ist, daß grundsätzlich auch Beamte Arbeitnehmer im Sinne des Gemeinschaftsrechts sind[16]. Hierbei ist allerdings die Bereichsausnahme für den öffentlichen Dienst in Art. 39 IV EG zu beachten[17].

2. Selbständige

Selbständige sind von allen Grundfreiheiten außer der eben behandelten Arbeitnehmerfreizügigkeit betroffen[18].

a) Niederlassungsfreiheit

Art. 43 EG ist für Selbständige sozusagen die Generalklausel. Unter Art. 43 EG fällt „die Aufnahme und Ausübung selbständiger Tätigkeit" in einem anderen Mitgliedstaat; anders ausgedrückt erfaßt Art. 43 EG also die (dauerhafte) Berufswahl und Berufsausübung in bezug auf selbständige Tätigkeiten in einem fremden Mitgliedstaat. Art. 43 EG ist allerdings nicht anwendbar, soweit eine selbständige Tätigkeit unter Art. 28 oder 49 EG fällt[19].

---

[12] EuGH, Levin, Slg. 1982, S. 1035 (1049).

[13] EuGH, Levin, Slg. 1982, S. 1035 (1049).

[14] EuGH, Lawrie Blum, Slg. 1986, S. 2121 ff., 2144; *Brechmann*, in: Calliess/Ruffert (Hrsg.), Kommentar zum EUV/EGV, 1999, Art. 39 Rn. 10 ff. m.w.N.

[15] Dazu z.B. *Dütz*, Arbeitsrecht, 6. Aufl. 2001, Rn. 29 ff.: Arbeitnehmer ist, wer aufgrund eines Dienstvertrages für einen anderen persönlich abhängige, fremdbestimmte Arbeit gegen Entgelt leistet.

[16] *Schweitzer/Hummer*, Europarecht, 5. Aufl. 1996, Rn. 1155; EuGH, Van Poucke, Slg. I 1994, S. 1101 (1116 ff.).

[17] Näher dazu unten fünfter Teil, A. I. 1. a)., S. 183 ff.

[18] Vgl. dazu aber unten die spiegelbildliche Ausdehnung der Arbeitnehmerfreizügigkeit auf Arbeitgeber unter erster Teil, A. II. 3., S. 12 ff.

[19] Siehe gleich unter b) und c). Weiterhin ist Art. 43 EG nicht anwendbar, soweit die Kapitalverkehrsfreiheit einschlägig ist; und schließlich fällt bei einer spiegelbildlichen Ausdehnung der Arbeitnehmerfreizügigkeit auf Arbeitgeber auch der Bereich des Abschlusses von Arbeitsverträgen durch Arbeitgeber aus dem Anwendungsbereich des Art. 43 EG heraus; dazu erster Teil, A. II. 3., S. 12 ff.

b) Dienstleistungsfreiheit

Primär werden von Art. 49 EG die sogenannten Dienstleistungserbringer geschützt. Art. 49 EG erfaßt selbständige Tätigkeiten, die, im Gegensatz zur Niederlassungsfreiheit, nicht dauerhaft grenzüberschreitend ausgeübt werden. Die Abgrenzung zu Art. 43 EG ist also durch das Merkmal der *vorübergehenden* Tätigkeit in einem anderen Mitgliedstaat gekennzeichnet[20].

c) Warenverkehrsfreiheit

Art. 28 EG unterscheidet sich von den anderen drei Grundfreiheiten dadurch, daß er keine Aussagen über eine begünstigte Personengruppe trifft. Anforderungen werden nur an die Waren gestellt, auf die sich Art. 28 EG bezieht (vgl. Art. 23 II, 24 EG). Dies liegt daran, daß Art. 28 EG eine sog. Produktverkehrsfreiheit[21] ist, deren Ziel primär die freie Zirkulation von Produkten in der Gemeinschaft ist. Neben der Warenverkehrsfreiheit ist auch die Dienstleistungsfreiheit eine Produktverkehrsfreiheit[22]. Allerdings sind Dienstleistungen als unkörperliche Produkte stärker personenbezogen; deshalb wird für die Dienstleistungsfreiheit auch, im Gegensatz zur Warenverkehrsfreiheit, ein persönlicher Schutzbereich vom EGV vorgegeben. Das Gegenstück zu den Produktverkehrsfreiheiten sind die Personenverkehrsfreiheiten (Arbeitnehmerfreizügigkeit und Niederlassungsfreiheit)[23].

Auch wenn also primär „Begünstigte" von Art. 28 EG die Gemeinschaftswaren sind, können Rechte dennoch nicht von Waren, sondern nur von Personen geltend gemacht werden. Parallel zur Dienstleistungsfreiheit werden deshalb von Art. 28 EG unmittelbar diejenigen begünstigt, deren wirtschaftliche Leistung[24] in der Herstellung oder im Vertrieb einer Ware i.S.d. Art. 23 II EG liegt[25].

Da die Herstellung und Verteilung von Waren selbständige Tätigkeiten sind[26], ist eine Abgrenzung zu Art. 43 und 49/50 EG notwendig. Die Abgrenzung zur Dienstleistungsfreiheit ist dabei nach dem Schwerpunkt der Tätigkeit vorzu-

---

[20] Vgl. im einzelnen zur Abgrenzung EuGH, Gebhard, Slg. I 1995, S. 4165 (4194 ff.); *Troberg*, in: von der Groeben/Thiesing/Ehlermann (Hrsg.), Kommentar zum EUV/EGV, 5. Aufl. 1997, Art. 52 Rn. 3 ff.

[21] *Jarass*, EuR 1995, S. 205.

[22] *Jarass*, EuR 1995, S. 205; instruktiv *Troberg*, in: von der Groeben/Thiesing/Ehlermann (Hrsg.), Kommentar zum EUV/EGV, 5. Aufl. 1997, Vor Art. 59 bis 66, Rn. 19 ff.

[23] *Jarass*, EuR 1995, S. 206 f.

[24] *Jarass*, EuR 1995, S. 209.

[25] Vgl. *Bleckmann*, Europarecht, 6. Aufl. 1997, Rn. 1519: Von Art. 28 EG werden Erzeugung, Ausfuhr, Einfuhr, Weiterverarbeitung und Vertrieb geschützt.

[26] *Bleckmann*, Europarecht, 6. Aufl. 1997, Rn. 1622.

nehmen[27]. Zur Niederlassungsfreiheit besteht hingegen regelmäßig keine Konkurrenz[28]: Wenn ein ausländischer Warenproduzent dauerhaft in einem Mitgliedstaat niedergelassen ist, dann sind die von ihm produzierten Waren Inlandswaren, werden also nicht importiert. Nur ausnahmsweise kann es zu einer Situation kommen, in der beide Freiheiten einschlägig sind, etwa wenn einem dauerhaft niedergelassenen Importeur die Tätigkeit untersagt wird, so daß dieser in seiner Niederlassungsfreiheit betroffen ist, und dadurch auch der Import von Waren beeinträchtigt wird. In diesem Fall ist es sachgerecht, die jeweilige Maßnahme am Maßstab beider Freiheiten zu messen[29], da die jeweiligen Freiheiten einander nicht gegenseitig ausschließen (bei der Dienstleistungsfreiheit ist dies aufgrund der Subsidiaritätsklausel in Art. 50 I EG anders).

II. Spiegelbildliche Ausweitung der Grundfreiheitsberechtigung

Der EuGH hat sich allerdings nicht mit dem Schutz der oben genannten Personengruppen begnügt. Er hat den Schutz der Grundfreiheiten auf Personengruppen ausgedehnt, deren Berechtigung sich nicht unmittelbar aus dem Text der jeweiligen Grundfreiheit erschließt. Die Vorgehensweise war bei allen Grundfreiheiten ähnlich.

1. Schutz der Dienstleistungsempfänger

Das wohl bekannteste Beispiel dieser Rechtsprechung ist die Einbeziehung der Dienstleistungsempfänger in den Schutzbereich des Art. 49 EG. Der EuGH entschied 1984 im Fall „Luisi und Carbone"[30], daß sich Dienstleistungsempfänger ebenfalls auf die Dienstleistungsfreiheit berufen können. Man gebraucht dafür oft das Schlagwort der „negativen"[31] oder „passiven"[32] Dienstleistungsfreiheit, was allerdings etwas mißverständlich oder zumindest ungenau ist. Denn man kann hier nur allzu leicht den persönlichen und den sachlichen Schutzbereich der Dienstleistungsfreiheit verwechseln.

---

[27] EuGH, Schindler, Slg. I 1994, S. 1078 (1088); EuGH, van Schaik, Slg. I 1994, S. 4837 (4857) Rn. 14; *Kingreen*, Die Struktur der Grundfreiheiten des Europäischen Gemeinschaftsrechts, 1999, S. 77.

[28] Vgl. *Jarass*, EuR 1995, S. 206.

[29] So auch *Müller-Graff*, in: von der Groeben/Thiesing/Ehlermann (Hrsg.), Kommentar zum EUV/EGV, 5. Aufl. 1997, Art. 30 Rn. 331, mit Verweis auf die Eigenständigkeit der jeweiligen Normzwecke von Art. 28 ff. EG bzw. 43 ff. EG. Es kommt auch vor, daß der EuGH in Diskriminierungsfällen, in denen mehrere Grundfreiheiten einschlägig sind, gar keine Zuordnung vornimmt, sondern Art. 12 EG als Maßstab nimmt, vgl. EuGH, Phil Collins, Slg. I 1993, S. 5145 (5178 ff.).

[30] EuGH, Slg. 1984, S. 377 ff.

[31] Vgl. z.B. *Schweitzer/Hummer*, Europarecht, 5. Aufl. 1996, Rn. 1189.

[32] Vgl. z.B. *Herdegen*, Europarecht, 3. Aufl. 2001, Rn. 324.

a) Erweiterung des sachlichen und persönlichen Schutzbereichs

Das Problem der Erweiterung des persönlichen Schutzbereiches der Dienstleistungsfreiheit ist eng mit dem sachlichen Schutzbereich verbunden[33].

Genau genommen, entschied der EuGH in „Luisi und Carbone“ zwei Dinge: Zum einen kommt Art. 49 EG auch in Konstellationen zur Anwendung, in denen nicht der Dienstleistungserbringer die Grenze zum Empfänger hin überschreitet[34], sondern umgekehrt der Dienstleistungsempfänger sich in grenzüberschreitender Weise zum Erbringer begibt (sog. negative oder passive Dienstleistungsfreiheit)[35]. Dies ist ein Aspekt des sachlichen Schutzbereiches; damit wird noch nichts darüber ausgesagt, wer sich in dieser Konstellation auf die Dienstleistungsfreiheit berufen kann (persönlicher Schutzbereich): Denkbar wäre, daß sich auch bei der negativen Dienstleistungsfreiheit nur der Dienstleistungserbringer dagegen wehren kann, daß seinem Vertragspartner der (grenzüberschreitende) Zugang zu ihm verwehrt wird.

Der EuGH allerdings hat es anders gesehen, und dies ist die zweite Aussage von „Luisi und Carbone“: jedenfalls bei der negativen Dienstleistungsfreiheit können sich (auch) die Dienstleistungsempfänger auf den Schutz des Gemeinschaftsrechts berufen[36].

b) Begründung im Fall „Luisi und Carbone“

Die Erweiterung des Schutzbereiches begründet der EuGH damit, daß die negative Dienstleistungsfreiheit die notwendige Ergänzung der positiven Dienstleistungsfreiheit sei, mit dem Ziel, *„jede gegen Entgelt geleistete Tätigkeit, die nicht unter den freien Waren- und Kapitalverkehr und unter die Freizügigkeit der Personen fällt, zu liberalisieren“*[37]. Zudem führt der EuGH noch einige gemeinschaftsrechtliche Akte an, insbesondere die Richtlinie 73/148/EWG, welche sowohl dem Leistungserbringer wie auch dem Leistungsempfänger ein Aufenthaltsrecht einräumt[38].

---

[33] Weshalb beide Probleme, wie bereits oben angemerkt, hier abgehandelt werden, soweit sie die Frage der Rechtsträgerschaft betreffen.

[34] Dies ist der Normalfall der sog. aktiven oder positiven Dienstleistungsfreiheit, der auch unmittelbar vom Wortlaut des Art. 50 III EG geregelt wird.

[35] EuGH, Slg. 1984, S. 377 (401).

[36] EuGH, Slg. 1984, S. 377 (401).

[37] EuGH, Slg. 1984, S. 377 (401).

[38] EuGH, Slg. 1984, S. 377 (401).

c) Bewertung

Der EuGH vollzieht nicht die oben beschriebene Differenzierung zwischen persönlichem und sachlichem Schutzbereich. Sie ist allerdings durchaus hilfreich; insbesondere kann damit die Frage beantwortet werden, ob sich Dienstleistungsempfänger auch in anderen Konstellationen als der negativen Dienstleistungsfreiheit auf den EG-Vertrag berufen können.

(1) Sachlicher Schutzbereich

Nach dem Wortlaut von Art. 49/50 EG könnte man davon ausgehen, daß lediglich die Fälle geschützt werden sollen, in denen der Leistungserbringer selbst eine Grenze überschreitet. Gegen eine derart enge Auslegung spricht jedoch, daß die Dienstleistungsfreiheit, wie oben bereits angemerkt, eine sog. Produktverkehrsfreiheit ist. Ihr primäres Ziel ist also der freie Verkehr von Dienstleistungen in der Gemeinschaft[39]. Entscheidend ist daher (nur), ob die Dienstleistung in grenzüberschreitender Weise erbracht wird[40]; zweitrangig ist dagegen, ob der grenzüberschreitende Aspekt dadurch herbeigeführt wird, daß der Leistungserbringer oder der Leistungsempfänger eine Grenze überquert. Konsequenterweise hat der EuGH anerkannt, daß Art. 49 und 50 EG auch dann zum Zuge kommen, wenn beide Vertragsparteien in ihrem jeweiligen Mitgliedstaat bleiben und nur die Dienstleistung selbst die Grenze überschreitet[41].

Der Ausweitung des sachlichen Schutzbereiches ist also zuzustimmen[42], da sie dem Charakter der Dienstleistungsfreiheit als Produktverkehrsfreiheit gerecht wird.

(2) Persönlicher Schutzbereich

Dem Wortlaut des Vertrages ist ein Schutz der Dienstleistungsempfänger nicht unmittelbar zu entnehmen. Art. 49 und 50 EG sind aber nach ihrem Sinn und Zweck auszulegen. Die Dienstleistungsfreiheit ist, wie schon erwähnt, eine Produktverkehrsfreiheit; sie soll also nicht eine bestimmte Personengruppe (die Dienstleistungserbringer) schützen, sondern den Dienstleistungsverkehr. Eine

---

[39] *Troberg*, in: von der Groeben/Thiesing/Ehlermann (Hrsg.), Kommentar zum EUV/EGV, 5. Aufl. 1997, Vor Art. 59 – 66, Rn. 19 ff.

[40] EuGH, Bond van Adverteerders, Slg. 1988, S. 2124 (2130 f.): „Grenzüberschreitender Charakter" der Dienstleistung ist entscheidend.

[41] Sog. Korrespondenzdienstleistung, vgl. dazu *Kluth*, in: Calliess/Ruffert (Hrsg.), Kommentar zum EUV/EGV, 1999, Art. 50 Rn. 29 f.; aus der Rechtsprechung z.B. EuGH, Alpine Investment, Slg. I 1995, S. 1167 (1174); zu den übrigen Mischfällen vgl. *Schweitzer/Hummer*, Europarecht, 5. Aufl. 1996, Rn. 1189.

[42] So auch die h.L., vgl. *Schweitzer/Hummer*, Europarecht, 5. Aufl. 1996, Rn. 1189; *Kluth*, in: Calliess/Ruffert (Hrsg.), Kommentar zum EUV/EGV, 1999, Art. 50 Rn. 28.

möglichst effektive Durchsetzung der Dienstleistungsfreiheit dient der Herstellung des Binnenmarktes und liegt damit gem. Art. 3 I lit. c EG im Gemeinschaftsinteresse. Diese effektive Durchsetzung wird dadurch befördert, daß man beiden an der Dienstleistung beteiligten Parteien die Möglichkeit gibt, sich gegen gemeinschaftswidrige Beschränkungen des Dienstleistungsverkehrs zur Wehr zu setzen.

Allgemeiner formuliert geht es um das Problem, ob die Dienstleistungsfreiheit den Dienstleistungsempfängern ein subjektives öffentliches Recht gewährt. Dafür gelten im Gemeinschaftsrecht andere Voraussetzungen als im deutschen Recht. Im deutschen Recht werden für die „Fähigkeit, [öffentliche] Rechtsnormen im individuellen Interesse in Bewegung zu setzen“[43] zwei Voraussetzungen aufgestellt: Zum einen die aus einem objektiven Rechtssatz folgende Rechtspflicht der Verwaltung zu einem bestimmten Verhalten[44] und zum anderen das sog. Individualinteresse, also die Tatsache, daß eine Rechtsnorm dem Interesse einzelner Bürger dienen soll[45]. Die erste Voraussetzung findet sich im Gemeinschaftsrecht bei der Frage nach der unmittelbaren Anwendbarkeit wieder: Die Gemeinschaftsnorm muß eine Verpflichtung für die Mitgliedstaaten aufstellen[46], welche hinreichend genau und inhaltlich unbedingt ist[47]. Problematisch ist aber die zweite Voraussetzung. Im Grundsatzurteil Van Gend en Loos hat der EuGH aus objektiven Normen des Gemeinschaftsrechts subjektive Rechte abgeleitet, weil das Funktionieren des Gemeinsamen Marktes die einzelnen Wirtschaftsteilnehmer in der Gemeinschaft „unmittelbar betrifft“[48]. Anders als im deutschen Recht, wo die Begründung subjektiver öffentlicher Rechte allein dem Gesetzgeber überlassen ist[49], kommt es also im Gemeinschaftsrecht nicht darauf an, daß die Norm vom Normgeber dazu bestimmt ist, subjektive Rechte zu verleihen. Es kommt auch nicht darauf, daß die Norm einem von der Allgemeinheit abgrenzbaren Personenkreis dienen soll[50]; letzteres wird im Gemeinschaftsrecht lediglich prozessual im Rahmen des Art. 230 IV EG relevant[51]. Im Gemeinschaftsrecht dient die Berechtigung des einzelnen einer möglichst effektiven Durchsetzung des Gemeinschaftsrechts[52]. Deshalb kommt es nur darauf an, ob

---

[43] *Jellinek*, System der subjektiven öffentlichen Rechte, 2. Aufl. 1905, S. 51.

[44] *Maurer*, Allgemeines Verwaltungsrecht, 13. Aufl. 2001, § 8 Rn. 6 und 8.

[45] *Maurer*, Allgemeines Verwaltungsrecht, 13. Aufl. 2001, § 8 Rn. 8.

[46] Vgl. grundlegend EuGH, Van Gend en Loos, Slg. 1963, S. 1 (25).

[47] Vgl. EuGH, Becker, Slg. 1982, S. 53 (71 Rn. 25); EuGH, Francovich, Slg. I 1991, S. 5357 (5408 ff.).

[48] EuGH, Van Gend en Loos, Slg. 1963, S. 1 (24 ff.).

[49] BVerfGE 78, 214 (226).

[50] Zu dieser Voraussetzung gerade bei Drittbetroffenheit im deutschen Recht BVerwGE 78, 40 (43); 81, 329 (334).

[51] Zu dieser Parallele vgl. *v.Danwitz*, DÖV 1996, S. 481 ff.

[52] *v.Danwitz*, DÖV 1996, S. 484: Der Gemeinschaftsbürger wird „als procureur de droit in-

die jeweilige Norm dem Schutz des einzelnen dienen *kann*, während es im deutschen Recht notwendig ist, daß sie dem einzelnen dienen *soll*. Damit ergeben sich zwei klare Unterschiede zum deutschen Recht: Im Gemeinschaftsrecht kann eine Norm, die vom Normgeber (nur) zum Schutz der Allgemeinheit bestimmt ist, subjektive Rechte verleihen[53]; und eine Norm kann auch subjektive Rechte an Personen verleihen, die nicht primär Begünstigte, sondern eher reflexartig Betroffene sind[54]. Im deutschen Recht ist es anders: Die Berufsfreiheit beispielsweise soll die Berufstätigen schützen; die Tatsache, daß auch die Vertragspartner der Berufstätigen von deren freier Berufsausübung profitieren, reicht im deutschen Recht nicht dazu aus, diese Vertragspartner in den Schutzbereich der Berufsfreiheit einzubeziehen[55].

Im Gemeinschaftsrecht hingegen läßt sich aus der Verpflichtung der Mitgliedstaaten, Beschränkungen des Dienstleistungsverkehrs gem. Art. 49/50 EG abzuschaffen bzw. zu unterlassen, ein Recht des Dienstleistungserbringers auf grenzüberschreitende Leistungserbringung ebenso ableiten, wie ein Recht des Empfängers auf grenzüberschreitenden Dienstleistungsempfang.

Unterstützend ist darauf hinzuweisen, daß, wie der EuGH zutreffend anmerkt[56], in verschiedenen sekundärrechtlichen Regelungen (namentlich der Richtlinie 73/148/EWG) ein Schutz der Dienstleistungsempfänger angelegt ist.

Damit sind also Dienstleistungsempfänger ebenfalls über Art. 49/50 EG geschützt, und zwar nicht nur im Bereich der negativen Dienstleistungsfreiheit, sondern im gesamten sachlichen Schutzbereich der Dienstleistungsfreiheit[57]: Für den Dienstleistungsempfänger ist es nicht nur von Interesse, selbst die Grenze hin zum Anbieter überqueren zu dürfen, sondern auch von Belang, im eigenen Land Dienstleistungen von Anbietern aus der gesamten Gemeinschaft in Anspruch nehmen zu können. Entscheidend ist lediglich, daß die fragliche Dienstleistung einen grenzüberschreitenden Bezug aufweist; es kommt mit anderen Worten nicht darauf an, daß gerade der Dienstleistungsempfänger diesen grenzüberschreitenden Bezug „verursacht" hat. Allerdings wird es aus praktischen Gründen für den Leistungsempfänger häufig schwierig werden, eine Behinderung des Dienstleistungsverkehrs geltend zu machen, welche primär den Leistungserbringer betrifft: Er muß zunächst einmal nachweisen, daß die Dienstleis-

---

strumentalisiert"; ähnlich *Schmidt-Aßmann*, DVBl. 1993, S. 924 (934).

53 Vgl. *v.Danwitz*, DÖV 1996, S. 485.

54 Vgl. *Kingreen*, Die Struktur der Grundfreiheiten des Europäischen Gemeinschaftsrechts, 1999, S. 24, Fußnote 22.

55 Siehe dazu allerdings unten unter erster Teil, B. II., S. 34 ff.

56 EuGH, Luisi und Carbone, Slg. 1984, S. 377 (401 f.).

57 *Kluth*, in Calliess/Ruffert (Hrsg.), Kommentar zum EUV/EGV, 1999, Art. 50 Rn. 27 f., nennt dies treffend die „Dienstleistungsempfangsfreiheit".

tung, die unterbunden wird, gerade für ihn bestimmt ist (sog. konkrete Dienstleistungsbeziehung)[58]. Ein Tourist, der mit ungewissem Ziel in ein Land einreist, ist daher noch kein Dienstleistungsempfänger[59].

d) Ergebnis

Die Dienstleistungsfreiheit schützt beide an der Dienstleistung beteiligten Vertragspartner, nämlich den Erbringer[60] und den Empfänger der Dienstleistung.

2. Schutz der Käufer

Der freie Warenverkehr ist ebenfalls eine Produktverkehrsfreiheit. Art. 28 EG enthält zudem, wie schon angemerkt, keine Aussage über eine begünstigte Personengruppe. Zwar denkt man bei der Warenverkehrsfreiheit unwillkürlich an die Hersteller und Händler der Waren (parallel zu den Dienstleistungserbringern bei der Dienstleistungsfreiheit); dennoch profitieren auch die Käufer (und die sonstigen am grenzüberschreitenden Warenumschlag unmittelbar beteiligten Personengruppen) von Art. 28 EG. Die beim Dienstleistungsverkehr genannten Argumente treffen auch hier zu: Art. 28 EG trifft ein an die Mitgliedstaaten gerichtetes Verbot warenverkehrsbeschränkender Maßnahmen. Aus dieser Verpflichtung der Mitgliedstaaten lassen sich Rechte derjenigen ableiten, die als Marktbürger davon betroffen sind[61]. Vom freien Warenverkehr sind die Käufer ebenso wie die Verkäufer bzw. Hersteller betroffen[62]. Schließlich ist es für den

---

[58] Dazu *Troberg*, in: von der Groeben/Thiesing/Ehlermann (Hrsg.), Kommentar zum EUV/EGV, 5. Aufl. 1997, EUV/EGV, Art. 59 Rn. 47 f.

[59] So *Troberg*, in: von der Groeben/Thiesing/Ehlermann (Hrsg.), Kommentar zum EUV/EGV, 5. Aufl. 1997, EUV/EGV, Art. 59 Rn. 47. Generalanwalt *Lenz*, Schlußanträge zu EuGH, Cowan, Slg. 1989, S. 195 (209), will demgegenüber bei einem Touristen darauf abstellen, welche Dienstleistungen dieser „im Rahmen einer Ex-ante-Betrachtung generalisierend [...] im Verlauf einer Reise" in Anspruch nimmt. Der EuGH setzte sich mit dieser Ansicht nicht ausdrücklich auseinander, wendete im konkreten Fall aber nur das allgemeine Diskriminierungsverbot an, vgl. EuGH, Cowan, Slg. 1989, S. 195 (219 ff.). *Troberg* aaO. schließt daraus, daß es an der konkreten Dienstleistungsbeziehung fehlte.

[60] Übrigens kann sich auch der Dienstleistungserbringer auf die negative Dienstleistungsfreiheit (im Sinne einer Erweiterung des sachlichen Schutzbereiches) berufen; d.h. er kann sich auf die Dienstleistungsfreiheit berufen, auch wenn er den grenzüberschreitenden Bezug nicht selbst verursacht hat. Es ist nämlich nicht einzusehen, weshalb die negative Dienstleistungsfreiheit nur den Dienstleistungsempfängern zugute kommen sollte; schließlich kommt auch die Korrespondenzdienstleistungsfreiheit beiden Vertragspartnern zugute. A.A. wohl *Kluth*, in: Calliess/Ruffert (Hrsg.), Kommentar zum EUV/EGV, 1999, Art. 50 Rn. 27.

[61] Vgl. nochmals EuGH, Van Gend en Loos, Slg. 1963, S. 1 (24 ff.)

[62] *Müller-Graff*, in: von der Groeben/Thiesing/Ehlermann (Hrsg.), Kommentar zum EUV/EGV, 5. Aufl. 1997, EUV/EGV, Art. 30 Rn. 1 spricht von „Anbietern und Nachfragern".

Käufer ein Vorteil, wenn er eine größere Auswahl hat und billigere oder qualitativ höherwertige Waren kaufen kann. Deshalb ist kein Grund ersichtlich, weshalb sich nur Händler und nicht auch Käufer auf die Warenverkehrsfreiheit berufen können sollten. Zudem liegt die objektive Verwirklichung des freien Warenverkehrs im Gemeinschaftsinteresse (Art. 3 I lit. c EG). Damit sind auch bei Art. 28 EG – wie bei Art. 49 EG – alle an der gemeinschaftsrechtlich relevanten Transaktion beteiligten Personen berechtigt, die jeweiligen Rechte geltend zu machen[63].

Allerdings gilt auch hier die Einschränkung, daß derjenige, der sich auf die Warenverkehrsfreiheit beruft, geltend machen muß, daß er von einer warenverkehrsbeschränkenden Maßnahme konkret betroffen ist; dies wird einem Endverbraucher oft schwerfallen.

3. Schutz der Arbeitgeber

Der EuGH hat jüngst seine bei den anderen Grundfreiheiten gezeigte Tendenz der spiegelbildlichen Ausweitung der Freiheitsberechtigung auch bei der Arbeitnehmerfreizügigkeit bestätigt. Im Urteil „Clean Car Autoservice" entschied der EuGH, daß sich auch Arbeitgeber auf die Arbeitnehmerfreizügigkeit berufen können[64].

a) Tragende Begründungselemente

In seiner Begründung verweist der EuGH darauf, daß Art. 39 EG zwar ausdrücklich nur die Arbeitnehmer als Berechtigte erwähnt, andererseits aber diesem Artikel auch kein „Hinweis darauf zu entnehmen [ist], daß sich nicht auch andere Personen, insbesondere Arbeitgeber, auf sie berufen können"[65]. Entscheidendes Argument ist der „effet utile": Die Arbeitnehmerfreizügigkeit könne nur dann ihre volle Wirkung entfalten, wenn die Arbeitgeber ein Recht darauf hätten, Personen gemäß den Bestimmungen über die Freizügigkeit einzustellen. Anderenfalls bestünde die Gefahr einer Umgehung des in Art. 39 EG enthaltenen Diskriminierungsverbotes[66].

Letzteres kann man durchaus bezweifeln; im Ausgangsfall für das im Vorabentscheidungsverfahren ergangene Urteil des EuGH ging es darum, daß eine öster-

---

[63] *Jarass*, EuR 1995, S. 209; *Müller-Graff*, EuR 1989, S. 127 (jeweils für den Käufer); Generalanwalt *Lenz*, Schlußanträge zu EuGH, GB-Inno-BM, Slg. I 1990, S. 667 (676 f.) weist für den Fall der Grenzüberquerung durch den Käufer ausdrücklich auf die Parallele zu „Luisi und Carbone" hin.

[64] EuGH, Clean Car Autoservice, Slg. I 1998, S. 2521 (2537 ff.).

[65] EuGH, Clean Car Autoservice, Slg. I 1998, S. 2521 (2545).

[66] EuGH, Clean Car Autoservice, Slg. I 1998, S. 2521 (2545).

reichische Ges.m.b.H. einen deutschen Geschäftsführer mit Wohnsitz in Deutschland einstellen wollte. Eine österreichische Vorschrift des Gewerberechtes verlangte jedoch, daß ein Geschäftsführer seinen Wohnsitz in Österreich hat. In diesem Fall hätte der deutsche Arbeitnehmer ohne weiteres auch selbst mit Hilfe von Art. 39 EG gegen die Regelung vorgehen können. Generell wird man davon ausgehen können, daß es keine freizügigkeitsbeschränkenden Regelungen gibt, die nur den Arbeitgeber und nicht gleichzeitig auch den Arbeitnehmer betreffen. Wenn nationale Regelungen zwar nicht unmittelbar das Recht des Arbeitnehmers beschneiden, sich für tatsächlich angebotene Stellen zu bewerben, sondern nur die Abgabe solcher Angebote durch den Arbeitgeber beschränken[67], so ist damit bei praktischer Betrachtungsweise nicht nur der Arbeitgeber betroffen, sondern auch der Arbeitnehmer. Es liegt hier ein (zumindest) mittelbarer Eingriff in die Freizügigkeit der Arbeitnehmer vor, auf den nach den allgemeinen Regeln ebenfalls Art. 39 EG angewendet werden kann[68]. Somit können sich regelmäßig die Arbeitnehmer gegen alle relevanten Beschränkungen wenden.

Allerdings haben im Falle von arbeitgeberbezogenen Regelungen eben die Arbeitgeber selbst das primäre Interesse, gegen die jeweilige Regelung vorzugehen[69]. Folglich ist dem EuGH zuzustimmen, daß die Möglichkeit für Arbeitgeber, sich auf Art. 39 EG zu berufen, dem Gemeinschaftsrecht zu größerer Wirksamkeit verhilft.

b) Vergleich mit den Art. 28 und 49 EG

Man könnte an der spiegelbildlichen Ausweitung der Grundfreiheitsberechtigung bei Art. 39 EG dennoch zweifeln. Schließlich handelt es sich bei der Arbeitnehmerfreizügigkeit um eine personenbezogene Freiheit, nicht um eine Produktverkehrsfreiheit wie bei Art. 28 und 49 EG. Bei diesen beiden Freiheiten rechtfertigt sich die Ausweitung des personalen Schutzbereichs dadurch, daß beide am Verkehr des Produkts beteiligten Vertragspartner gleichermaßen von der Verkehrsfreiheit profitieren sollen. Bei Art. 39 EG geht es allerdings um die Freizügigkeit der Arbeitnehmer; sie ist also gerade auf eine bestimmte Personengruppe zugeschnitten. Es fragt sich also, ob nicht tatsächlich nur diese Personengruppe Art. 39 in Anspruch nehmen darf[70].

---

[67] Dies nennt Generalanwalt *Fennelly*, Schlußanträge zu EuGH, Clean Car Autoservice, Slg. I 1998, S. 2521 (2529), als Umgehungstatbestand.

[68] Zur Frage des Vorliegens eines Eingriffs bzw. einer Beschränkung, siehe unten vierter Teil, A., S. 153 ff.

[69] Im vorliegenden Fall z.B. führte das Verbot, den Deutschen einzustellen dazu, daß die Ges.m.b.H. im Zeitpunkt ihrer geplanten Eintragung keinen Geschäftsführer hatte, weshalb ihr die Eintragung verweigert werden sollte.

[70] Dafür wohl *Kingreen*, Die Struktur der Grundfreiheiten des Europäischen Gemeinschafts-

Dazu ist zweierlei zu sagen: Zum einen dient die Berufung eines Arbeitgebers auf Art. 39 EG auch den Interessen der Arbeitnehmer; es besteht insoweit kein Gegensatz zwischen den Interessen von Arbeitnehmern und Arbeitgebern. Zum anderen wäre es verfehlt, Art. 39 EG als eine Vorschrift anzusehen, die nur im Interesse der Arbeitnehmer konzipiert wurde: Die Arbeitnehmerfreizügigkeit soll zwar einerseits gewährleisten, daß Arbeitnehmer innerhalb der gesamten Gemeinschaft arbeiten dürfen; andererseits soll sie aber auch den Arbeitgebern gewährleisten, daß sie sich Arbeitskräfte aus ganz Europa aussuchen dürfen[71]. Dies wird auch durch den vom EuGH[72] ebenfalls zitierten Art. 2 VO (EWG) Nr. 1612/68 bestätigt, der ausdrücklich bestimmt, daß jeder Arbeitgeber diskriminierungsfrei Arbeitsverträge schließen darf.

Außerdem gilt hier letztlich das Gleiche wie bei Art. 28 und 49 EG: Art. 39 verpflichtet die Mitgliedstaaten, Beschränkungen der Arbeitnehmerfreizügigkeit abzuschaffen bzw. zu unterlassen. Von diesem Verbot sind als Marktbürger Arbeitnehmer und Arbeitgeber unmittelbar betroffen; es läßt sich daraus deshalb ein Recht der Arbeitgeber auf freie Auswahl von Arbeitskräften ebenso ableiten wie das Recht der Arbeitnehmer, sich überall in der Gemeinschaft für Arbeitsplätze zu bewerben. Zudem liegt die möglichst weitgehend Durchsetzung der Arbeitnehmerfreizügigkeit gem. Art. 3 lit. c EG ebenfalls im Gemeinschaftsinteresse[73].

c) Der angebliche Zusammenhang mit dem Bosman-Urteil

Mit dieser Begründung könnte man sich eigentlich zufriedengeben; der EuGH hat allerdings noch ein zusätzliches Argument parat[74]. Er verweist nämlich auf das Bosman-Urteil. Darin sei entschieden worden, daß sich ein Arbeitgeber auf Art. 39 III EG könnte. Deshalb müsse er sich auch auf Art. 39 I und II EG berufen können.

Dieses Argument ruft große Bedenken hervor. Im Bosman-Urteil hatte sich ein Profifußballer gegenüber der UEFA auf die Arbeitnehmerfreizügigkeit berufen. Der EuGH entschied, daß Art. 39 EG auch einen privaten Verband verpflich-

---

rechts, 1999, S. 81.

[71] So auch Generalanwalt *Fennelly*, Schlußanträge zu EuGH, Clean Car Autoservice, Slg. I 1998, S. 2521 (2531 f.).

[72] EuGH, Clean Car Autoservice, Slg. I 1998, S. 2521 (S. 2545).

[73] Hierauf verweist auch Generalanwalt *Fennelly*, Schlußanträge zu EuGH, Clean Car Autoservice, Slg. I 1998, S. 2521 (2529 ff.), der außerdem noch einige frühere Fälle des EuGH nennt, bei denen sich letztlich ebenfalls Arbeitgeber auf Art. 39 EG berufen hatten.

[74] Interessanterweise taucht dieses Argument in den Ausführungen des Generalanwaltes *Fennelly* nicht auf.

tet[75]. Insofern war es logisch, daß dem von der Grundfreiheit gebundenen Verband bzw. Arbeitgeber die Ausnahmevorschrift des Art. 39 III EG zugute kommen mußte (so wie sich auch Mitgliedstaaten auf Art. 39 III EG berufen können). Daraus aber wiederum zu schließen, daß sich Arbeitgeber auch auf Art. 39 I und II EG berufen können, ist geradezu paradox: Der Vorbehalt des Art. 39 III EG ist die Ausnahmevorschrift zu Art. 39 I und II EG! Der Vorbehalt des Art. 39 III EG ist auf die Mitgliedstaaten zugeschnitten; seine Anwendung auf Arbeitgeber kann nicht als Begründung dienen, um die Anwendung der auf die Arbeitnehmer zugeschnittenen Art. 39 I und II EG zu rechtfertigen.

d) Konkurrenz zur Niederlassungsfreiheit

Ein letztes Argument gegen die Ausweitung der Berechtigung des Art. 39 EG auf Arbeitgeber könnte die Anwendbarkeit der Niederlassungsfreiheit sein[76]. In dem konkret entschiedenen Fall wurde der österreichischen (Vor-) Ges.m.b.H. die Eintragung verweigert. Es besteht also durchaus ein Bezugspunkt zur Niederlassungsfreiheit. Allerdings lag in dem Fall die Arbeitnehmerfreizügigkeit deutlich näher als die Niederlassungsfreiheit: die Verweigerung der Eintragung war nur Folge des Beschäftigungsverbotes für den deutschen Arbeitnehmer. Dieses Beschäftigungsverbot war Stein des Anstoßes; hier lag eine Diskriminierung vor. Es wurde nicht etwa einem Ausländer die Niederlassung verweigert, sondern dem Inländer wurde primär die Beschäftigung eines Ausländers verweigert und als Konsequenz dann die Niederlassung. Noch deutlicher wird es, wenn man den Fall abwandelt: die Ges.m.b.H ist bereits eingetragen, und will nun den deutschen Geschäftsführer einstellen. Es ist offensichtlich, daß hier die Arbeitnehmerfreizügigkeit thematisch näher liegt. Also bleibt es dabei, daß die Anwendung von Art. 39 EG auf Arbeitgeber notwendig und sinnvoll ist. Der Rechtsprechung des EuGH ist insoweit zuzustimmen[77].

---

[75] Dies führt zu einer unmittelbaren Drittwirkung, siehe dazu unten unter zweiter Teil, C. II., S. 101 ff.

[76] Nach der nicht näher begründeten Ansicht *Kingreens*, Die Struktur der Grundfreiheiten des Europäischen Gemeinschaftsrechts, 1999, S. 81, hätte die Anwendung der Niederlassungsfreiheit im Fall Clean Car Autoservice näher gelegen; hingegen gehen weder der EuGH noch Generalanwalt *Fennelly* überhaupt auf Art. 43 EG ein.

[77] *Koenig/Haratsch*, Europarecht, 3. Aufl. 2000, Rn. 537; a.A. *Kingreen*, Die Struktur der Grundfreiheiten des Europäischen Gemeinschaftsrechts, 1999, S. 81, mit Hinweis auf den „klaren Wortlaut“ des Art. 39 EG.

e) Ergebnis

Somit muß auch die Berechtigung, sich auf Art. 39 EG zu berufen, spiegelbildlich auf die Vertragspartner der Arbeitnehmer, nämlich die Arbeitgeber, ausgeweitet werden.

4. Schutz der Vertragspartner bei Art. 43 EG

Fraglich ist nun, ob sich, wie bei den anderen Grundfreiheiten, auch der Vertragspartner des Niedergelassenen auf die Niederlassungsfreiheit berufen kann. Problematisch ist hierbei, daß die Niederlassung selbst ein Vorgang ist, bei dem es an sich keinen Vertragspartner gibt. Vertragspartner gibt es erst, wenn die Niederlassung bereits erfolgt ist. Allerdings schützt Art. 43 EG nicht nur die Aufnahme der Tätigkeit in einem fremden Mitgliedstaat, sondern auch deren Ausübung, vgl. Art. 43 II EG. Insofern ist z. B. ein belgischer Arzt, der sich in Deutschland niedergelassen hat, bei seiner gesamten Tätigkeit von Art. 43 EG geschützt. Wenn also dieser Arzt einen deutschen Patienten behandeln will, so wird dieser Vorgang von Art. 43 EG erfaßt. Auch hier sprechen nun die zu den anderen Grundfreiheiten genannten Argumente dafür, daß sich nicht nur der Arzt gegen eine nationale Maßnahme wehren kann, die ihm die Behandlung eines Patienten untersagt, sondern auch der Patient. Denn dieser soll ebenfalls davon profitieren, daß Art. 43 EG die Niederlassung von Ärzten aus anderen Mitgliedstaaten zuläßt. Damit ergibt sich folgendes Bild: Wenn ein deutscher Patient zu einem belgischen Arzt in Belgien gehen möchte, so wird dieser Vorgang durch die Dienstleistungsfreiheit geschützt. Wenn aber ein deutscher Patient zu einem belgischen Arzt in Deutschland gehen möchte, so wird dieser Vorgang durch die Niederlassungsfreiheit geschützt. Denn die Dienstleistungsfreiheit ist hier nicht anwendbar, weil der belgische Arzt seine Dienstleistungen gerade nicht vorübergehend, sondern dauerhaft in Deutschland erbringt.

5. Zusammenfassung

Damit läßt sich allgemein folgendes festhalten: Die Grundfreiheiten schützen alle an den jeweiligen gemeinschaftsrechtlich relevanten „Interaktionen" unmittelbar beteiligten Personengruppen[78]. Art. 28 EG schützt Hersteller, Händler und Käufer, die an einem von Art. 28 EG erfaßten Warenumschlag beteiligt sind[79]. Art. 39 EG schützt Arbeitnehmer und Arbeitgeber. Art. 43 EG schützt Niederge-

---

[78] *Jarass*, EuR 2000, S. 708; vgl. auch *Behrens*, EuR 1992, S. 160: Die Grundfreiheiten schützen nicht nur Produzenten, sondern auch Verbraucher, nicht nur Anbieter, sondern auch Nachfrager.

[79] Auch Transporteure können sich wohl auf Art. 28 EG berufen, wenn die Warenverkehrsbeschränkung gerade in einer den Transporteur treffenden Regelung besteht.

lassene und ihre Vertragspartner. Art. 49 EG schließlich schützt Dienstleistungserbringer und Dienstleistungsempfänger.

III. Staatsangehörigkeits- und Ansässigkeitserfordernisse

1. Im Vertrag genannte Personengruppen

Die Begünstigten der Grundfreiheiten müssen gewisse Staatsangehörigkeits- und Ansässigkeitserfordernisse erfüllen. Diese Erfordernisse lassen sich teilweise direkt dem Vertrag entnehmen; schwieriger wird es bei den Personengruppen, welche nur „spiegelbildlich" in den Genuß der Grundfreiheiten gelangen.

a) Arbeitnehmerfreizügigkeit

Art. 39 EG regelt das Staatsangehörigkeitserfordernis für Arbeitnehmer nicht ganz eindeutig. Art. 39 II EG spricht von den „Arbeitnehmern der Mitgliedstaaten", ohne zu präzisieren, ob diese Arbeitnehmer auch Staatsangehörige eines Mitgliedstaats sein müssen. Dennoch entspricht es der ganz herrschenden Meinung, daß sich die Arbeitnehmerfreizügigkeit nur auf Staatsangehörige der Mitgliedstaaten bezieht[80]. Dies ergibt sich daraus, daß es Ziel des Vertrages ist, Diskriminierungen von Gemeinschaftsbürgern zu verhindern[81]. Ein Ansässigkeitserfordernis gibt es bei Art. 39 EG nicht.

b) Niederlassungsfreiheit

Die Niederlassungsfreiheit gilt gem. Art. 43 EG ausdrücklich nur für Staatsangehörige der Mitgliedstaaten. Soweit es dabei um das Recht der Gründung von Agenturen, Zweigniederlassungen und Tochtergesellschaften geht, kommt noch ein Ansässigkeitserfordernis hinzu: Dieses Recht genießen gem. Art. 43 I 2 EG nur Unionsbürger, welche im Hoheitsgebiet eines Mitgliedstaats ansässig sind.

c) Dienstleistungsfreiheit

Dienstleistungserbringer können Art. 49 EG nur in Anspruch nehmen, wenn sie Unionsbürger sind und in einem Mitgliedstaat ansässig (Art. 49 I EG).

---

[80] Vgl. Art. 1 VO 1612/68 EWG (Sartorius II, Nr. 180); *Wölker*, in: von der Groeben/Thiesing/Ehlermann (Hrsg.), Kommentar zum EUV/EGV, 5. Aufl. 1997, Vor Art. 48 – 51, Rn. 41 m.w.N.; die Einbeziehung von Drittstaatsangehörigen kann sekundärrechtlich erfolgen, soll hier aber nicht interessieren, vgl. dazu *Wölker* aaO, Rn. 41 ff.

[81] *Kingreen*, Die Struktur der Grundfreiheiten des Europäischen Gemeinschaftsrechts, 1999, S. 79.

d) Warenverkehrsfreiheit

Der Text der Art. 28 ff. EG enthält nicht einmal andeutungsweise ein Staatsangehörigkeits- oder gar Ansässigkeitserfordernis für die Begünstigten der Warenverkehrsfreiheit. Die Frage wurde bisher kaum diskutiert; vor dem EuGH wurde sie anscheinend noch nicht relevant.

Primäres Ziel der Warenverkehrsfreiheit ist die freie Zirkulation von Waren. Die Staatsangehörigkeit desjenigen, der mit der Ware handelt, spielt dafür keine Rolle. Es widerspräche dem Zweck der Warenverkehrsfreiheit, ein vom Vertrag nicht vorgesehenes Staatsangehörigkeitserfordernis einzuführen und dadurch den freien Warenverkehr zu beschränken. Die Verleihung von Rechten an die Marktbürger ist nicht das primäre Ziel, sondern lediglich die Folge der Warenverkehrsfreiheit. Es ist nicht gerechtfertigt, sie von dieser Seite her zu begrenzen[82]. Somit können sich auch Drittstaatsangehörige auf Art. 28 EG berufen[83]. Die Warenverkehrsfreiheit kennt also kein Staatsangehörigkeitserfordernis.

2. Die Vertragspartner

Auch bei den Vertragspartnern empfiehlt es sich, zwischen den einzelnen Grundfreiheiten zu unterscheiden.

a) Käufer

Für die Käufer gilt das Gleiche wie für die Händler (oder Hersteller). Auch sie müssen nicht Staatsangehörige eines Mitgliedstaats sein; es ist nicht ersichtlich, woraus sich hier (im Unterschied zu den Händlern) ein Staatsangehörigkeitserfordernis ergeben sollte.

b) Dienstleistungsempfänger

Schwieriger ist die Lage bei den Dienstleistungsempfängern. Für die Dienstleistungserbringer wurde festgestellt, daß sie Unionsbürger sein müssen, die in ei-

---

[82] A.A. *Kingreen*, Die Struktur der Grundfreiheiten des Europäischen Gemeinschaftsrechts, 1999, S. 79 f., der nicht „das Objekt des Handels, sondern allein die Personen, die [...] Handel treiben" als entscheidend ansieht; damit wird aber die Warenverkehrsfreiheit in eine Personenverkehrsfreiheit umgedeutet.

[83] So auch *Jarass*, EuR 1995, S. 208 und *Jarass*, EuR 2000, S. 708; *Wunderlich*, Das Grundrecht der Berufsfreiheit im Europäischen Gemeinschaftsrecht, 2000, S. 96 f.; *Oliver*, Free movement of goods in the E.E.C., 2. Edition 1998, Chapter 2.22 (S. 20), unter Verweis auf ein Urteil des EuGH bzgl. Art. 23 EG: EuGH, Sociaalfonds voor Diamantarbeiders, Slg. 1969, S. 211 (222 f.), dessen Grundsätze (Geltung des Art. 25 EG unabhängig von der Nationalität des Handeltreibenden) sich auf Art. 28 EG übertragen lassen.

nem Mitgliedstaat ansässig sind. Fraglich ist, ob dies nun auch auf die Empfänger übertragen werden kann.

Hiermit hat sich der Generalanwalt *Elmer* in der Rechtssache Svensson und Gustavsson auseinandergesetzt[84]. Seiner Ansicht nach dürfen die Leistungsempfänger nicht besser gestellt werden als die Leistungserbringer. Das Staatsangehörigkeitserfordernis soll daher auch für sie gelten[85].

Diese Argumentation ist schlüssig. Zwar ist auch die Dienstleistungsfreiheit eine Produktverkehrsfreiheit. Anders als der freie Warenverkehr ist die Dienstleistungsfreiheit aber viel stärker an die Person des Dienstleisters und des Leistungsempfängers gebunden. Sie ist ein nicht-körperliches Produkt und existiert deshalb nicht unabhängig von diesen Personen. Die Tatsache, daß die Grundfreiheitsberechtigung auf die nicht ausdrücklich als Berechtigte erwähnten Leistungsempfänger ausgedehnt wird, darf nicht dazu führen, daß diese weniger Beschränkungen unterliegen als die Leistungserbringer. Damit können sich also nur Leistungsempfänger auf die Dienstleistungsfreiheit berufen, die Staatsangehörige eines Mitgliedstaats sind und in einem Mitgliedstaat ansässig.

Hier wird nun wieder der Unterschied zwischen dem persönlichen und dem sachlichen Anwendungsbereich der Dienstleistungsfreiheit relevant[86]. Sachlich ist die Dienstleistungsfreiheit anwendbar, sobald nur eine der beiden beteiligten Personen (Dienstleistungserbringer oder –empfänger) das Staatsangehörigkeits- und Ansässigkeitserfordernis erfüllt. Ein Leistungserbringer, der die Voraussetzungen des Art. 49 I EG erfüllt, kann sich also auch auf die Dienstleistungsfreiheit berufen, wenn er seine Dienstleistung an einen Drittstaatsangehörigen erbringt. Dieser Drittstaatsangehörige selbst kann hingegen die Dienstleistungsfreiheit nicht geltend machen, weil er nicht in ihren persönlichen Anwendungsbereich fällt.

Umgekehrt muß das gleiche gelten. Ein Unionsbürger kann seine Rechte als Dienstleistungsempfänger auch geltend machen, wenn die fragliche Dienstleistung von einem Drittstaatsangehörigen erbracht wird[87].

c) Arbeitgeber

Bei Art. 39 EG muß man konsequenterweise die gleiche Argumentation gelten lassen: Es ist nicht einzusehen, weshalb die nicht ausdrücklich genannten Arbeitgeber besser gestellt werden sollten als die Arbeitnehmer. Insofern gilt also

---

[84] EuGH, Schlußanträge, Slg. I 1995, S. 3955 (3967 ff.).

[85] Zustimmend *Holoubek*, in: Schwarze (Hrsg.), EU-Kommentar, 2000, Art. 49 Rn. 30.

[86] Vgl. schon oben unter erster Teil, A. II. 1. a)., S. 7.

[87] So auch Generalanwalt *Elmer*, Schlußanträge zu EuGH, Slg. I 1995, S. 3955 (3968); *Holoubek*, in: Schwarze (Hrsg.), EU-Kommentar, 2000, Art. 49 Rn. 32.

das Staatsangehörigkeitserfordernis auch für Arbeitgeber. Damit sind hier dieselben Konstellationen möglich wie bei der Dienstleistungsfreiheit: Nur eine der am Arbeitsverhältnis beteiligten Personen ist Unionsbürger; nur sie kann sich auf die Arbeitnehmerfreizügigkeit berufen.

d) Vertragspartner von Niedergelassenen

Bei der Niederlassungsfreiheit ist das Problem auf gleiche Weise zu lösen. Auch hier müssen die Vertragspartner der Niedergelassenen jedenfalls Staatsangehörige eines Mitgliedstaats sein. Sie müssen aber nicht in einem Mitgliedstaat ansässig sein, da dies für die Selbständigen auch nur im Sonderfall der Zweigniederlassungen gefordert wird.

3. Zusammenfassung

Es ergibt sich damit folgendes Bild: Art. 39, 43 und 49 EG können nur von Staatsangehörigen der Mitgliedstaaten in Anspruch genommen werden. Sie sind also (Gemeinschafts-) Bürgerrechte[88]. Art. 28 EG hingegen kann auch von Drittstaatsangehörigen geltend gemacht werden; in diesem Sinne ist er also ein Menschenrecht.

IV. Juristische Personen

Es stellt sich nun noch das Problem, inwieweit juristische Personen die Grundfreiheiten in Anspruch nehmen dürfen.

1. Gleichstellung der Gesellschaften nach Art. 48 EG

a) Juristische Personen des Privatrechts

Für die Niederlassungsfreiheit (sowie über Art. 55 für die Dienstleistungsfreiheit) stellt Art. 48 EG klar, daß auch Gesellschaften Grundfreiheitsträger sind. Art. 48 II EG definiert den Begriff der Gesellschaft. Ähnlich wie bei Art. 19 III GG[89] sind nicht nur vollrechtsfähige juristische Personen des Privatrechts, sondern auch Gesellschaften des bürgerlichen Rechts und des Handelsrechts (in Deutschland also insbesondere die GbR, die OHG und die KG) berechtigt, die Art. 43 und 49 EG in Anspruch zu nehmen[90]. Art. 48 II EG macht nur eine Einschränkung: Gesellschaften, welche keinen Erwerbszweck verfolgen, werden

---

[88] Der Begriff „Unionsbürgerrechte" ist den Rechten des Art. 17 ff. EG vorbehalten.

[89] Dazu unten erster Teil, B. IV. 1., S. 55.

[90] *Troberg*, in: von der Groeben/Thiesing/Ehlermann (Hrsg.), Kommentar zum EUV/EGV, 5. Aufl. 1997, EUV/EGV, Art. 58 Rn. 2.

ausgenommen. Zusammenfassend kann man daher feststellen, daß Art. 48 II EG alle Wirtschaftssubjekte erfaßt, welche keine natürlichen Personen sind[91].

An die Stelle des Staatsangehörigkeitserfordernisses treten bei Gesellschaften zwei Voraussetzungen: Sie müssen erstens nach dem Recht eines Mitgliedstaates gegründet worden sein, und zweitens ihren satzungsmäßigen Sitz, ihre Hauptverwaltung oder ihre Hauptniederlassung innerhalb der Gemeinschaft haben.

b) Juristische Personen des öffentlichen Rechts

Art. 48 II EG erfaßt ausdrücklich auch juristische Personen des öffentlichen Rechts. Fraglich ist allerdings, ob sich tatsächlich alle juristischen Personen des öffentlichen Rechts auf die Grundfreiheiten[92] berufen können. Problematisch ist dies insoweit, als auch die Mitgliedstaaten selbst sowie andere Gebietskörperschaften (in Deutschland z. B. Länder und Gemeinden) juristische Personen des öffentlichen Rechts sind.

(1) Auslegung des Begriffs „juristische Person des öffentlichen Rechts“

Zunächst ist der in Art. 48 EG gebrauchte Begriff der „juristischen Person des öffentlichen Rechts“ auszulegen. Denkbar wäre ein Sprachgebrauch im EGV, nachdem Gebietskörperschaften nicht unter diesen allgemeinen Begriff fallen sollen. Hilfreich ist in diesem Zusammenhang der Hinweis auf eine andere Stelle im EGV, in der die juristischen Personen erwähnt sind. Nach Art. 230 IV EG kann die Nichtigkeitsklage (unter bestimmten Voraussetzungen) von „jeder juristischen Person“ erhoben werden. Daß diese Formulierung juristische Personen des Privatrechts wie des öffentlichen Rechts einschließt, ist unstreitig[93]. Unter die juristischen Personen des öffentlichen Rechts fallen dabei nach der Rechtsprechung des EuGH und der ihr folgenden Lehre[94] auch Gebietskörperschaften wie Länder[95] und Gemeinden[96]. Insofern sind im Sprachgebrauch des

---

[91] So prägnant *Troberg*, in: von der Groeben/Thiesing/Ehlermann (Hrsg.), Kommentar zum EUV/EGV, 5. Aufl. 1997, EUV/EGV, Art. 58 Rn. 2; *Müller-Huschke*, in: Schwarze (Hrsg.), EU-Kommentar, 2000, Art. 48 Rn. 2.

[92] Genau genommen, stellt sich im Rahmen des Art. 48 EG nur die Frage nach der Niederlassungs- und Dienstleistungsfreiheit; für die Arbeitnehmerfreizügigkeit und die Warenverkehrsfreiheit vgl. erster Teil, A. IV. 2. und 3., S. 32 ff.

[93] *Koenig/Sander*, Einführung in das EG-Prozeßrecht, 1997, Rn. 241.

[94] *Cremer*, in: Calliess/Ruffert (Hrsg.), Kommentar zum EUV/EGV, 1999, Art. 230, Rn. 25.

[95] Vgl. das Urteil Exécutif Régional Wallon/Kommission, EuGH, Slg. 1988, S. 1573 (1592), bei dem die Parteifähigkeit der Region Wallonien (welche einem Bundesland insoweit vergleichbar ist) dem EuGH so selbstverständlich schien, daß er praktisch kein Wort darüber verlor; auch Generalanwalt *Lenz* hielt sich nur sehr kurz damit auf (aaO., S. 1582); aus jünge-

EGV Gebietskörperschaften unter den Begriff der juristischen Personen des öffentlichen Rechts zu subsumieren. Diese Auslegung also durchaus nicht ungewöhnlich; ungewöhnlich, und damit begründungsbedürftig, wäre im Gegenteil eine Auslegung, nach der Gebietskörperschaften nicht umfaßt sind.

Anders verhält es sich allerdings beim Mitgliedstaat selbst. Dieser ist von Art. 230 IV EG schon deshalb nicht erfaßt, weil er in Art. 230 II EG ausdrücklich erwähnt wird. Eine subjektive Berechtigung der Mitgliedstaaten aus den Grundfreiheiten widerspräche auch sonst dem System des EGV. Gem. Art. 227 EG kann jeder Mitgliedstaat objektive Vertragsverstöße anderer Mitgliedstaaten unabhängig von einer Betroffenheit oder gar Grundfreiheitsverletzung über das Vertragsverletzungsverfahren geltend machen. Eine Subjektivierung der Rechtsposition der Mitgliedstaaten ist insofern gar nicht notwendig; im EGV ist der Mitgliedstaat nicht eine juristische Person des öffentlichen Rechts wie jede andere. Deshalb werden die Mitgliedstaaten in Art. 48 EG nicht als Grundfreiheitsberechtigte anvisiert.

(2) Ausdrückliche Einschränkungen im Vertrag

Den übrigen Gebietskörperschaften könnte die Grundfreiheitsberechtigung aus anderen Gründen generell abzusprechen sein. Man könnte sich auf die Formulierung in Art. 48 II a.E. EG zurückziehen, nach der Gesellschaften ausgenommen sind, die keinen Erwerbszweck verfolgen. Dies wird aber dahingehend ausgelegt, daß es ausreicht, wenn eine entgeltliche wirtschaftliche Tätigkeit ausgeübt wird; auf eine Gewinnerzielungsabsicht kommt es nicht an[97]. Soweit also die Gebietskörperschaften wirtschaftlich tätig werden, stellen sie Gesellschaften im Sinne des Art. 48 EG dar. Sie unterscheiden sich insoweit nicht von den übrigen juristischen Personen des öffentlichen Rechts, die von Art. 48 EG erfaßt werden.

Fraglich sind noch die Auswirkungen des Art. 45 EG. Schließlich werden Gebietskörperschaften (vorwiegend) hoheitlich tätig. Allerdings stellt Art. 45 EG ausdrücklich nur auf die Tätigkeit ab, nicht auf denjenigen, der diese Tätigkeit ausübt[98]. Wenn also eine juristische Person des öffentlichen Rechts eine hoheitliche Tätigkeit ausübt, so fällt dies unter Art. 45 EG. Soweit sie aber eine nichthoheitliche Dienstleistung anbietet (z. B. kommunale Wohnungsvermittlung), ist Art. 45 EG nicht einschlägig. Art. 45 EG führt also nicht zu einem generellen

---

rer Zeit vgl. EuG, Regione autonoma Friuli-Venezia Giulia/Kommission, Slg. II 1999, S. 1871.

[96] EuGH, Differdange, Slg. 1984, S. 2889 (2896); *Gesser*, Die Nichtigkeitsklage nach § 173 EGV, 1994, S. 229 f.

[97] *Scheuer*, in: Lenz (Hrsg.), Kommentar zum EGV, 2. Aufl. 1999, Art. 48, Rn. 1.

[98] So auch *Randelzhofer*, in: Grabitz/Hilf (Hrsg.), Kommentar zum EUV/EGV, Altband II, Art. 58 Rn. 4.

Ausschluß der Grundfreiheitsberechtigung von Gebietskörperschaften[99]. Man könnte sogar aus dem argumentum e contrario sagen, daß sich Personen, die sich sowohl hoheitlich als auch nicht-hoheitlich betätigen, bei ihrer nicht-hoheitlichen Tätigkeit im Bereich der Grundfreiheiten bewegen[100]. So verliert ein Beliehener seine Grundfreiheitsberechtigung nicht etwa generell, sondern nur soweit die Beleihung reicht. Wenn er eine nicht-hoheitliche Tätigkeit ausübt, ist er weiterhin grundfreiheitsberechtigt. Dasselbe sollte auch für juristische Personen des öffentlichen Rechts gelten. Soweit sie sich nicht-hoheitlich betätigen, sind sie grundfreiheitsberechtigt.

(3) Grenzüberschreitende Tätigkeit

In der Literatur wird vertreten, die Grundfreiheiten seien auf juristische Personen des öffentlichen Rechts nur anwendbar, soweit diese ihrer Natur nach überhaupt dazu in der Lage seien, im Ausland tätig zu werden[101]. Danach sei die Freizügigkeit von Gebietskörperschaften „nicht denkbar“[102].

Insoweit wird anscheinend davon ausgegangen, die Grundfreiheitsberechtigung erschöpfe sich in der Möglichkeit, sich gegenüber einem fremden Mitgliedstaat auf die Grundfreiheiten zu berufen.

Gemeinschaftsrechtlich ist dies aber nicht haltbar. Die Grundfreiheiten sind mehr als nur das Recht, sich in der Gemeinschaft frei zu bewegen. Es gibt durchaus Fälle, in denen sich Inländer gegenüber ihrem eigenen Mitgliedstaat auf Grundfreiheiten berufen können. Der Bezug zum Gemeinschaftsrecht kann nämlich insbesondere auch dadurch hergestellt werden, daß der jeweilige Vertragspartner EU-Ausländer ist. Im Rahmen des Art. 49 EG lassen sich beispielsweise die sog. Korrespondenzdienstleistungen[103] anführen: Hier bleiben

---

[99] Vgl. *Randelzhofer*, in: Grabitz/Hilf (Hrsg.), Kommentar zum EUV/EGV, Altband II, Art. 58 Rn. 4; etwas mißverständlich insoweit *Bröhmer*, in: Calliess/Ruffert (Hrsg.), Kommentar zum EUV/EGV, 1999, Art. 48 Rn. 3, wonach sich juristische Personen des öffentlichen Rechts auf die Niederlassungsfreiheit nur berufen können, „soweit mit der öffentlich-rechtlichen Organisationsform nicht die Ausübung von Hoheitsgewalt eingeht“ (es fehlt ein Verweis auf Art. 45 EG); ähnlich *Schweitzer/Hummer*, Europarecht, 5. Aufl. 1996, Rn. 1171 bzw. Fußnote 182: Die Einbeziehung juristischer Personen des öffentlichen Rechts in den Kreis des Art. 48 EG „ermächtigt aber nicht zur Ausübung von Hoheitsgewalt in einem anderen Mitgliedstaat“; auch hier fehlt ein Hinweis auf Art. 45 EG.

[100] Vgl. *Troberg*, in: von der Groeben/Thiesing/Ehlermann (Hrsg.), Kommentar zum EUV/EGV, 5. Aufl. 1997, Art. 55 Rn. 2.

[101] *Troberg*, in: von der Groeben/Thiesing/Ehlermann (Hrsg.), Kommentar zum EUV/EGV, 5. Aufl. 1997, Art. 58 Rn. 2 f.

[102] *Troberg*, in: von der Groeben/Thiesing/Ehlermann (Hrsg.), Kommentar zum EUV/EGV, 5. Aufl. 1997, Art. 58 Rn. 2 f.

[103] Vgl. EuGH, Alpine Investment, Slg. I 1995, S. 1167 (1176): *„Wie der Gerichtshof wieder-*

sowohl Dienstleistungsanbieter als auch Dienstleistungsempfänger in ihrem jeweiligen Mitgliedstaat. Aber die Dienstleistung überschreitet die Grenze zwischen den beiden Mitgliedstaaten; und deshalb ist Gemeinschaftsrecht anwendbar. Konkret ist dies beispielsweise bei einem deutschen Rundfunk- oder Fernsehprogramm der Fall, welches in Österreich empfangen werden kann. Die Anwendbarkeit des Europarechts hängt folglich nicht davon ab, daß derjenige, der sich darauf beruft, selbst die Grenze überschreitet und seine Rechte gegenüber einem fremden Mitgliedstaat geltend macht. Erforderlich ist also lediglich, daß die jeweilige juristische Person zu einer Tätigkeit mit grenzüberschreitendem Bezug in der Lage ist[104]. Dies aber ist bei Gebietskörperschaften grundsätzlich der Fall. Es besteht also insoweit kein Grund, Gebietskörperschaften nicht in den Genuß der Grundfreiheiten gelangen zu lassen.

(4) Grundfreiheitstypische Gefährdungslage

Kingreen verlangt für die Anwendung der Grundfreiheiten auf juristische Personen des öffentlichen Rechts, daß sich diese in einer „grundfreiheitstypischen Gefährdungslage" befänden[105]. Bezüglich des Begriffs beruft er sich auf die verfassungsrechtliche Diskussion um die „grundrechtstypische Gefährdungslage"[106]. Im Unterschied zu der herrschenden Meinung im Verfassungsrecht[107] nimmt er allerdings an, daß eine derartige Gefährdungslage schon dann bestünde, wenn die juristische Person dem Staat als rechtlich selbständiges Rechtssubjekt gegenübersteht[108].

Man wird hier nun zwischen zwei grundsätzlichen Konstellationen unterscheiden müssen: Die jeweilige juristische Person beruft sich entweder gegenüber einem fremden oder gegenüber dem eigenen Mitgliedstaat auf die Grundfreiheiten. Im ersten Fall steht die juristische Person des öffentlichen Rechts dem (fremden) Mitgliedstaat ohne weiteres als rechtlich selbständiges Subjekt gegenüber und befindet sich in einer grundfreiheitstypischen Gefährdungslage, da sie der fremden Hoheitsgewalt ausgeliefert ist.

---

holt entschieden hat, kann sich ein Unternehmen gegenüber dem Staat, in dem es seinen Sitz hat, auf den freien Dienstleistungsverkehr berufen, sofern die Leistungen an Leistungsempfänger erbracht werden, die in einem anderen Mitgliedstaat ansässig sind."

[104] Eine ähnliche Formulierung findet sich bei *Kingreen*, Die Struktur der Grundfreiheiten des Europäischen Gemeinschaftsrechts, 1999, S. 81.

[105] *Kingreen*, Die Struktur der Grundfreiheiten des Europäischen Gemeinschaftsrechts, 1999, S. 80 f.

[106] *Kingreen*, Die Struktur der Grundfreiheiten des Europäischen Gemeinschaftsrechts, 1999, S. 80, Fußnote 35.

[107] Dazu gleich unten erster Teil, A. IV. 1. b) (5) (b), S. 26.

[108] *Kingreen*, Die Struktur der Grundfreiheiten des Europäischen Gemeinschaftsrechts, 1999, S. 81.

Im zweiten Fall besteht bei Gebietskörperschaften wie Ländern und Gemeinden ebenfalls kein Zweifel an der rechtlichen Selbständigkeit. Allerdings ist eine juristische Person des öffentlichen Rechts dann nicht einer übergeordneten Hoheitsgewalt ausgeliefert, wenn sie selbst die Normsetzungskompetenz für die jeweilige Grundfreiheitsbeeinträchtigung besitzt. Denn dann kann sie diese selbst beseitigen. Somit sind juristische Personen des öffentlichen Rechts jedenfalls dann nicht in einer grundfreiheitstypischen Gefährdungslage, wenn sie die Möglichkeit haben, die Grundfreiheitsbeeinträchtigung selbst zu beseitigen. Diese Möglichkeit werden allerdings gerade Gemeinden selten haben.

(5) Argumente aus der verfassungsrechtlichen Diskussion

Nicht zuletzt aufgrund der äußerst spärlichen Behandlung des Themas in der europarechtlichen Diskussion ist es hier von Nutzen, einen Blick auf die schon angedeutete Parallelproblematik bei Art. 19 III GG zu werfen und anschließend zu prüfen, ob sich die jeweiligen Argumente auf das Gemeinschaftsrecht übertragen lassen.

(a) Grundsatz

Die Grundrechtsberechtigung juristischer Personen des öffentlichen Rechts wird in der deutschen Grundrechtslehre mehrheitlich abgelehnt[109]. Ein häufig genanntes Argument lautet dabei, daß juristische Personen des öffentlichen Rechts Adressaten der Grundrechte[110] seien; deshalb könnten sie nicht gleichzeitig Berechtigte der Grundrechte sein (sog. Konfusionsargument)[111]. Dieses Argument ist allerdings zweifelhaft; schließlich ist es rechtslogisch keineswegs ausgeschlossen, daß jemand aus der gleichen Norm sowohl berechtigt als auch verpflichtet wird[112].

Wichtiger ist der Charakter der Grundrechte. Diese sind ihrem Wesen nach freiheitssichernde Abwehrrechte des einzelnen gegen den Staat[113]. Sie sind „Reaktionen auf historische Gefährdungslagen, hervorgerufen durch den Staat"[114]. Es

---

[109] Umfassend *Bethge*, Die Grundrechtsberechtigung juristischer Personen nach Art. 19 Abs. 3 GG, 1985, S. 61 ff.

[110] Siehe dazu zweiter Teil, A. II., S. 76 ff.

[111] BVerfGE 15, 256 (262); 21, 362 (369 f.); 62, 354 (369).

[112] Vgl. *v.Olshausen*, Zur Anwendbarkeit von Grundrechten auf juristische Personen des öffentlichen Rechts, 1969, S. 46 ff.; *Dürig*, in: Maunz/Dürig (Hrsg.), Kommentar zum GG, Art. 19 III Rn. 35.

[113] *Bethge*, Die Grundrechtsberechtigung juristischer Personen nach Art. 19 Abs. 3 GG, 1985, S. 65.

[114] *Bethge*, Die Grundrechtsberechtigung juristischer Personen nach Art. 19 Abs. 3 GG, 1985, S. 62.

widerspricht ihrer Konzeption, wenn sie als Rechte staatlicher Untergliederungen gegenüber anderen staatlichen Stellen verwendet werden, denn im Verhältnis staatlicher Stellen untereinander geht es nicht um Freiheitsräume[115], deren Beschränkung sich am Prinzip der Verhältnismäßigkeit zu orientieren hat, sondern letztlich immer um Kompetenzkonflikte[116].

Das Bundesverfassungsgericht wendet im gesamten Bereich des Art. 19 III GG die sog. „Durchgriffsthese" an[117]: es kommt danach nicht auf die juristische Person an, sondern auf die hinter ihr stehenden natürlichen Personen[118]. Nur um derentwillen gewährt Art. 19 III GG Grundrechtsschutz; nur wenn also ein „personales Substrat" erkennbar ist, ist der Grundrechtsschutz zu gewähren[119]. Hinter den juristischen Personen des öffentlichen Rechts stehen aber (grundsätzlich) gerade keine natürlichen Personen, sondern der Staat. Im Grundsatz ist daher, mit der herrschenden Meinung im Verfassungsrecht, juristischen Personen des öffentlichen Rechts die Grundrechtsfähigkeit abzusprechen.

(b) Ausnahmetrias

In Ausnahmefällen können juristische Personen des öffentlichen Rechts dennoch Grundrechtsschutz beanspruchen, wenn sie sich in der schon angesprochenen „grundrechtstypischen Gefährdungslage"[120] bzw. im „Gravitationsfeld grundrechtlicher Freiheit"[121] befinden. Anerkannt ist das (nur) für die sog. Ausnahmetrias Kirche, Universität und Rundfunk[122]. Keine dieser drei Ausnahmen betrifft Art. 12 I GG; im Bereich der Berufsfreiheit scheint es also keine Grundrechtsberechtigung juristischer Personen des öffentlichen Rechts zu geben.

(c) Wirtschaftliche Betätigung

Jedoch gibt es gerade in dem für die vorliegende Untersuchung interessantesten Bereich Streit. Fraglich ist, ob juristische Personen des öffentlichen Rechts im Falle wirtschaftlicher Betätigung grundrechtsberechtigt sein sollen. Hierbei

---

[115] Vgl. *Carl Schmitt*, Verfassungslehre, 1. Aufl. 1928 (Nachdruck, 5. Aufl. 1970), S. 126: Grundrechte als „staatsfreie Sphäre".

[116] BVerfGE 21, 362 (368 ff.); vgl. auch BVerfGE 61, 82 (100 ff.).

[117] Dazu *P.M. Huber*, in: v.Mangoldt/Klein/Starck (Hrsg.), Kommentar zum GG, Band 1, 4. Aufl. 1999, Art. 19 III, Rn. 226 ff.

[118] BVerfGE 21, 362 (369); 61, 82 (103 f.); 68, 193 (205 f.); 75, 192 (196 f.).

[119] Vgl. *Dürig*, in: Maunz/Dürig (Hrsg.), Kommentar zum GG, Art. 19 III Rn. 1.

[120] Dazu *Dreier*, in: Dreier (Hrsg.), Kommentar zum GG, Band I, 1996, Art. 19 Rn. 21.

[121] Vgl. *Rupp*, in: Festschrift zu 25 Jahren Hochschule für Verwaltungswissenschaften Speyer, 1972, S. 617.

[122] Dazu *Bethge*, Die Grundrechtsberechtigung juristischer Personen nach Art. 19 Abs. 3 GG, 1985, S. 77 ff.

kommt es zunächst darauf an, ob die wirtschaftliche Betätigung der Wahrnehmung öffentlicher Aufgaben (v.a. Daseinsvorsorge) dient. In diesem Fall ist kein Grundrechtsschutz zu gewähren[123]. Umstritten ist jedoch die Konstellation, in der die juristische Person des öffentlichen Rechts eine wirtschaftliche Tätigkeit ausübt, welche nicht der Wahrnehmung öffentlicher Aufgaben dient. Das Bundesverfassungsgericht hat die Frage zunächst offengelassen[124]; später jedoch hat es für Gemeinden entschieden, daß diese auch in dieser Konstellation nicht grundrechtsberechtigt seien[125]. Entsprechendes gilt auch für öffentliche Sparkassen[126], selbst „wenn wegen der weitgehenden Angleichung an das private Bankgewerbe für die Beurteilung der Funktion der öffentlich-rechtlichen Sparkassen nicht mehr deren öffentliche Aufgabe, sondern die privatwirtschaftliche Unternehmenstätigkeit bestimmend wäre"[127]. Eine Grundrechtsträgerschaft juristischer Personen des öffentlichen Rechts kommt daher auch im Bereich der wirtschaftlichen Betätigung nur ganz ausnahmsweise in Betracht[128].

(d) Grenzen der Grundrechtsberechtigung

Selbst wenn nun eine juristische Person des öffentlichen Rechts ausnahmsweise Grundrechtsschutz genießen sollte, so gibt es noch zusätzlich Einschränkungen. So können die Grundrechte jedenfalls nur im Rahmen bereits bestehender Kompetenzen ausgeübt werden[129]; sie können nicht zur Rechtfertigung von Kompetenzüberschreitungen oder zur Abwehr von Kompetenzänderungen dienen[130]. Insoweit besteht ein Vorrang der staatlichen Organisationsgewalt[131]. Denn anderenfalls führte die Anwendung der Grundrechte im Staat-Staat-Verhältnis zu einer Versteinerung der Kompetenzen: jede staatliche Stelle könnte so ihre Kompetenzen mit Hilfe der Grundrechte verteidigen und auf dem einmal erreichten Stand zementieren, oder gar noch ausweiten. Dies führte zum Verlust der Möglichkeit, die Staatsorganisation flexibel an die Entwicklung anzupassen[132].

---

[123] BVerfGE 21, 362 (369).
[124] BVerfGE 21, 362 (369); 68, 193 (206).
[125] BVerfGE 61, 82 (105 ff.).
[126] BVerfGE 75, 192 (195 ff.).
[127] BVerfGE 75, 192 (200); zweifelnd *Stern*, Das Staatsrecht der Bundesrepublik Deutschland, Band III/1, 1988, S. 1168 f.
[128] Vgl. BVerfGE 68, 193 (209); ein derartiger Ausnahmefall findet sich in BVerfGE 70, 1 (15 ff.), wo sich die jeweilige juristische Person auf bloße wirtschaftliche Interessenvertretung für ihre Mitglieder beschränkte. Siehe dazu unten unter erster Teil, B. IV. 3., S. 61.
[129] *Dürig*, in: Maunz/Dürig (Hrsg.), Kommentar zum GG, Art. 19 III, Rn. 40.
[130] *Bettermann*, NJW 1969, S. 1326.
[131] *Stern*, Das Staatsrecht der Bundesrepublik Deutschland, Band III/1, 1988, S. 1171; *Bethge*, Die Grundrechtsberechtigung juristischer Personen nach Art. 19 Abs. 3 GG, 1985, S. 123 ff.
[132] BVerfGE 21, 362 (368 ff.).

Zusammenfassend läßt sich damit feststellen, daß gerade im Bereich des Art. 12 I GG kaum substantieller Grundrechtsschutz für juristische Personen des öffentlichen Rechts denkbar ist. Denn zumeist wird sich die juristische Person des öffentlichen Rechts insoweit im Bereich der Daseinsvorsorge betätigen; auch soweit dies nicht der Fall ist, kann sie jedenfalls weder die kompetenzwidrige Aufnahme wirtschaftlicher Tätigkeit auf Art. 12 I GG stützen, noch eine aus einer Kompetenzbeschränkung folgende Beschränkung der wirtschaftlichen Tätigkeit abwehren.

(6) Übertragung auf das Gemeinschaftsrecht

Fraglich ist, ob die verfassungsrechtlichen Argumente auf das Gemeinschaftsrecht übertragen werden können. Dabei ist festzuhalten, daß die grundsätzliche Frage der Grundfreiheitsberechtigung juristischer Personen des öffentlichen Rechts schon durch Art. 48 II EG positiv entschieden ist. Im Gemeinschaftsrecht können juristische Personen des öffentlichen Rechts also gleichzeitig Adressaten[133] und Berechtigte der Grundfreiheiten sein.

Bei der Übertragung der verfassungsrechtlichen Argumente sind zudem zwei Dinge zu beachten: Zum einen sind die Grundfreiheiten nicht im selben Maß wie die deutschen Grundrechte als subjektive Rechte des Bürgers gegen den Staat konzipiert. Im Gegenteil: Sie sind zunächst objektive Rechtssätze[134], die völkerrechtliche Verpflichtungen für die unterzeichnenden Mitgliedstaaten erzeugen[135] und deren Verwirklichung im Gemeinschaftsinteresse liegt. Die Tatsache, daß der einzelne aus ihnen Rechte ableiten und gegenüber dem Mitgliedstaat durchsetzen kann, dient gerade dieser möglichst weitgehenden Durchsetzung der Grundfreiheiten. Insoweit ist es umgekehrt wie bei den deutschen Grundrechten: dort dient die objektive Funktion der Grundrechte der subjektiven Funktion[136]; im Gemeinschaftsrecht dient die subjektive Seite der objektiven Seite[137]. Wegen dieses objektiv ausgerichteten Charakters der Grundfreiheiten ist es auch kein Systembruch, wenn sich staatliche Stellen auf sie berufen können.

---

[133] Zur Grundfreiheitsbindung juristischer Personen des öffentlichen Rechts siehe unten zweiter Teil, A. I., S. 64 ff.

[134] Vgl. *Bleckmann*, Europarecht, 6. Aufl. 1997, Rn. 755: „neben objektivem Recht auch subjektive Rechte".

[135] So auch der EuGH, Van Gend en Loos, Slg. 1963, S. 1 (24): „ein Abkommen, das (...) wechselseitige Verpflichtungen zwischen den vertragsschließenden Staaten begründet".

[136] Vgl. BVerfGE 50, 290 (337); *Starck*, in: v.Mangoldt/Klein/Starck (Hrsg.), Kommentar zum GG, Band 1, 4. Aufl. 1999, Art. 1 Abs. 3 Rn. 171 ff.

[137] *Kluth*, AöR 122 (1997), S. 574: „Vorrang der institutionellen vor der individuellen Gewährleistung"; siehe auch oben Fußnote 52: Die subjektive Berechtigung der Unionsbürger ist ein Instrument zur Durchsetzung des (objektiven) Gemeinschaftsrechts.

Denn dies dient gerade der Durchsetzung der Grundfreiheiten gegenüber den Mitgliedstaaten.

Zum zweiten weist das Gemeinschaftsrecht einen weiteren, fundamentalen Unterschied gegenüber dem deutschen Verfassungsrecht auf. Im Verfassungsrecht gibt es grundsätzlich nur zwei Beteiligte, nämlich den Staat und die Bürger, oder, in dem hier interessierenden Fall, den Staat und die juristische Person des öffentlichen Rechts. Im Gemeinschaftsrecht besteht ein Drei-Personen-Verhältnis zwischen Gemeinschaft, Mitgliedstaat und Bürger bzw. zwischen Gemeinschaft, Mitgliedstaat und juristischer Person des öffentlichen Rechts. Es kann dem „gesamtstaatlichen" Interesse zuwiderlaufen, wenn sich eine vom Staat abgeleitete juristische Person des öffentlichen Rechts gegenüber ihrem „Vater Staat" auf Grundrechte oder Grundfreiheiten beruft. Im Verfassungsrecht läßt sich dies kaum rechtfertigen; im Europarecht ist wird dies durch das übergeordnete Interesse der Gemeinschaft gerechtfertigt. Die Anwendung von Grundfreiheiten dient der Durchsetzung einer den widerstreitenden staatlichen Kompetenzträgern übergeordneten[138] Rechtsordnung. Insofern soll der Staat gar nicht frei sein, die Staatsorganisation flexibel an die Entwicklung anzupassen, sondern er hat sich der gemeinschaftsrechtlichen Rechtsordnung anzupassen.

Hinzu kommt, daß auch im Verfassungsrecht eine Berufung auf Grundrechte gerade im Bereich wirtschaftlicher Betätigung noch am ehesten für möglich gehalten wird. Bei den Grundfreiheiten geht es nun ausschließlich um wirtschaftliche Betätigung, wie Art. 48 II a.E. zeigt. Auch dies spricht dafür, die Grundfreiheitsberechtigung juristischer Personen des öffentlichen Rechts nicht weiter zu begrenzen und etwa Gebietskörperschaften davon auszunehmen.

(7) Liberale Wirtschaftsordnung

Fraglich ist allerdings, ob nicht die im Verfassungsrecht genannte Grenze eingehalten werden muß. Sollen also juristische Personen des öffentlichen Rechts unter Berufung auf die Grundfreiheiten ihre innerstaatlichen Kompetenzen ausdehnen oder Kompetenzänderungen abwehren können?

Die Grundfreiheiten sind in erster Linie Diskriminierungsverbote[139]. An einem konkreten Beispiel hieße das, daß sich eine Gemeinde mit Hilfe der Dienstleistungsfreiheit dagegen wehren könnte, wenn ihr die Vermittlung von Wohnungen an Ausländer untersagt wird, während die Wohnungsvermittlung an Inländer erlaubt bleibt.

---

[138] Zum Vorrang des Gemeinschaftsrechts siehe erster Teil, B. III. 2. a)., S. 43.

[139] So z.B. *Bleckmann*, in: Gedächtnisschrift für Christoph Sasse, 1981, S. 674: „im Kern ein Verbot der Diskriminierung nach der Staatsangehörigkeit".

Hier soll keine Kompetenzerweiterung stattfinden, sondern lediglich eine vorhandene Kompetenz diskriminierungsfrei ausgeübt werden können. Insoweit hält sich also die Anwendung der Grundfreiheiten als Diskriminierungsverbote durchaus in den im Verfassungsrecht anerkannten Grenzen[140].

Doch in der Rechtsprechung des EuGH sind die Grundfreiheiten auch Beschränkungsverbote[141]. Damit wäre die Dienstleistungsfreiheit grundsätzlich auch anwendbar, wenn die kommunale Wohnungsvermittlung überhaupt untersagt wird. Die Warenverkehrsfreiheit wäre anwendbar, wenn ein Mitgliedstaat seinen Gemeinden die Produktion und den Verkauf von Wein verbieten wollte. All dies zeigt, daß sich staatliche Untergliederungen mit Hilfe der Grundfreiheiten gegen Beschränkungen ihrer wirtschaftlichen Betätigung durch den eigenen Mitgliedstaat wehren könnten. Sie könnten bereits vorhandene Kompetenzen im Wirtschaftsbereich verteidigen oder ihre Kompetenzen erweitern. Dies widerspricht der Tendenz des EGV, staatliche Eingriffe in das Wirtschaftsgeschehen zurückzudrängen[142]. Im übrigen könnte es dadurch zu problematischen Verschiebungen im Kompetenzgefüge der Mitgliedstaaten kommen. In der Dimension der Grundfreiheiten als Beschränkungsverbote kann es also zu problematischen Konstellationen kommen.

(8) Kriterien für die Grundfreiheitsberechtigung juristischer Personen des öffentlichen Rechts

Aus dem eben Gesagten wird deutlich, daß Kriterien gefunden werden müssen, nach denen die Grundfreiheitsberechtigung juristischer Personen des öffentlichen Rechts gegenüber ihrem Mitgliedstaat beschränkt werden kann. Man könnte dieses Problem dadurch lösen, daß man das Verhältnis zwischen der juristischen Person des öffentlichen Rechts und dem Mitgliedstaat immer als einen rein internen Sachverhalt betrachtet, auch wenn Unionsbürger beteiligt sind. Damit könnten sich also juristische Personen des öffentlichen Rechts nie ihrem eigenen Mitgliedstaat gegenüber auf die Grundfreiheiten berufen.

---

[140] Auch im Verfassungsrecht besteht die Möglichkeit, daß sich juristische Personen des öffentlichen Rechts auf das (rechtsstaatliche) Willkürverbot berufen, dazu unten erster Teil, C. III., S. 62.

[141] Näher dazu unten dritter Teil, A. II., S. 124 ff.

[142] Vgl. v.a. das Beihilferecht, Art. 87 ff. EG; außerdem Art. 4 EG: „offene Marktwirtschaft"; *Bleckmann*, Europarecht, 6. Aufl. 1997, Rn. 748 ff.: „Der EGV geht von der freien Marktwirtschaft aus."; *Müller-Graff*, in: von der Groeben/Thiesing/Ehlermann (Hrsg.), Kommentar zum EUV/EGV, 5. Aufl. 1997, Art. 30 Rn. 1 m.w.N.; *Seidel*, in: Festschrift für Ulrich Everling, Band II, 1995, S. 1394; *Schwemer*, Die Bindung des Gemeinschaftsgesetzgebers an die Grundfreiheiten, 1995, S. 202 f., spricht von einer eingeschränkten Systementscheidung zugunsten der Marktwirtschaft.

Andererseits wurde deutlich, daß die Anwendung der Grundfreiheiten als strikte Diskriminierungsverbote unproblematisch ist. Denkbar wäre es also, die Grundfreiheiten im Verhältnis juristischer Personen des öffentlichen Rechts zu ihrem Mitgliedstaat auf bloße Verbote offener Diskriminierungen zu reduzieren. Allerdings würde dies der ansonsten anerkannten Dogmatik der Grundfreiheiten widersprechen[143].

Vorzuziehen ist deshalb eine Lösung, die auf der Rechtfertigungsebene ansetzt. Dabei kann man wiederum einen Gedanken aus dem deutschen Verfassungsrecht fruchtbar machen. Wie oben beschrieben, steht einer kompetenzbegründenden Grundrechtsberechtigung juristischer Personen des öffentlichen Rechts der Vorrang der staatlichen Organisationsgewalt entgegen. Es bietet sich an, die staatliche Organisationsgewalt im Bereich der Grundfreiheiten als zwingendes Erfordernis i.S.d. der Cassis-Rechtsprechung anzusehen. Dieser Rechtfertigungsgrund greift, wie im Rahmen der Cassis-Rechtsprechung üblich, nicht gegenüber (offenen) Diskriminierungen, sondern nur gegenüber versteckten Diskriminierungen und spezifischen Beschränkungen[144]. Dies ist in diesem Fall auch sinnvoll, da, wie gerade gesehen, die Anwendung der Grundfreiheiten als (strikte) Diskriminierungsverbote bei juristischen Personen des öffentlichen Rechts unproblematisch ist. Soweit es um die Grundfreiheiten als Beschränkungsverbote geht, können sich die Mitgliedstaaten darauf berufen, daß sie die Organisationsgewalt gegenüber den von ihnen abgeleiteten juristischen Personen besitzen. Hier ist den Mitgliedstaaten ein weiter Einschätzungsspielraum zu gewähren. Letztlich sollte es deshalb nur in Ausnahmefällen möglich sein, daß sich juristische Personen des öffentlichen Rechts gegenüber ihrem eigenen Mitgliedstaat erfolgreich auf die Grundfreiheiten als Beschränkungsverbote berufen können[145]. Insoweit ist durch die Grundfreiheitsberechtigung juristischer Personen des öffentlichen Rechts auch keine Versteinerung des innerstaatlichen Kompetenzgefüges zu befürchten[146].

---

[143] Siehe dazu dritter Teil, A. II., S. 124 ff.

[144] Zur Cassis-Rechtsprechung bei Art. 28 EG bzw. ihrer Entsprechung bei den anderen Grundfreiheiten näher unten fünfter Teil, A. II. 1., S. 192 ff.

[145] Man kann diese Konstruktion bis zu einem gewissen Punkt mit der aus dem Verfassungsrecht bekannten Figur des Sonderstatusverhältnisses oder besonderen Gewaltverhältnisses (dazu allgemein *Loschelder*, in: Isensee/Kirchhof [Hrsg.], Handbuch des Staatsrechts, Band V, 2. Aufl. 2000, § 123) vergleichen: Die Grundfreiheiten gelten grundsätzlich, aber wegen des besonderen Näheverhältnisses zwischen Staat und juristischer Person des öffentlichen Rechts bestehen besondere Einschränkungsmöglichkeiten. Vgl. dazu *Stern*, Das Staatsrecht der Bundesrepublik Deutschland, Band III/1, 1988, S. 1376: *„Die staatsgerichtete Schutzfunktion der Grundrechte bleibt prinzipiell unangetastet, aber die Grundrechtsnormen dürfen die besonderen Gewaltverhältnisse auch nicht funktionsunfähig machen.“*

[146] *Bleckmann*, Gedächtnisschrift für Christoph Sasse, 1981, S. 676.

(9) Ergebnis

Juristische Personen des öffentlichen Rechts können sich gem. Art. 48 EG auf die Grundfreiheiten berufen. Dabei ist zwischen zwei Konstellationen zu unterscheiden: Die juristische Person des öffentlichen Rechts kann die Grundfreiheiten entweder gegenüber einem fremden Mitgliedstaat oder gegenüber dem eigenen Mitgliedstaat geltend machen.

In beiden Konstellationen werden alle juristischen Personen des öffentlichen Rechts erfaßt, inkl. Gebietskörperschaften, soweit sie wirtschaftlich tätig werden. In der ersten Konstellation gelten sonst keine Besonderheiten. In der zweiten Konstellation hingegen ist zu beachten, daß der Mitgliedstaat die Organisationsgewalt über die von ihm abgeleiteten juristischen Personen besitzt; dies rechtfertigt in weitem Umfang Beschränkungen ihrer Wirtschaftstätigkeit[147]. Diskriminierungen müssen allerdings genauso gerechtfertigt werden wie bei anderen juristischen oder natürlichen Personen auch.

Zudem ist in der zweiten Konstellation das Vorliegen einer „grundfreiheitstypischen Gefährdungslage" zu verneinen (und damit die Grundfreiheitsberechtigung überhaupt), wenn die juristische Person des öffentlichen Rechts die jeweilige Grundfreiheitsbeeinträchtigung selbst beseitigen kann (etwa aufgrund innerstaatlicher Normsetzungskompetenzen).

2. Arbeitnehmerfreizügigkeit

Art. 48 EG gilt unmittelbar nur für die Niederlassungs- und die Dienstleistungsfreiheit. Bei der Arbeitnehmerfreizügigkeit fehlt eine vergleichbare Regelung; dies ist insofern verständlich, als Arbeitnehmer nur natürliche Personen sein können[148]. Arbeitgeber können allerdings sehr wohl Personenmehrheiten sein. Die Ausdehnung des Art. 39 EG auf Arbeitgeber wäre wenig sinnvoll, wenn nicht auch Gesellschaften als Arbeitgeber in Frage kämen. Tatsächlich war auch im „Clean Car Autoservice"-Fall Arbeitgeberin eine österreichische Ges.m.b.H.

Es liegt nahe, die Regelungslücke bei Art. 39 ff. EG durch einen Rückgriff auf Art. 48 EG zu schließen. Es ist kein Grund ersichtlich, weshalb für grundfreiheitsberechtigte Arbeitgeber insoweit andere Regelungen gelten sollten als bei der Niederlassungs- und Dienstleistungsfreiheit. Art. 48 EG ist also analog he-

---

[147] Ein ähnlicher Gedanke findet sich bei *Nettesheim*, NVwZ 1996, S. 345: Seiner Ansicht nach werden freizügigkeitsbehindernde Regelungen (im Bereich der Art. 39 und 43 EG) tatbestandlich nicht erfaßt, wenn sie Teil des „wirtschaftlichen Ordnungsrahmens" sind; allerdings bezieht *Nettesheim* das nicht (nur) auf die juristischen Personen des öffentlichen Rechts.

[148] Vgl. *Kingreen*, Die Struktur der Grundfreiheiten des Europäischen Gemeinschaftsrechts, 1999, S. 81.

ranzuziehen[149]; damit gelten die oben gemachten Ausführungen über juristische Personen auch für Arbeitgeber. Insbesondere sind auch juristische Personen des öffentlichen Rechts berechtigt, als Arbeitgeber von Art. 39 EG zu profitieren; dies ist angesichts der großen Rolle, die die öffentliche Hand als Arbeitgeberin spielt, nicht unwichtig[150]. Es könnte sich also z. B. ein deutsches Bundesland dagegen wehren, wenn ihm bundesrechtlich die Einstellung von Lehrern aus anderen EU-Staaten verboten wird; und eine Gemeinde könnte sich dagegen wehren, wenn sie keinen Standesbeamten aus einem anderen Mitgliedstaat einstellen dürfte[151].

3. Warenverkehrsfreiheit

Auch bei Art. 28 ff. EG fehlt eine dem Art. 48 EG vergleichbare Regelung. Fraglich ist allerdings, ob Art. 48 EG hier ebenfalls analog angewandt werden kann. Dagegen spricht die Begrenzung des Art. 48 EG auf „innergemeinschaftliche" juristische Personen. Art. 28 EG ist personal nicht auf Unionsbürger begrenzt[152]. Es ist insoweit auch nicht einzusehen, weshalb er im Bereich der juristischen Personen auf innergemeinschaftliche Gesellschaften beschränkt werden sollte.

Es fragt sich überdies, ob eine analoge Anwendung des Art. 48 EG überhaupt notwendig ist. Wie schon mehrfach betont, ist Art. 28 EG eine Produktverkehrsfreiheit; ihr persönlicher Schutzbereich ist nur durch den sachlichen Schutzbereich begrenzt. Das heißt, daß jeder, der an einer Warentransaktion i.S.d. Art. 28 EG unmittelbar beteiligt ist, auch den Schutz des Art. 28 EG in Anspruch nehmen kann, gleichgültig ob es sich dabei um eine inländische oder ausländische, juristische oder natürliche Person handelt[153]. Bei juristischen Personen des öffentlichen Rechts kann sich allerdings der Mitgliedstaat auf die staatliche Organisationsgewalt als zwingendes Erfordernis berufen; dies ist insoweit kein Widerspruch, da dadurch nicht die Grundfreiheitsberechtigung eingeschränkt wird

---

[149] Die Tatsache, daß sich auch Personenmehrheiten auf Art. 39 EG berufen können, führt übrigens nicht dazu, daß beispielsweise Gewerkschaften grundfreiheitsberechtigt werden; sie sind (als Organisation) weder Arbeitnehmer noch Arbeitgeber (ausgenommen natürlich der Fall von Gewerkschaftsmitarbeitern).

[150] Hierbei ist allerdings Art. 39 IV EG zu beachten.

[151] Wobei damit gerade für den letzteren Fall nichts über die materiellen Erfolgsaussichten eines derartigen Vorgehens gesagt werden sollte.

[152] Siehe oben erster Teil, A. III. 1. d)., S. 18.

[153] A.A. *Kingreen*, Die Struktur der Grundfreiheiten des Europäischen Gemeinschaftsrechts, 1999, S. 79 ff., der den persönlichen Anwendungsbereich bei natürlichen Personen auf Unionsbürger begrenzt und bei juristischen Personen (konsequenterweise) Art. 48 EG analog anwendet.

(was der Unbegrenztheit des Art. 28 EG widerspräche), sondern nur der (ohnehin offene) Katalog der zwingenden Erfordernisse ergänzt wird.

B. Die Berechtigten der Berufsfreiheit

I. Schutz von Arbeitnehmern und Selbständigen

Zunächst ist festzustellen, daß die Berufsfreiheit, ebenso wie die Grundfreiheiten, Arbeitnehmer und Selbständige schützt[154]. Anders als bei den Grundfreiheiten wird aber nicht zwischen verschiedenen Tätigkeiten unterschieden: Geschützt ist jeder, der eine auf Dauer angelegte Tätigkeit zur Schaffung und Erhaltung einer Lebensgrundlage[155] ausübt (bzw. ausüben will). Insofern entfallen die Abgrenzungsprobleme, wie sie bei den Grundfreiheiten auftreten[156].

Die von der Ausbildungsfreiheit in Art. 12 I GG erfaßten Personen sollen für den Vergleich mit den Grundfreiheiten nicht weiter interessieren.

II. Schutz der Vertragspartner

1. Schutz über Art. 12 I GG

Die von den Grundfreiheiten jeweils geschützten Vertragspartner werden größtenteils nicht von Art. 12 I GG erfaßt. Die Berufsfreiheit schützt grundsätzlich nicht Käufer oder Dienstleistungsempfänger, sofern der Kauf oder der Dienstleistungsempfang nicht Teil einer Berufsausübung ist. Die allgemeine wirtschaftliche Betätigungsfreiheit, insbesondere die Vertragsfreiheit, fällt nicht unter Art. 12 I GG, sondern unter Art. 2 I GG[157]. Im Gegensatz zu den Grundfreiheiten schützt die Berufsfreiheit also nur die berufsspezifische Betätigung von Arbeitnehmern und Selbständigen.

Nur im Bereich der Arbeitnehmerfreizügigkeit nähert die Ausweitung der Grundfreiheitsberechtigung auf die Arbeitgeber den personalen Schutzbereich der Grundfreiheiten dem der Berufsfreiheit an, denn der Abschluß von Arbeitsverträgen durch Arbeitgeber ist von der Berufsfreiheit geschützt[158].

---

[154] BVerfGE 7, 377, 398 f.; *Gubelt*, in: v.Münch/Kunig (Hrsg.), Kommentar zum GG, Band 1, 5. Aufl. 2000, Art. 12 Rn. 17.

[155] So die gängige Definition des Berufs, BVerfGE 7, 377 (397).

[156] Vgl. oben erster Teil, A. I. 2., S. 4 ff.

[157] Die Abgrenzung zwischen Art. 12 I GG und Art. 2 I GG kann im Einzelfall schwierig sein, und ist umstritten, vgl. *Tettinger*, in: Sachs (Hrsg.), Kommentar zum GG, 2. Aufl. 1999, Art. 12 Rn. 162.

[158] Arbeitsverträge sind berufsbezogene Verträge; diese werden von Art. 12 I GG erfaßt, vgl.

2. Schutz der Vertragspartner über Art. 2 I GG

Die bei den Grundfreiheiten jeweils geschützten Vertragspartner sind also zumeist nicht von Art. 12 I GG erfaßt, sondern nur von Art. 2 I GG. Dennoch ist fraglich, ob sie über Art. 2 I GG nicht denselben Schutz erlangen können wie über Art. 12 I GG.

Allerdings muß man hier zwei problematische Konstellationen auseinanderhalten. Wenn man von dem Beispiel der Arzt – Patienten – Beziehung ausgeht, dann können zwei verschiedene Grundprobleme auftauchen: Dem Arzt wird untersagt, einen bestimmten Patienten zu behandeln, oder dem Patienten wird verboten, einen bestimmten Arzt aufzusuchen. Im ersten Fall handelt es sich eindeutig um einen Eingriff in die Berufsfreiheit des Arztes, und im zweiten Fall eindeutig um einen Eingriff in die allgemeine Handlungsfreiheit des Patienten. Im folgenden soll untersucht werden, ob der Patient in diesem Fall nur durch die Maßstäbe des Art. 2 I GG geschützt wird, oder ob ihm auch der intensivere Schutz des Art. 12 I GG zugute kommt. Darüber hinaus zeigt der Fall aber auch noch eine weitere Problematik auf: Wenn man beide Konstellationen (Verbot an den Arzt, Patienten zu behandeln, bzw. Verbot an den Patienten, vom Arzt behandelt zu werden) aus der Sicht des Arztes betrachtet, dann ist der Effekt jeweils der Gleiche. Fraglich ist deshalb auch, ob der Arzt nur in der ersten Konstellation, oder aber auch in der zweiten Konstellation (in der er nicht Adressat des Verbotes ist) einen Eingriff in seine Berufsfreiheit rügen kann[159]. Dieses Problem ist allerdings dem Eingriffsbegriff zuzuordnen und später zu behandeln[160].

Einen der Berufsfreiheit vergleichbaren Schutz könnte man im ersten Fall über eine konsequente Anwendung der sog. „Elfes-Konstruktion" erreichen.

a) Die Elfes-Rechtsprechung

Das Bundesverfassungsgericht hat im sog. „Elfes-Urteil" entschieden, daß über Art. 2 I GG die allgemeine Handlungsfreiheit geschützt wird[161]. Diesem weiten Schutzbereich entspricht auf der Rechtfertigungsebene ein ebenso weiter Schrankenbereich. Die Schranke der verfassungsmäßigen Ordnung umfaßt daher nach Ansicht des Verfassungsgerichts die „Gesamtheit der Normen, die formell

---

Breuer, in: Isensee/Kirchhof (Hrsg.), Handbuch des Staatsrechts, Band VI, 2. Aufl. 2001, § 147 Rn. 63; die Abgrenzung zur allgemeinen Vertragsfreiheit ist allerdings strittig; vgl. auch *Löwisch/Schwerdle*, JZ 1992, S. 917.

[159] Umgekehrt stellt sich das Problem natürlich genauso für den Patienten: Kann dieser das an seinen Arzt gerichtete Verbot angreifen?

[160] Siehe dazu vierter Teil, B. II. 1. a), S. 165 ff.

[161] BVerfGE 6, 32 (36 ff.); bestätigt in BVerfGE 80, 137 ff.

und materiell der Verfassung gemäß sind"[162]. Zusammengefaßt ist also Art. 2 I GG das „Grundrecht des Bürgers, nur aufgrund solcher Vorschriften mit einem Nachteil belastet zu werden, die formell und materiell der Verfassung gemäß sind"[163]. Dies führt zu einer umfassenden Verfassungsmäßigkeitsprüfung einer Norm, wenn ein durch sie belasteter Bürger eine (zulässige) Verfassungsbeschwerde erhebt[164].

b) Konsequenz

Dies könnte für die „Vertragspartner-Fälle" eine interessante Konsequenz haben: Wenn also, um das oben genannte Beispiel aufzugreifen, einem Patienten die Behandlung bei einem bestimmten Arzt verboten wird, dann ist dies ein Eingriff in seine allgemeine Handlungsfreiheit aus Art. 2 I GG[165]. Fraglich ist nun, ob dieser gerechtfertigt ist. Dazu müßte das Verbot auf einer Norm beruhen, welche, gemäß der oben genannten Elfes-Rechtsprechung, formell und materiell mit der Verfassung im Einklang steht. Diese Norm würde aber dann nicht mit der Verfassung im Einklang stehen, wenn sie gegen Art. 12 I GG verstößt. Verletzt also die Norm die Berufsfreiheit des Arztes, so verstößt sie gegen das Grundgesetz[166]. Eine Norm jedoch, die gegen das Grundgesetz verstößt, kann nicht wirksam die allgemeine Handlungsfreiheit des Patienten einschränken; sie verstößt damit gegen das Recht des Patienten aus Art. 2 I GG.

c) Diskussion

Die eben dargestellte Lösung ist umstritten. Es geht, allgemein gesprochen, um das Problem, ob ein Grundrechtsträger über Art. 2 I GG Verstöße gegen Grund-

---

[162] BVerfGE 6, 32 (3. Leitsatz); vgl. dazu schon *Jellinek*, System der subjektiven öffentlichen Rechte, 2. Aufl. 1905, S. 103: *„Alle Freiheit ist einfach die Freiheit von gesetzwidrigem Zwange."*

[163] BVerfGE 29, 402 (408).

[164] Vgl. zur sog. Elfes-Konstruktion *Erichsen*, in: Isensee/Kirchhof (Hrsg.), Handbuch des Staatsrechts, Band VI, 2. Aufl. 2001, § 152 Rn. 43 ff.; *J. Ipsen*, Staatsrecht II, 3. Aufl. 2000, Rn. 736 ff. Es ist allerdings darauf hinzuweisen, daß die umfassende Verfassungsmäßigkeitsprüfung einer grundrechtseinschränkenden Norm keine eigentliche Besonderheit des Art. 2 I GG ist, sondern in gleicher Weise z.B. bei einer Art. 12 I GG einschränkenden Norm vorzunehmen ist, vgl. BVerfGE 13, 181 (190); allgemein dazu *Schwabe*, DÖV 1973, S. 623 ff.

[165] Ausnahmsweise wäre auch eine Verletzung von Art. 2 II S. 1 GG denkbar; dies ist allerdings für die Lösung des grundsätzlichen Problems nicht relevant und soll deshalb nicht weiter verfolgt werden.

[166] Hier kommt es, wie oben angedeutet, darauf an, ob man das an den Patienten gerichtete Verbot überhaupt als Eingriff in die Berufsfreiheit des Arztes ansehen kann; dies ist zu bejahen, siehe vierter Teil, B. II. 1. a), S. 165 ff.

rechte rügen kann, welche ihm selbst gar nicht zustehen. Dieser Ansatz soll zur Vereinfachung im folgenden als Drittgrundrechtstheorie bezeichnet werden.

(1) Rechtsprechung

Die Rechtsprechung des Bundesverfassungsgerichts zu dieser Problematik ist uneinheitlich. In dem oben bereits zitierten Ladenschluß-Urteil[167] geht das Gericht bei der Prüfung des Verstoßes gegen die Handlungsfreiheit der Kunden mit keinem Wort auf die Berufsfreiheit der Händler ein. In später ergangenen Urteilen wendet das Bundesverfassungsgericht hingegen die Drittgrundrechtstheorie an (freilich ebenfalls, ohne sich näher damit auseinanderzusetzen)[168].

Eine dezidierte Aussage gegen die Drittgrundrechtstheorie findet sich in der Leiharbeiter-Entscheidung von 1987[169]. Darin wird es als unzulässig angesehen, daß sich die Verleihunternehmer auf die Verletzung der Grundrechte der Leiharbeitnehmer und der Entleiher berufen, um die eigene Grundrechtsverletzung (unterstützend) zu begründen. In gleicher Weise wird es den Entleihern verwehrt, die Grundrechtsverletzung der Verleihunternehmer bzw. der Leiharbeitnehmer geltend zu machen. Die Unzulässigkeit ergibt sich aus Sicht des Gerichts daraus, daß insoweit nicht die Verletzung „eigener subjektiver Verfassungsrechte" in Rede stehe[170].

1992 erfolgte dann eine (erneute) Wende in der Rechtsprechung. Das Bundesverfassungsgericht hatte über eine Verfassungsbeschwerde einer Arbeitgeberin zu entscheiden, welche gegen das Nachtarbeitsverbot für Arbeiterinnen verstoßen hatte[171]. Die Arbeitgeberin machte (erfolgreich) geltend, daß dieses Nachtarbeitsverbot gegen die Rechte der Arbeiterinnen aus Art. 3 I und III GG verstoße und deshalb sie selbst (zumindest) in ihrer allgemeinen Handlungsfreiheit verletze. Das Gericht folgte dieser Argumentation und gab seine Rechtsprechung aus der Leiharbeitnehmerentscheidung ausdrücklich auf[172]. Allerdings machte das Gericht die Einschränkung, daß eine Beeinträchtigung der allgemeinen Handlungsfreiheit „jedenfalls" in einer Vorschrift liege, welche den Bürger „zur diskriminierenden Behandlung Dritter zwingt"[173]. Das Verfassungsgericht

---

[167] BVerfGE 13, 230 (232 ff.).

[168] BVerfGE 20, 220 (235); 34, 165 (200); 38, 312 (320); 54, 251 (272 f.); interessant auch BVerfGE 61, 82 (112 f.) (Sasbach): Hier entschied das Gericht zwar, daß der Gemeinde Art. 14 I GG nicht zustehe; aber es prüfte dennoch, ob Grundrechte anderer verletzt wurden.

[169] BVerfGE 77, 84 (101 f.)

[170] BVerfGE 77, 84 (101); ähnlich auch BVerfGE 70, 1 (35).

[171] BVerfGE 85, 191 ff.

[172] BVerfGE 85, 191 (205 f.).

[173] BVerfGE 85, 191 (206).

erkannte also die Drittgrundrechtstheorie nur für den zu entscheidenden Fall an, vermied aber eine allgemeine Aussage.

In einer neueren Entscheidung läßt das Gericht die Frage offen. Beim Urteil (des ersten Senats) über die Haftungsfolgen bei fehlgeschlagener Sterilisation[174], welche aus anderen Gründen für heftige Diskussionen sorgte[175], rügte der klagende Arzt unter anderem einen Verstoß gegen die Menschenwürde der Kinder, deren Geburt als Schaden betrachtet würde. Damit berief sich der Arzt also auf die Grundrechte Dritter. Der erste Senat behalf sich damit, daß er auf die Qualität von Art. 1 I GG als „tragendes Konstitutionsprinzip" verwies, dessen Verletzung also jedenfalls geltend gemacht werden könne[176].

Insgesamt ist die Rechtsprechung des Bundesverfassungsgerichts wenig eindeutig. Sie taugt weder zur generellen Ablehnung noch zur allgemeinen Befürwortung der Drittgrundrechtstheorie.

(2) Literatur

In der Literatur wird die Problematik kontrovers diskutiert. Einige Autoren sprechen sich mehr oder weniger pauschal für oder gegen die Drittgrundrechtstheorie aus, indem sie entweder auf befürwortende oder auf ablehnende Urteile des Bundesverfassungsgerichts verweisen[177].

Eine ausführliche Ablehnung der Drittgrundrechtstheorie findet sich bei *Alexy*[178]. Er stellt die (entscheidende) Frage, ob es einen hinreichenden Grund gibt, Kompetenznormen (deren Verletzung im Rahmen des Art. 2 I GG nach herrschender Meinung geprüft werden kann) und Grundrechte Dritter unterschiedlich zu behandeln. Dieser hinreichende Grund besteht nach *Alexys* Ansicht darin, daß Kompetenznormen „in einem abstrakten Sinn" freiheitsschützenden Charakter haben, welcher relativ auf das allgemeine Freiheitsrecht eines jeden bezogen sei. Grundrechte Dritter seien aber nicht relativ auf die allgemeine Handlungsfreiheit freiheitsschützend[179].

Dem kann nicht gefolgt werden. Es ist nicht einzusehen, weshalb ein Bürger einen Verstoß z. B. gegen das Bundesstaatsprinzip oder gegen das ordnungsgemäße Zustandekommen von Gesetzen rügen kann, aber einen Verstoß gegen die

---

[174] BVerfGE 96, 375 ff.

[175] Stichwort: „Krieg der Richter", dazu *Sangmeister*, JuS 1999, S. 21 ff.

[176] BVerfGE 96, 375 (398).

[177] Dafür *Stern*, in: Dolzer/Vogel (Hrsg.), Bonner Kommentar zum GG, Art. 93 Rn. 673 a.E. unter Verweis auf BVerfGE 34, 165 (200); dagegen *Jarass*, in: Jarass/Pieroth, Kommentar zum GG, 5. Aufl. 2000, Art. 2 Rn. 23, unter Verweis auf BVerfGE 77, 84 (101).

[178] *Alexy*, Theorie der Grundrechte, 1985, S. 353 ff.

[179] *Alexy*, Theorie der Grundrechte, 1985, S. 354.

Grundrechte seines Vertragspartners nicht[180]. Es ist auch nicht richtig, daß mit der Drittgrundrechtstheorie ein „materiell nicht Betroffener gegen die Verletzung von Grundrechten eines materiell Betroffenen vorgehen könnte“[181]. Denn die hier dargestellte Drittgrundrechtstheorie führt nicht zu einer Popularklage: Voraussetzung für die Verfassungsbeschwerde ist und bleibt, daß die in Rede stehende staatliche Maßnahme in die allgemeine Handlungsfreiheit des Bürgers eingreift[182]. Wenn sie das tut, so muß sie verfassungsgemäß sein[183]; dies ist die Grundaussage der sog. „Elfes-Konstruktion“. Wenn die Norm nun Grundrechte eines anderen Bürgers verletzt, dann ist sie verfassungswidrig; sie kann deshalb nicht als Grundlage für den Eingriff in die allgemeine Handlungsfreiheit dienen[184].

(3) Ergebnis

Damit bleibt festzuhalten, daß derjenige, in dessen wirtschaftliche Betätigungsfreiheit aus Art. 2 I GG eingegriffen wird, eine eventuelle Verletzung der Berufsfreiheit seines Vertragspartners geltend machen kann. Der Patient, der seinen Arzt nicht aufsuchen darf, kann also über Art. 2 I GG letztlich den Verstoß gegen die Berufsfreiheit des Arztes rügen; der Käufer, der von einem Kaufverbot betroffen ist, kann über Art. 2 I GG eine Verletzung der Berufsfreiheit des Händlers überprüfen lassen; der Arbeitgeber, der einen bestimmten Arbeitnehmer nicht einstellen darf, kann über Art. 12 I GG[185] nicht nur den Verstoß gegen die eigene Berufsfreiheit, sondern auch den Verstoß gegen die Berufsfreiheit des Arbeitnehmers geltend machen[186].

---

[180] *Alexy* widerspricht sich hier letztlich selbst: Die Grundrechte haben seiner Ansicht nach den Zweck, einen „freiheitlichen Gesamtzustand zu sichern, von dem alle profitieren“, aber nicht den Zweck, „individuelle grundrechtliche Positionen anderer Grundrechtsträger zu schaffen“ (aaO., S. 355). Doch mit Kompetenznormen verhält es sich genauso: auch sie sollen nicht individuelle grundrechtliche Positionen schaffen, sondern einen freiheitlichen Gesamtzustand sichern. Die individuelle grundrechtliche Position, um die es geht, ist immer die des Art. 2 I GG. Zur Kritik an *Alexy* (und Befürwortung der Drittgrundrechtstheorie) vgl. auch *Sachs*, BayVBl. 1990, S. 389, Fußnote 51.

[181] So jedoch *Alexy*, Theorie der Grundrechte, 1985, S. 355.

[182] So auch *Bethge*, VVDStRL 57 (1998), S. 25.

[183] *Hutzelmann*, Die prozessuale Bedeutung des Elfes-Urteils des Bundesverfassungsgerichts, 1970, sieht daher die Drittgrundrechtstheorie aus dem Prinzip des Vorrangs der Verfassung gerechtfertigt, siehe S. 71 ff., insbesondere S. 73.

[184] So auch *Kunig*, in: v.Münch/Kunig (Hrsg.), Kommentar zum GG, Band 1, 5. Aufl. 2000, Art. 2 Rn. 23 a.E.; für die „Drittgrundrechtstheorie“ auch *Bleckmann*, Staatsrecht II, 4. Aufl. 1997, § 11 Rn. 168 (S. 319 f.), der dies der Funktion der Grundrechte als objektive Rechtssätze zuordnet.

[185] Vgl. oben Fußnote 158.

[186] Dies hat übrigens noch eine weitere Konsequenz: Bei der Frage der Angemessenheit des

Folglich sind im deutschen Verfassungsrecht die Vertragspartner des Berufsfreiheitsberechtigten ebenso geschützt wie im Gemeinschaftsrecht die Vertragspartner der Grundfreiheitsberechtigten. Der Unterschied besteht lediglich darin, daß die Vertragspartner im Gemeinschaftsrecht unmittelbar in den persönlichen Schutzbereich der Grundfreiheiten einbezogen werden, während die Vertragspartner im Verfassungsrecht nur mittelbar, nämlich auf dem Umweg über Art. 2 I GG, von der Berufsfreiheit profitieren.

Auch das Problem der „konkreten Dienstleistungsbeziehung"[187] findet seine Entsprechung im Verfassungsrecht: Hier kann eine auf Art. 2 I GG gestützte Verfassungsbeschwerde nur erhoben werden, wenn der Bürger selbst, gegenwärtig und unmittelbar betroffen ist; und materiell sind bloße Belästigungen von Eingriffen in die allgemeine Handlungsfreiheit abzugrenzen[188]. Bei allen Unterschieden im Detail dienen diese Ansätze im Gemeinschaftsrecht wie im Verfassungsrecht dazu, Popularklagen zu verhindern.

III. Das Staatsangehörigkeitserfordernis

Ebenso wie Art. 39, 43 und 49 EG ist die Berufsfreiheit im Grundgesetz nicht als Menschenrecht ausgestaltet. Sie ist Deutschen vorbehalten und wird deshalb auch als Deutschen- oder Bürgerrecht bezeichnet[189].

Fraglich ist allerdings, ob diese Begrenzung auf Deutsche mit Gemeinschaftsrecht, insbesondere mit den gemeinschaftsrechtlichen Diskriminierungsverboten, vereinbar ist.

1. Darstellung des Meinungsstandes

Das Verhältnis zwischen Art. 12 I GG und dem Gemeinschaftsrecht ist höchst umstritten.

a) „Wortlaut-Theorien"

Die zumindest früher herrschende Meinung ging davon aus, daß sich Staatsangehörige anderer Mitgliedstaaten (im folgenden EU-Ausländer genannt) aufgrund des eindeutigen Wortlauts nicht auf Art. 12 I GG berufen können, und daß

Eingriffs in Grundrechte sind nicht nur jeweils isoliert die Grundrechte des Einzelnen gegen den mit der Norm verfolgten Zweck abzuwägen, sondern alle von der Norm eingeschränkten Grundrechte sind insgesamt mit dem Normzweck abzuwägen; für diese Gesamtabwägung *Schwabe*, Probleme der Grundrechtsdogmatik, 1977, S. 384 ff.

[187] Dazu oben erster Teil, A. II. 1. c) (2), S. 8.

[188] Zum Eingriffsbegriff siehe vierter Teil, B., S. 163 ff.

[189] *J. Ipsen*, Staatsrecht II, 3. Aufl. 2000, Rn. 51, hält den Begriff Deutschengrundrecht für verunglückt.

dies weder verfassungsrechtlich noch gemeinschaftsrechtlich zu beanstanden sei[190]. Teilweise wurde das Problem in der Literatur zu Art. 12 I GG überhaupt nicht angesprochen[191]; teilweise sind die Aussagen nicht ganz eindeutig[192]. Manche Autoren schließlich sprechen sich dezidiert gegen eine Erstreckung von Art. 12 I GG (bzw. anderen Deutschen-Grundrechten) auf EU-Ausländer aus[193]. Es wird die Ansicht vertreten, es bestehe überhaupt keine Kollision mit Gemeinschaftsrecht, so daß aus diesem Grund kein Anlaß bestünde, EU-Ausländer an dem Deutschen vorbehaltenen Grundrechtsschutz teilhaben zu lassen[194]. Die Meinung, daß Art. 12 I GG dem Gemeinschaftsrecht schlicht vorgehe, wird, soweit ersichtlich, nicht vertreten[195].

Eine wichtige Untergruppe dieser Lehre, die den Art. 12 I GG unangetastet lassen will, versucht, eine Lösung über Art. 2 I GG zu finden. Ausgangspunkt dieser Überlegungen ist die allgemeine Rechtsstellung der Ausländer bezüglich der Berufsfreiheit. Nach herrschender Meinung können sich nämlich Ausländer zwar nicht auf Art. 12 I GG, aber auf Art. 2 I GG berufen[196]. Art. 2 I GG entfal-

---

[190] Allgemein zu den Deutschen-Grundrechten: *Bauer/Kahl*, JZ 1995, S. 1077 ff.; *Pieroth/Schlink*, Staatsrecht II, 17. Aufl. 2001, Rn. 108; *Starck*, in: v.Mangoldt/Klein/Starck (Hrsg.), Kommentar zum GG, Band 1, 4. Aufl. 1999, Art. 1 III Rn. 185; *Störmer*, AöR 123 (1998), S. 541 ff.

[191] So z.B. *Tettinger*, AöR 108 (1983), S. 104; *Erichsen*, Jura 1980, S. 552.

[192] So z.B. *Rittstieg*, in: Azzola u.a. (Mitverf.), Alternativkommentar zum GG, Band 1, 2. Aufl. 1989, Art. 12 Rn. 164: *„Für EWG-Angehörige treten anstelle des Grundrechtes die Freizügigkeit und die Niederlassungsfreiheit in Verbindung mit dem Diskriminierungsverbot aus Art. 7 EWGV [jetzt Art. 12 EG]."* *Robbers*, in: Benda/Maihofer/Vogel (Hrsg.), Handbuch des Verfassungsrechts, 2. Aufl. 1995, § 11 Rn. 68 und Fußnote 74, spricht von „privilegierten Ausländern" und verweist pauschal auf „die Gleichstellung nach europäischem Gemeinschaftsrecht", ohne darauf einzugehen, wie sich diese auswirkt.

[193] *Isensee*, in: Isensee/Kirchhof (Hrsg.), Handbuch des Staatsrechts, Band V, 2. Aufl. 2000, § 118, Rn. 47: „Das supranationale Recht [...] vermittelt [...] keinen nationalen Grundrechtsstatus." Vgl. auch die in Fußnote 190 genannten Autoren.

[194] So *Quaritsch*, in: Isensee/Kirchhof (Hrsg.), Handbuch des Staatsrechts, Band V, 2. Aufl. 2000, § 120, Rn. 40 für das Verhältnis von Art. 19 III GG und Art. 12 EG; *Bethge*, Die Grundrechtsberechtigung juristischer Personen nach Art. 19 Abs. 3 GG, 1985, S. 56 ff.; auch *Störmer*, AöR 123 (1998), S. 541 ff. (zusammenfassend S. 574 f.) verneint eine Kollision.

[195] Diese Meinung läge allerdings in der Konsequenz der Ansicht von *Scholz*, DÖV 2000, S. 419 f. Dieser geht davon aus (aaO., S. 420), daß der EuGH *„für die Anwendung [...] [von Gemeinschaftsrecht] nur soweit zuständig ist, wie er hierbei nicht gegen nationales Verfassungsrecht [...] verstößt."* Seine zugrunde liegende Ansicht (aaO., S. 419), daß *„das europäische Gemeinschaftsrecht auch im Lichte der jeweiligen nationalen Verfassungsordnung und der jeweiligen Zustimmungsgesetze – bis hin zu den entsprechenden Beteiligungen der Mitgliedstaaten in den Organen der EU - verfassungskonform zu interpretieren"* sei, entspricht allerdings nicht dem Stand der Rechtsentwicklung in der EG. Vgl. dazu unten erster Teil, B. III. 2. a), S. 43.

[196] BVerfGE 78, 179 (196 f.); *Stern*, Das Staatsrecht der Bundesrepublik Deutschland, Band

tet also insoweit seine Auffangfunktion, gewährt allerdings einen substantiell geringeren Schutz als Art. 12 I GG[197]. Bei EU-Ausländern sei es nun aufgrund des Diskriminierungsverbotes zwingend geboten, den von Art. 2 I GG gewährten Grundrechtsschutz (im Anwendungsbereich des Gemeinschaftsrechts) demjenigen anzugleichen, den Deutsche über Art. 12 I GG genießen[198]. Dadurch werde gewährleistet, daß EU-Ausländer gegenüber Deutschen nicht diskriminiert würden, ohne den ausdrücklichen Wortlaut des Art. 12 I GG mißachten zu müssen[199].

b) „Konflikttheorien"

Demgegenüber erkennen andere Autoren an, daß ein Konflikt zwischen dem Wortlaut des Art. 12 I GG und dem Gemeinschaftsrecht bestehe. Dieser Konflikt läßt sich auf zweierlei Weise beheben: entweder man legt Art. 12 I GG gemeinschaftskonform dahingehend aus, daß er auch EU-Ausländer erfaßt[200], oder aber der Vorrang des Gemeinschaftsrechts setzt sich gegenüber dem gemeinschaftswidrigen Art. 12 I GG durch. Diese Lösungen unterscheiden sich praktisch „nur" dadurch, daß man im zweiten Fall konsequenterweise eine Änderung der Verfassung fordern muß[201], wobei allerdings der Deutschen-Vorbehalt auch schon vor einer derartigen Änderung auf EU-Ausländer unanwendbar ist.

III/1, 1988, S. 1041; *Isensee*, VVDStRL 32 (1974), S. 76 f., 80 f.; *Lerche*, in: Isensee/Kirchhof (Hrsg.), Handbuch des Staatsrechts, Band V, 2. Aufl. 2000, § 121 Rn. 14; a.A. *Schwabe*, NJW 1974, S. 1044 f.; *Erichsen*, in: Isensee/Kirchhof (Hrsg.), Handbuch des Staatsrechts, Band VI, 2. Aufl. 2001, § 152 Rn. 47 ff.

197 BVerfGE 78, 179 (197); *Degenhart*, JuS 1990, S. 167 f.; *Manssen*, in: v.Mangoldt/Klein/Starck (Hrsg.), Kommentar zum GG, Band 1, 4. Aufl. 1999, Art. 12 I Rn. 259; *Sachs*, BayVBl. 1990, S. 388 f.; *Frotscher*, Wirtschaftsverfassungs- und Wirtschaftsverwaltungsrecht, 3. Aufl. 1999, Rn. 35; a.A. *Schwabe*, NJW 1974, S. 1044.

198 *Bauer/Kahl*, JZ 1995, S. 1083.

199 *Bauer/Kahl*, JZ 1995, S. 1085.

200 *Breuer*, in: Isensee/Kirchhof (Hrsg.), Handbuch des Staatsrechts, Band V, 2. Aufl. 2000I, § 147 Rn. 21; *Jarass*, in: Jarass/Pieroth, Kommentar zum GG, 5. Aufl. 2000, Art. 12 Rn. 10; unklar *Quaritsch*, in: Isensee/Kirchhof (Hrsg.), Handbuch des Staatsrechts, Band V, 2. Aufl. 2000, § 120 Rn. 99: EU-Ausländer seien vom Deutschen-Vorbehalt des Art. 12 I GG „von vornherein ausgenommen" (fraglich ist, ob damit eine gemeinschaftskonforme Auslegung des Art. 12 I GG gemeint ist oder aber ein Fall der Kollision, in dem sich das Gemeinschaftsrecht durchsetzt); auch *Drathen*, Deutschengrundrechte im Lichte des Gemeinschaftsrechts, 1994, S. 218 f., will die Deutschen-Vorbehalte auf EU-Ausländer nicht anwenden;

201 *Pernice*, in: Dreier (Hrsg.), Kommentar zum GG, Band I, 1996, Art. 11 Rn. 18 (für das Parallelproblem des Art. 11). *Drathen*, Deutschengrundrechte im Lichte des Gemeinschaftsrechts, 1994, S. 218 f., sieht eine Änderung „im Interesse der Rechtsklarheit" als geboten an. *Tettinger*, in: Sachs (Hrsg.), Kommentar zum GG, 2. Aufl. 1999, Art. 12 Rn. 20 bzw. *Tettinger*, GewA 1999, S. 267, hält sie für „erwägenswert".

2. Art. 12 I GG und das Diskriminierungsverbot

Das Verhältnis zwischen Art. 12 I GG und dem Diskriminierungsverbot hängt davon ab, ob eine Kollision besteht und wie sich eine eventuelle Kollision auflösen läßt. Vorfrage ist allerdings, ob das gemeinschaftsrechtliche Diskriminierungsverbot überhaupt Vorrang vor Art. 12 I GG genießt.

a) Vorrang des Gemeinschaftsrechts

Der grundsätzliche Vorrang des Gemeinschaftsrechts vor nationalem Recht jeder Rangstufe wurde vom EuGH bereits frühzeitig postuliert[202]. Zur Begründung führt der EuGH aus, daß die Mitgliedstaaten mit der Gründung der Gemeinschaft eine eigenständige Rechtsordnung geschaffen hätten. Diese Rechtsordnung beruhe auf der einheitlichen Geltung des Gemeinschaftsrechts in allen Mitgliedstaaten. Diese einheitliche Geltung könne nur über den Vorrang des Gemeinschaftsrechts vor nationalem Recht erreicht werden. Später hat der EuGH den Vorrang des Gemeinschaftsrechts auch vor nationalem Verfassungsrecht (und damit den Grundrechten) ausdrücklich bestätigt[203].

Die Literatur[204] und die nationalen (obersten) Gerichte sind dem EuGH grundsätzlich (wenn auch zum Teil erst spät[205]) gefolgt. Auch das Bundesverfassungsgericht erkennt den Vorrang des Gemeinschaftsrechts im Grundsatz an[206]. Allerdings geht es trotzdem davon aus, daß es Gemeinschaftsrecht am Maßstab der deutschen Grundrechte überprüfen kann[207]. Freilich geht es beim Verhältnis zwischen Art. 12 I GG und dem Diskriminierungsverbot um das umgekehrte Problem, nämlich, ob Grundrechte am Maßstab des europäischen Gemeinschaftsrechts zu prüfen sind.

---

[202] EuGH, Costa/ENEL, Slg. 1964, S. 1251 (1269 f.)

[203] EuGH, Simmenthal II, Slg. 1978, S. 629 (643 ff.).

[204] *Oppermann*, Europarecht, 2. Aufl. 1999, Rn. 615 ff.; *Classen*, in: v.Mangoldt/Klein/Starck (Hrsg.), Kommentar zum GG, Band 2, 4. Aufl. 2000, Art. 23 I Rn. 63; *Jarass*, in: Jarass/Pieroth, Kommentar zum GG, 5. Aufl. 2000, Art. 23 Rn. 35; a.A (bezüglich des Vorrangs des Gemeinschaftsrechts vor nationalem Verfassungsrecht) *Scholz*, DÖV 2000, S. 419 f. (siehe Fußnote 195).

[205] Der französische Conseil d'Etat erst 1989 mit der Entscheidung „Nicolo", EuGRZ 1990, S. 99 ff.; das englische House of Lords erkannte den Vorrang endgültig 1989/1990 in den Entscheidungen Factortame I und II an, siehe *Oppenheimer*, The Relationship between European Community Law and National Law, 1994, S. 823 ff.

[206] BVerfGE 75, 223 (244 f.).

[207] An dieser Auffassung hält das Gericht seit „Solange I", BVerfGE 37, 271 (285), fest; vgl. auch die Maastricht-Entscheidung, BVerfGE 89, 155 (174 f.) und die Bananenmarkt-Entscheidung BVerfGE 102, 147 (161 ff.). Siehe zu dieser Problematik unten zweiter Teil, B. II., S. 87 ff.

Der Text des Grundgesetzes bestätigt in Art. 23 I S. 3 GG, daß die Übertragung von Hoheitsrechten an die Europäische Union bis an die Grenze des Art. 79 III GG zulässig ist[208]. Damit ist auch ein Vorrang des Gemeinschaftsrechts (zumindest) bis an diese Grenze hinzunehmen.

In dem hier interessierenden Bereich ist es nicht notwendig, auf alle Verästelungen der Vorrangproblematik einzugehen. Denn hier geht es nicht um eine Verkürzung des Grundrechtsschutzes durch Gemeinschaftsrecht, sondern im Gegenteil um eine gemeinschaftsrechtlich gebotene Ausweitung des Grundrechtsschutzes (für EU-Ausländer). Eine derartige Ausweitung stößt sicherlich nicht an die von Art. 79 III GG gezogenen Grenzen und gefährdet auch nicht den Grundrechtsschutz des Grundgesetzes i.S.d. Art. 23 I S. 1 GG. Insofern ist hier von einem Vorrang des Gemeinschaftsrechts gegenüber dem Deutschen-Vorbehalt des Art. 12 I GG auszugehen[209].

b) Kollision mit dem Gemeinschaftsrecht

Die nächste Frage ist nun, ob der Deutschen-Vorbehalt des Art. 12 I GG mit dem Diskriminierungsverbot des Gemeinschaftsrechts kollidiert.

(1) Einschlägige Vorschriften des Gemeinschaftsrechts

Zunächst ist darauf einzugehen, welche Vorschriften des Gemeinschaftsrechts potentiell die gleichen Anwendungsfälle regeln wie die deutsche Berufsfreiheit. Dabei sind jedenfalls die bisher betrachteten Grundfreiheiten zu nennen; auch die Kapitalverkehrsfreiheit erfaßt bestimmte berufliche Betätigungen. Im übrigen hat der subsidiär anwendbare Art. 12 EG lückenschließende Funktion, soweit der Anwendungsbereich des Gemeinschaftsrechts reicht. Dies gilt insbesondere für den von Art. 12 I GG ebenfalls abgedeckten Bereich der beruflichen Ausbildung, der (größtenteils[210]) von Art. 12 i. V. m. Art. 150 EG (Gravier-Doktrin) erfaßt wird[211]. Ohne in die Details gehen zu müssen, läßt sich also fest-

---

[208] Dies verkennt *Scholz*, DÖV 2000, S. 419 f., bei seinen Ausführungen, die auf einen generellen Vorrang des Verfassungsrechts vor Gemeinschaftsrecht hinauslaufen (siehe Fußnoten 195 und 204): Art. 23 I S. 3 GG läßt es zu, daß das GG durch Übertragung von Hoheitsrechten an die EU „seinem Inhalt nach geändert oder ergänzt wird", ohne daß dabei die Verfassung selbst ausdrücklich geändert wird (vgl. dazu *Classen*, in: v.Mangoldt/Klein/Starck (Hrsg.), Kommentar zum GG, Band 2, 4. Aufl. 2000, Art. 23 I Rn. 63).

[209] Ähnlich *Bethge*, Die Grundrechtsberechtigung juristischer Personen nach Art. 19 Abs. 3 GG, 1985, S. 56, bei dem Parallelproblem des Verhältnisses zwischen Art. 19 III GG und dem Gemeinschaftsrecht.

[210] Ein gewisser Teil der Berufsausbildung unterfällt Art. 39, 43 und 49 EG, vgl. *Oppermann*, Europäisches Gemeinschaftsrecht und deutsche Bildungsordnung, 1987, S. 42 ff.

[211] EuGH, Gravier, Slg. 1985, S. 593 ff., 606 ff., 612 f.; dazu *Oppermann*, Europäisches Ge-

stellen, daß Art. 12 I GG Betätigungen betrifft, welche thematisch gemäß den Grundfreiheiten bzw. Art. 12 EG einem umfassenden Diskriminierungsverbot unterstehen. Weiterhin sind alle diese Diskriminierungsverbote unmittelbar anwendbar[212], d.h. ebenso wie das Grundrecht des Art. 12 I GG berechtigen sie den Einzelnen unmittelbar.

(2) Anwendungsbereich der Diskriminierungsverbote

Allerdings ist eine Einschränkung zu machen. Sowohl die Grundfreiheiten als auch das allgemeine Diskriminierungsverbot des Art. 12 EG entfalten ihre Wirkung grundsätzlich nur „im Anwendungsbereich des Vertrages". Die genaue Definition dieses Tatbestandsmerkmals ist insbesondere im Rahmen des Art. 12 EG noch strittig. Der EuGH tendiert dazu, es großzügig auszulegen. In der oben erwähnten Gravier-Entscheidung reicht es dem EuGH, daß die Regelung „nicht außerhalb des Gemeinschaftsrechts" steht[213]. Die Literatur folgt dem EuGH und läßt es genügen, daß „ein Mindestmaß der Verbindung zum Gemeinschaftsrecht" besteht[214]. Dabei wird teilweise darauf abgestellt, ob der Sachverhalt potentiell einer gemeinschaftsrechtlichen Regelung zugänglich wäre[215] oder, restriktiver, ob die jeweilige Kompetenz bereits ausgeübt wurde[216].

Bei den Grundfreiheiten fällt ein Sachverhalt, generell gesprochen, nur dann nicht in den Anwendungsbereich des Gemeinschaftsrechts, wenn es sich um eine rein innerstaatliche Angelegenheit handelt[217]. Ein Sachverhalt, in dem sich ein EU-Ausländer in Deutschland auf die Berufsfreiheit beruft, ist allerdings per se nie ein rein innerstaatlicher Sachverhalt, so daß der Anwendungsbereich des Vertrages praktisch immer eröffnet sein dürfte.

---

meinschaftsrecht und deutsche Bildungsordnung, 1987, S. 1 ff. (insbesondere S. 32).

[212] Art. 12 EG: EuGH, Forcheri u.a., Slg. 1983, S. 2323 (2336); Art. 28 EG: EuGH, Ianelli, Slg. 1977, S. 557 (576 f.); Art. 39 EG: EuGH, Van Duyn, Slg. 1974, S. 1337 (1347); Art. 43 EG: EuGH, Reyners, Slg. 1974, S. 631 (652 f.); Art. 49 EG: EuGH, Van Binsbergen, Slg. 1974, S. 557 (576 f.); die unmittelbare Anwendbarkeit der Grundfreiheiten ergibt sich seit dem Amsterdamer Vertrag auch schon jeweils aus dem Wortlaut.

[213] EuGH, Slg. 1985, S. 593 (612).

[214] *Zuleeg*, in: von der Groeben/Thiesing/Ehlermann (Hrsg.), Kommentar zum EUV/EGV, 5. Aufl. 1997, Art. 6 Rn. 12.

[215] So *Bleckmann*, Europarecht, 6. Aufl. 1997, Rn. 1765 ff.

[216] *Zuleeg*, in: von der Groeben/Thiesing/Ehlermann (Hrsg.), Kommentar zum EUV/EGV, 5. Aufl. 1997, Art. 6 Rn. 13; *Kischel*, EuGRZ 1997, S. 1 (7).

[217] Vgl. *Wölker*, in: von der Groeben/Thiesing/Ehlermann (Hrsg.), Kommentar zum EUV/EGV, 5. Aufl. 1997, Vor Art. 48 – 50, Rn. 24; *Troberg*, in: von der Groeben/Thiesing/Ehlermann (Hrsg.), Kommentar zum EUV/EGV, 5. Aufl. 1997, Art. 52 Rn. 62; bei der Dienstleistungsfreiheit wurde oben schon angesprochen, daß sie anwendbar wird, sobald sie grenzüberschreitenden Charakter besitzt (oben Fußnote 40).

(3) Vorliegen einer Diskriminierung

Nachdem festgestellt wurde, daß in den Fällen, in denen sich ein EU-Ausländer auf Art. 12 I GG berufen will, regelmäßig die Diskriminierungsverbote des EGV thematisch einschlägig sind, kommt es entscheidend darauf an, ob der Deutschen-Vorbehalt die EU-Ausländer diskriminiert. Eine Diskriminierung könnte darin zu sehen sein, daß den EU-Ausländern eine Begünstigung verwehrt wird, welche den Inländern gewährt wird. Deutsche genießen den Schutz des Art. 12 I GG. EU-Ausländer können sich nach dem Wortlaut des GG nicht auf Art. 12 I GG berufen.

An dieser Stelle ist eine Unterscheidung zu treffen: Entweder die streitige Norm behandelt EU-Ausländer und Deutsche gleich (d.h. in beider Berufsfreiheit wird gleichermaßen eingegriffen) oder sie greift nur (bzw. stärker) in die Berufsfreiheit von Ausländern ein, so daß keine Verletzung der Berufsfreiheit eines Deutschen vorliegt.

(a) Nicht-diskriminierender Eingriff in die Berufsfreiheit

EU-Ausländer können sich, wie andere Ausländer auch, auf Art. 2 I GG berufen[218]. Wenn ein Verstoß gegen die Berufsfreiheit eines Deutschen vorliegt, dann verursacht dieser über die Elfes-Konstruktion in der oben erörterten Variante der „Drittgrundrechtstheorie“[219] auch einen Verstoß gegen die allgemeine Handlungsfreiheit des EU-Ausländers: Die gegen die Berufsfreiheit von Deutschen verstoßende Norm gehört nicht zur verfassungsmäßigen Ordnung; der Eingriff in die allgemeine Handlungsfreiheit des Ausländers kann daher nicht gerechtfertigt werden. Wenn also ein Deutscher sich über Art. 12 I GG erfolgreich gegen die Norm wehren kann, dann kann ein Ausländer sich ebenso erfolgreich mittels des Art. 2 I GG wehren[220]. In dieser Konstellation verfügen also die Unionsbürger über einen materiell und prozessual gleichwertigen Schutz[221],

---

[218] Siehe oben Fußnote 196.

[219] Siehe oben erster Teil, B. II. 2. c)., S. 36 ff.

[220] Und zwar nicht nur ein EU-Ausländer, sondern jeder Ausländer, vgl. auch *Sachs*, BayVBl. 1990, S. 389.

[221] A.A. *Drathen*, Deutschengrundrechte im Lichte des Gemeinschaftsrechts, 1994, S. 55, der hier zwei Fallgruppen unterscheidet: Unter die erste Fallgruppe („nicht diskriminierende Maßnahmen aufgrund der Rechtswidrigkeit der Maßnahme“) faßt *Drathen* auch den Fall, daß der deutsche Gesetzgeber eine nicht diskriminierende, aber gegen Art. 12 I GG verstoßende Berufsausübungsregel erläßt (S. 53). Für diesen Fall bejaht er, wie hier ebenfalls vertreten, die Möglichkeit, daß sich Ausländer über Art. 2 I GG gegen diese bürgerrechtsverletzende Regelung wehren können (S. 55). Die zweite Fallgruppe betrifft dann „nicht diskriminierende Maßnahmen, die nur aufgrund des gegenüber Ausländern verfassungsrechtlich weiter gefaßten Schrankenvorbehalts nur diesen gegenüber rechtmäßig sind“ (S. 54). Diese Maßnahmen sind wegen der strengeren Schranken (u.a. des Art. 12 I GG) also Inländern gegenüber

der allerdings von der konsequenten Anwendung der Elfes-Konstruktion in Gestalt der „Drittgrundrechtstheorie" abhängt.

(b) Einfach-rechtliche Diskriminierungen

In der zweiten Konstellation (Eingriff nur in die Berufsfreiheit des Ausländers) fehlt es am Verstoß gegen die Berufsfreiheit des Deutschen; die Elfes-Konstruktion hilft also nicht weiter. Zwar können sich die Unionsbürger weiterhin auf Art. 2 I GG berufen; dieser gewährt aber einen deutlich geringeren Schutz als Art. 12 I GG[222].

Von Teilen der Literatur wird versucht, über Art. 2 I GG einen materiell gleichwertigen Schutz wie bei der Berufsfreiheit zu konstruieren[223]. Dieser stärkere Schutz soll allerdings nur EU-Ausländern zugute kommen[224].

Eine solche Konstruktion ist jedoch fragwürdig. Art. 2 I GG ist ein Menschenrecht. Er unterscheidet also nicht nach der Staatsangehörigkeit, sondern behandelt Deutsche, Unionsbürger und Nicht-Unionsbürger gleich. Das gemeinschaftsrechtliche Diskriminierungsverbot fordert eine Gleichbehandlung von Deutschen und den übrigen Unionsbürgern. Bei Art. 2 I GG werden sie aber schon gleich behandelt. Eine Diskriminierung findet (wenn überhaupt) nur im Bereich des Art. 12 I GG statt. Es ist nicht einzusehen, weshalb aus dem Diskriminierungsverbot folgen sollte, daß EU-Ausländer im Rahmen einer unterschiedslosen Norm besser behandelt werden müssen, nur um ihnen die Rechte zu geben, die ihnen eine diskriminierende Norm vorenthält. Wenn das Gemeinschaftsrecht Vorrang genießt, so ist es „auf Umwege nicht angewiesen"[225]. Eine Lösung, nach der das Diskriminierungsverbot eine Besserstellung von Unions-

---

rechtswidrig (was *Drathen* auch ausdrücklich anerkennt, S. 54); völlig unklar bleibt nun allerdings, was diese Fallgruppe von der ersten Fallgruppe unterscheiden soll, und weshalb hier nicht ebenfalls auf Art. 2 I GG gestützt der Verstoß gegen z.B. Art. 12 I GG gerügt werden kann. *Drathen* verweist darauf, daß hier kein „eigenes Grundrecht" verletzt sei (S. 55 unten); dies weist darauf hin, daß er die Drittgrundrechtstheorie in der hier vertretenen Form wohl doch ablehnt, was sich jedoch mit seinen Aussagen zur ersten Fallgruppe nur schwer in Einklang bringen läßt.

[222] Siehe Fußnote 197.

[223] Vgl. insbesondere *Bauer/Kahl*, JZ 1995, S. 1077 ff.

[224] Versuche, allen Ausländern über Art. 1 I, 2 I und 3 I GG den gleichen Schutz wie Deutschen zukommen zu lassen, werden von der herrschenden Meinung abgelehnt, vgl. dazu *Pieroth/Schlink*, Staatsrecht II, 17. Aufl. 2001, Rn. 112 ff.; *Stern*, Das Staatsrecht der Bundesrepublik Deutschland, Band III/1, 1988, S. 1041.

[225] So zutreffend *Störmer*, AöR 123 (1998), S. 551; auch *E. Klein*, in: Festschrift für Klaus Stern zum 65. Geburtstag, 1997, S. 1310, lehnt diese „gewundene Lösung" ab, weil anderenfalls die Schranken des Art. 12 I GG auf Art. 2 I GG übertragen werden müßten (so wie es z.B. *Bauer/Kahl*, JZ 1995, S. 1083 tatsächlich tun wollen).

bürgern im Rahmen des (unterschiedslosen) Art. 2 I GG fordert, ist damit abzulehnen. Die allgemeine Handlungsfreiheit ist daher nicht geeignet, eine Lösung für die Konstellation zu geben, in der (nur) in die Berufsfreiheit von ausländischen Unionsbürgern eingegriffen wird.

Fraglich ist aber, ob man in der zweiten Konstellation überhaupt eines verfassungsrechtlichen Schutzes über Art. 2 I oder 12 I GG bedarf. Diese Konstellation zeichnet sich ja dadurch aus, daß in die Berufsfreiheit von Deutschen nicht eingegriffen wird, aber in die Berufsfreiheit von Unionsbürgern. Die einfachgesetzliche Norm selbst diskriminiert also Unionsbürger gegenüber Deutschen. Dies verstößt gegen eines der gemeinschaftsrechtlichen Diskriminierungsverbote. Deshalb sind die Gerichte und sogar Verwaltungsbehörden, die mit einem derartigen Fall befaßt sind, berechtigt und verpflichtet, diese diskriminierende Norm wegen Verstoßes gegen vorrangiges Gemeinschaftsrecht nicht anzuwenden[226]. Dieser Gleichbehandlungsanspruch ergibt sich nicht erst durch eine Berufung auf nationale Grundrechte, sondern „unmittelbar aus dem Gemeinschaftsrecht"[227] selbst. Insofern ist der Unionsbürger nicht auf Art. 12 I GG (oder Art. 2 I GG) angewiesen, um sich gegen den Eingriff in seine Berufsfreiheit zu wehren. Regelmäßig wird seiner Beschwer schon durch die Fachgerichte abgeholfen[228].

(c) Gemeinschaftswidrige Normen vor dem Bundesverfassungsgericht

Man könnte es dabei bewenden lassen: Einfach-rechtliche Diskriminierungen werden über die Fachgerichte beseitigt; bei nicht-diskriminierenden Eingriffen in die Berufsfreiheit sorgt Art. 2 I GG mit Hilfe der Drittgrundrechtstheorie für einen dem Art. 12 I GG identischen Schutz.

Problematisch wird aber die einfach-rechtliche Diskriminierung, wenn sie von den Fachgerichten nicht beseitigt wird und trotz allem beim Bundesverfassungsgericht „landet". Das Bundesverfassungsgericht könnte nun das nachholen, was die Fachgerichte versäumt haben: es legt dem EuGH gem. Art. 234 EG die Frage vor, ob ein Gemeinschaftsrechtsverstoß vorliegt, und setzt anschließend das Urteil des EuGH dadurch um, daß es die diskriminierende Norm für nicht an-

---

[226] Für Gerichte: EuGH, Simmenthal I , Slg. 1978, S. 629 (644 f.); *Jarass*, DVBl. 1995, S. 960; für Verwaltungsbehörden, EuGH, Fratelli Costanzo, Slg. 1989, S. 1839 (1871); *Ehlers*, JZ 1996, S. 778 f.

[227] Vgl. EuGH, Cowan/Trésor Public, Slg. 1989, S. 195 (220 Rn. 11).

[228] So auch *Störmer*, AöR 123 (1998), der allerdings verkennt, daß eine Lösung über das einfache Recht nur in der Konstellation möglich ist, in der eine einfach-rechtliche Diskriminierung vorliegt; er setzt sich nicht mit dem Problem auseinander, wie sich ein EU-Ausländer gegen einen Eingriff in seine Berufsfreiheit wehren kann, der Deutsche und Ausländer gleichermaßen trifft; wie *Störmer* auch *Sachs*, Verfassungsrecht II, 2000, A 6 Rn. 18.

wendbar erklärt. In eindeutigen Fällen könnte das Verfassungsgericht auch auf die Vorlage verzichten, und von sich aus die Nichtanwendbarkeit der Norm feststellen.

Allerdings setzt eine Vorlage an den EuGH (ähnlich wie bei Art. 100 I GG) Entscheidungserheblichkeit voraus, Art. 234 II EGV. Dem Bundesverfassungsgericht wird eine diskriminierende (gemeinschaftswidrige) Rechtsnorm vor allem in zwei Konstellationen vorgelegt: bei einer konkreten Normenkontrolle gem. Art. 100 I GG und bei einer Verfassungsbeschwerde gem. Art. 93 I Nr. 4 a GG (in Form einer Urteilsverfassungsbeschwerde gegen das letztinstanzliche Urteil, das dem Beschwerdeführer die Beseitigung der Diskriminierung verweigert, oder einer Rechtsatzverfassungsbeschwerde gegen die diskriminierende Norm selbst).

(i) Konkrete Normenkontrolle

Im Falle der konkreten Normenkontrolle nach Art. 100 I GG hat das Bundesverfassungsgericht über die Verfassungsmäßigkeit der Norm zu entscheiden (nicht etwa darüber, welche Partei den Ausgangsprozeß gewinnen soll). Fraglich ist nun, welche Auswirkungen ein eventueller Verstoß einer Norm gegen Gemeinschaftsrecht auf die Normenkontrolle hat. Das Bundesverfassungsgericht hatte bei dem bereits angesprochenen Urteil über das Nachtarbeitsverbot[229] mit dieser Problematik zu tun. Es verneinte die Entscheidungserheblichkeit der Richtervorlagen mit dem Hinweis, daß sich aus der Rechtsprechung des EuGH erhebliche Zweifel an der Vereinbarkeit des Nachtarbeitsverbotes mit Gemeinschaftsrecht ergäben; sollten sich diese bestätigen, so dürfte das Nachtarbeitsverbot ohnehin nicht angewandt werden und seine *Verfassungsmäßigkeit* wäre nicht mehr entscheidungserheblich für die Ausgangsverfahren[230].

Damit hat also das Bundesverfassungsgericht über die Entscheidungserheblichkeit eine Möglichkeit, eine eventuelle Gemeinschaftsrechtswidrigkeit einer Norm nicht selbst überprüfen zu müssen, sondern das Fachgericht zu einer Vorlage an den EuGH zu zwingen. Eine konkrete Normenkontrolle einer gemeinschaftswidrigen Norm ist also bereits unzulässig; das Verfassungsgericht braucht deshalb auch nicht (selbst) dem EuGH vorzulegen.

(ii) Verfassungsbeschwerde

Bei einer Rechtssatzverfassungsbeschwerde ist die Situation ähnlich. Hier kann das Verfassungsgericht auf die Subsidiarität der Verfassungsbeschwerde ver-

---

[229] BVerfGE 85, 191ff.; siehe oben erster Teil, B. II. 2. c) (1), S. 37.

[230] BVerfGE 85, 191 (203 ff.).

weisen[231]. Der Grundsatz der Subsidiarität verlangt vom Beschwerdeführer, über die Anforderungen des Art. 90 II S. 1 BVerfGG hinaus alle zumutbaren Möglichkeiten fachgerichtlichen Rechtsschutzes in Anspruch zu nehmen[232]. Nach der Rechtsprechung ist dem Beschwerdeführer regelmäßig sogar eine inzidente Normenkontrolle zumutbar, auch wenn diese letztlich zu einer Vorlage an das Bundesverfassungsgericht gem. Art. 100 I GG führen müßte[233] und damit das Ziel einer Entlastung des Bundesverfassungsgerichts nur bedingt erreicht. Im Falle einer gemeinschaftswidrigen Norm ist es jedoch so, daß das Fachgericht selbst (eventuell nach einer Vorlage an den EuGH) die Nichtanwendungskompetenz bezüglich der Norm hat. Somit kann der Beschwerdeführer sein Rechtsschutzziel auch ohne Einschaltung des Verfassungsgerichts erreichen. Dies spricht also dafür, daß für gemeinschaftswidrige Normen das Prinzip der Subsidiarität der Verfassungsbeschwerde erst recht gelten muß, da hier eine echte Entlastung des Bundesverfassungsgerichts stattfindet. Deshalb wird eine Rechtssatzverfassungsbeschwerde gegen eine gemeinschaftswidrige Norm regelmäßig unzulässig sein. Auch hier muß das Bundesverfassungsgericht also die Norm nicht selbst dem EuGH vorlegen.

Problematisch ist allerdings die Urteilsverfassungsbeschwerde. Hier ist kein derartiger prozessualer Ansatz zu sehen. Konsequenterweise hielt das Verfassungsgericht im Urteil über das Nachtarbeitsverbot die Verfassungsbeschwerde, über die es neben den Richtervorlagen zu entscheiden hatte[234], für zulässig[235]. Bei der Begründetheit geht es darum, ob Grundrechte des Beschwerdeführers verletzt wurden. Das jeweilige Urteil, gegen das Verfassungsbeschwerde eingelegt wird, wird zumindest in die allgemeine Handlungsfreiheit des Beschwerdeführers eingreifen. Wenn der einzige „Fehler" des Urteils darin besteht, daß es auf der Anwendung einer gemeinschaftswidrigen Norm beruht, so ist fraglich, wie sich das auf die Prüfung des Art. 2 I GG auswirken könnte.

(iii) Noch einmal: Elfes-Konstruktion

Entscheidende Frage ist damit, ob eine gemeinschaftswidrige Norm gegen die verfassungsmäßige Ordnung verstößt. Dies wird in der Literatur unterschiedlich beurteilt. *Murswiek* zählt zur verfassungsmäßigen Ordnung auch das primäre

---

231 Vgl. allgemein zur Subsidiarität der Rechtsatzverfassungsbeschwerde *Schlaich/Korioth*, Das Bundesverfassungsgericht, 5. Aufl. 2001, Rn. 244 ff.

232 BVerfGE 69, 122 (125 f.); 79, 29 (38 ff.); 85, 80 (85 f.).

233 Vgl. *Warmke*, Die Subsidiarität der Verfassungsbeschwerde, 1993, S. 62 f.

234 Die Arbeitgeberin hatte nicht nur einmal gegen das Nachtarbeitsverbot verstoßen, was zu mehreren Prozessen führte. Bei einem der Prozesse hatte sie Urteilsverfassungsbeschwerde eingelegt; in zwei anderen Prozessen hatten Gerichte konkrete Normenkontrollen nach Art. 100 I GG initiiert, vgl. BVerfGE 85, 191 ff.

235 BVerfGE 85, 191 (205 f.).

und sekundäre Gemeinschaftsrecht[236]; dies legt es nahe, bei einem Verstoß gegen Gemeinschaftsrecht auch einen Verstoß gegen die verfassungsmäßige Ordnung anzunehmen. Auch *Starck* formuliert ähnlich: Zur Prüfung, ob ein Gesetz mit allen vorhandenen Verfassungsnormen im Einklang steht, gehöre auch die Frage, ob deutsches Recht EG-Recht verletzt[237]; allerdings fehle dem Bundesverfassungsgericht nach *Starcks* Ansicht insoweit die Prüfungskompetenz, welche allein den Fachgerichten zustehen soll[238]. Als Beleg zitiert *Starck* hierfür eine Entscheidung des Bundesverfassungsgerichts[239]. Unter Bezugnahme auf dieselbe Entscheidung schreibt *Jarass*, daß Art. 2 I GG verletzt sei, wenn eine Norm gegen höherrangiges EG-Recht verstoße; die Verfassungsbeschwerde sei aber insoweit unbegründet[240].

Weder *Starck* noch *Jarass* kann hier zugestimmt werden: Wenn ein Verstoß gegen Gemeinschaftsrecht dazu führt, daß eine Norm nicht mehr zur verfassungsmäßigen Ordnung gehört, dann ist Art. 2 I GG tatsächlich verletzt; dann ist aber nicht einzusehen, weshalb trotz Grundrechtsverletzung die Verfassungsbeschwerde unbegründet sein soll, oder weshalb das Bundesverfassungsgericht nicht zuständig sein soll, diese Grundrechtsverletzung festzustellen.

Die von den beiden Autoren angesprochene Entscheidung BVerfGE 82, 159 (191) muß daher anders interpretiert werden: Danach ist die Frage, ob eine Norm gegen Gemeinschaftsrecht verstößt oder nicht, irrelevant für einen Verstoß gegen Grundrechte und insbesondere für die Übereinstimmung mit der verfassungsmäßigen Ordnung i.S.d. Art. 2 I GG. Anderenfalls gäbe es keinen Grund, die Kompetenz des Bundesverfassungsgerichts bzw. die Begründetheit der Verfassungsbeschwerde anzuzweifeln.

Fraglich ist aber, ob ein Verstoß gegen Gemeinschaftsrecht verfassungsrechtlich tatsächlich irrelevant ist. *Rengeling* hat bereits 1981 darauf hingewiesen, daß eine deutsche Norm, welche Gemeinschaftsrecht verletzt, „indirekt“ gegen Art. 24 (a. F.) GG i.V.m. der Gemeinschaftsnorm[241] verstoße. In der Tat ist dies der korrekte Ansatzpunkt: Über Art. 24 (a. F.) GG i.V.m. mit den Zustimmungsgesetzen zum EG-Vertrag wurde dem Gemeinschaftsrecht der Anwendungsbefehl in der Bundesrepublik erteilt. Dabei wurde, wie das Bundesverfassungsgericht

---

[236] *Murswiek*, in: Sachs (Hrsg.), Kommentar zum GG, 2. Aufl. 1999, Art. 2 Rn. 89; eine nähere Begründung fehlt leider.

[237] *Starck*, in: v.Mangoldt/Klein/Starck (Hrsg.), Kommentar zum GG, Band 1, 4. Aufl. 1999, Art. 2 I Rn. 24; ebenso *Dreier*, in: Dreier (Hrsg.), Kommentar zum GG, Band I, 1996, Art. 2 I Rn. 42 f.

[238] *Starck*, in: v.Mangoldt/Klein/Starck (Hrsg.), Kommentar zum GG, Band 1, 4. Aufl. 1999, Art. 2 I Rn. 24, Fußnote 75.

[239] BVerfGE 82, 159 (191).

[240] *Jarass*, in: Jarass/Pieroth, Kommentar zum GG, 5. Aufl. 2000, Art. 2 Rn. 23.

[241] *Rengeling*, in: Gedächtnisschrift für Christoph Sasse, 1981, S. 204.

selbst ausführt, auch einer ungeschriebenen Norm des Primärrechts zugestimmt, wonach das Gemeinschaftsrecht Vorrang gegenüber nationalem Recht genießt[242]. Bereits frühzeitig führte das Gericht aus: „*Art. 24 I GG besagt bei sachgerechter Auslegung nicht nur, daß die Übertragung von Hoheitsrechten auf zwischenstaatliche Einrichtungen überhaupt zulässig ist, sondern auch daß die Hoheitsakte ihrer Organe (...) vom ursprünglich ausschließlichen Hoheitsträger anzuerkennen sind. [...] Steht eine Vorschrift im Widerspruch zu einer höherrangigen Bestimmung, so darf sie das Gericht auf den von ihm zu entscheidenden Fall nicht anwenden.*“[243] Wird gegen den Vorrang des Gemeinschaftsrechts verstoßen, so ist dies gleichzeitig ein Verstoß gegen Art. 24 I GG (bzw. jetzt gegen Art. 23 I GG). Dieser kann, wie sonstige Verfassungsverstöße auch, über Art. 2 I GG geltend gemacht werden[244]. Es ist, wie schon gesagt, nicht einzusehen, weshalb das Bundesverfassungsgericht nicht zur Feststellung dieser Grundrechtsverletzung zuständig sein sollte; soweit die Frage nach der Auslegung des Gemeinschaftsrechts Vorfrage ist, hat das Bundesverfassungsgericht gem. Art. 234 EG dem EuGH vorzulegen[245].

(iv) Geltungs- oder Anwendungsvorrang

Wichtig ist allerdings, daß das Gemeinschaftsrecht nach herrschender Meinung keinen Geltungs-, sondern einen Anwendungsvorrang vor dem nationalen Recht hat[246]. Eine gemeinschaftswidrige Norm wird daher unanwendbar, aber nicht nichtig[247]. Man sollte daher nicht über den Umweg des Verstoßes gegen Art. 23 I GG doch noch zu einer Nichtigkeit der Norm wegen Verfassungsverstoßes gelangen, denn dadurch würde der Anwendungsvorrang in einen Geltungsvorrang umgepolt. Deshalb darf nicht schon die bloße Existenz einer gemeinschaftswidrigen Norm gegen Art. 23 I GG verstoßen, sondern nur ihre Anwendung. Konkret heißt dies, daß Gerichte (oder Verwaltungsbehörden), welche gemeinschaftswidrige Normen anwenden, gegen vorrangiges Gemeinschaftsrecht sowie gegen Art. 23 I GG verstoßen. Eine derartige darauf beruhende Entscheidung ist daher verfassungswidrig. Derjenige, in dessen Grundrecht (zumindest) aus Art.

---

[242] BVerfGE 75, 223 (244 f.).

[243] BVerfGE 34, 145 (174).

[244] Die gleiche Konstruktion hat das Bundesverfassungsgericht bei einer Verfassungsbeschwerde angewandt, mit der gerügt wurde, daß eine belastende Norm gegen allgemeine Regeln des Völkerrechts verstoße. Das Gericht hat hier über Art. 2 I GG einen Verstoß gegen Art. 25 GG geprüft, siehe BVerfGE 23, 288 (300).

[245] Vgl. *Schweitzer/Hummer*, Europarecht, 5. Aufl. 1996, Rn. 531: Das Bundesverfassungsgericht ist „letztinstanzliches Gericht i.S.d. Gemeinschaftsrechts und damit u.U. auch vorlagepflichtig“.

[246] *Streinz*, Europarecht, 5. Aufl. 2001, Rn. 200.

[247] *Streinz*, Europarecht, 5. Aufl. 2001, Rn. 200.

2 I GG diese Gerichtsentscheidung eingreift, kann geltend machen, daß der Eingriff wegen Verstoßes gegen Art. 23 I GG nicht mit der verfassungsmäßigen Ordnung übereinstimmt und ihn daher in seiner allgemeinen Handlungsfreiheit verletzt. Eine Verfassungsbeschwerde gegen ein derartiges Urteil wäre also begründet, ohne daß deshalb die zugrunde liegende Norm verfassungswidrig und damit nichtig wäre. Der Verfassungsverstoß und die daraus folgende Grundrechtsverletzung sind Konsequenz der Anwendung, nicht der Existenz der gemeinschaftswidrigen Norm.

Damit steht jedoch fest, daß eine Urteilsverfassungsbeschwerde begründet ist, sofern das angegriffene Urteil auf der Anwendung einer gemeinschaftswidrigen nationalen Norm beruht. Der Entscheidung BVerfGE 82, 159 (191) ist daher nicht zuzustimmen. Das Gericht hätte bei Art. 2 I GG prüfen müssen, ob die zugrunde liegende Norm wegen Verstoßes gegen vorrangiges Gemeinschaftsrecht unanwendbar war; notfalls hätte das Bundesverfassungsgericht dem EuGH vorlegen müssen.

(v) Das Recht auf den gesetzlichen Richter

Das Bundesverfassungsgericht hat bei der Verfassungsbeschwerde eine andere Möglichkeit gefunden, nicht selbst die Vereinbarkeit einer Norm mit Gemeinschaftsrecht prüfen oder dem EuGH vorlegen zu müssen. Es behilft sich mit Art. 101 I 2 GG. Nach Ansicht des Bundesverfassungsgerichts ist auch der EuGH gesetzlicher Richter im Sinne dieser Bestimmung. Legt ein Fachgericht im Falle eines eventuellen Verstoßes gegen Gemeinschaftsrechts eine Frage nicht dem EuGH vor, so entzieht es den Beschwerdeführer seinem gesetzlichen Richter[248]. Die Entscheidung des Fachgerichts wird deshalb aufgehoben und die Sache zurückverwiesen. Genau wie im Fall der Richtervorlagen nach Art. 100 I GG ist es nun das Fachgericht, welches den EuGH anzurufen hat. Das Bundesverfassungsgericht spielt also sozusagen über Bande. Es ist auffallend, wie das Bundesverfassungsgericht versucht, trotz des von ihm selbst beschworenen „Kooperationsverhältnisses"[249] nicht in die Verlegenheit zu geraten, dem EuGH selbst eine Frage vorlegen zu müssen[250].

---

[248] BVerfGE 73, 339 (366 ff.); 75, 223 (233 ff.); BVerfG, EuZW 2001, S. 255 f.; *Schweitzer*, Staatsrecht III, 7. Aufl. 2000, Rn. 530.

[249] BVerfGE 89, 155 (175) (Maastricht-Urteil); die Anführungsstriche beim Begriff Kooperationsverhältnis finden sich auch im Original.

[250] Vgl. hierzu die Aussagen des Berichterstatters für das Maastricht-Urteil, *Kirchhof*, in der Zeitschrift Focus vom 13.2.1999 (S. 11): Das Bundesverfassungsgericht verspüre „keine sonderliche Neigung", dem EuGH Fälle zur Vorabentscheidung vorzulegen, „um die Hierarchie zu betonen". Sehr kritisch dazu der ehemalige Richter am EuGH *Everling*, Gastkommentar in EuZW 8/99.

Letztlich wäre an dieser Lösung nichts auszusetzen, wenn tatsächlich jede Anwendung gemeinschaftswidrigen Rechts durch ein Fachgericht zu einer Aufhebung und Zurückverweisung führte. Das ist aber nicht der Fall, da das Bundesverfassungsgericht das Urteil nur im Falle einer willkürlichen Nichtvorlage an den EuGH aufhebt[251]. Insofern bleibt also eine gewisse Rechtsschutzlücke bei gemeinschaftswidrigen Normen vor dem Bundesverfassungsgericht, welche über die Einbeziehung von Gemeinschaftsrecht in die verfassungsmäßige Ordnung in der oben geschilderten Weise zu beheben wäre. Dazu müßte das Bundesverfassungsgericht nötigenfalls selbst einmal dem EuGH vorlegen.

(d) Ergebnis

Die gerade geschilderte Problematik ändert jedoch nichts an dem Ergebnis, daß sich die beiden oben angesprochenen Konstellationen zufriedenstellend lösen lassen, ohne daß eine Einbeziehung der EU-Ausländer in den persönlichen Schutzbereich der Berufsfreiheit nötig wäre: Bei Eingriffen in die Berufsfreiheit, welche Ausländer und Deutsche gleichermaßen treffen, gibt Art. 2 I GG die Möglichkeit, Verstöße gegen die Berufsfreiheit in vollem Umfang geltend zu machen. Bei Eingriffen in die Berufsfreiheit, welche Ausländer stärker treffen, liegt eine einfach-rechtliche Diskriminierung vor, welche regelmäßig von den Fachgerichten (oder Verwaltungsbehörden) zu beseitigen ist. Geschieht dies nicht, so besteht die Möglichkeit, daß das Bundesverfassungsgericht die Fachgerichte dazu zwingt. Anderenfalls kann das Bundesverfassungsgericht im Rahmen einer Verfassungsbeschwerde die Anwendung einer diskriminierenden Norm als einen Verstoß gegen Art. 2 I GG prüfen. Damit genießen EG-Ausländer materiell und prozessual einen gleichwertigen Schutz vor Beschränkungen ihrer Berufsfreiheit[252].

Als einziges Argument für eine Änderung des Art. 12 I GG bleibt damit noch die Rechtsklarheit: Durch eine ausdrückliche Ausdehnung des Wortlauts von Art. 12 I GG auf EG-Ausländer würde verhindert, daß diese aus Unkenntnis von der Geltendmachung ihres Grundrechtes abgehalten werden. Dieser Punkt allein

---

[251] BVerfGE 73, 223 (233 ff.); BVerfG, EuZW 2001, S. 256: *„[...] so wird Art. 101 I 2 GG nach Auffassung des Bundesverfassungsgerichts dann verletzt, wenn das letztinstanzliche Gericht den ihm in solchen Fällen notwendig zukommenden Beurteilungsrahmen in unvertretbarer Weise überschritten hat.“*

[252] Eine ähnliche Lösung des Gesamtproblems findet sich bei *Manssen*, in: v.Mangoldt/Klein/Starck (Hrsg.), Kommentar zum GG, Band 1, 4. Aufl. 1999, Art. 12 I Rn. 260: *„Den Anforderungen des Europarechts kann dadurch entsprochen werden, daß es für EU-Bürger beim Schutz durch Art. 2 I GG bleibt, wegen Art. 6 EGV [Anmerkung: Dies dürfte ein Druckfehler sein, es soll wohl heißen Art. 12 EG] aber nur solche Gesetze zur verfassungsmäßigen Ordnung gehören, die auch gegenüber Deutschen gelten und nach Art. 12 Abs. 1 GG ihnen gegenüber gelten dürfen.“*

reicht aber noch nicht aus, um eine Gemeinschaftsrechtswidrigkeit des Art. 12 I GG in seiner gegenwärtigen Form anzunehmen oder ihn über seinen Wortlaut hinaus auf Unionsbürger auszudehnen.

Es bleibt damit dabei, daß Art. 12 I GG direkt nur auf Deutsche anwendbar ist; er gewährleistet, wie die Art. 39, 43 und 49 EG ein Bürgerrecht.

IV. Juristische Personen

Für die Berufsfreiheit juristischer Personen gilt Art. 19 III GG.

1. Allgemeines

Gem. Art. 19 III GG kommt es darauf an, ob die Berufsfreiheit ihrem Wesen nach auf juristische Personen anwendbar ist. Zwar betont die Rechtsprechung, daß die Berufsfreiheit erst „in ihrer Beziehung zur Persönlichkeit des Menschen im ganzen verstanden" werden kann[253]; nichtsdestoweniger wendet das Bundesverfassungsgericht die Berufsfreiheit in ständiger Rechtsprechung auch auf juristische Personen des Privatrechts an[254]. Es kommt lediglich darauf an, daß die jeweilige Betätigung von einer juristischen Person ebenso wie von einer natürlichen Person ausgeübt werden kann[255]. Insofern kommt die Berufsfreiheit bei juristischen Personen, wie im Gemeinschaftsrecht die Grundfreiheiten, nur für selbständige Tätigkeiten in Betracht. Der Begriff der juristischen Person (des Privatrechts) ist weit auszulegen; insbesondere fallen, ähnlich wie im Gemeinschaftsrecht, auch teilrechtsfähige Personenmehrheiten wie die GbR, OHG und KG darunter[256].

2. Inländische juristische Personen

Ähnlich wie Art. 12 I GG auf Deutsche begrenzt ist, erfaßt Art. 19 III GG seinem Wortlaut nach nur inländische juristische Personen.

a) Verstoß gegen Gemeinschaftsrecht

Es stellt sich hier wiederum die Frage, ob eine Diskriminierung von Gesellschaften mit Sitz im EU-Ausland vorliegt.

Hier sollten zweckmäßigerweise wieder die beiden Konstellationen unterschieden werden, die im Rahmen des Deutschen-Vorbehalts bei Art. 12 I GG ange-

---

[253] BVerfGE 50, 290 (362).
[254] BVerfGE 21, 261 (266); 7, 377 (397).
[255] BVerfGE 21, 261 (266); 30, 303 (312); 50, 290 (362 f.); *Erichsen*, Jura 1980, S. 552.
[256] *P.M. Huber*, in: v.Mangoldt/Klein/Starck (Hrsg.), Kommentar zum GG, Band 1, 4. Aufl. 1999, Art. 19 III Rn. 259.

sprochen wurden: Entweder die jeweilige Norm greift nur (oder jedenfalls stärker) in die Berufsfreiheit ausländischer juristischer Personen ein oder sie greift gleichermaßen in die Berufsfreiheit inländischer und ausländischer juristischer Personen ein.

(1) Einfach-rechtliche Diskriminierungen

Die erste Konstellation läßt sich genauso lösen wie bei Art. 12 I GG: Hier liegt eine einfach-rechtliche Diskriminierung vor, welcher von den Verwaltungsbehörden bzw. Fachgerichten abzuhelfen ist[257]. Insofern hat Art. 19 III GG keine diskriminierenden Auswirkungen.

(2) Nicht-diskriminierender Eingriff in die Berufsfreiheit

Problematisch ist jedoch die zweite Konstellation. Im Falle des Deutschen-Vorbehalts bot hier Art. 2 I GG einen Ausweg[258]. Doch der Rückgriff auf Art. 2 I GG ist bei ausländischen juristischen Personen durch Art. 19 III GG versperrt.

Greift also eine nicht-diskriminierende Norm in die Berufsfreiheit ein, so können sich inländische juristische Personen über Art. 12 I GG i.V.m. Art. 19 III GG dagegen (notfalls mit der Verfassungsbeschwerde) zur Wehr setzen. Ausländischen juristischen Personen steht dieser Weg nicht offen; der Umweg über Art. 2 I GG bleibt ihnen (im Gegensatz zu natürlichen Personen) ebenfalls verschlossen. Sie müßten also gegebenenfalls abwarten, bis eine inländische juristische Person die jeweilige Regelung zu Fall bringt. Sobald dies geschehen ist, ist die Regelung insgesamt, also auch den ausländischen Gesellschaften gegenüber, nichtig; sie kann auch nicht (weder vom Gericht noch vom Gesetzgeber) nur den Ausländern gegenüber aufrechterhalten bleiben, weil dies dann eine einfach-rechtliche Diskriminierung darstellte.

Es ist den ausländischen juristischen Personen aber nicht zuzumuten, abzuwarten bis sich ein Inländer wehrt. Ihnen wird materiell (Grundrechtsschutz) sowie prozessual (Verfassungsbeschwerde) ein Recht vorenthalten, welches Inländern gewährt wird. Hierin liegt eine Diskriminierung.

(3) Rolle der Gemeinschaftsgrundrechte

Man könnte daran denken, über die Gemeinschaftsgrundrechte einen Schutz der ausländischen juristischen Personen zu erreichen[259]. Dies ist aber aus zwei Gründen abzulehnen.

---

[257] Vgl. dazu oben erster Teil, B. III. 2. b) (3) (b)., S. 47.

[258] Siehe oben erster Teil, B. III. 2. b) (3) (a)., S. 46.

[259] *Störmer*, AöR 123 (1998), S. 565 ff., sieht die Gemeinschaftsgrundrechte als einen Grund,

(a) Anwendungsbereich der Gemeinschaftsgrundrechte

Zum einen ist regelmäßig der Anwendungsbereich der Gemeinschaftsgrundrechte in einem solchen Fall gar nicht eröffnet. Sinn und Zweck der Gemeinschaftsgrundrechte ist nämlich primär die Bindung der Gemeinschaften[260], während es im vorliegenden Fall um mitgliedstaatliche Maßnahmen geht. Die Mitgliedstaaten sind an die Gemeinschaftsgrundrechte dann gebunden, wenn sie Gemeinschaftsrecht vollziehen[261]. Der Grund hierfür liegt allerdings darin, daß Gemeinschaftsrecht wegen seines Vorrangs nicht am Maßstab der nationalen Grundrechte gemessen werden kann[262]. Dies würde nämlich zu einer uneinheitlichen Anwendung des Gemeinschaftsrechts je nach Schutzniveau der nationalen Grundrechte führen. Wenn also Deutschland eine Richtlinie umsetzt, welche die Berufsfreiheit beeinträchtigt, so ist die Regelung, soweit sie gemeinschaftsrechtlich determiniert ist, *nur* an den Gemeinschaftsgrundrechten zu messen. In dieser Fallkonstellation ist Art. 12 I GG (bzw. Art. 19 III GG) also gar nicht einschlägig, so daß insoweit auch gar keine Diskriminierung wegen Vorenthaltung des Art. 12 I GG vorliegen kann.

Die zweite Fallgruppe, in der die Gemeinschaftsgrundrechte ausnahmsweise im Zusammenhang mit Maßnahmen der Mitgliedstaaten vom EuGH geprüft werden, betrifft die Grundfreiheiten: Die Mitgliedstaaten sollen an die Gemeinschaftsgrundrechte gebunden sein, wenn sie sich auf Schutzklauseln oder zwingende Erfordernisse zur Rechtfertigung von Beschränkungen der Grundfreiheiten berufen[263].

Diese Fallgruppe ist jedoch mit Vorsicht zu genießen. In der zuerst genannten Fallgruppe schließt die Anwendung der Gemeinschaftsgrundrechte eine Lücke, die durch den Vorrang des Gemeinschaftsrechts gegenüber nationalen Grundrechten entsteht. Im Falle mitgliedstaatlicher Maßnahmen im Bereich der Grundfreiheiten besteht eine solche Lücke jedoch nicht. Vielmehr sind derartige Maßnahmen am Maßstab der nationalen Grundrechte zu prüfen. Aus diesem

---

warum im Bereich des Deutschen-Vorbehaltes des Art. 12 I GG keine Diskriminierung vorliegt.

[260] *Schweitzer/Hummer*, Europarecht, 5. Aufl. 1996, Rn. 790.

[261] *Störmer*, AöR 123 (1998), S. 566 f. m.w.N.

[262] Was allerdings zumindest vom Bundesverfassungsgericht so nicht anerkannt wird, vgl. oben Fußnote 207.

[263] Vgl. *Schweitzer/Hummer*, Europarecht, 5. Aufl. 1996, Rn. 790; EuGH, Bostock, Slg. I 1994, S. 955 (983); EuGH, ERT, Slg. I 1991, S. 2925 (2963 f.); vgl. zu diesem Urteil auch *Gramlich*, DÖV 1996, S. 806; anders noch EuGH, Cinéthèque, Slg. 1985, S. 2605 (2626 f.), wobei allerdings in diesem Urteil nicht eindeutig klar wird, ob die fragliche Maßnahme gar nicht Art. 28 EG unterfiel oder aber gerechtfertigt war. Wenn sie gar nicht Art. 28 EG unterfiel, dann war eine Überprüfung mit Hilfe der Gemeinschaftsgrundrechte ohnehin nicht möglich.

Grunde vertritt ein Teil der Literatur die Ansicht, daß der Anwendungsbereich der Grundrechte in dieser Fallgruppe nicht eröffnet ist[264].

Falls man nun mit dem EuGH von der Anwendbarkeit der Gemeinschaftsgrundrechte in dieser Fallgruppe ausgeht, muß man sich bewußt sein, daß es nur um eine reduzierte Anwendung der Gemeinschaftsgrundrechte geht: Die Überprüfung einer staatlichen Maßnahme am Maßstab der Grundfreiheiten führt regelmäßig zu einer Verhältnismäßigkeitsprüfung. Bei dieser Prüfung sind Wertungen einzubeziehen, die sich aus den gemeinsamen Verfassungsüberlieferungen der Mitgliedstaaten und damit auch aus den Gemeinschaftsgrundrechten ergeben. Diese Wertungen müssen sich übrigens nicht zwingend gegen die Mitgliedstaaten richten. So hat der EuGH im Fall „Vereinigte Familiapress" entschieden, daß die Aufrechterhaltung der Medienvielfalt ein zwingendes Erfordernis i.S.d. Cassis-Formel darstellen kann, weil die Medienvielfalt dem Recht der freien Meinungsäußerung dient[265]. Hier hat der Gerichtshof das aus Art. 10 EMRK gewonnene Gemeinschaftsgrundrecht auf freie Meinungsäußerung verwendet, um eine Einschränkung einer Grundfreiheit durch einen Mitgliedstaat zu rechtfertigen[266]. Das Gemeinschaftsgrundrecht griff hier also zugunsten des Mitgliedstaates ein[267]. Letztlich ist es also die Dimension der Grundrechte als objektive Wertordnung, welche hier relevant wird[268]; es ist daher zumindest mißverständlich, insoweit von einer „Bindung" der Mitgliedstaaten an die Gemeinschaftsgrundrechte zu sprechen.

Insgesamt zeigt sich also, daß die Gemeinschaftsgrundrechte keineswegs im gesamten Anwendungsbereich des Gemeinschaftsrechts den Mitgliedstaaten gegenüber anwendbar sind[269]. Also können sie auch nicht verhindern, daß ein Unionsbürger bei der (Nicht-)Anwendung von nationalen Grundrechten diskriminiert wird.

---

[264] *Epiney*, Umgekehrte Diskriminierungen, 1995, S. 260; *P.M. Huber*, Recht der europäischen Integration, 1996, § 6 Rn. 37 ff.

[265] EuGH, Familiapress, Slg. I 1997, S. 3689 (3715).

[266] So auch *Kühling*, EuGRZ 1997, S. 302: Die Grundrechtskontrolle führt zur „Rechtfertigung der mitgliedstaatlichen Maßnahme und [...] einem Zurückdrängen der gemeinschaftsrechtlichen Grundfreiheiten".

[267] Differenzierend insoweit *Wunderlich*, Das Grundrecht der Berufsfreiheit im Europäischen Gemeinschaftsrecht, 2000, S. 181 f., die zutreffend darauf hinweist, daß Art. 10 EMRK im Familiapress-Fall sowohl zugunsten wie auch zu Lasten des Grundfreiheitsberechtigten zu berücksichtigen war. Siehe dazu auch die Ausführungen von Generalanwalt *Tesauro* in den Schlußanträgen zu dieser Rechtssache, Slg. I 1997, S. 3689 (3707).

[268] Ähnlich *Wunderlich*, Das Grundrecht der Berufsfreiheit im Europäischen Gemeinschaftsrecht, 2000, S. 182; vgl. auch *Ruffert*, EuGRZ 1995, S. 529: Die Gemeinschaftsgrundrechte entfalten „eine Ausstrahlungswirkung auf die Grundfreiheiten".

[269] A. A. wohl *Störmer*, AöR 123 (1998), S. 565 ff (569); *Blumenwitz*, NJW 1989, S. 624; differenzierend *Jürgensen/Schlünder*, AöR 121 (1996), S. 200 (S. 207 ff.; v.a. S. 222 ff.).

(b) Schutzniveau der Gemeinschaftsgrundrechte

Ein zweiter Punkt kommt hinzu. Selbst wenn man im Anwendungsbereich des Gemeinschaftsrechts mitgliedstaatliche Maßnahmen generell einer Bindung an die Gemeinschaftsgrundrechte unterwerfen wollte, so muß doch daneben noch die Bindung an die nationalen Grundrechte aufrechterhalten bleiben[270]. Wird nun einer ausländischen juristischen Person die Berufung auf die deutsche Berufsfreiheit verwehrt, dann müßte ihm die gemeinschaftsrechtliche Berufsfreiheit materiell und prozessual (mindestens) den gleichen Schutz bieten wie die deutsche Berufsfreiheit, um eine Diskriminierung zu verhindern. Gerade dies ist aber zweifelhaft. Selbst wenn man den materiellen Schutz für gleichwertig erachten wollte[271], ist doch jedenfalls die Verfassungsbeschwerde gem. Art. 93 I Nr. 4 a GG auf deutsche Grundrechte beschränkt, so daß zumindest prozessual eine Diskriminierung bleibt. Also können auch aus diesem Grund die Gemeinschaftsgrundrechte keinen Ersatz für die Nichtanwendung der deutschen Grundrechte bieten.

Damit bleibt es dabei, daß die Vorenthaltung der Grundrechtsberechtigung für EU-ausländische juristische Personen eine Diskriminierung darstellt, welche im Anwendungsbereich des EG-Vertrages unzulässig ist[272].

(4) Gemeinschaftskonforme Auslegung?

Fraglich ist nun, ob die Kollision des Art. 19 III GG mit dem Europarecht über eine gemeinschaftskonforme Auslegung aufgelöst werden kann. Die gemeinschaftskonforme Auslegung[273] ist grundsätzlich einer Lösung vorzuziehen, in der die Gemeinschaftswidrigkeit einer nationalen Norm festgestellt wird. Allerdings gilt hier (wie bei der verfassungskonformen Auslegung) die Wortlautgrenze[274]. Fraglich ist nun, ob man den Begriff „inländisch" so interpretieren kann, daß damit alle juristischen Personen erfaßt werden, die ihren Sitz innerhalb der Ge-

---

[270] Vgl. *Jürgensen/Schlünder*, AöR 121 (1996), S. 223 f. Der Schutz der nationalen Grundrechte reicht allerdings (wie bereits oben angemerkt), hier nur so weit, wie die nationalen Maßnahmen nicht gemeinschaftsrechtlich determiniert sind, da anderenfalls das determinierende Gemeinschaftsrecht gegenüber den nationalen Grundrechten vorrangig ist.

[271] Dies darf man allerdings bezweifeln, vgl. *Tettinger*, GewA 1999, S. 266.

[272] Insbesondere die aus Art. 19 III GG folgende Vorenthaltung der Berufsfreiheit ist also diskriminierend; welche anderen Grundrechte ebenfalls gemeinschaftsrelevant sind und deshalb juristischen Personen aus anderen Mitgliedstaaten nicht vorenthalten werden dürfen, ist nicht Gegenstand der vorliegenden Untersuchung, dazu näher *Drathen*, Deutschengrundrechte im Lichte des Gemeinschaftsrechts, 1994, v.a. S. 158 f.

[273] Zum Prinzip der gemeinschaftskonformen Auslegung näher *Jarass*, EuR 1991, S. 211 ff.

[274] Vgl. *Jarass*, EuR 1991, S. 218: *„Noch mehr als für die verfassungskonforme Interpretation gilt daher für die richtlinienkonforme Interpretation, daß sie einer nach Wortlaut und Sinn eindeutigen nationalen Regelung keinen entgegengesetzten Sinn verleihen darf."*

meinschaft haben[275]. Dies ist abzulehnen: juristische Personen aus anderen Mitgliedstaaten sind ebensowenig „inländische" juristische Personen wie EU-Ausländer „Deutsche" sind. Eine gemeinschaftskonforme Auslegung von Art. 19 III GG muß deshalb am Wortlaut scheitern.

(5) Konsequenz

Es bleibt noch zu prüfen, welche Konsequenzen sich aus der Kollision des Art. 19 III GG mit vorrangigen Gemeinschaftsrecht ergeben.

(a) Wirkungsweise des gemeinschaftsrechtlichen Diskriminierungsverbotes

Zunächst fragt sich, wie die Ungleichbehandlung von EU-Ausländern im Rahmen des Art. 19 III GG beseitigt werden kann. Bei Ungleichbehandlungen im nationalen Recht gibt das Bundesverfassungsgericht gegebenenfalls dem Gesetzgeber auf, sich zu entscheiden, wie er eine Gleichbehandlung herstellen will[276].

Im Gemeinschaftsrecht hingegen wird eine Begünstigung, welche unter Verstoß gegen Gemeinschaftsrecht nur Inländern gewährt wird, normalerweise ohne weiteres auf die EU-Ausländer erstreckt[277]. Demgemäß setzt sich auch in der vorliegenden Konstellation der Vorrang des Gemeinschaftsrechtes dahingehend durch, daß sich entgegen des Wortlauts des Art. 19 III GG auch juristische Personen aus anderen Mitgliedstaaten auf die Berufsfreiheit berufen können[278].

(b) Konsequenzen für Art. 19 III GG

Allerdings heißt das nicht etwa, daß Art. 19 III GG (teil-)nichtig wäre. Das Gemeinschaftsrecht genießt gegenüber dem nationalen Recht lediglich einen Anwendungs-, aber keinen Geltungsvorrang[279]. Dies hat zur Konsequenz, daß der Inländer-Vorbehalt außerhalb des Anwendungsbereiches des Gemeinschaftsrechts in Kraft bleibt. Im übrigen ist der Verfassungsgesetzgeber aufgerufen,

---

[275] Dafür *P.M. Huber*, in: v.Mangoldt/Klein/Starck (Hrsg.), Kommentar zum GG, Band 1, 4. Aufl. 1999, Art. 19 III Rn. 324.

[276] BVerfGE 22, 349 (360 f.); *Pieroth/Schlink*, Staatsrecht II, 17. Aufl. 2001, Rn. 487.

[277] Vgl. EuGH, Cowan, Slg. 1989, S. 195 (219 f.); *Ahlt*, Europarecht, 2. Aufl. 1996, S. 30; *Zuleeg*, in: von der Groeben/Thiesing/Ehlermann (Hrsg.), Kommentar zum EUV/EGV, 5. Aufl. 1997, Art. 6 Rn. 8: *„Solange das Leistungsangebot für Inländer nicht abgeschafft ist, sind die zu Unrecht benachteiligten Ausländer zu beteiligen."*

[278] Die Annahme wäre sehr hypothetisch, daß der deutsche Verfassungsgeber dadurch Gleichbehandlung herstellen will, daß er nun auch inländische juristische Personen von der Grundrechtsberechtigung ausnimmt.

[279] Siehe oben erster Teil, B. III. 2. b) (3) (c) (iv), S. 52 f.

zumindest im Interesse der Rechtssicherheit und Rechtsklarheit Art. 19 III GG so zu ändern, daß er gemeinschaftskonform ist[280].

b) Ergebnis

Damit ist festzuhalten, daß Art. 19 III GG jedenfalls insoweit gemeinschaftswidrig ist, als er juristischen Personen aus anderen Mitgliedstaaten die Berufung auf die Berufsfreiheit verwehrt. Der Vorrang des Gemeinschaftsrechts gebietet es daher, den Inländervorbehalt des Art. 19 III GG nicht anzuwenden, wenn juristische Personen aus anderen Mitgliedstaaten sich auf Art. 12 I GG berufen wollen, sofern der jeweilige Fall in den Anwendungsbereich des Gemeinschaftsrechts fällt[281]. Somit ist die Berufsfreiheit nicht nur inländische juristische Personen, sondern auch für solche aus anderen Mitgliedstaaten der EG anwendbar.

3. Juristische Personen des öffentlichen Rechts

Art. 19 III GG unterscheidet nicht ausdrücklich zwischen juristischen Personen des Privatrechts und des öffentlichen Rechts. Dennoch geht die herrschende Meinung davon aus, daß letztere grundsätzlich nicht grundrechtsberechtigt sind[282]. Juristische Personen des öffentlichen Rechts sind daher nicht Träger der Rechte aus Art. 12 I GG[283]. Die einzige erwägenswerte Ausnahme betrifft die Berufskammern, die als Träger funktionaler Selbstverwaltung in gewisser Weise „staatsdistanziert" sind[284]. Allerdings geht es bei einer Grundrechtsberechtigung von Kammern weniger um Berufsausübung (der Kammer[285]), sondern meist um andere Grundrechte wie etwa die allgemeine Vertragsfreiheit aus Art. 2 I GG[286].

---

280 Vgl. *Drathen*, Deutschengrundrechte im Lichte des Gemeinschaftsrechts, S. 214 ff.

281 Wenn sich eine juristische Person aus einem anderen Mitgliedstaat in Deutschland gegen eine berufsfreiheitsbezogene Regelung zur Wehr setzt, wird der Anwendungsbereich des Gemeinschaftsrechts allerdings regelmäßig eröffnet sein.

282 Siehe dazu oben erster Teil, A. IV. 1. b) (5), S. 25 ff.

283 *Groepper*, GewA 2000, S. 368; *Tettinger*, GewA 1999, S. 268.

284 *Stern*, Das Staatsrecht der Bundesrepublik Deutschland, Band III/1, 1988, S. 1162 f.; *Tettinger*, GewA 1999, S. 268; BVerfGE 70, 1 (20 ff.).

285 Die Berufsfreiheit der in den Kammern zwangsweise vereinigten Berufsangehörigen wird ohnehin individuell geschützt, vgl. BVerfGE 70, 1 (29 ff.).

286 BVerfGE 70, 1 (25 ff.).

C. Abschließender Vergleich

In Zusammenfassung der Ergebnisse des ersten Teils soll noch einmal festgehalten werden, inwieweit Übereinstimmungen und Unterschiede zwischen Grundfreiheits- und Berufsfreiheitsberechtigung bestehen.

I. Schutz von Berufstätigen und ihren Vertragspartnern

Sowohl die Berufsfreiheit wie auch die Grundfreiheiten schützen Arbeitnehmer und Selbständige. Dabei ist der Anwendungsbereich der Berufsfreiheit grundsätzlich umfassender, weil alle Berufstätigen geschützt werden und nicht nur diejenigen, die bestimmte (wirtschaftliche) Tätigkeiten ausüben, wie bei den Grundfreiheiten. Allerdings sind die von den Berufsfreiheiten erfaßten Tätigkeiten so umfangreich, daß kaum eine berufliche Tätigkeit ungeschützt bleibt[287].

Im Gemeinschaftsrecht wie im Verfassungsrecht haben auch die Vertragspartner der primär geschützten Berufstätigen am Freiheitsschutz teil.

II. Staatsangehörigkeitserfordernisse

Als Menschenrecht ausgestaltet ist allein die Warenverkehrsfreiheit, die als reine Produktverkehrsfreiheit keinerlei Anforderungen an die Handeltreibenden stellt.

Die Arbeitnehmerfreizügigkeit, Niederlassungs- und Dienstleistungsfreiheit sind hingegen Gemeinschaftsbürgerrechte, ebenso wie die Berufsfreiheit, welche zwar ihrem Wortlaut nach auf Deutsche begrenzt ist, in ihrer Wirkung jedoch alle Gemeinschaftsbürger gleichermaßen erfaßt.

III. Juristische Personen

Juristische Personen des Privatrechts (aus allen Mitgliedstaaten) sind grundfreiheits- und berufsfreiheitsberechtigt. Ein Unterschied tritt hingegen bei den juristischen Personen des öffentlichen Rechts zutage, welche im Grundsatz zwar die Grundfreiheiten, nicht jedoch die Berufsfreiheit in Anspruch nehmen können.

Dieser Unterschied wird übrigens abgemildert durch die Anwendung des Gleichheitssatzes. Nach der herrschenden Auslegung des Art. 19 III GG können sich zwar juristische Personen des öffentlichen Rechts nicht auf den Gleichheitssatz als Grundrecht berufen[288]. Aber der Gleichheitssatz gilt als Prinzip der objektiven Gerechtigkeit bzw. als rechtstaatliches Willkürverbot auch für öffent-

---

[287] So auch *Wunderlich*, Das Grundrecht der Berufsfreiheit im Europäischen Gemeinschaftsrecht, 2000, S. 68.

[288] *Bethge*, Die Grundrechtsberechtigung juristischer Personen nach Art. 19 Abs. 3 GG, 1985, S. 93 ff.

lich-rechtliche Kompetenzträger[289] als ungeschriebener Verfassungsgrundsatz[290]. Insofern können sich also juristische Personen des öffentlichen Rechts im deutschen Verfassungsrecht gegen Diskriminierungen zur Wehr setzen, wenn auch nicht mit Hilfe der grundrechtlichen Verfassungsbeschwerde[291]. Damit zeigt sich doch wieder eine Parallele zum Gemeinschaftsrecht, wo offene Diskriminierungen von juristischen Personen des öffentlichen Rechts ebenfalls eher angegriffen werden können als sonstige Beschränkungen[292].

---

[289] *Bethge,* Die Grundrechtsberechtigung juristischer Personen nach Art. 19 Abs. 3 GG, 1985, S. 94.

[290] BVerfGE 35, 263 (271 f.).

[291] In Betracht kommen z.B. der Bund-Länderstreit, Art. 93 I Nr. 3 GG, in dem der Gleichbehandlungsanspruch der Länder Prüfungsmaßstab ist (so *Bethge*, Die Grundrechtsberechtigung juristischer Personen nach Art. 19 Abs. 3 GG, 1985, S. 95) oder die Kommunalverfassungsbeschwerde, Art. 93 I Nr. 4 b GG (dazu *Bethge* aaO., S. 95 f.).

[292] Siehe oben erster Teil, A. IV. 1. b) (8), S. 30.

ZWEITER TEIL: DIE RECHTSBINDUNG

Subjekte der Freiheitsrechte sind neben den Berechtigten auch die Verpflichteten[293]. Dementsprechend werden nun nach den Rechtsträgern von Grundfreiheiten und Berufsfreiheit deren Adressaten untersucht. Dabei kommen in Frage: Der Staat bzw. die Mitgliedstaaten, die Gemeinschaft sowie Private.

A. Bindung des Staates

Der Staat oder Mitgliedstaat ist primärer Adressat sowohl der Grundrechte als auch der Grundfreiheiten. Problematisch ist insoweit nicht das „Ob“ der Bindung, sondern vielmehr deren Umfang.

I. Umfang der Grundfreiheitsbindung der Mitgliedstaaten

1. Allgemeines

Zunächst einmal ist zu fragen, woraus sich die Bindung der Mitgliedstaaten an die Grundfreiheiten überhaupt ergibt. Die Artikel des EGV, in denen die Grundfreiheiten jeweils normiert sind, stellen nur Verbote bestimmter Verhaltensweisen auf, ohne explizit die Mitgliedstaaten als Verbotsadressaten zu benennen[294]. Als eine generelle Bindungsnorm kommt Art. 10 EG in Frage. Die Bedeutung des Art. 10 EG geht erheblich über eine bloße Bestätigung des Grundsatzes „pacta sunt servanda“ hinaus[295]. Allerdings ist umstritten, ob Art. 10 EG anwendbar ist, soweit es um die Grundfreiheiten geht, welche als speziellere, vorrangige Regelungen aufgefaßt werden[296]. Zudem hilft Art. 10 EG ohnehin nicht

---

[293] Vgl. Isensee/Kirchhof (Hrsg.), Handbuch des Staatsrechts, Band V, 2. Aufl. 2000, Überschrift des Abschnitts III.

[294] *Kingreen*, Die Struktur der Grundfreiheiten des Europäischen Gemeinschaftsrechts, 1999 S. 195; *Roth*, in: Festschrift für Ulrich Everling, Band II, 1995, S. 1241; vgl. auch *Schwemer*, Die Bindung des Gemeinschaftsgesetzgebers an die Grundfreiheiten, 1995, S. 25. Die Vorschriften der Art. 16, 31 und 67 I EG-Vertrag, auf die er als ausdrücklich an die Mitgliedstaaten adressierte Verbote verweist, sind durch den Amsterdamer Vertrag aufgehoben worden. Art. 12 EG-Vertrag (jetzt Art. 25 EG) wurde in seiner Formulierung den Art. 23 und 28 EG angepaßt, so daß auch er nicht mehr explizit eine Bindung der Mitgliedstaaten normiert. Angesichts dieses Schweigens des Vertragstextes finden sich in den Kommentierungen zu den Grundfreiheiten nur spärliche Hinweise zur Bindungsproblematik. Die meisten betreffen Art. 28 EG, dessen Dogmatik am stärksten ausgeprägt ist; sie lassen sich aber grundsätzlich auf die anderen Grundfreiheiten übertragen.

[295] *v.Bogdandy*, in: Grabitz/Hilf (Hrsg.), Kommentar zum EUV/EGV, Band I, Art. 5 Rn. 3.

[296] Für eine Verdrängung des Art. 10 EG *v.Bogdandy*, in: Grabitz/Hilf (Hrsg.), Kommentar zum EUV/EGV, Band I, Art. 5 Rn. 30 und Rn. 65; dagegen *Kahl*, in: Calliess/Ruffert (Hrsg.), Kommentar zum EUV/EGV, 1999, Art. 10 Rn. 48. Der EuGH stellt nur in vereinzelten Urtei-

weiter, was den Umfang der Bindung angeht: Er spricht nur pauschal von „den Mitgliedstaaten".

Daß diese Adressaten der Grundfreiheiten sind, ist auch ohne Art. 10 EG selbstverständlich: Die Mitgliedstaaten sind die Unterzeichner des EGV; sie sind die „Hohen Vertragsparteien" i.S.d. Art. 1 EG. Die im Vertrag enthaltenen Verpflichtungen (d.h. auch die Grundfreiheiten, die v.a. zu einem Unterlassen verpflichten[297]) richten sich also an sie[298].

Unumstritten ist dabei, daß die Bindung an die Grundfreiheiten auch die Gliedstaaten von bundesstaatlichen Mitgliedstaaten, in Deutschland also die Länder, trifft[299]. Ebenso unstreitig ist die grundsätzliche Bindung aller drei Staatsgewalten[300]. Im einzelnen allerdings gibt es Meinungsunterschiede insbesondere bezüglich des Umfangs der Bindung der rechtsprechenden und der vollziehenden Gewalt.

2. Bindung der Rechtsprechung

Umstritten ist, ob einzelne Gerichtsurteile gegen die Grundfreiheiten verstoßen können. Teilweise wird dies abgelehnt, weil die Grundfreiheiten nur generell-abstrakte staatliche Maßnahmen erfassen sollen[301]. Einzelfälle sollen dagegen gegebenenfalls nach Art. 12 EG zu beurteilen sein[302].

---

len auf Art. 10 EG neben der jeweiligen Grundfreiheit ab, vgl. EuGH, Thieffry, Slg. 1977, S. 765 (777 ff.); EuGH, Vlassopoulou, Slg. I 1991, S. 2357 (2383); EuGH, Kraus, Slg. I 1993, S. 1663 (1697); EuGH, Van Munster, Slg. I 1994, S. 4661 (4697).

[297] *Behrens*, Jura 1989, S. 561 (563): „Subjektive Rechte auf einen staatlichen Regelungsverzicht".

[298] Vgl. EuGH, Van Gend en Loos, Slg. 1963, S. 1 (24): Der EGV ist „ein Abkommen, das (...) wechselseitige Verpflichtungen zwischen den vertragsschließenden Staaten begründet".

[299] *Müller-Graff*, in: von der Groeben/Thiesing/Ehlermann (Hrsg.), Kommentar zum EUV/EGV, 5. Aufl. 1997, Art. 30 Rn. 289; *Leible*, in: Grabitz/Hilf, Kommentar zum EUV/EGV, Band I, Art. 28 Rn. 5; *Matthies/v.Borries*, in: Grabitz/Hilf (Hrsg.), Kommentar zum EUV/EGV, Altband I, Art. 30 Rn. 5. Aus der Rechtsprechung läßt sich ein Urteil bzgl. der belgischen Region Wallonien anführen, EuGH, Kommission/Belgien, Slg. I 1992, S. 4431 (4473).

[300] Für Art. 28 EG: *Matthies/v.Borries*, in: Grabitz/Hilf (Hrsg.), Kommentar zum EUV/EGV, Altband I, Art. 30 Rn. 43; *Müller-Graff*, in: von der Groeben/Thiesing/Ehlermann (Hrsg.), Kommentar zum EUV/EGV, 5. Aufl. 1997, Art. 30 Rn. 289; *Epiney, in:* Calliess/Ruffert (Hrsg.), Kommentar zum EUV/EGV, 1999, Art. 28 Rn. 44 („jedes staatliche Verhalten").

[301] So für Art. 28 EG *Matthies/v.Borries*, in: Grabitz/Hilf (Hrsg.), Kommentar zum EUV/EGV, Altband I, Art. 30 Rn. 5; auch *Hochbaum*, in: von der Groeben/Thiesing/Ehlermann (Hrsg.), Kommentar zum EUV/EGV, 5. Aufl. 1997, Art. 90 Rn. 41 verlangt für Art. 28 EG eine Maßnahme von „allgemeiner Bedeutung".

[302] So *Matthies/v.Borries*, in: Grabitz/Hilf (Hrsg.), Kommentar zum EUV/EGV, Altband I, Art. 30 Rn. 5.

Dies überzeugt nicht; der Begriff „Maßnahme", der in Art. 10 und 28 EG verwendet wird, legt keine generell-abstrakte Betrachtungsweise nahe (wie das etwa beim Terminus „Regelung" der Fall wäre)[303]. Es ist zwar vertretbar, ein einzelnes Gerichtsurteil nicht als einen gem. Art. 226 EG verfolgbaren Vertragsverstoß des Mitgliedstaats anzusehen[304]. Dies ändert aber nichts daran, daß ein Gericht auch im Einzelfall an die Grundfreiheiten als unmittelbar anwendbares, vorrangiges EG-Recht gebunden ist[305]. Selbst wenn also das Verhalten eines Gerichts, welches ein Urteil unter Mißachtung der Warenverkehrsfreiheit fällt, nicht selbst eine Maßnahme gleicher Wirkung i.S.d. Art. 28 EG darstellen sollte[306], so ist und bleibt es doch zumindest ein Verstoß gegen den aus Art. 10 EG folgenden Vorrang des Gemeinschaftsrechts[307]. Damit ist also auch die Rechtsprechung umfassend an die Grundfreiheiten gebunden.

3. Bindung der vollziehenden Gewalt

Die Grundfreiheiten gelten sowohl für die unmittelbare wie die mittelbare Staatsverwaltung[308]. Als Adressaten kommen damit insbesondere Gemeinden in

---

303 Gegen das Erfordernis generell-abstrakter Maßnahmen bei Art. 28 EG auch *Leible*, in: Grabitz/Hilf, Kommentar zum EUV/EGV, Band I, Art. 28 Rn. 5; *Müller-Graff*, in: von der Groeben/Thiesing/Ehlermann (Hrsg.), Kommentar zum EUV/EGV, 5. Aufl. 1997, Art. 30 Rn. 291; *Becker*, in: Schwarze (Hrsg.), EU-Kommentar, 2000, Art. 28 Rn. 94; *Barents*, CMLR 1981, S. 275; in diesem Sinn (unabhängig von Art. 28 EG) auch Generalanwalt *Gand*, Schlußanträge zu EuGH, Kommission/Belgien, Slg. 1970, S. 237 (246 f.) sowie, ihm folgend der EuGH in derselben Rechtssache, S. 243; darauf nimmt im Bereich der Arbeitnehmerfreizügigkeit Generalanwalt *Warner* Bezug in den Schlußanträgen zu EuGH, Bouchereau, Slg. 1977, S. 1999 (2019 f.).

304 Generalanwalt *Warner*, Schlußanträge zu EuGH, Bouchereau, Slg. 1977, S. 1999 (2020): „Ein richterlicher Irrtum [...] stellt keinen Bruch des Vertrages dar." In diese Richtung auch *Leible*, in: Grabitz/Hilf, Kommentar zum EUV/EGV, Band I, Art. 28 Rn. 5: „Eine ‚vereinzelte Panne' bietet sicherlich keinen hinreichenden Anlaß für die Einleitung eines Vertragsverletzungsverfahrens."

305 Zur Verpflichtung der nationalen Gerichte, das Gemeinschaftsrecht anzuwenden vgl. EuGH, Simmenthal I, Slg. 1978, S. 629 (644 f.); speziell zur Pflicht, Art. 28 EG anzuwenden, EuGH, Denkavit, Slg. 1979, S. 3369 (3384 f.).

306 Eine ständige Rechtsprechung kann allerdings nach ganz herrschender Meinung jedenfalls eine Maßnahme gleicher Wirkung darstellen, vgl. *Matthies/v.Borries*, in: Grabitz/Hilf (Hrsg.), Kommentar zum EUV/EGV, Altband I, Art. 30 Rn. 5, sowie *Müller-Graff*, in: von der Groeben/Thiesing/Ehlermann (Hrsg.), Kommentar zum EUV/EGV, 5. Aufl. 1997, Art. 30 Rn. 291.

307 Dies entspräche in etwa einer Auslegung der Grundrechte, wonach ein Urteil, welches Art. 12 I GG mißachtet, eine Verletzung des Rechtsstaatsprinzips nach sich zieht; im deutschen Recht ist dies angesichts des eindeutigen Wortlauts des Art. 1 III GG allerdings eine überflüssige Konstruktion.

308 *Leible*, in: Grabitz/Hilf (Hrsg.), Kommentar zum EUV/EGV, Band I, Art. 28 Rn. 5; *Mat-*

Betracht[309]. Darüber hinaus sind auch sonstige juristische Personen des öffentlichen Rechts grundfreiheitsverpflichtet[310].

Auch hier stellt sich die Frage, ob nur generell-abstrakte Maßnahmen in den Anwendungsbereich der Grundfreiheiten fallen[311]. Ebenso wie bei Gerichtsurteilen ist jedoch nicht ersichtlich, warum individuell-konkrete Maßnahmen nicht an die Grundfreiheiten gebunden sein sollen[312]. Bezüglich Art. 28 EG hat sich die Kommission bereits in der Richtlinie 70/50/EWG zugunsten der Einbeziehung von Einzelfällen ausgesprochen[313]. Auch der EuGH hat eine individuell-konkrete Maßnahme an Art. 49 EG gemessen[314]. Zur Begründung führt er aus, daß der Rechtsschutz des einzelnen, der sich aus dem Gemeinschaftsrecht ergebe, nicht von der Art der entgegenstehenden innerstaatlichen Bestimmung abhängen dürfe[315]. Dem ist zuzustimmen.

Problematisch ist jedoch, wie im deutschen Recht, die Frage der Bindung von Verwaltungshandeln in Privatrechtsform[316]. Parallel zur Grundrechtsdogmatik kann man drei Formen privatrechtlichen Handelns unterscheiden[317]: Verwal-

---

thies/v.Borries, in: Grabitz/Hilf (Hrsg.), Kommentar zum EUV/EGV, Altband I, Art. 30 Rn. 5; vgl. auch *Kluth*, in: Calliess/Ruffert (Hrsg.), Kommentar zum EUV/EGV, 1999, Art. 50 Rn. 44.

309 EuGH, Kommission/Irland, Slg. 1988, S. 4929 (4962); EuGH, Ligur Carni, Slg. I 1993, S. 6621 (6660 f.).

310 Vgl. EuGH, Bouhelier, Slg. 1977, S. 197 (203); EuGH, Apple and Pear Development Council, Slg. 1983, S. 4083 (4118 ff.); EuGH, Royal Pharmaceutical Society, Slg. 1989, S. 1295 (1327); Generalanwalt *Darmon*, Schlußanträge zu EuGH, Royal Pharmaceutical Society, Slg. 1989, S. 1295 (1313); bzgl. einer deutschen Landesapothekerkammer siehe EuGH, Hünermund, Slg. I 1993, S. 6787 (6821 f.). Zur Sonderproblematik der Anwendbarkeit des EGV auf Kirchen vgl. *Bleckmann*, Europarecht, 6. Aufl. 1997, Rn. 759; *Oppermann*, Europarecht, 2. Aufl. 1999, Rn. 208, sowie *Robbers*, in: Listl/Pirson (Hrsg.), Handbuch des Staatskirchenrechts, Band I, 2. Aufl. 1994, § 9, S. 315 – 332. *Robbers* nimmt speziell für die Arbeitnehmerfreizügigkeit eine Bindung der Kirchen an, begründet dies allerdings mit einer unmittelbaren Drittwirkung des Art. 39 EG (aaO. S. 328); dies wiederum ist zweifelhaft, vgl. dazu unter zweiter Teil, C. II., S. 101 ff.

311 Dafür wiederum *Matthies/v.Borries*, in: Grabitz/Hilf (Hrsg.), Kommentar zum EUV/EGV, Altband I, Art. 30 Rn. 5.

312 Für eine Bindung auch *Jarass*, EuR 1995, S. 219; *Leible*, in: Grabitz/Hilf (Hrsg.), Kommentar zum EUV/EGV, Band I, Art. 28 Rn. 5.

313 Erster und zweiter Erwägungsgrund der RL 70/50/EWG, ABl. 1970, L 13/29.

314 EuGH, Ciola/Vorarlberg, Slg. I 1999, S. 2517 (2537 ff.).

315 EuGH, Ciola/Vorarlberg, Slg. I 1999, S. 2517 (2540).

316 Die Frage nach der (Nicht-)Bindung der Mitgliedstaaten bei privatrechtlichem Handeln stellt sich übrigens dann nicht mehr, wenn man von einer unmittelbaren Drittwirkung der Grundfreiheiten im Privatrechtsverkehr ausgeht; dazu unten zweiter Teil, C. II., S. 101 ff.

317 *Pieroth/Schlink*, Staatsrecht II, 17. Aufl. 2001, Rn. 169 ff.; grundlegend bereits *Siebert*, in: Festschrift für Hans Niedermeyer zum 70. Geburtstag, 1953, S. 220 f.

tungsprivatrecht, Hilfsgeschäfte und erwerbswirtschaftliche Betätigung der Verwaltung. Nur die letzten beiden Bereiche werden dabei als „fiskalisches Handeln" des Staates bezeichnet[318].

a) Verwaltungsprivatrecht

Verwaltungsprivatrecht[319] liegt vor, wenn die Verwaltung unmittelbar öffentliche Aufgaben (im Bereich der Leistungsverwaltung) in privatrechtlicher Form wahrnimmt (insbesondere bei Subventionen bzw. Leistungen der Daseinsvorsorge)[320]. In der Literatur wird vertreten, daß ein hoheitlicher Charakter der jeweiligen Maßnahme Voraussetzung für die Anwendbarkeit der Grundfreiheiten sei[321]. Damit könnte sich der Mitgliedstaat durch eine bloße Wahl der privatrechtlichen Organisationsform seiner Bindung an die Grundfreiheiten entziehen[322]. Der EGV verfolgt jedoch das Anliegen, daß die Wahl der Organisationsform nicht die Anwendbarkeit des Gemeinschaftsrechts beeinträchtigen soll[323]; dies ist schon bei Art. 48 EG erkennbar, der deshalb juristische Personen des öffentlichen Rechts ausdrücklich als Begünstigte der Grundfreiheiten anerkennt[324]. Überdies ist im Text der Grundfreiheiten keine Beschränkung auf hoheitliche Tätigkeiten erkennbar; eine derartige einschränkende Auslegung beeinträchtigt die praktische Wirksamkeit („effet utile")[325] des Gemeinschaftsrechts. Insbesondere ist der Umfang der privatrechtlichen Erfüllung hoheitlicher Aufgaben von Mitgliedstaat zu Mitgliedstaat unterschiedlich[326]. Würde man also das

---

318 So schon *Siebert*, in: Festschrift für Hans Niedermeyer zum 70. Geburtstag, 1953, S. 220 f.

319 Begriff von *Wolff*, Verwaltungsrecht I, 1. Aufl. 1956, § 23 I b).

320 Dazu im nationalen Recht *Maurer*, Allgemeines Verwaltungsrecht, 13. Aufl. 2001, § 3 Rn. 9, sowie unten unter zweiter Teil, A. II. 2. a), S. 77.

321 *Leible*, in: Grabitz/Hilf, Kommentar zum EUV/EGV, Band I, Art. 28 Rn. 6; *Matthies/v.Borries*, in: Grabitz/Hilf (Hrsg.), Kommentar zum EUV/EGV, Altband I, Art. 30 Rn. 6; *Kingreen*, Die Struktur der Grundfreiheiten des Europäischen Gemeinschaftsrechts, 1999, S. 83; wohl auch Generalanwalt *Capotorti*, Schlußanträge zu EuGH, Kommission/Irland („Buy Irish"), Slg. 1982, S. 4005 (4030); auch *Hochbaum*, in: von der Groeben/Thiesing/Ehlermann (Hrsg.), Kommentar zum EUV/EGV, 5. Aufl. 1997, Art. 90 Rn. 41, verlangt für Art. 28 EG eine Maßnahme hoheitlichen Charakters, wobei er allerdings unter hoheitlich „jede staatliche Einflußnahme auf den innergemeinschaftlichen Warenverkehr" versteht.

322 Im Verfassungsrecht wird dies unter dem Stichwort „Flucht ins Privatrecht" diskutiert, dazu unten unter zweiter Teil, A. II. 2. a), S. 77.

323 Vgl. auch *Becker*, in: Schwarze (Hrsg.), EU-Kommentar, 2000, Art. 28 Rn. 85.

324 Vgl. *Randelzhofer*, in: Grabitz/Hilf (Hrsg.), Kommentar zum EUV/EGV, Altband II, Art. 58 Rn. 4.

325 Zum effet utile als Auslegungsprinzip vgl. *Bleckmann*, Europarecht, 6. Aufl. 1997, Rn. 559; *Wegener*, in: Calliess/Ruffert (Hrsg.), Kommentar zum EUV/EGV, 1999, Art. 220 Rn. 10.

326 Vgl. *Hintersteininger*, Binnenmarkt und Diskriminierungsverbot, 1999, die darauf hin-

Verwaltungsprivatrecht von der Bindung an die Grundfreiheiten ausnehmen, dann würde dies zu einer unterschiedlichen Geltung des Gemeinschaftsrechts führen[327]. Dies spricht dafür, zumindest im Bereich des Verwaltungsprivatrechts von einer Bindung an die Grundfreiheiten auszugehen[328].

Unterstützen läßt sich diese These durch einen Vergleich mit dem Beihilferecht. Die Gewährung von Subventionen an die Wirtschaft gehört zum Verwaltungsprivatrecht[329]. Eine staatliche Beihilfe i.S.d. Art. 87 EG für einen inländischen Warenproduzenten kann eine Diskriminierung ausländischer Waren bewirken und damit eine Maßnahme gleicher Wirkung i.S.d. Art. 28 EG darstellen[330]. Dementsprechend ist auch das Verhältnis der Warenverkehrsfreiheit zum Beihilferecht umstritten. Grundsätzlich sind die Art. 87 ff. EG zwar Spezialvorschriften[331], aber dennoch führt die Qualifizierung als Beihilfe nicht zu einer umfassenden Ausnahme vom Verbot des Art. 28 EG[332]. Im Beihilferecht kommt es nicht darauf an, ob die jeweilige Beihilfe „aus staatlichen Mitteln" (vgl. Art. 87 EG) in privatrechtlicher oder öffentlich-rechtlicher Form gewährt wurde[333]. Inso-

---

weist, daß z.B. die öffentliche Auftragsvergabe in den Mitgliedstaaten, die dem romanischen Rechtskreis angehören, öffentlich-rechtlich erfolgt, während sie in den nördlichen Mitgliedstaaten der Privatwirtschaftsverwaltung zuzurechnen ist.

[327] So auch (auf das gemeinschaftsrechtliche Diskriminierungsverbot bezogen) *Hintersteininger*, Binnenmarkt und Diskriminierungsverbot, 1999, S. 160.

[328] So auch *Britz*, Örtliche Energieversorgung nach nationalem und europäischem Recht, 1994, S. 233 f.; wohl auch EuGH, Kommission/Irland („Buy Irish"), Slg. 1982, S. 4005 (4019 ff.), der insoweit nicht Generalanwalt Capotorti folgte (siehe Fußnote 321), sondern in dem Verhalten Irlands, das sich einer privatrechtlichen Organisation zur Durchführung einer Werbekampagne für irische Waren bedient hatte, einen Verstoß gegen Art. 28 EG erkannte. Vgl. noch *Epiney*, in: Calliess/Ruffert (Hrsg.), Kommentar zum EUV/EGV, 1999, Art. 28 Rn. 44: „jedes staatliche Verhalten" ist an Art. 28 EG zu messen.

[329] *Stern*, Das Staatsrecht der Bundesrepublik Deutschland, Band III/1, 1988, S. 1402.

[330] *Müller-Graff*, in: von der Groeben/Thiesing/Ehlermann (Hrsg.), Kommentar zum EUV/EGV, 5. Aufl. 1997, Art. 30 Rn. 291; vgl. auch *v. Wallenberg*, in: Grabitz/Hilf (Hrsg.), Kommentar zum EUV/EGV, Altband I, Art. 92 Rn. 90.

[331] *Leible*, in: Grabitz/Hilf, Kommentar zum EUV/EGV, Band I, Art. 28 Rn. 49; *Matthies/v.Borries*, in: Grabitz/Hilf (Hrsg.), Kommentar zum EUV/EGV, Altband I, Art. 30 Rn. 48.

[332] EuGH, Kommission/Frankreich, Slg. 1985, S. 1339 (1347 f.); EuGH, DuPont de Nemours, Slg. I 1990, S. 916 (921 f.); *Matthies/v.Borries*, in: Grabitz/Hilf (Hrsg.), Kommentar zum EUV/EGV, Altband I, Art. 30 Rn. 48 a.E; *Müller-Graff*, in: von der Groeben/Thiesing/Ehlermann (Hrsg.), Kommentar zum EUV/EGV, 5. Aufl. 1997, Art. 30 Rn. 342.

[333] Vgl. *Mederer*, in: von der Groeben/Thiesing/Ehlermann (Hrsg.), Kommentar zum EUV/EGV, 5. Aufl. 1997, Art. 92 Rn. 13 ff.

fern ist es konsequent, bei den Grundfreiheiten ebenfalls nicht auf die Rechtsform abzustellen[334].

Dies zeigt auch ein Vergleich mit der Rechtsprechung des EuGH zu nicht umgesetzten Richtlinien[335]. Der Gerichtshof geht davon aus, daß diese zu Lasten des Staates unmittelbar wirken[336]. Dabei ist es unerheblich, in welcher Form der Staat handelt[337]. Insoweit spricht auch diese Rechtsprechung dafür, den privatrechtlich handelnden Staat nicht von der Bindung an das Gemeinschaftsrecht, in diesem Fall die Grundfreiheiten, auszunehmen[338].

Eine Beschränkung der Grundfreiheiten auf hoheitliches Handeln widerspricht somit der Konzeption des Gemeinschaftsrechts[339]. Jedenfalls dann, wenn der Staat öffentliche Aufgaben wahrnimmt, ist er an die Grundfreiheiten gebunden, gleichgültig in welcher Form er handelt[340]. Damit ist die Bindung für das Verwaltungsprivatrecht zu bejahen.

b) Hilfsgeschäfte der Verwaltung

Während beim Verwaltungsprivatrecht „genuine" Verwaltungsaufgaben in Privatrechtsform wahrgenommen[341] werden, geht es bei den Hilfsgeschäften um die privatrechtliche Beschaffung der Sachgüter, welche die Verwaltung zu ihrer Aufgabenerfüllung benötigt[342]. Beim Verwaltungsprivatrecht werden also die öffentlichen Aufgaben *unmittelbar* durch das privatrechtliche Handeln erfüllt,

---

[334] Für diesen Rückgriff auf Gesichtspunkte des Beihilferechts auch *Müller-Graff*, in: von der Groeben/Thiesing/Ehlermann (Hrsg.), Kommentar zum EUV/EGV, 5. Aufl. 1997, Art. 30 Rn. 290.

[335] Vgl. zu dieser Parallele auch *Holoubek*, in: Schwarze (Hrsg.), EU-Kommentar, 2000, Art. 49 Rn. 39.

[336] Vgl. zur unmittelbaren Wirkung von Richtlinien EuGH, S.A.C.E., Slg. 1970, S. 1213 (1223 ff.); EuGH, Becker, Slg. 1982, S. 53 (70 f.); zum Ausschluß der „horizontalen Wirkung" von Richtlinien EuGH, Marshall, Slg. 1986, S. 723 (749); EuGH, Faccini Dori, Slg. I 1994, S. 3325 (3356); allgemein *Bleckmann*, Europarecht, 6. Aufl. 1997, Rn. 431 ff.

[337] So EuGH, Marshall I, Slg. 1986, S. 723 (749); vgl. auch EuGH, Foster/British Gas, Slg. I 1990, S. 3313 (3348 f.).

[338] Allerdings hängt der weite Staatsbegriff bei der unmittelbaren Wirkung von Richtlinien wohl auch damit zusammen, daß dahinter ein Sanktionsgedanke gegen den Staat steht (vgl. *Schweitzer/Hummer*, Europarecht, 5. Aufl. 1996, Rn. 367; *Lenz*, DVBl. 1990, S. 909.).

[339] Auch bei Art. 86 EG kommt es nicht darauf an, ob der Staat eine hoheitliche oder privatrechtliche „Maßnahme" gegenüber dem öffentlichen Unternehmen trifft, vgl. *Hochbaum*, in: von der Groeben/Thiesing/Ehlermann (Hrsg.), Kommentar zum EUV/EGV, 5. Aufl. 1997, Art. 90 Rn. 41.

[340] Für die Unerheblichkeit der Handlungsform auch *Streinz*, Europarecht, 5. Aufl. 2001, Rn. 706.

[341] *Pieroth/Schlink*, Staatsrecht II, 17. Aufl. 2001, Rn. 170.

[342] *Pieroth/Schlink*, Staatsrecht II, 17. Aufl. 2001, Rn. 170.

beim fiskalischen Hilfsgeschäft dagegen nur *mittelbar*[343]. Gegen diese Unterscheidung wird zu Recht eingewandt, daß das Kriterium der Unmittelbarkeit unscharf ist[344]. Bereits dies spricht dagegen, beim Verwaltungsprivatrecht eine Bindung anzunehmen und sie bei den Hilfsgeschäften abzulehnen.

Außerdem darf der Begriff der „Hilfsgeschäfte" nicht dazu verführen, sie als eine Fallgruppe abzutun, bei der die Frage nach der Grundfreiheitsbindung unwichtig ist: denn gerade die öffentliche Auftragsvergabe, welche eine beachtliche finanzielle Bedeutung hat[345], gehört grundsätzlich hierher[346]. Da die Auftragsvergabe ein wichtiges Mittel der Wirtschaftspolitik darstellt[347], zeigt sich auch der enge Zusammenhang mit der Erfüllung öffentlicher Aufgaben.

Was eben diese öffentlichen Aufträge (sog. Vergaberecht) angeht, so bestehen sekundärrechtliche Regelungen[348]. In Art. 1 a) der Richtlinie 93/36/EWG werden als öffentlicher Lieferaufträge die „zwischen einem Lieferanten [...] und einem [...] öffentlichen Auftraggeber geschlossenen schriftlichen entgeltlichen Verträge über Kauf, Leasing, Miete, Pacht oder Ratenkauf [...] von Waren" definiert. Eine entsprechende Formulierung findet sich in Art. 1 a) der Richtlinie 93/37/EWG sowie in Art. 1 a) der Richtlinie 92/50/EWG. Ob diese „öffentlichen Lieferaufträge" als öffentlich-rechtliche oder privatrechtliche Verträge geschlossen werden, hat also keinen Einfluß auf die Anwendbarkeit der Richtli-

---

343 *Mayer/Kopp*, Allgemeines Verwaltungsrecht, 5. Aufl. 1985, § 3 IV 2 c, S. 68.

344 *Starck*, in: v.Mangoldt/Klein/Starck (Hrsg.), Kommentar zum GG, Band 1, 4. Aufl. 1999, Art. 1 III Rn. 197; *Röhl*, VerwArch. 86 (1995), 574; nach *Ehlers*, DVBl. 1983, S. 425, besteht zwischen fiskalischem Verwaltungshandeln und Verwaltungsprivatrecht „ein gradueller, kein kategorialer Unterschied"; *Rüfner*, in: Isensee/Kirchhof (Hrsg.), Handbuch des Staatsrechts, Band V, 2. Aufl. 2000, § 117 Rn. 45, spricht sogar von der „Unmöglichkeit, überzeugende Abgrenzungskriterien zu entwickeln"; auch *Stern*, Das Staatsrecht der Bundesrepublik Deutschland, Band III/1, 1988, S. 1397 f. und 1405 ist skeptisch, was die Möglichkeit der Abgrenzung angeht.

345 Das Auftragsvolumen der öffentlichen Hand in der EU betrug beispielsweise 1995 ca. 720 Mrd. ECU und lag damit bei etwa 11 % des Bruttoinlandsprodukts der EU, vgl. *Neßler*, EWS 1999, S. 89.

346 Vgl. *Stern*, Das Staatsrecht der Bundesrepublik Deutschland, Band III/1, 1988, S. 1397 für den Bereich der Grundrechte; bei den Grundfreiheiten bestreitet etwa *Matthies/v.Borries*, in: Grabitz/Hilf (Hrsg.), Kommentar zum EUV/EGV, Altband I, Art. 30 Rn. 5, daß „die Ausschreibung für den Bau eines bestimmten öffentlichen Gebäudes" unter Art. 28 EG fällt, weil es am generell-abstrakten Charakter mangele. Diese Ansicht ist abzulehnen, weil Behörden ebenso wie Gerichte auch im Einzelfall an die Grundfreiheiten als vorrangiges Gemeinschaftsrecht gebunden sind, vgl. oben unter zweiter Teil, A. I. 3, S. 66.

347 *Neßler*, EWS 1999, S. 90.

348 Lieferkoordinierungsrichtlinie 93/36/EWG (ABl. 1993, L 199/1); Baukoordinierungsrichtlinie 93/37/EWG (ABl. 1993, L 199/54); Dienstleistungsrichtlinie 92/50/EWG (ABl. 1992, L 209/1); Richtlinie zur Änderung der gerade genannten Richtlinien 97/52/EG (ABl. 1997, 328/1); zur Umsetzung dieser Richtlinien ins deutsche Recht vgl. *Neßler*, EWS 1999, S. 89 ff.

nien. Entscheidend ist nur die Beteiligung eines öffentlichen Auftraggebers. Zwar ist umstritten, inwieweit die Regelungen abschließend sind[349] und die Grundfreiheiten vollständig verdrängen[350]; die Richtlinien selbst sollen jedoch ausdrücklich der Verwirklichung des freien Warenverkehrs[351], der Niederlassungsfreiheit[352] und des freien Dienstleistungsverkehrs[353] dienen[354]. Da also das auf die Grundfreiheiten gestützte[355] Sekundärrecht die Hilfsgeschäfte unabhängig von ihrer Rechtsform erfaßt, spricht dies dafür, daß für die Grundfreiheiten dasselbe gilt. Also ist die Verwaltung auch bei den Hilfsgeschäften Adressatin der Grundfreiheiten.

c) Wirtschaftliche Betätigung

(1) Allgemeines

Es bleibt die wirtschaftliche Betätigung der Verwaltung. Man könnte hier gegen die Grundfreiheitsbindung ein umgekehrtes Konfusionsargument verwenden: ausweislich des Art. 48 EG sind juristische Personen des öffentlichen Rechts bei wirtschaftlicher Betätigung grundfreiheitsberechtigt[356]; sie können also nicht

---

[349] Die Grundfreiheiten sind grundsätzlich nur anzuwenden, soweit keine leges speciales im Gemeinschaftsrecht (v.a. im Sekundärrecht) bestehen, vgl. für Art. 28 EG *Müller-Graff*, in: von der Groeben/Thiesing/Ehlermann (Hrsg.), Kommentar zum EUV/EGV, 5. Aufl. 1997, Art. 30 Rn. 310; *Emmert*, Europarecht, 1996, § 29 Rn. 17 ff.; *Schweitzer/Hummer*, Europarecht, 5. Aufl. 1996, Rn. 1139; allgemein *Kingreen*, Die Struktur der Grundfreiheiten des Europäischen Gemeinschaftsrechts, 1999, S. 151.

[350] Vgl. *Matthies/v.Borries*, in: Grabitz/Hilf (Hrsg.), Kommentar zum EUV/EGV, Altband I, Art. 30 Rn. 55; *Oppermann*, Europarecht, 2. Aufl. 1999, Rn. 1619. Der EuGH nahm jedenfalls für die durch die oben genannten Richtlinien ersetzte Richtlinie 71/305/EWG an, daß sie die Anwendung der Grundfreiheiten nicht ausschließe, vgl. EuGH, CEI und Bellini, Slg. 1987, S. 3347 (3373); EuGH, Beentjes, Slg. 1988, S. 4635 (4659); EuGH, Kommission/Irland, Slg. 1988, S. 4958 (4963); etwas unklar EuGH, Kommission/Italien, Slg. I 1992, S. 3401, 3419 ff., im Gegensatz zu Generalanwalt *Lenz*, Schlußanträge zu EuGH, Kommission/Italien, Slg. I 1992, S. 3401 (3412 f.); für eine parallele Anwendung von Art. 28 EG und den Richtlinien auch *Steindorff*, in: Festschrift für Peter Lerche zum 65. Geburtstag, 1993, S. 585.

[351] Vgl. die Erwägungen zur Richtlinie 93/36/EWG, ABl. 1993, L 199/1.

[352] Vgl. die Erwägungen zur Richtlinie 93/37/EWG, ABl. 1993, L 199/54.

[353] Vgl. die Erwägungen zur Richtlinie 93/37/EWG, ABl. 1993, L 199/54 und zur Richtlinie 92/50/EWG, ABl. 1993, L 209/1.

[354] So auch *Neßler*, EWS 1999, S. 90.

[355] Die Richtlinie 92/50/EWG, ABl. 1992, L 209/1, nennt Art. 57 II i.V.m. Art. 66 EGV (jetzt Art. 47 II i.V.m. Art. 55 EG) als Rechtsgrundlage; die Richtlinie 93/37/EWG, ABl. 1993, L 199/54, nennt Art. 57 II EGV (jetzt Art. 47 II EG) als eine der Rechtsgrundlagen.

[356] Dazu oben erster Teil, A. IV. 1. b), S. 21 ff.

gleichzeitig grundfreiheitsverpflichtet sein[357]. Doch das Konfusionsargument wurde bereits oben als nicht rechtslogisch zwingend abgelehnt[358].

Für die Bindung sprechen hingegen zwei der schon vorher genannten Punkte: Soweit im Rahmen der wirtschaftlichen Betätigung öffentliche Aufträge vergeben werden, sind wieder die Vergaberichtlinien einschlägig. Weiterhin ist die öffentliche Hand, wenn sie bei ihrer wirtschaftlichen Betätigung als Arbeitgeberin auftritt, von der unmittelbaren Wirkung nicht umgesetzter Richtlinien betroffen[359]. Außerdem kann auch hier die Abgrenzung zum Verwaltungsprivatrecht schwierig werden: Wirtschaftliche Betätigung, die unmittelbar öffentlichen Aufgaben dient (v.a. Daseinsvorsorge) fällt unter das Verwaltungsprivatrecht. Der Begriff der öffentlichen Aufgaben ist aber an sich bereits unscharf[360]; zudem hat gerade die Privatisierungsentwicklung der letzten Jahre gezeigt, daß er wandelbar ist. Das Vorliegen von Wettbewerb mit privaten Anbietern ist nicht geeignet, das Vorliegen einer öffentlichen Aufgabe auszuschließen; „Aufgaben, die in keinem Fall von Privatunternehmen erfüllt werden können, [sind] kaum vorstellbar“[361]. Letztlich definiert der Staat bis zu einem gewissen Grad selbst, was er für eine öffentliche Aufgabe hält; er soll sich aber nicht dadurch einer Grundfreiheitsbindung entziehen können, daß er eine bestimmte Aufgabe als „privat“ definiert und damit dem Verwaltungsprivatrecht entzieht. Folglich ist bei der wirtschaftlichen Betätigung des Staates ebenfalls von einer Bindung an die Grundfreiheiten auszugehen.

(2) Öffentliche Unternehmen

Die wirtschaftliche Betätigung des Staates kann sich auch durch Unternehmen vollziehen, welche unter dem Einfluß des Staates stehen. Fraglich ist nun, ob hier ebenfalls eine Bindung an die Grundfreiheiten besteht, und ob sie nur die Mitgliedstaaten oder auch die Unternehmen selbst trifft.

(a) Bindung der Mitgliedstaaten

Art. 86 I EG verbietet den Mitgliedstaaten, in Bezug auf öffentliche Unternehmen vertragswidrige Maßnahmen zu ergreifen. Verboten ist damit eine Einfluß-

---

[357] Ähnlich hat es *Forsthoff*, Der Staat als Auftraggeber, 1963, S. 14, im Bereich des Verfassungsrechts formuliert: *„Weil der Fiskus grundrechtsgeschützt ist, kann er nicht zugleich grundrechtsgebunden sein.“*

[358] Siehe erster Teil, A. IV. 1. b) (5) (a), S. 60.

[359] Vgl. EuGH, Marshall I, Slg. 1986, S. 723 (749).

[360] Vgl. *Schnapp*, JuS 1989, S. 6; *Stern*, Das Staatsrecht der Bundesrepublik Deutschland, Band III/1, 1988, S. 1416.

[361] EuGH, BFI Holding, Slg. I 1998, S. 6821 (6864).

nahme, die zu einer mittelbaren Vertragsverletzung führt[362]. Die Mitgliedstaaten sind für die öffentlichen Unternehmen verantwortlich[363]; dies ergibt sich bereits daraus, daß öffentliche Unternehmen per definitionem vom Staat beherrscht werden[364]. Der Mitgliedstaat kann sich auch nicht dadurch seiner Verantwortung entziehen, daß er behauptet, das Unternehmen habe selbständig gehandelt[365].

Somit ergibt sich aus Art. 86 I EG, daß der Mitgliedstaat selbst dann umfassend an die Grundfreiheiten gebunden ist, wenn er ein selbständiges, privatrechtlich handelndes Unternehmen einschaltet[366]. Dies bestätigt die hier vertretene Ansicht, daß die Mitgliedstaaten auch bei privatrechtlichem Handeln (gleichgültig in welcher Fallgruppe) an die Grundfreiheiten gebunden sind: Wenn die Mitgliedstaaten selbst dann für die Einhaltung der Grundfreiheiten sorgen müssen, wenn ein selbständiges öffentliches Unternehmen privatrechtlich handelt, dann müssen sie erst recht bei ihrem eigenen privatrechtlichen Handeln die Grundfreiheiten beachten.

(b) Bindung der Unternehmen

Der Wortlaut des Art. 86 I EG spricht zunächst dafür, daß das Unternehmen nicht selbst an die staatsgerichteten Vorschriften des EGV (inkl. der Grundfreiheiten) gebunden ist, sondern (weiterhin) nur der Mitgliedstaat[367]. Eine Bindung der Unternehmen könnte sich jedoch aus Art. 86 II EG ergeben. Man kann diese Vorschrift so auslegen, daß sie erstens alle öffentlichen Unternehmen sowohl den unternehmens- als auch den staatsgerichteten Dispositionen des EGV unterwirft, und daß sie zweitens diejenigen Unternehmen, welche mit Dienstleistungen von allgemeinem wirtschaftlichem Interesse betraut sind oder den Charakter eines Finanzmonopols haben, unter bestimmten Umständen von der Bindung befreit[368]. Diese Lösung hat den Vorzug, daß sie zu einer effektiveren

---

[362] *Jung*, in: Calliess/Ruffert (Hrsg.), Kommentar zum EUV/EGV, 1999, Art. 86 Rn. 17.

[363] *Hochbaum*, in: von der Groeben/Thiesing/Ehlermann (Hrsg.), Kommentar zum EUV/EGV, 5. Aufl. 1997, Art. 90 Rn. 43.

[364] *Jung*, in: Calliess/Ruffert (Hrsg.), Kommentar zum EUV/EGV, 1999, Art. 86 Rn. 13.

[365] So „insbesondere“ auf Art. 28 EG bezogen *Hochbaum*, in: von der Groeben/Thiesing/Ehlermann (Hrsg.), Kommentar zum EUV/EGV, 5. Aufl. 1997, Art. 90 Rn. 43; *Matthies*, in: Festschrift für H.P. Ipsen zum 70.Geburtstag, 1977, S. 678 f.; a.A. wohl Generalanwalt *Lenz*, Schlußanträge zu EuGH, Lagauche u.a., Slg. I 1993, S. 5267 (5293).

[366] Vgl. nochmals EuGH, Kommission/Irland („Buy Irish“), Slg. 1982, 4005 (4019 ff.) (siehe oben Fußnote 328).

[367] Vgl. *Jung*, in: Calliess/Ruffert (Hrsg.), Kommentar zum EUV/EGV, 1999, Art. 86 Rn. 3: Die öffentlichen Unternehmen werden „indirekt“ u.a. der Warenverkehrsfreiheit unterworfen.

[368] So *Burgi*, EuR 1997, S. 281 f.; die Kommentare stellen hingegen regelmäßig nur auf den zweiten Aspekt ab, vgl. *Grill*, in: Lenz (Hrsg.), Kommentar zum EGV, 2. Aufl. 1999, Art. 86 Rn. 21 ff.; *Jung*, in: Calliess/Ruffert (Hrsg.), Kommentar zum EUV/EGV, 1999, Art. 86 Rn.

Durchsetzung der Grundfreiheiten führt; denn häufig wird es schwer feststellbar sein, ob die jeweilige Maßnahme auf direkten staatlichen Einfluß zurückgeht, oder ob es sich um eine autonome Unternehmensentscheidung handelt[369]. Deshalb ist also nicht nur der jeweilige Akt der Einflußnahme der öffentlichen Hand auf das Unternehmen an die Grundfreiheiten gebunden[370]. Es wird auch das Verhalten öffentlicher Unternehmen dem jeweiligen Mitgliedstaat zugerechnet[371]. Die öffentlichen Unternehmen sind daher selbst an die Grundfreiheiten gebunden[372].

(3) Ergebnis

Somit ist auch die wirtschaftliche Betätigung des Staates und seiner Untergliederungen von den Grundfreiheiten gebunden. Dies entspricht der Konzeption des Vertrages und der Entwicklung des Gemeinschaftsrechts, wonach staatliche Eingriffe in die Wirtschaft zurückgedrängt werden[373]: Wenn der Staat sich schon wirtschaftlich betätigt, so soll er dabei wenigstens die Grundfreiheiten beachten.

---

33 ff.

[369] *Burgi*, EuR 1997, S. 284.

[370] *Müller-Graff*, in: von der Groeben/Thiesing/Ehlermann (Hrsg.), Kommentar zum EUV/EGV, 5. Aufl. 1997, Art. 30 Rn. 290.

[371] *Müller-Graff*, in: von der Groeben/Thiesing/Ehlermann (Hrsg.), Kommentar zum EUV/EGV, 5. Aufl. 1997, Art. 30 Rn. 290; *Pernice*, in: Grabitz/Hilf (Hrsg.), Kommentar zum EUV/EGV, Band I, Art. 90 Rn. 46 f.

[372] *Pernice*, in: Grabitz/Hilf (Hrsg.), Kommentar zum EUV/EGV, Band I, Art. 90 Rn. 46 f., Rn. 49; Burgi, EuR 1997, S. 284; wohl auch *Müller-Graff*, in: von der Groeben/Thiesing/Ehlermann (Hrsg.), Kommentar zum EUV/EGV, 5. Aufl. 1997, Art. 30 Rn. 290. Hingegen wollen *Hochbaum*, in: von der Groeben/Thiesing/Ehlermann (Hrsg.), Kommentar zum EUV/EGV, 5. Aufl. 1997, Art. 90 Rn. 43, sowie *Grill*, in: Lenz (Hrsg.), Kommentar zum EGV, 2. Aufl. 1999, Art. 86 Rn. 19, die Mitgliedstaaten dazu verpflichten, bei vertragswidrigem Verhalten öffentlicher Unternehmen aktiv einzugreifen, was letztlich zu ähnlichen Ergebnissen führen dürfte; a.A. zum Ganzen *Britz*, Örtliche Energieversorgung nach nationalem und europäischem Recht, 1994, S. 237.

[373] Allerdings ist der durch den Amsterdamer Vertrag eingefügte Art. 16 EG, der sich auf die Daseinsvorsorge bezieht, ein Anzeichen für eine gegenläufige Tendenz; Art. 16 EG ist allerdings lediglich eine politische Absichtserklärung mit geringen rechtlichen Auswirkungen, vgl. *Jung*, in: Calliess/Ruffert (Hrsg.), Kommentar zum EUV/EGV, 1999, Art. 16 Rn. 13. Im übrigen vgl. zum marktwirtschaftlichen Charakter der EG-Wirtschaftsverfassung oben Fußnote 142.

d) Fazit

Zusammenfassend ist festzustellen, daß jedes staatliche Handeln an die Grundfreiheiten gebunden ist[374]: es kommt nicht darauf an, von welcher Staatsgewalt, auf welcher staatlichen Ebene oder in welcher Rechtsform gehandelt wird.

II. Umfang der Berufsfreiheitsbindung des Staates

1. Allgemeines

Im Gegensatz zum Gemeinschaftsrecht gibt es im Verfassungsrecht eine Norm, welche die Bindung des Staates an die Grundrechte und damit auch an Art. 12 I GG ausdrücklich anordnet: Art. 1 III GG. Interessant ist in diesem Zusammenhang die Formulierung der Grundrechte als „unmittelbar geltendes Recht“. Dies bedeutet, daß die Grundrechte nicht bloße Programmsätze sind, die vom Gesetzgeber umgesetzt werden müssen[375]. Bei den Grundfreiheiten findet sich hier eine Parallele im Begriff der unmittelbaren Anwendbarkeit[376]. Die Grundfreiheiten sind allesamt, wie oben gesehen[377], unmittelbar anwendbare Normen des Primärrechts. Dies bedeutet, daß auch sie nicht bloße Programmsätze sind, die von den Mitgliedstaaten (oder den EG-Organen) umgesetzt werden müssen. Vielmehr ist das Handeln der Mitgliedstaaten selbst unmittelbar am Maßstab der Grundfreiheiten zu messen[378]. So wie also die Grundfreiheiten nicht unter dem Vorbehalt der Umsetzung durch die Mitgliedstaaten stehen, besteht für die Grundrechte kein Vorbehalt der Umsetzung durch den Gesetzgeber[379].

---

[374] Ebenso für Art. 28 EG: *Epiney*, in: Calliess/Ruffert (Hrsg.), Kommentar zum EUV/EGV, 1999, Art. 28 Rn. 44; für das gemeinschaftsrechtliche Diskriminierungsverbot *Hintersteininger*, Binnenmarkt und Diskriminierungsverbot, 1999, S. 161.

[375] *Dreier*, in: Dreier (Hrsg.), Kommentar zum GG, Band I, 1996, Art. 1 III Rn. 18; *Starck*, in: v.Mangoldt/Klein/Starck (Hrsg.), Kommentar zum GG, Band 1, 4. Aufl. 1999, Art. 1 III Rn. 227.

[376] Allgemein dazu *H.P. Ipsen*, Europäisches Gemeinschaftsrecht, 1972, 5/50 ff.

[377] Siehe oben erster Teil B. III. 2. b) (1), S. 44.

[378] *H.P. Ipsen*, Europäisches Gemeinschaftsrecht, 1972, 5/58: „Nicht-Angewiesen-Sein auf die Mitwirkung des Mitgliedstaates“; vgl. auch *Constantinesco*, Die unmittelbare Anwendbarkeit von Gemeinschaftsnormen und der Rechtsschutz von Einzelpersonen im Recht der EWG, 1969, S. 109 f.

[379] *Herbert Krüger*, DVBl. 1950, S. 626, hat den Unterschied zwischen der Weimarer Reichsverfassung und dem GG auf die Formel gebracht, daß die Grundrechte nicht mehr „nur im Rahmen der Gesetze“ gelten, sondern die „Gesetze nur im Rahmen der Grundrechte“; *Stern*, Das Staatsrecht der Bundesrepublik Deutschland, Band III/1, 1988, S. 1190 bzw. 1253, nennt diese Formel „nicht in vollem Umfang zutreffend“, erkennt aber ebenso eine „Trendwende des Grundgesetzes“ gegenüber der WRV.

Was den Umfang der Bindung angeht, so bestehen angesichts des Wortlauts von Art. 1 III GG keine Zweifel, daß die Berufsfreiheit als Grundrecht auf Bundes- und Landesebene[380] alle drei Staatsgewalten bindet. Was die rechtsprechende Gewalt angeht, erstreckt sich die Bindung dabei auch auf einzelne Urteile und Beschlüsse[381].

2. Bindung der vollziehenden Gewalt

Problematisch ist der Umfang der Bindung lediglich bei der Verwaltung. Zunächst ist festzustellen, daß, wie im Gemeinschaftsrecht, sowohl die unmittelbare als auch die mittelbare Staatsverwaltung erfaßt werden[382]. Die Grundrechtsbindung erstreckt sich darüber hinaus grundsätzlich auf alle juristischen Personen des öffentlichen Rechts[383] sowie auf beliehene Unternehmer[384]. Strittig ist allerdings, inwieweit privatrechtliches Handeln der Verwaltung grundrechtsgebunden ist. Dabei sind wieder die drei schon oben erwähnten Fallgruppen zu unterscheiden.

a) Verwaltungsprivatrecht

Für das Verwaltungsprivatrecht ist die Grundrechtsbindung allgemein anerkannt[385]. Hier ist das bei den Grundfreiheiten genannte Argument aufzugreifen (bzw. hier hat es eigentlich seinen Ursprung): Der Staat darf sich seiner Grund-

---

[380] Die Bindung der Länder an die Bundesgrundrechte ist unstreitig, vgl. *Dreier*, in: Dreier (Hrsg.), Kommentar zum GG, Band I, 1996, Art. 1 III Rn. 23; *Rüfner*, in: Isensee/Kirchhof (Hrsg.), Handbuch des Staatsrechts, Band V, 2. Aufl. 2000, § 117 Rn. 2.

[381] Vgl. *Starck*, in: v.Mangoldt/Klein/Starck (Hrsg.), Kommentar zum GG, Band 1, 4. Aufl. 1999, Art. 1 III Rn. 207: Die Gerichtsentscheidung muß „inhaltlich im Einklang mit den Grundrechten stehen".

[382] Z.B. *Dreier*, in: Dreier (Hrsg.), Kommentar zum GG, Band I, 1996, Art. 1 III Rn. 43; *Rüfner*, in: Isensee/Kirchhof (Hrsg.), Handbuch des Staatsrechts, Band V, 2. Aufl. 2000, § 117 Rn. 19.

[383] *Rüfner*, in: Isensee/Kirchhof (Hrsg.), Handbuch des Staatsrechts, Band V, 2. Aufl. 2000, § 117 Rn. 2; zum Sonderproblem der Grundrechtsbindung der Kirchen vgl. *Rüfner* aaO., Rn. 50 ff.; *Höfling*, in: Sachs (Hrsg.), Kommentar zum GG, 2. Aufl. 1999, Art. 1 Rn. 102 sowie *Weber*, in: Listl/Pirson (Hrsg.), Handbuch des Staatskirchenrechts, Band I, 2. Aufl. 1994, S. 579 ff.

[384] *Starck*, in: v.Mangoldt/Klein/Starck (Hrsg.), Kommentar zum GG, Band 1, 4. Aufl. 1999, Art. 1 III Rn. 200; *Rüfner*, in: Isensee/Kirchhof (Hrsg.), Handbuch des Staatsrechts, Band V, 2. Aufl. 2000, § 117 Rn. 9.

[385] BGHZ 29, 76 (80); 65, 284 (287); 91, 84 (96 f.); *Achterberg*, Allg. Verwaltungsrecht, § 1 Rn. 23 und § 12 Rn. 20; *Dreier*, in: Dreier (Hrsg.), Kommentar zum GG, Band I, 1996, Art. 1 III Rn. 51; *Höfling*, in: Sachs, GG Art. 1 Rn. 94; *Wolff/Bachof/Stober*, Verwaltungsrecht, Band 1, 11. Aufl. 1999, § 23 Rn. 32.

rechtsbindung nicht durch „Flucht ins Privatrecht“[386] entziehen[387]. Ein Eingriff in die Berufsfreiheit, der die Bindung des Art. 1 III GG auslöst, setzt somit kein hoheitliches Handeln voraus und ist auch im Verwaltungsprivatrecht denkbar.

b) Hilfsgeschäfte der Verwaltung

Bei den Hilfsgeschäften der Verwaltung ist die „Fiskalgeltung“ der Grundrechte umstritten. Nach einem obiter dictum des BGH[388] und einem Teil der Literatur[389] ist hier die Verwaltung nicht an die Grundrechte gebunden. Zur Begründung wird ausgeführt, das Privatrecht sei in der Lage, die auftretenden Probleme allein zu lösen[390].

Dagegen spricht bereits die oben angesprochene[391] Schwierigkeit, anhand des Kriteriums der Unmittelbarkeit das (grundrechtsgebundene) Verwaltungsprivatrecht von den Hilfsgeschäften der öffentlichen Hand abzugrenzen. Zudem ist es das Anliegen des Art. 1 III GG, den Staat umfassend an die Grundrechte zu binden[392]. Es dürfen daher nicht wichtige Tätigkeitsbereiche der öffentlichen Hand von der Grundrechtsbindung ausgenommen werden[393]. Der Staat ist auch dann kein Privatmann, wenn er im Privatrechtsverkehr auftritt[394], sondern er handelt grundsätzlich im öffentlichen Interesse[395]. Deshalb ist der Staat bei seinen Bedarfsdeckungsgeschäften an die Grundrechte gebunden[396] und damit auch an die Berufsfreiheit.

---

[386] Begriff von *Fleiner*, Institutionen des Deutschen Verwaltungsrechts, 8. Aufl. 1928 (Neudruck 1960), S. 326.

[387] *Bethge*, AöR 104 (1979), S. 271; *Dreier*, in: Dreier (Hrsg.), Kommentar zum GG, Band I, 1996, Art. 1 III Rn. 51.

[388] BGHZ 36, 91 (96).

[389] *Dürig*, in: Maunz/Dürig (Hrsg.), Kommentar zum GG, Art. 1 III Rn. 135: Die „wirkliche [...] fiskalische Verwaltung [ist] im Hinblick auf die Grundrechtsbindung nicht anders zu behandeln als der sonstige Privatrechtsverkehr.“ Allerdings nimmt *Dürig* eine mittelbare Einwirkung der Grundrechte über die Generalklauseln des Privatrechts an, vgl. *Dürig*, in: Maunz/Dürig (Hrsg.), Kommentar zum GG, Art. 1 III Rn. 135; Art. 3 I Rn. 490.

[390] *Emmerich*, JuS 1970, S. 333 (337).

[391] Siehe oben zweiter Teil, A. I. 3. b), S. 70.

[392] *Höfling*, in: Sachs (Hrsg.), Kommentar zum GG, 2. Aufl. 1999, Art. 1 Rn. 77 und 95; *Rüfner*, in: Isensee/Kirchhof (Hrsg.), Handbuch des Staatsrechts, Band V, 2. Aufl. 2000, § 117 Rn. 1.

[393] *Stern*, Das Staatsrecht der Bundesrepublik Deutschland, Band III/1, 1988, S. 1412.

[394] *Stern*, Das Staatsrecht der Bundesrepublik Deutschland, Band III/1, 1988, S. 1412; auch *Dürig*, in: Maunz/Dürig (Hrsg.), Kommentar zum GG, Art. 1 III Rn. 135, gibt dies zu, bleibt aber dennoch bei einer lediglich mittelbaren Grundrechtsbindung stehen.

[395] *Höfling*, in: Sachs (Hrsg.), Kommentar zum GG, 2. Aufl. 1999, Art. 1 Rn. 95.

[396] *Höfling*, in: Sachs (Hrsg.), Kommentar zum GG, 2. Aufl. 1999, Art. 1 Rn. 95; *Starck*, in: v.Mangoldt/Klein/Starck (Hrsg.), Kommentar zum GG, Band 1, 4. Aufl. 1999, Art. 1 III Rn.

Das heißt freilich nicht, daß die Grundrechte bei jedem Hilfsgeschäft des Staates primärer Prüfungsmaßstab sind; so wie die Grundfreiheiten gegenüber dem sekundärrechtlichen Vergaberecht subsidiär sind[397], darf man auch auf die Grundrechte nur insoweit zurückgreifen, als sich der jeweilige Fall nicht schon über die Anwendung des einfachen Rechts zufriedenstellend lösen läßt[398].

Was das deutsche Vergaberecht angeht, so wurde dieses unter dem Einfluß des Gemeinschaftsrechts[399] vor kurzem grundlegend geändert[400]. Einer der Kernpunkte der Änderung war die Einführung eines subjektiven Rechts auf Einhaltung der Vergaberegeln durch § 107 VII GWB (n. F.)[401]. Es wäre aber auch möglich gewesen, ein derartiges subjektives Recht schon aus den bisherigen Regelungen i.V.m. Art. 3 I GG herzuleiten[402]. Hätte man diesen Ansatz, der sich aus der Grundrechtsbindung der Verwaltung bei den Bedarfsdeckungsgeschäften ergibt, konsequent weiterverfolgt, so müßte man sich nun weniger Gedanken um ein „Europäisierungsdilemma"[403] machen[404].

c) Wirtschaftliche Betätigung

(1) Allgemeines

Auch bei der wirtschaftlichen Betätigung kann nichts anderes gelten als bei den Bedarfsdeckungsgeschäften. Auf das Problem der mangelnden Abgrenzbarkeit dieser Fallgruppe vom Verwaltungsprivatrecht ist bereits hingewiesen worden[405]. Weiterhin lassen sich die zu den Hilfsgeschäften angeführten Argumente anführen. Auch hier ist die Bindung[406] an die Berufsfreiheit zu bejahen[407].

197; *Rüfner*, in: Isensee/Kirchhof (Hrsg.), Handbuch des Staatsrechts, Band V, 2. Aufl. 2000, § 117 Rn. 45; *Dreier*, in: Dreier (Hrsg.), Kommentar zum GG, Band I, 1996, Art. 1 III Rn. 48 ff.; *Stern*, Das Staatsrecht der Bundesrepublik Deutschland, Band III/1, 1988, S. 1417.

[397] Siehe oben zweiter Teil A. I. 3. b), S. 70.

[398] *Stern*, Das Staatsrecht der Bundesrepublik Deutschland, Band III/1, 1988, S. 1415; *Ossenbühl*, DÖV 1971, S. 521 f.

[399] Vgl. die Richtlinien in Fußnote 348.

[400] Vergaberechtsänderungsgesetz vom 29.5.1998, BGBl. I 1998, S. 2546, in Kraft getreten am 1.1.1999.

[401] Vgl. *Neßler*, EWS 1999, S. 92.

[402] In diese Richtung *Pietzcker*, NVwZ 1983, S. 122 f.; *Faber*, DÖV 1995, S. 408 f.

[403] Dazu *Neßler*, EWS 1999, S. 93 f.

[404] Auch *Faber*, DÖV 1995, S. 413, begrüßt ausdrücklich die „Katalysatorfunktion" des europäischen Rechts auf dem Gebiet des Vergabewesens.

[405] Siehe oben zweiter Teil, A. I. 3. c), S. 72.

[406] Von der Bindung zu unterscheiden ist die Frage, ob die wirtschaftliche Betätigung der öffentlichen Hand regelmäßig auch einen *Eingriff* in die Berufsfreiheit nach sich zieht; zur Eingriffsqualität staatlicher Wettbewerbsteilnahme vgl. unten vierter Teil, B. II. 1. d) (3), S. 175

(2) Öffentliche Unternehmen

Ähnlich wie bei den Grundfreiheiten ist problematisch, inwieweit öffentliche Unternehmen (in der Form von rechtlich selbständigen juristischen Personen des Privatrechts) der Grundrechtsbindung unterliegen. Hier fehlt eine dem Art. 86 EG vergleichbare Norm. Insofern ist auf allgemeine Überlegungen zurückzugreifen.

Soweit eine juristische Person des Privatrechts vom Staat abhängig ist, wird durch ihre staatliche Beherrschung zumindest mittelbar Verwaltungstätigkeit ausgeübt[408]. Insofern ist also eine Grundrechtsbindung anzunehmen. Fraglich ist jedoch, ob diese Grundrechtsbindung nur diejenige Körperschaft des öffentlichen Rechts trifft, welche hinter der juristischen Person des Privatrechts steht (Ingerenzpflicht der Mutterkörperschaft), oder ob das jeweilige Unternehmen selbst davon erfaßt wird. Vorzuziehen ist die zweite Lösung, da bei der ersten Lösung nicht gewährleistet ist, daß die Mutterkörperschaft ihre Anweisungen gegenüber der rechtlich selbständigen juristischen Person des Privatrechts (z. B. einer Aktiengesellschaft) tatsächlich effektiv durchsetzen kann[409].

Anders ist es allerdings bei sog. gemischtwirtschaftlichen Unternehmen, in denen neben dem Staat auch Privatpersonen beteiligt sind. Hier genießen die privaten Beteiligten Privatautonomie. Diese darf nicht durch eine Grundrechtsbindung des gesamten Unternehmens beschränkt werden[410]. Allerdings muß der

ff.

407 Für die Grundrechtsbindung auch *Höfling*, in: Sachs (Hrsg.), Kommentar zum GG, 2. Aufl. 1999, Art. 1 Rn. 96; *Starck*, in: v.Mangoldt/Klein/Starck (Hrsg.), Kommentar zum GG, Band 1, 4. Aufl. 1999, Art. 1 III Rn. 197; *Rüfner*, in: Isensee/Kirchhof (Hrsg.), Handbuch des Staatsrechts, Band V, 2. Aufl. 2000, § 117 Rn. 45; *Dreier*, in: Dreier (Hrsg.), Kommentar zum GG, Band I, 1996, Art. 1 III Rn. 50; *Stern*, Das Staatsrecht der Bundesrepublik Deutschland, Band III/1, 1988, S. 1420 ff.

408 *Stern*, Das Staatsrecht der Bundesrepublik Deutschland, Band III/1, 1988, S. 1421; *Püttner*, Die öffentlichen Unternehmen, 2. Aufl. 1985, S. 119.

409 BGHZ 52, 325 (328 f.) 91, 84 (97 f.) (allerdings betrifft die BGH-Rechtsprechung öffentliche Unternehmen der Daseinsvorsorge, d.h. Verwaltungsprivatrecht); *Höfling*, in: Sachs (Hrsg.), Kommentar zum GG, 2. Aufl. 1999, Art. 1 Rn. 96; *Rüfner*, in: Isensee/Kirchhof (Hrsg.), Handbuch des Staatsrechts, Band V, 2. Aufl. 2000, § 117 Rn. 48, nennt dies den „dogmatisch gewagteren, aber praktikableren Weg"; vgl. auch BayVGH, GewA 2000, S. 279 (280), wonach eine von einer Kommune betriebene GmbH selbst an Art. 87 BayGO gebunden ist (und nicht nur die Kommune); a.A. *Püttner*, Die öffentlichen Unternehmen, 2. Aufl. 1985, S. 119 f.

410 *Höfling*, in: Sachs (Hrsg.), Kommentar zum GG, 2. Aufl. 1999, Art. 1 Rn. 96; *Starck*, in: v.Mangoldt/Klein/Starck (Hrsg.), Kommentar zum GG, Band 1, 4. Aufl. 1999, Art. 1 III Rn. 199.

Träger öffentlicher Gewalt seinen Einfluß auf das Unternehmen in grundrechtskonformer Weise ausüben[411].

d) Ergebnis und abschließender Vergleich

Wie die Grundfreiheiten binden also auch die Grundrechte (und darunter die Berufsfreiheit) jedes staatliche Handeln. Es besteht insoweit eine Übereinstimmung zwischen Grundfreiheiten und Grundrechten in allen relevanten Grundsatzfragen.

B. Bindung der Gemeinschaft

Die Bindung des (Mitglied-)Staates an Grundrechte bzw. Grundfreiheiten ist nur in Bezug auf ihren Umfang streitig. Bei der Bindung der Gemeinschaft ist hingegen schon und vor allem das „Ob" umstritten.

I. Bindung an die Grundfreiheiten

Eine mögliche Bindung der Gemeinschaft an die Grundfreiheiten ist erst in jüngerer Zeit intensiver diskutiert worden[412]. Die Rechtsprechung des EuGH bezieht insoweit nicht eindeutig Stellung[413]. Die wichtigste Frage ist, ob der Gemeinschaftsgesetzgeber an die Grundfreiheiten gebunden ist.

1. Bindung des Gemeinschaftsgesetzgebers

Eine Bindung des Gemeinschaftsgesetzgebers kann sich aus verschiedenen Erwägungen ergeben.

a) Bindung durch Ermächtigungsgrundlagen

Eine dem Art. 1 III GG entsprechende Norm fehlt dem Gemeinschaftsrecht[414]. Wie schon gesehen, statuieren die Grundfreiheiten nur Verbote, ohne deren Adressaten zu benennen[415]. Eine ausdrückliche Bindung des Gemeinschaftsgesetz-

---

[411] *Höfling*, in: Sachs (Hrsg.), Kommentar zum GG, 2. Aufl. 1999, Art. 1 Rn. 96; *Rüfner*, in: Isensee/Kirchhof (Hrsg.), Handbuch des Staatsrechts, Band V, 2. Aufl. 2000, § 117 Rn. 49; *Starck*, in: v.Mangoldt/Klein/Starck (Hrsg.), Kommentar zum GG, Band 1, 4. Aufl. 1999, Art. 1 III Rn. 199.

[412] Umfassend *Schwemer*, Die Bindung des Gemeinschaftsgesetzgebers an die Grundfreiheiten, 1995.

[413] Vgl. die Darstellung bei *Schwemer*, Die Bindung des Gemeinschaftsgesetzgebers an die Grundfreiheiten, 1995, S. 25 ff.

[414] Vgl. bereits oben zweiter Teil, A. I. 1., S. 64 f.

[415] Siehe oben zweiter Teil, A. I. 1., S. 64 f.

gebers kann sich jedoch dennoch aus einzelnen Vertragsnormen i.V.m. dem Prinzip der begrenzten Ermächtigung gem. Art. 5 I EG[416] ergeben[417].

Die wichtigste Ermächtigungsnorm für binnenmarktrelevante Gesetzgebungsakte ist Art. 95 EG. Dieser ermächtigt den Gemeinschaftsgesetzgeber zu Maßnahmen zur Rechtsangleichung, „welche die Errichtung und das Funktionieren des Binnenmarktes zum Gegenstand haben". Insofern können auf Art. 95 EG gestützte Normen grundsätzlich keine Beschränkung des Binnenmarktes (und damit auch der Grundfreiheiten, vgl. Art. 14 EG) zum Gegenstand haben[418], weil sonst das Prinzip der begrenzten Ermächtigung mißachtet würde[419]. Ähnlich verhält es sich mit Art. 94 EG sowie den speziellen Ermächtigungsgrundlagen Art. 40, 42, 46 II und 47 II EG[420]. In diesen Fällen kann man von einer ausdrücklichen Bindung sprechen. Denn sobald die gemeinschaftsrechtliche Regelung zu einer Beschränkung der Grundfreiheiten führen würde, wäre sie nicht mehr von ihrer Ermächtigungsgrundlage gedeckt; der Gemeinschaftsgesetzgeber wäre deshalb unzuständig und die jeweilige Norm formell rechtswidrig[421].

Allerdings gibt es daneben auch Ermächtigungsnormen, die nicht der Verwirklichung des Binnenmarktes bzw. der Grundfreiheiten dienen. Neben den weitreichenden Kompetenzen der EG in der Agrarpolitik (Art. 32 ff. EG) betrifft dies inzwischen eine Vielzahl von Sektoren (Verkehrs-, Regional-, Forschungs- und Technologie-, Umwelt- sowie Industriepolitik)[422]. Fraglich ist nun, ob die Gemeinschaftsgesetzgebung auch bei Normen, die auf diese Rechtsgrundlagen gestützt werden, an die Grundfreiheiten gebunden ist.

---

[416] Dazu näher *Calliess*, in: Calliess/Ruffert (Hrsg.), Kommentar zum EUV/EGV, 1999, Art. 5 Rn. 8 ff.

[417] Vgl. *Schwemer*, Die Bindung des Gemeinschaftsgesetzgebers an die Grundfreiheiten, 1995, S. 33.

[418] *Müller-Graff*, EuR 1989, S. 107 (135).

[419] Vgl. auch EuGH, Deutschland/Parlament und Rat, Slg. I 2000, S. 8419 (8524 ff.).

[420] *Schwemer*, Die Bindung des Gemeinschaftsgesetzgebers an die Grundfreiheiten, 1995, S. 34 ff.

[421] Instruktiv dazu Generalanwalt *Fennelly*, Schlußanträge zu EuGH, Deutschland/Parlament und Rat, Slg. I 2000, S. 8419 (8458 ff.) (auch zu den Ausnahmen, in denen grundfreiheitsbeschränkende Maßnahmen in begrenztem Umfang möglich sind).

[422] Vgl. *Schwemer*, Die Bindung des Gemeinschaftsgesetzgebers an die Grundfreiheiten, 1995, S. 36 f.

b) Grundfreiheiten als vorrangiges Recht

(1) Grundsatz

Der EGV wird zwar mitunter als Verfassung der Gemeinschaft bezeichnet[423]. Er unterscheidet sich allerdings zumindest dadurch von einer klassischen Verfassung, daß in ihm Grundsatz- und Detailregelungen nebeneinander stehen[424]. Gerade deshalb hat die Europäische Kommission auch vorgeschlagen, den EGV in einen Verfassungsteil und einen Ausführungsteil zu unterteilen[425].

Solange dies jedoch nicht geschehen ist, haben, zumindest prima vista, alle Vertragsvorschriften den gleichen Rang[426]. Der EGV enthält jedoch, wie gerade festgestellt, Ermächtigungsnormen, bei denen der Gemeinschaftsgesetzgeber geradezu zwangsläufig mit den Grundfreiheiten in Konflikt geraten muß, wie z. B. im Bereich der Agrarpolitik, des Umweltschutzes oder des Verbraucherschutzes. Eine Bindung des Gemeinschaftsgesetzgebers an die Grundfreiheiten kann man hier nur dann annehmen, wenn man sie gegenüber diesen Ermächtigungsnormen als höherrangig ansieht. Ein derartiger Vorrang läßt sich jedoch aus dem Wortlaut der Grundfreiheiten (bzw. der mit ihnen möglicherweise im Konflikt stehenden Ermächtigungsnormen) nicht ableiten.

(2) Einfluß der Vertragsziele

Eine Bindung an die Grundfreiheiten könnte sich jedoch (mittelbar) aus Art. 2 und 3 EG ergeben. Die Grundfreiheiten sind tragende Säulen des Gemeinsamen Marktes, welcher gem. Art. 2 EG zu den fundamentalen Zielen der Gemeinschaft gehört. Außerdem werden die Grundfreiheiten in Art. 3 lit. a, c und h EG direkt oder indirekt angesprochen.

Art. 2 EG zählt die Vertragsziele auf. Der Gemeinschaftsgesetzgeber ist an diese Vertragsziele gebunden[427]. Er muß also beim Erlaß von Sekundärrecht auch den Grundsatz des Gemeinsamen Marktes beachten, unabhängig von der jeweils in Anspruch genommenen Ermächtigungsgrundlage. Fraglich ist nun, ob man daraus ableiten kann, daß der Gemeinschaftsgesetzgeber auch an die Grundfreiheiten gebunden ist. Zwei Erwägungen sprechen dagegen.

---

[423] *H.P. Ipsen*, Europäisches Gemeinschaftsrecht, 1972, 2/33 ff.; kritisch dazu *A. Schmitt Glaeser*, Grundgesetz und Europarecht als Elemente Europäischen Verfassungsrechts, 1996, S. 50 ff.

[424] *Kluth*, AöR 122 (1997), S. 571.

[425] Bericht der „Dehaene – von Weizsäcker – Simon"-Gruppe an die Europäische Kommission v. 18.10.1999, http://europa.eu.int/igc2000/repoct99_de.pdf; zustimmend hierzu die Europäische Kommission, vgl. Bulletin der EU, Beilage 2/2000, S. 6.

[426] *Hofmann*, Normenhierarchien im europäischen Gemeinschaftsrecht, 2000, S. 27.

[427] *Ukrow*, in: Calliess/Ruffert (Hrsg.), Kommentar zum EUV/EGV, 1999, Art. 2 Rn. 27.

Zum einen wird die Errichtung des Gemeinsamen Marktes in Art. 2 EG gleichrangig neben anderen Zielen genannt, die mit den Grundfreiheiten leicht in Konflikt geraten können, wie „ein hohes Maß an sozialem Schutz" oder „ein hohes Maß an Umweltschutz". Ähnlich verhält es sich mit Art. 3 EG; auch hier werden neben den die Grundfreiheiten betonenden Art. 3 lit. a, c, h auch Tätigkeitsbereiche der Gemeinschaft aufgezählt, welche grundfreiheitsbeschränkend sein können[428]. Insofern bestehen also von vornherein unterschiedliche Vertragsziele, die einander widersprechen können. Der Gemeinschaftsgesetzgeber hat bei seiner Tätigkeit diese verschiedenen Vertragsziele in Einklang zu bringen[429]. Selbst wenn man mit dem EuGH die Schaffung des Gemeinsamen Marktes als besonders wichtiges Vertragsziel betrachtet[430], so kann man doch angesichts des Wortlauts des Art. 2 EG, in dem die Schaffung des Gemeinsamen Marktes eigentlich nur Mittel zur Erreichung der Vertragsziele ist, jedenfalls keinen absoluten Vorrang des Gemeinsamen Marktes gegenüber widersprechenden Vertragszielen annehmen[431]. Es ist Sache des Gemeinschaftsgesetzgebers, die verschiedenen Vertragsziele gegeneinander abzuwägen; einen Verstoß gegen ein Vertragsziel wird man nur in schweren und evidenten Fällen gerichtlich feststellen können[432].

(3) Folgerungen für die Grundfreiheitsbindung

Der Gemeinschaftsgesetzgeber hat den Grundsatz des Gemeinsamen Marktes als Vertragsziel gem. Art. 2 EG zu beachten, wenn er aufgrund einer Ermächtigungsnorm tätig werden will[433]. Insofern ist der Gemeinschaftsgesetzgeber auch

---

[428] Vgl. zur Möglichkeit eines Konfliktes zwischen verschiedenen Zielen des Art. 3 EG EuGH, Maizena/Rat, Slg. 1980, S. 3393 (3421): *„Die Verfasser des Vertrages waren sich dessen bewußt, daß die gleichzeitige Verfolgung dieser beiden Ziele [unverfälschter Wettbewerb und gemeinsame Agrarpolitik] zu bestimmten Zeiten und unter bestimmten Umständen schwierig sein könnte."*

[429] *Ukrow*, in: Calliess/Ruffert (Hrsg.), Kommentar zum EUV/EGV, 1999, Art. 2 Rn. 28.; vgl. die Rechtsprechung zu den verschiedenen Zielen der Agrarpolitik in Art. 33 EG, EuGH, Balkan-Import-Export, Slg. 1973, S. 1091 (1112); EuGH, Fishermen's Organisations, Slg. I 1995, S. 3115 (3147).

[430] Vgl. EuGH, Schul/Inspecteur der invorerrechten en accijnzen, Slg. 1982, S. 1409 (1430 f.); *Ukrow*, in: Calliess/Ruffert (Hrsg.), Kommentar zum EUV/EGV, 1999, Art. 2 Rn. 28.

[431] Vgl. *Ukrow*, in: Calliess/Ruffert (Hrsg.), Kommentar zum EUV/EGV, 1999, Art. 2 Rn. 28: "im Zweifel Vorrang vor sonstigen Zielen". Anders *Schwemer*, Die Bindung des Gemeinschaftsgesetzgebers an die Grundfreiheiten, 1995, S. 44, 51.

[432] *Ukrow*, in: Calliess/Ruffert (Hrsg.), Kommentar zum EUV/EGV, 1999, Art. 2 Rn. 27; vgl. auch Generalanwalt *Fennelly*, Schlußanträge zu EuGH, Deutschland/Parlament und Rat, S. 8419 (8466).

[433] Ähnlich *Matthies/v.Borries*, in: Grabitz/Hilf (Hrsg.), Kommentar zum EUV/EGV, Altband I, Art. 30 Rn. 43, die den Gemeinschaftsgesetzgeber nicht unmittelbar an die Warenverkehrsfreiheit gebunden sehen, sondern nur über Art. 3 lit. a EG an den „Grundsatz des freien Wa-

bei Vertragsbestimmungen, die zu grundfreiheitsbeschränkendem Normerlaß ermächtigen, nicht ungebunden. Allerdings wird diese Bindung dadurch eingeschränkt, daß die jeweils zu erlassende Norm regelmäßig auch auf ein in Art. 2 EG erwähntes Vertragsziel gestützt werden kann. Es ist nicht ersichtlich, wie man aus einer derart eingeschränkten Bindung an das Prinzip des Gemeinsamen Marktes eine umfassende Bindung an die einzelnen Grundfreiheiten konstruieren könnte. Die Bindung an die Vertragsziele läßt sich eher vergleichen mit der Bindung an das Sozialstaatsprinzip oder Art. 20a GG im deutschen Verfassungsrecht[434]. Insbesondere lassen sich daraus keine unmittelbaren subjektiven Rechte der einzelnen Bürger ableiten[435]. Es besteht deshalb keine Bindung des Gemeinschaftsgesetzgebers an die Grundfreiheiten, die mit der Bindung der Mitgliedstaaten an die Grundfreiheiten vergleichbar wäre[436]. Nicht zuletzt deshalb stellt auch die nationale Umsetzung einer Gemeinschaftsnorm regelmäßig keinen Verstoß gegen die Grundfreiheiten dar[437].

Zur Verdeutlichung des Unterschiedes sei ein Beispiel genannt: Wenn ein Mitgliedstaat aus Umweltschutzerwägungen eine warenverkehrsbeschränkende Maßnahme ergreift, dann kann sich der einzelne Unionsbürger dagegen wehren; wenn die Angelegenheit vor den EuGH kommt, dann kann dieser im einzelnen nachprüfen, ob die Warenverkehrsbeschränkung zur Erreichung des Umweltschutzziels geeignet, erforderlich und angemessen war. Wenn hingegen der Gemeinschaftsgesetzgeber eine derartige Beschränkung des Warenverkehrs aus Umweltschutzgründen erläßt, dann besteht kein subjektives Recht des Einzelnen, gegen diese Warenverkehrsbeschränkung vorzugehen. Wenn diese Regelung vor den EuGH gelangt, dann kann dieser überprüfen, ob der Gemeinschaftsgesetzgeber einen schweren und evidenten Abwägungsverstoß bei der Abwägung der Vertragsziele Umweltschutz und Gemeinsamer Markt begangen hat.

---

renverkehrs". So auch *Leible*, in: Grabitz/Hilf, Kommentar zum EUV/EGV, Band I, Art. 28 Rn. 44.

[434] Vgl. dazu *Ress*, VVDStRL 48 (1989), S. 110.

[435] Vgl. zur Verneinung subjektiver Rechte aus dem Sozialstaatsprinzip *Sachs*, in: Sachs (Hrsg.), Kommentar zum GG, 2. Aufl. 1999, Art. 20 Rn. 50; *Stern*, Das Staatsrecht der Bundesrepublik Deutschland, Band I, 2. Aufl. 1984, S. 916; zu Art. 20a GG vgl. *Murswiek*, in: Sachs (Hrsg.), Kommentar zum GG, 2. Aufl. 1999, Art. 20 a Rn. 73.

[436] Diesen prinzipiellen Unterschied erkennt auch *Schwemer*, Die Bindung des Gemeinschaftsgesetzgebers an die Grundfreiheiten, 1995, S. 45, an; anders z.B. *Wölker*, in: von der Groeben/Thiesing/Ehlermann (Hrsg.), Kommentar zum EUV/EGV, 5. Aufl. 1997, Art. 48 Rn. 16, der ohne weitere Begründung neben den Mitgliedstaaten auch den Gemeinschaftsgesetzgeber an Art. 39 EG binden will.

[437] Vgl. EuGH, Bellamy, Rs. C-123/00, Urteil vom 5.4.2001, Rz. 21.

Anders liegt der Fall jedoch dann, wenn die Gemeinschaft die Grundfreiheitsbeschränkung nicht selbst vornimmt, sondern die Mitgliedstaaten dazu ermächtigen will: Wenn den Mitgliedstaaten die jeweilige Normsetzung primärrechtlich verboten ist (durch die Grundfreiheiten), dann können sie nicht sekundärrechtlich dazu ermächtigt werden. Dies folgt aus dem Vorrang des Primärrechts.

Darüber hinaus ist auf die Bindung des Gemeinschaftsgesetzgebers an die Gemeinschaftsgrundrechte[438] zu verweisen[439]. Eine gemeinschaftsrechtliche Norm, welche z. B. in die Niederlassungsfreiheit eingreift, kann also gegen die gemeinschaftsrechtliche Berufsfreiheit[440] oder das gemeinschaftsrechtliche Diskriminierungsverbot[441] verstoßen. Die Frage nach der Bindung an die Grundfreiheiten verliert deshalb an Bedeutung.

2. Bindung der Gemeinschaftsverwaltung

Aufgrund des äußerst eingeschränkten Kompetenzbereichs der sog. gemeinschafts-unmittelbaren Vollziehung[442] ist die Frage der Grundfreiheitsbindung hier nicht von großer Relevanz. Es ist nicht ersichtlich, daß Konfliktfälle auftreten könnten, welche nicht bereits über eine Anwendung der Gemeinschaftsgrundrechte befriedigend gelöst werden könnten.

3. Bindung der Gemeinschaftsgerichte

Die Grundfreiheiten sind Bestandteil des Primärrechts, so daß der EuGH bereits gemäß Art. 220 EG an sie gebunden ist[443]. Zudem verfügt der EuGH über das

---

[438] Dazu allgemein *Rengeling*, Grundrechtsschutz in der Europäischen Gemeinschaft, 1993.

[439] So auch *Matthies/v.Borries*, in: Grabitz/Hilf (Hrsg.), Kommentar zum EUV/EGV, Altband I, Art. 30 Rn. 43 a.E.; *Leible*, in: Grabitz/Hilf, Kommentar zum EUV/EGV, Band I, Art. 28 Rn. 44.

[440] Vgl. zur gemeinschaftsrechtlichen Berufsfreiheit EuGH, Unectef, Slg. 1987, S. 4097 (4117); EuGH, Schräder, Slg. 1989, S. 2237 (2267 ff.); *Rengeling*, Grundrechtsschutz in der Europäischen Gemeinschaft, 1993, S. 22 ff.; umfassend *Stadler*, Berufsfreiheit in der EG, 1980, sowie *Wunderlich*, Das Grundrecht der Berufsfreiheit im Europäischen Gemeinschaftsrecht, 2000. Auch die Grundrechte-Charta der Europäischen Union (EuGRZ 2000, S. 554 ff.) enthält in Art. 15 und 16 ein Grundrecht auf Berufsfreiheit; allerdings ist die Grundrechte-Charta unverbindlich.

[441] Die Gemeinschaft ist primäre Adressatin des Art. 12 EG, vgl. *Zuleeg*, in: von der Groeben/Thiesing/Ehlermann (Hrsg.), Kommentar zum EUV/EGV, 5. Aufl. 1997, Art. 6 Rn. 17; *Epiney*, in: Calliess/Ruffert (Hrsg.), Kommentar zum EUV/EGV, 1999, Art. 12 Rn. 43.

[442] Dazu *Schweitzer/Hummer*, Europarecht, 5. Aufl. 1996, Rn. 425 f.

[443] Die Bindung des Gerichts erster Instanz ergibt sich (mittelbar) aus Art. 51 EuGH-Satzung, wo die „Verletzung des Gemeinschaftsrechts“ (und damit auch der Grundfreiheiten) als Rechtsmittelgrund aufgeführt wird.

Auslegungsmonopol hinsichtlich des Gemeinschaftsrechts[444]. Ein Verstoß gegen die Grundfreiheiten ist deshalb allenfalls theoretisch denkbar, denn es besteht keine Instanz, welche diesen Verstoß feststellen könnte[445].

4. Ergebnis

Beim Problemkreis der Bindung der Gemeinschaften an die Grundfreiheiten ist lediglich die Bindung des Gemeinschaftsgesetzgebers von Bedeutung. Dieser ist dann an die Grundfreiheiten gebunden, wenn die jeweilige Ermächtigungsnorm dies vorsieht. Im übrigen ist er nur gehalten, die Grundfreiheiten mit den übrigen Vertragszielen in Einklang zu bringen. Daneben werden grundfreiheitsrelevante Aspekte dadurch berücksichtigt, daß der Gemeinschaftsgesetzgeber einer uneingeschränkten Bindung an die Gemeinschaftsgrundrechte unterliegt.

II. Bindung an die (deutsche) Berufsfreiheit

Wie schon angesprochen, ist die Europäische Gemeinschaft an die *gemeinschaftsrechtliche* Berufsfreiheit gebunden[446]. Problematisch ist aber, ob die Gemeinschaft auch an die *deutsche* Berufsfreiheit gebunden ist.

Bei der Schaffung des EGV wurde eine ausdrückliche Bindung der Gemeinschaft an die nationalen Grundrechte erwogen, im Ergebnis jedoch abgelehnt[447]. Aus dem Vertrag ergibt sich also keine Bindung an nationale Grundrechte.

Eine solche Bindung könnte sich noch aus dem Grundgesetz ergeben. Dies hängt zum einen davon ab, ob im Grundgesetz eine derartige Bindung angeordnet wird, und zum anderen davon, ob eine derartige Bindung sich auch gegenüber dem Gemeinschaftsrecht durchsetzt (womit wieder die Vorrangproblematik angesprochen wird[448]).

---

[444] *Schweitzer/Hummer*, Europarecht, 5. Aufl. 1996, Rn. 451.

[445] Bei der Bindung des Bundesverfassungsgerichts an die Grundrechte ist die Situation vergleichbar: Das Bundesverfassungsgericht legt die Verfassung (und damit auch die Grundrechte) aus; seine Auslegung ist verbindlich und kann von keiner weiteren Instanz kontrolliert werden.

[446] Siehe oben unter zweiter Teil, B. I. 1. b), S. 83.

[447] *Zieger*, Das Grundrechtsproblem in den Europäischen Gemeinschaften, 1970, S. 15; *Wohlfahrt*, in: Wohlfahrt u.a. (Hrsg.), Kommentar zum EWGV, 1960, Vor Art. 189 Bemerkung 4; *Stadler*, Berufsfreiheit in der EG, 1980, S. 81.

[448] Vgl. dazu bereits oben unter erster Teil, B. III. 2. a), S. 43.

1. Bindung nach dem Grundgesetz

Wie bereits oben ausgeführt, geht das Bundesverfassungsgericht grundsätzlich davon aus, daß es Gemeinschaftsrecht am Maßstab der deutschen Grundrechte überprüfen kann[449]. Dieser Rechtsprechung kann nicht gefolgt werden.

Ansatzpunkt für diese Frage muß wiederum Art. 1 III GG sein. Dieser ordnet eine umfassende Bindung der Staatsgewalt an die Grundrechte an. Allerdings richtet sich dies nur an die *deutsche* Staatsgewalt[450]. Die EG übt aber nicht deutsche Staatsgewalt aus, sondern eigene Hoheitsgewalt[451]. Die Übertragung der Hoheitsgewalt von den Mitgliedstaaten auf die Gemeinschaft erfolgt dabei auch nicht im Sinne einer zivilrechtlichen Zession, so daß die Grundrechte auch nicht quasi als Hypothek auf einer abgeleiteten Hoheitsgewalt ruhen[452]. Die EG verfügt über eine originäre Hoheitsgewalt, welche über eine „Öffnung der Staatlichkeit"[453] gem. Art. 24 I GG (a.F.) bzw. Art. 23 GG (n.F.) in den deutschen Rechtsraum eindringen kann[454]. Diese fremde Hoheitsgewalt ist deshalb als solche nicht an die deutschen Grundrechte gebunden[455]. Insoweit hat auch das Bundesverfassungsgericht in einem früheren Urteil zutreffend ausgeführt, daß die Hoheitsakte der EG nach der Übertragung der Hoheitsrechte gem. Art. 24 I GG (a.F.) „vom ursprünglich ausschließlichen Hoheitsträger anzuerkennen sind"[456].

---

[449] Erstmals BVerfGE 37, 271 (285) („Solange I"); BVerfGE 89, 155 (174 f.) (Maastricht). Die Entscheidung zur Bananenmarktordnung, BVerfGE 102, 147 (161 ff.), stellt zwar hohe Zulässigkeitshürden für eine derartige Überprüfung auf (und vermeidet so einen offenen Konflikt mit dem EuGH), läßt aber die prinzipielle Möglichkeit unberührt (vgl. BVerfGE 102, 147 [164 ff.]).

[450] *Höfling*, in: Sachs (Hrsg.), Kommentar zum GG, 2. Aufl. 1999, Art. 1 Rn. 79; *Stern*, Das Staatsrecht der Bundesrepublik Deutschland, Band III/1, 1988, S. 1229; *Kunig*, in: v.Münch/Kunig (Hrsg.), Kommentar zum GG, Band 1, 5. Aufl. 2000, Art. 1 Rn. 52.

[451] Vgl. BVerfGE 58, 1 (27).

[452] Zu dieser „Hypothekentheorie" vgl. *F. Klein*, in: Der Kampf um den Wehrbeitrag, 2. Halbband, 1952, S. 466 ff.; im Ergebnis auch *Küchenhoff*, DÖV 1963, S. 165 f.; ablehnend bereits *Schüle*, ZaöRV 16 (1955/56), S. 243 (bzgl. des EGKSV); *Stadler*, Berufsfreiheit in der EG, 1980, S. 82 ff.; *Zieger*, Das Grundrechtsproblem in den Europäischen Gemeinschaften, 1970, S. 15; *Feige*, Der Gleichheitssatz im Recht der EWG, 1973, S. 78 ff.

[453] *H.P. Ipsen*, Europäisches Gemeinschaftsrecht, 1972, 2/16.

[454] BVerfGE 37, 271 (280).

[455] *Isensee*, in: Festschrift für Klaus Stern zum 65. Geburtstag, 1997, S. 1245 f.; *Starck*, in: v.Mangoldt/Klein/Starck (Hrsg.), Kommentar zum GG, Band 1, 4. Aufl. 1999, Art. 1 III Rn. 203; a.A. *Scholz*, DÖV 2000, S. 420, der das europäische Gemeinschaftsrecht *„im Lichte der jeweiligen nationalen Verfassungsordnungen und der jeweiligen Zustimmungsgesetze – bis hin zu den entsprechenden Beteiligungen der Mitgliedstaaten in den Organen der EU – verfassungskonform [...] interpretieren"* will.

[456] BVerfGE 34, 145 (174).

Hinter der Konzeption des Bundesverfassungsgerichts steht die Vorstellung, daß die deutschen Grundrechte jegliche Hoheitsausübung auf deutschem Staatsgebiet binden sollen[457]. Geprägt wurde diese Vorstellung von Paul Kirchhof, dem Berichterstatter für die Maastricht-Entscheidung. Seiner Ansicht nach ist „jede verfassungsrechtliche Bindung von Hoheitsgewalt auf den Staat angewiesen; ohne Staat kein Recht“[458]. Diese Betrachtung des Staates wurde zu Recht als idealisierend und ahistorisch bezeichnet[459]. Das Grundgesetz ist bewußt europa- und weltoffen angelegt[460]. Überdies sind die Grundrechte der falsche Ansatzpunkt, um die Grenzen der europäischen Integration zu kontrollieren[461]. Vielmehr ist dazu bei der Integrationsnorm des Art. 23 GG anzusetzen[462]. Danach bestimmt sich, ob die jeweiligen Hoheitsbefugnisse zulässigerweise übertragen wurden; ist dies der Fall, dann „schrumpft der Umfang der Hoheitsgewalt, und mit ihm das Substrat der Verfassungsbindung“[463].

2. Ergebnis

Damit ergibt sich weder aus dem EGV noch aus dem Grundgesetz eine Bindung der EG an die deutsche Berufsfreiheit. Die deutschen Grundrechte binden gem. Art. 1 III GG nur die deutsche Hoheitsgewalt und nicht die gemeinschaftliche. Die Frage nach dem Vorrang des Gemeinschaftsrechts vor den deutschen Grundrechten kann hier also letztlich offenbleiben. Vielleicht stehen die Chancen, daß das Bundesverfassungsgericht sich dieser Auffassung anschließt, nach der Unterzeichnung der europäischen Grundrechtscharta[464] besser[465].

---

[457] So legen auch *Höfling*, in: Sachs (Hrsg.), Kommentar zum GG, 2. Aufl. 1999, Art. 1 Rn. 82 sowie *E. Klein*, in: Gedächtnisschrift für Eberhart Grabitz, 1995, S. 277, das Urteil aus.

[458] *Kirchhof*, in: Isensee/Kirchhof (Hrsg.), Handbuch des Staatsrechts, Band VII, 1992, § 183 Rn. 30.

[459] *Tomuschat*, EuGRZ 1993, S. 496.

[460] *Tomuschat*, EuGRZ 1993, S. 496 sowie *Tomuschat*, in: Isensee/Kirchhof (Hrsg.), Handbuch des Staatsrechts, Band VII, 1992, § 172, Rn. 1 ff.; grundlegend *Vogel*, Die Verfassungsentscheidung des Grundgesetzes für eine internationale Zusammenarbeit, 1964, S. 42 und passim.

[461] Vgl. *E. Klein*, in: Gedächtnisschrift für Eberhart Grabitz, 1995, S. 277.

[462] *E. Klein*, in: Gedächtnisschrift für Eberhart Grabitz, 1995, S. 277.

[463] *Isensee*, in: Festschrift für Klaus Stern zum 65. Geburtstag, 1997, S. 1246; vgl. auch *Isensee*, in: Isensee/Kirchhof (Hrsg.), Handbuch des Staatsrechts, Band V, 2. Aufl. 2000, § 115 Rn. 64 ff.

[464] Vgl. zum Text der Grundrechtscharta EuGRZ 2000, S. 554 ff. Der mögliche Einfluß der Grundrechtscharta auf die europäische Rechtsentwicklung ist Gegenstand der Aufsätze von *Alber/Widmaier*, EuGRZ 2000, S. 497 ff. und *Zuleeg*, EuGRZ 2000, S. 511 ff.

[465] Allerdings deutet die Bananenmarkt-Entscheidung (BVerfGE 102, 147 [161 ff.]) darauf hin, daß das Gericht sich bis auf weiteres zumindest die theoretische Möglichkeit einer Überprüfung von Gemeinschaftsrecht vorbehält.

III. Abschließender Vergleich und Anmerkung zur Grundrechtsqualität der Grundfreiheiten

Zusammenfassend kann festgestellt werden, daß die Europäische Gemeinschaft nicht an die deutsche Berufsfreiheit gebunden ist. Eine Bindung an die Grundfreiheiten besteht nur, soweit diese auch Gemeinschaftsziele sind. Im übrigen binden die Grundfreiheiten die Gemeinschaft nicht.

Allerdings wäre es voreilig, aus letzterer Erkenntnis den Schluß zu ziehen, daß die Grundfreiheiten keine Grundrechtsqualität haben[466]. Die Grundrechtsqualität der Grundfreiheiten wird in der Literatur kontrovers diskutiert[467]. Häufig werden vorsichtige Formulierungen gebraucht, die eine Bejahung des Grundrechtscharakters offenlassen[468].

Die Tatsache, daß die Grundfreiheiten nicht die Gemeinschaft binden, spricht jedenfalls nicht entscheidend gegen den Grundrechtscharakter der Grundfreiheiten. Denn es gehört nicht zu den Wesensmerkmalen der Grundrechte, daß sie diejenige öffentliche Gewalt binden, von der sie ausgehen. Im staatlichen Bereich ist dies zwar regelmäßig so: Die deutschen Grundrechte binden die deutsche Staatsgewalt. Die Grundrechte der Bayerischen Verfassung verpflichten die bayerische öffentliche Gewalt. Im Bereich des Europa- und Völkerrechts ist es jedoch anders: Die Grundrechte der Europäischen Menschenrechtskonvention binden nicht etwa den Europarat, sondern dessen Mitgliedstaaten. Auch in sonstigen Menschenrechtsverträgen verpflichten die jeweiligen Grundrechte (nur) die vertragsunterzeichnenden Staaten. Dennoch kann man den Rechten der Europäischen Menschenrechtskonvention den Grundrechtscharakter nicht absprechen. Die fehlende Bindung der Europäischen Gemeinschaft durch die Grundfreiheiten ist insoweit kein Argument gegen den Grundrechtscharakter. Es unterscheidet die Grundfreiheiten lediglich von den Gemeinschaftsgrundrechten, aber nicht von Grundrechten generell.

---

[466] So aber *Beutler*, in: von der Groeben/Thiesing/Ehlermann (Hrsg.), Kommentar zum EWGV, Band 4, 4. Aufl. 1991, Anhang C, Grundrechtsschutz, Rn. 42.

[467] Bejahend *Bleckmann*, Europarecht, 6. Aufl. 1997, Rn. 755 ff.; *Blumenwitz*, NJW 1989, S. 622 f.; verneinend *Beutler*, in: von der Groeben/Thiesing/Ehlermann (Hrsg.), Kommentar zum EWGV, Band 4, 4. Aufl. 1991, Anhang C, Grundrechtsschutz, Rn. 42 f.; *Zuleeg*, BB 1994, S. 584.

[468] *E. Klein*, in: Vitzthum, Völkerrecht, 1997, 4. Abschnitt, Rn. 253, Fußnote 683 („grundrechtsgleiche Rechte"); *Schroeder*, JZ 1996, S. 256, Fußnote 25 („grundrechtsähnlich"); *Giegerich*, ZaöRV 50 (1990), S. 855 („grundrechtsähnliche Wirkungen"); *Chwolik-Lanfermann*, ZRP 1995, S. 127 („Regelungen grundrechtsähnlichen Charakters"); *Müller-Michaels*, Grundrechtlicher Eigentumsschutz in der Europäischen Union, 1997, S. 24 („Grundrechtsgehalte"); *P.M. Huber*, Recht der europäischen Integration, 1996, § 6 Rn. 16 („strukturelle Verwandtschaft"); *Wunderlich*, Das Grundrecht der Berufsfreiheit im Europäischen Gemeinschaftsrecht, 2000, („[...] nähern sich die Grundfreiheiten Grundrechten stark an").

Daneben wird gegen den Grundrechtscharakter der Grundfreiheiten noch eingewandt, sie seien „daran gebunden [...] einen Raum ohne Binnengrenzen herzustellen“[469]. Warum allerdings eine auf (Wirtschafts-)Freiheit abzielende Finalität gegen den Grundrechtscharakter sprechen soll, ist nicht nachvollziehbar. Die Tatsache, daß die Grundfreiheiten wirtschaftlichen Bezug haben, liegt in ihrer Natur; aber auch Berufs- und Eigentumsfreiheit haben wirtschaftlichen Bezug und sind nichtsdestoweniger Grundrechte[470].

Auch im übrigen sind, wie nicht zuletzt die vorliegende Arbeit mit den darin aufgezeigten dogmatischen Übereinstimmungen von Grundfreiheiten und Berufsfreiheit zeigt, keine Gründe zu sehen, weshalb die Grundfreiheiten keine Grundrechte sein sollten[471]. Von einer Bezeichnung als „Gemeinschaftsgrundrechte“ sollte dennoch abgesehen werden, um diesen Begriff den Grundrechten vorzubehalten, welche die Gemeinschaft selbst binden[472].

C. Bindung von Privatpersonen

Die Bindung Privater an Grundrechte oder Grundfreiheiten wird unter dem Stichwort der sogenannten Drittwirkung diskutiert. Da die Argumente aus der verfassungsrechtlichen Diskussion auch für die Grundfreiheiten von großer Bedeutung sind, soll die Betrachtung hier ausnahmsweise mit der Berufsfreiheit begonnen werden.

I. Drittwirkung des Art. 12 I GG

1. Drittwirkung in der allgemeinen Grundrechtsdogmatik

Im Zusammenhang mit der Diskussion um die Drittwirkung der Grundrechte wurde einmal gesprochen von einem „Trümmerfeld [...], dessen Dimensionen kaum überblickt werden können“[473]. In dieser Arbeit kann, um ein schiefes Bild

---

469 So *Zuleeg*, BB 1994, S. 584.

470 Dies verkennt *Beutler*, in: von der Groeben/Thiesing/Ehlermann (Hrsg.), Kommentar zum EWGV, Band 4, 4. Aufl. 1991, Anhang C, Grundrechtsschutz, Rn. 43. *Beutler* zieht aus der bloßen Tatsache, daß die Grundfreiheiten keinen umfassenden Grundrechtsschutz herstellen, sondern nur einen Teilaspekt schützen, den Schluß, die Grundfreiheiten seien keine Grundrechte. Die Grundrechtsqualität ist jedoch nicht davon abhängig, daß das jeweilige Recht Teil eines umfassenden Grundrechtskatalogs ist.

471 Vgl. auch *Szczekalla*, DVBl. 1998, S. 222.

472 Aus dem Unterschied zwischen Gemeinschaftsgrundrechten und Grundfreiheiten resultiert wohl die Zurückhaltung bei vielen Autoren, die Grundfreiheiten als Grundrechte zu bezeichnen; vgl. auch *Hirsch*, in: Kreuzer/Scheuing/Sieber, Europäischer Grundrechtsschutz, 1998, S. 15: „Ob man diese subjektiven Rechte als Grundrechte bezeichnet [...] ist nachrangig.“

473 *Bethge*, Zur Problematik von Grundrechtskollisionen, 1977, S. 402.

zu verwenden, dieses Trümmerfeld nicht in seiner gesamten Breite und Tiefe beackert werden. Es sollen statt dessen einige der wesentlichen Punkte angesprochen werden, welche für eine Lösung der Problematik entscheidend sind.

a) Skizzierung der wichtigsten Positionen zur Drittwirkungsproblematik

(1) Unmittelbare Drittwirkung

Nach der früher vertretenen Auffassung des Bundesarbeitsgerichts entfalten die Grundrechte eine unmittelbare Drittwirkung[474]. Danach sind also Private grundsätzlich genauso an die Grundrechte gebunden wie der Staat.

Zur Begründung läßt sich anführen, daß Art. 1 II GG die Menschenrechte zur „Grundlage jeder menschlichen Gemeinschaft" erklärt. Überdies befindet sich der Einzelne gegenüber Freiheitsbedrohungen, die von privaten Verbänden, Organisationen oder Unternehmen ausgehen, in einer „grundrechtstypischen Gefährdungslage", so daß zum Schutz des Einzelnen auch diese mächtigen gesellschaftlichen Kräfte an die Grundrechte gebunden werden müßten[475]. Letzteres Argument spricht allerdings nur für eine Grundrechtsbindung besonders mächtiger Privater.

(2) Mittelbare Drittwirkung

Der Wortlaut des Art. 1 III GG (der nur von *staatlicher* Bindung an die Grundrechte spricht) und der Zusammenhang mit der Ausnahmevorschrift des Art. 9 III GG (wo eine unmittelbare Drittwirkung ausdrücklich angeordnet wird) sprechen gegen eine unmittelbare Bindung Privater an die Grundrechte[476]. Zudem wird behauptet, daß die Grundrechtsbindung des Bürgers dem Sinn und Zweck der Grundrechte widerspräche, da sie zu einer weitgehenden Freiheitsbeschränkung führe[477]. Deshalb geht die herrschende Meinung inkl. des Bundesverfassungsgerichts von einer sog. mittelbaren Drittwirkung der Grundrechte aus. Die Grundrechte verkörpern demgemäß, wie das Bundesverfassungsgericht in „Lüth-Urteil" ausführt, eine „objektive Wertordnung"[478]. Sie strahlen (mittelbar)

---

[474] BAGE 1, 185 (193); 4, 274 (276 ff.); 7, 256 (260); siehe auch *Enneccerus/Nipperdey*, Allgemeiner Teil des Bürgerlichen Rechts, Band 1/I, 15. Aufl. 1959, § 15 II 4. Später verabschiedete sich das Gericht wieder von der unmittelbaren Drittwirkung, vgl. BAGE 48, 122 (138 f.); 52, 88 (97 f.); 62, 59 (67 ff.).

[475] Diese Argumente werden angeführt bei *Pieroth/Schlink*, Staatsrecht II, 17. Aufl. 2001, Rn. 176.

[476] So z.B. *Pieroth/Schlink*, Staatsrecht II, 17. Aufl. 2001, Rn. 175.

[477] *Pieroth/Schlink*, Staatsrecht II, 17. Aufl. 2001, Rn. 175.

[478] BVerfGE 7, 198 (205).

auf das Privatrecht aus, wobei vor allem den Generalklauseln des bürgerlichen Rechts besondere Bedeutung an „Einbruchstellen“ zukommt[479].

Es ist jedoch zu beachten, daß die Unterschiede zwischen den „unmittelbaren“ und den „mittelbaren“ Drittwirkungslehren bei näherer Betrachtung nicht allzu groß sind[480]. Im Ergebnis führt sowohl die mittelbare wie die unmittelbare Drittwirkung zu einer Abwägung der Grundrechte der Beteiligten[481].

Dies ist der entscheidende Punkt für alle Drittwirkungsüberlegungen: Während sich in der Staat-Bürger-Relation Grundrechtsverpflichteter und Grundrechtsberechtigter gegenüberstehen, sind in der Bürger-Bürger-Relation auf beiden Seiten Grundrechtsberechtigte. Diese Grundrechte müssen zum Ausgleich gebracht werden; auch eine unmittelbare Drittwirkungslehre kommt nicht an den entgegenstehenden Grundrechten der angeblich grundrechtsverpflichteten Privaten vorbei.

b) Elemente zur Lösung der Problematik

Tatsächlich lassen sich die von den Drittwirkungstheorien aufgeworfenen Probleme der Bedeutung der Grundrechte für das Verhältnis der Bürger untereinander letztlich über die Bindung des Staates an die Grundrechte lösen.

(1) Pflichten des Gesetzgebers

(a) Pflichten beim Gesetzeserlaß

Wie oben festgestellt, ist der Gesetzgeber gem. Art. 1 III GG umfassend an die Grundrechte gebunden. Diese Bindung gilt selbstverständlich auch beim Erlaß von Privatrechtsregelungen[482]. Der Gesetzgeber muß also die Grundrechte derer

---

[479] BVerfGE 7, 198 (205 ff.); *Dürig*, in: Maunz/Dürig (Hrsg.), Kommentar zum GG, Art. 1 III Rn. 132; *Pieroth/Schlink*, Staatsrecht II, 17. Aufl. 2001, Rn. 181.

[480] So auch *Starck*, in: v.Mangoldt/Klein/Starck (Hrsg.), Kommentar zum GG, Band 1, 4. Aufl. 1999, Art. 1 III Rn. 265; *Scholz*, in: Maunz/Dürig (Hrsg.), Kommentar zum GG, Art. 12 Rn. 73 spricht von einer „regelmäßigen Ergebnisidentität von unmittelbarer und mittelbarer Drittwirkungslehre“; ähnlich *Alexy*, Theorie der Grundrechte, 1985, S. 483 (zumindest soweit es um den rechtsprechungsbezogenen Aspekt geht).

[481] *Alexy*, Theorie der Grundrechte, 1985, S. 484.

[482] Vgl. grundlegend BVerfGE 7, 198 (205) (keine Privatrechtsnorm darf im Widerspruch zu den Grundrechten stehen); *Dreier*, in: Dreier (Hrsg.), Kommentar zum GG, Band I, 1996, Vorb. Rn. 58; *Stern*, Das Staatsrecht der Bundesrepublik Deutschland, Band III/1, 1988, S. 1565 ff.; speziell für Art. 12 I GG *Manssen*, in: v.Mangoldt/Klein/Starck (Hrsg.), Kommentar zum GG, Band 1, 4. Aufl. 1999, Art. 12 I Rn. 25. Es ist allerdings darauf hinzuweisen, daß sich die Drittwirkungsproblematik nicht allein auf das Privatrecht beschränkt; auch das Strafrecht hat drittwirkungsrelevante Elemente, da hierdurch z.B. Eigentum und Leben vor Bedro-

beachten, welche durch die jeweiligen Normen betroffen sind[483]. Es handelt sich dabei um eine unmittelbare Bindung[484]. Wenn also das Parlament ein Gesetz erläßt, in dem die Einklagbarkeit des Anspruchs auf den Ehemäklerlohn ausgeschlossen wird, dann ist die Berufsfreiheit der Ehemäkler hiervon unmittelbar berührt[485].

Die (einzige) Besonderheit gegenüber sonstigen eingreifenden Norm liegt hier darin, daß eine privatrechtliche Regelung, welche den einen belastet, regelmäßig einen anderen begünstigt. Dem Gesetzgeber kommt die Aufgabe zu, einen gerechten Ausgleich zwischen den Beteiligten zu schaffen[486]. Dazu müssen die Grundrechte der betroffenen Personenkreise gegeneinander abgewogen werden[487].

Es ist allerdings nicht einzusehen, weshalb diese unmittelbare Grundrechtsbindung nur über die Hilfskonstruktion einer von den Grundrechten geschaffenen „objektiven Wertordnung" aktiviert werden soll. Der Ausschluß des Anspruchs für Ehemäkler betrifft die subjektive Abwehrfunktion der Berufsfreiheit und keine abstrakte objektive Wertordnung. Genauso ist es unnötig, die Berufsfreiheit von Arbeitgebern zu „verobjektivieren", um zu begründen, daß eine Kündigungsschutzregelung zumindest auch in ihr subjektives Grundrecht aus Art. 12 I GG eingreift. Zweifel können insoweit nur bezüglich der Berufsfreiheit der Arbeitnehmer auftreten: Wieso ist es ein Problem der Berufsfreiheit, wenn der Gesetzgeber keinen Kündigungsschutz vorschreibt?

(b) Pflicht zum Gesetzeserlaß

Es ist inzwischen anerkannt, daß der Gesetzgeber seine Pflicht zur Beachtung der Grundrechte nicht nur dadurch verletzen kann, daß er eine bestimmte Rege-

---

hungen durch Dritte geschützt werden (vgl. hierzu insbesondere die Abtreibungsurteile BVerfGE 39, 1 [41 ff.[und BVerfGE 88, 203 [251 ff.]); zu einer verwaltungsrechtlichen Drittwirkungskonstellation siehe unten (3).

483 Vgl. BVerfGE 7, 198 (205).

484 *Stern*, Das Staatsrecht der Bundesrepublik Deutschland, Band III/1, 1988, S. 1565.

485 Vgl. BVerfGE 20, 31 (34): Das Bundesverfassungsgericht ließ im konkreten Fall zwar offen, ob ein *Eingriff* in Art. 12 I GG zu bejahen war; dies lag allerdings nicht an der Drittwirkungsproblematik, sondern wohl eher am eventuellen Fehlen einer „berufsregelnden Tendenz" im Sinne der Rechtsprechung des Bundesverfassungsgerichts; zu dieser Problematik vgl. unten vierter Teil, B. II., S. 165 ff.

486 *Stern*, Das Staatsrecht der Bundesrepublik Deutschland, Band III/1, 1988, S. 1565; vgl. z.B. BVerfGE 7, 198 (205); 14, 263 (276 ff.); 37, 132 (140); 63, 88 (108 ff.).

487 Vgl. *Stern*, Das Staatsrecht der Bundesrepublik Deutschland, Band III/1, 1988, S. 1577; BVerfGE 89, 214 (232); vgl. zum Prinzip praktischer Konkordanz *Hesse*, Grundzüge des Verfassungsrechts der Bundesrepublik Deutschland, 20. Aufl. 1995, Rn. 317 ff.

lung erläßt, sondern auch dadurch, daß er untätig bleibt[488]. Unter bestimmten Umständen muß der Gesetzgeber zugunsten einer bestimmten Personengruppe tätig werden, weil deren Grundrechte gefährdet sind[489]. Insbesondere ist der Gesetzgeber verpflichtet, die Grundrechtsträger „vor rechtswidrigen Eingriffe von seiten anderer zu bewahren“[490]. Den Gesetzgeber trifft also mit anderen Worten eine Schutzpflicht[491].

Zu beachten ist allerdings, daß es grundsätzlich dem Gesetzgeber überlassen ist, wie er der Schutzpflicht nachkommt: *„Das Bundesverfassungsgericht kann deswegen die Verletzung einer Schutzpflicht nur feststellen, wenn die öffentliche Gewalt Schutzvorkehrungen entweder überhaupt nicht getroffen hat oder die getroffenen Regelungen und Maßnahmen gänzlich ungeeignet oder völlig unzulänglich sind, das gebotene Schutzziel zu erreichen, oder erheblich dahinter zurückbleiben.“*[492] Zu einer ganz bestimmten Maßnahme zwingen die Grundrechte den Gesetzgeber also nur ausnahmsweise[493]. Hinter dieser richterlichen Zurückhaltung (judicial self-restraint) steckt letztlich das Prinzip der Gewaltenteilung[494].

Bei der Erfüllung seiner Schutzpflichten muß der Gesetzgeber auch die Grundrechte dessen beachten, vor dem geschützt werden soll[495]. Eben deshalb muß der Gesetzgeber, der (im Interesse der Arbeitnehmer) eine Kündigungsschutzregelung beschließt, darauf achten, daß er nicht die Berufsfreiheit der Arbeitgeber zu weitgehend einschränkt. Oftmals sind es also diese Konflikte zwischen der Erfüllung einer grundrechtlichen Schutzpflicht auf der einen Seite und dem Eingriff in Grundrechte desjenigen, vor dem geschützt werden soll, auf der anderen Seite, welche bei einem Tätigwerden des Gesetzgebers im Privatrecht auftreten[496].

Die Anerkennung grundrechtlicher Schutzpflichten hat eine andere Qualität als die oben genannte Bindung des Gesetzgebers beim Erlaß von Privatrechtsnormen. In letzterem Fall ist, wie gezeigt, die klassische subjektive Abwehrfunktion

---

488 BVerfGE 6, 257 (264); *Höfling*, in: Sachs (Hrsg.), Kommentar zum GG, 2. Aufl. 1999, Art. 1 Rn. 89 f.

489 *Sachs*, Verfassungsrecht II, 2000, A 5 Rn. 41; vgl. BVerfGE 49, 89 (140 ff.); 53, 30 (57); vgl. noch BVerfGE 39, 1 (41 ff.); 46, 160 (164 f.); 88, 203 (251 ff.).

490 BVerfGE 53, 30 (57); 56, 54 (73).

491 *Pieroth/Schlink*, Staatsrecht II, 17. Aufl. 2001, Rn. 82 ff., 88.

492 BVerfGE 92, 26 (46).

493 BVerfGE 77, 170 (215).

494 Vgl. *Stern*, Das Staatsrecht der Bundesrepublik Deutschland, Band III/1, 1988, S. 990 und 1304 ff.

495 *Sachs*, Verfassungsrecht II, 2000, Rn. 31.

496 Vgl. grundlegend hierzu *Isensee*, in: Isensee/Kirchhof (Hrsg.), Handbuch des Staatsrechts, Band V, 2. Aufl. 2000, § 111 Rn. 1 ff.

der Grundrechte angesprochen. Diese paßt aber nicht recht zu den grundrechtlichen Schutzpflichten. Es fällt schwer, die Nichterfüllung einer Schutzpflicht als einen abzuwehrenden Eingriff anzusehen[497]. Die abzuwehrende Gefährdung des Grundrechts geht primär von Privaten aus. Auf Gefährdungen durch Private sind die Grundrechte aber nicht zugeschnitten. Deshalb kann man die Schutzpflichten nur dadurch begründen, daß man die Grundrechte eben auch, wie in Art. 1 II GG angedeutet, als objektive Wertordnung versteht, welche auch die Beziehungen unter Privaten beherrscht. Diese objektive Wertordnung zu gewährleisten ist Aufgabe des Staates[498]; deshalb trifft ihn die Schutzpflicht zugunsten der gefährdeten Grundrechtsträger.

(2) Pflichten der Rechtsprechung

Die Grundrechtsbindung der Gerichte gilt auch für den Fall, daß zwei Private im Rechtsstreit liegen[499]. Dabei sind die Gerichte zur grundrechtskonformen Auslegung des einfachen (Privat-)Rechts verpflichtet. Wie schon angedeutet, sind insbesondere die Generalklauseln Einfallstore, um die Grundrechte der Beteiligten zur Geltung bzw. zum Ausgleich zu bringen[500]. Die Generalklauseln sind „wertausfüllungsfähig und –bedürftig“[501]. Der Richter muß also sie (und auch die übrigen auslegungsfähigen Privatrechtsnormen) so interpretieren, daß die Grundrechte der am Fall beteiligten Personen gewahrt werden. Auch hierbei muß wieder beachtet werden, daß auf *beiden* Seiten des jeweiligen Rechtsstreits Grundrechte im Spiel sind. Diese sind gegeneinander abzuwägen und in praktische Konkordanz zu bringen.

Sofern das einfache Gesetz eine grundrechtskonforme Auslegung nicht zuläßt, muß der Richter das (gegen Grundrechte verstoßende und damit verfassungswidrige) Gesetz dem Bundesverfassungsgericht gem. Art. 100 I GG vorlegen.

---

[497] Vgl. auch unten beim Eingriffsbegriff, vierter Teil, B. I. 2., S. 164.

[498] Im übrigen greift auch das Sozialstaatsprinzip in vielen Drittwirkungskonstellationen zugunsten des „schwächeren“ Grundrechtsträgers ein, vgl. *Scholz*, in: Maunz/Dürig (Hrsg.), Kommentar zum GG, Art. 12 Rn. 75.

[499] Vgl. z.B. *Starck*, in: v.Mangoldt/Klein/Starck (Hrsg.), Kommentar zum GG, Band 1, 4. Aufl. 1999, Art. 1 III, Rn. 273; *Höfling*, in: Sachs (Hrsg.), Kommentar zum GG, 2. Aufl. 1999, Art. 1 Rn. 101; *Dreier*, in: Dreier (Hrsg.), Kommentar zum GG, Band I, 1996, Art. 1 III Rn. 60 f.; instruktiv z.B. BVerfGE 89, 214 (233 ff.).

[500] *Dürig*, in: Maunz/Dürig (Hrsg.), Kommentar zum GG, Art. 1 III, Rn. 132 f.

[501] *Dürig*, in: Maunz/Dürig (Hrsg.), Kommentar zum GG, Art. 1 III, Rn. 132.

(3) Pflichten der vollziehenden Gewalt

Die Drittwirkungsproblematik wird im allgemeinen primär als ein Problem der Gesetzgebung und der Rechtsprechung gesehen[502]. Es ist allerdings darauf hinzuweisen, daß auch die vollziehende Gewalt in Drittwirkungskonstellationen eine Rolle spielen kann[503]. Dies läßt sich an einem Beispiel illustrieren: Ein Grundstückseigentümer will eine Schweinemastanlage errichten. Auf dem Nachbargrundstück steht ein Luxushotel. In diesem Fall kann sich der Grundstückseigentümer zumindest auf seine aus Art. 14 I GG folgende Baufreiheit[504] berufen. Der Hotelbetreiber kann jedoch seine Berufsfreiheit in Anspruch nehmen, da die Schweinemast den Hotelbetrieb schwer beeinträchtigen würde[505]. Nach der Theorie der unmittelbaren Drittwirkung wäre also der bauwillige Schweinemäster an die Berufsfreiheit des Hotelbesitzers gebunden und dadurch am Bau der Anlage gehindert. Nach der hier vertretenen Meinung ist zunächst der Gesetzgeber aufgerufen, die Grundrechte des potentiellen Bauherrn und seiner Nachbarn zum Ausgleich zu bringen[506]. In einem Streitfall entscheiden die ebenfalls grundrechtsgebundenen Gerichte. Aber bevor es zu einem Streit kommt, ist in diesem Fall auch die Verwaltung eingeschaltet, welche durch die Bauleitplanung bzw. die Erteilung oder Verweigerung einer Baugenehmigung an der Lösung dieser Grundrechtskollision beteiligt ist.

Die Verweigerung der Baugenehmigung ist dabei ein Eingriff in die eigentumsrechtliche Baufreiheit[507]; insoweit kann die Bindung der Verwaltung nicht zweifelhaft sein. Die Erteilung der Baugenehmigung betrifft die Berufsfreiheit des Nachbarn. Man ist versucht, auch dies als einen Eingriff zu qualifizieren, der eine abwehrrechtliche Bindung der Verwaltung nach sich zieht. Allerdings zeigt sich hier, daß die Übergänge zwischen einem Eingriff und der Nichterfüllung einer Schutzpflicht fließend sein können[508]: Die Beeinträchtigung der Berufs-

---

502 Dies hängt mit einer Verengung der Sichtweise auf privatrechtliche Konstellationen zusammen, vgl. oben Fußnote 482.

503 Vgl. BVerfGE 46, 160 (164 f.).

504 Dazu *Depenheuer*, in: v.Mangoldt/Klein/Starck (Hrsg.), Kommentar zum GG, Band 1, 4. Aufl. 1999, Art. 14 Rn. 119 ff.

505 Inwieweit daneben noch das Recht am eingerichteten und ausgeübten Gewerbebetrieb aus Art. 14 I GG einschlägig ist, ist hier irrelevant und kann deshalb offenbleiben.

506 Was er auch durch das baurechtliche Nachbarrecht getan hat. Die Frage, inwieweit durch diese einfachrechtlichen Regelungen ein *direkter* Rückgriff auf Art. 14 I GG ausgeschlossen ist, soll in dem Beispiel ausgeblendet werden.

507 Vgl. *Hufen*, Verwaltungsprozeßrecht, 4. Aufl. 2000, § 15 Rn. 21.

508 Ein weiteres Beispiel für die u.U. schwierige Qualifizierung eines staatlichen Verhaltens als Eingriff oder Nichterfüllung einer Schutzpflicht findet sich in BVerfGE 91, 335 (339); *Schwabe*, Probleme der Grundrechtsdogmatik, 1977, S. 213 f. stellt die Unterscheidung zwischen Abwehr und Schutz grundsätzlich in Abrede; auch *Szczekalla*, DVBl. 1998, S. 221, ist skeptisch, was die Unterscheidung angeht.

freiheit des Nachbarn beruht, normativ betrachtet, nicht auf der Erteilung der Baugenehmigung durch die Verwaltung, sondern auf deren Ausnutzung durch den Bauherrn. Die Verwaltung muß sich dieses Verhalten trotz der Baugenehmigung nicht zurechnen lassen[509]; vielmehr hat sie durch die Erteilung der Genehmigung ihre Schutzpflicht gegenüber dem Nachbarn versäumt[510].

(4) Korrespondierende Rechte des Bürgers

Fraglich ist noch, ob mit der jeweiligen (staatlichen) Pflicht zur Beachtung der Grundrechte im Verhältnis zwischen Privaten auch ein Recht des Einzelnen verbunden ist, diese Pflicht einzufordern. Wie bereits an einer anderen Stelle ausgeführt[511], genügt es im deutschen Recht zur Begründung eines subjektiven öffentlichen Rechts nicht, daß eine bestimmte Rechtspflicht zum Handeln vorliegt; vielmehr kommt es darauf an, ob die Norm, die diese Pflicht festlegt, auch dem Schutz des Einzelnen zu dienen bestimmt ist.

Hier ist zu unterscheiden. Wenn der Gesetzgeber, ein Gericht oder die Verwaltung durch belastende Maßnahmen Grundrechte verletzt haben, dann folgt bereits aus der Abwehrfunktion der Grundrechte ein subjektives Recht des Einzelnen auf Abwehr dieser Grundrechtsverletzung[512]. Die Tatsache, daß eine privatrechtliche Norm oder Gerichtsentscheidung auch zugunsten von (anderen) Grundrechtsträgern wirkt, kann nur bei der Rechtfertigung des Eingriffs relevant werden, nicht aber bei der Frage nach der subjektiven Berechtigung zur Eingriffsabwehr.

Schwieriger ist die Situation bei den Schutzpflichten v.a. des Gesetzgebers[513]. Diese werden aus der objektiv-rechtlichen Funktion der Grundrechte abgeleitet. Hier stellt sich die Frage, ob der Einzelne ein korrespondierendes Recht hat, vom Gesetzgeber ein positives Tun zu fordern[514]. Gegen die subjektiv-rechtliche Dimension wird argumentiert, daß die Gefahr bestünde, daß die Gewichtsverhältnisse zwischen Legislative und Judikative verändert würden[515]. Auch wird darauf hingewiesen, daß der aus dem Demokratieprinzip folgende grundsätzliche Handlungsspielraum des Gesetzgebers dadurch übermäßig beschnitten wür-

---

509 A.A. wohl *Schwabe*, Probleme der Grundrechtsdogmatik, 1977, S. 214.

510 So für einen derartigen Fall auch *Stern*, Das Staatsrecht der Bundesrepublik Deutschland, Band III/2, 1994, S. 641.

511 Oben erster Teil, A. II. 1. c) (2), S. 8 ff.

512 So für den Gesetzgeber BVerfGE 81, 242 (255); für die Gerichte BVerfGE 89, 214 (229 f.).

513 Vgl. ausführlich zu dieser Problematik *Unruh*, Zur Dogmatik der grundrechtlichen Schutzpflichten, 1996, S. 58 ff.

514 Vgl. *Stern*, Das Staatsrecht der Bundesrepublik Deutschland, Band III/1, 1988, S. 988 ff.

515 *Stern*, Das Staatsrecht der Bundesrepublik Deutschland, Band III/1, 1988, S. 988 f.

de[516]. Zusammengefaßt wird dies in dem Schlagwort der Gefahr eines „Jurisdiktionsstaates“[517].

Dem ist jedoch entgegenzuhalten, daß diesen Gefahren nicht durch eine Beschränkung der subjektiven Berechtigung entgegenzuwirken ist; vielmehr kommt es darauf an, wie die jeweilige Schutzpflicht inhaltlich ausgestaltet ist. Es wurde bereits darauf hingewiesen, daß dem Gesetzgeber bei der Erfüllung seiner Schutzpflichten ein weiter Spielraum zur Verfügung steht. Wenn dieser Spielraum beachtet wird, dann besteht kein Anlaß, die Subjektivierung der Schutzpflichten abzulehnen[518]. Deshalb korrespondieren den Schutzpflichten des Staates (soweit sie eben reichen) auch Schutzgewähransprüche des Einzelnen[519].

2. Drittwirkungsproblematiken bei Art. 12 I GG

Die Berufsfreiheit hat insbesondere dann Auswirkungen auf Rechtsbeziehungen zwischen Privaten, wenn sich Vertragsparteien gegenüberstehen, von denen eine ein deutliches Übergewicht hat[520]. Der klassische Fall betrifft dabei das Verhältnis von Arbeitgeber und Arbeitnehmer. Das Problem liegt in diesen Fällen darin, daß man wegen des Übergewichtes des einen Teils nicht ohne weiteres davon ausgehen kann, daß der jeweils geschlossene Vertrag die Interessen der Beteiligten im Rahmen der Privatautonomie sachgerecht ausgleicht[521]. Es besteht die Gefahr, daß die Beschränkung der Berufsfreiheit, welche durch die Bindung z.B. an einen Arbeitsvertrag eingegangen wird, nicht auf freier Selbstbestimmung, sondern auf Fremdbestimmung beruht[522]. In diesem Fall müssen Gesetzgeber und Richter dafür Sorge tragen, daß die Unterlegenheit der einen Vertragspartei nicht unangemessen ausgenutzt wird; andererseits muß aber auch die Berufsfreiheit der anderen Vertragspartei (bei Arbeitgebern die Freiheit der unterneh-

---

[516] *Stern*, Das Staatsrecht der Bundesrepublik Deutschland, Band III/1, 1988, S. 989 f.

[517] Vgl. *Unruh*, Zur Dogmatik der grundrechtlichen Schutzpflichten, 1996, S. 61.

[518] Den Zusammenhang zwischen der Reichweite der objektiv-rechtlichen Grundrechtsgehalte und ihrer Subjektivierbarkeit konzediert auch *Stern*, Das Staatsrecht der Bundesrepublik Deutschland, Band III/1, 1988, S. 991.

[519] *Unruh*, Zur Dogmatik der grundrechtlichen Schutzpflichten, 1996, S. 64 f.; *Classen*, AöR 122 (1997), S. 81; *Alexy*, Theorie der Grundrechte, 1985, S. 414; vgl. auch BVerfGE 89, 276 (1. Leitsatz); *Sachs*, Verfassungsrecht II, 2000, A 4 Rn. 27.; *Pieroth/Schlink*, Staatsrecht II, 17. Aufl. 2001, Rn. 84: *„Im Rückblick auf die Entwicklung der Rechtsprechung des Bundesverfassungsgerichts erweist sich die objektiv-rechtliche Funktion der Grundrechte als Geburtshelfer neuer subjektiver Rechte.“*; a.A. *Depenheuer*, in: v.Mangoldt/Klein/Starck (Hrsg.), Kommentar zum GG, Band 1, 4. Aufl. 1999, Art. 14 Rn. 97.

[520] *Manssen*, in: v.Mangoldt/Klein/Starck (Hrsg.), Kommentar zum GG, Band 1, 4. Aufl. 1999, Art. 12 I Rn. 26.

[521] *Wieland*, in: Dreier (Hrsg.), Kommentar zum GG, Band I, 1996, Art. 12 Rn. 148.

[522] Vgl. BVerfGE 81, 242 (254 f.).

merischen Berufsausübung[523]) berücksichtigt werden[524]. Die jeweiligen Grundrechtspositionen müssen also zum Ausgleich gebracht werden[525]. Der Gesetzgeber hat dabei, wie schon oben erwähnt, einen weiten Beurteilungs- und Gestaltungsspielraum[526].

Ein Beispiel soll verdeutlichen, wie Drittwirkungsproblematiken zu lösen sind: Das Unternehmen U vereinbart mit dem Handelsvertreter H eine Klausel, wodurch H verboten wird, für die Dauer von zwei Jahren nach Beendigung des Handelsvertretervertrages für ein Konkurrenzunternehmen tätig zu werden[527]. Die Wirksamkeit dieser Klausel scheitert nun nicht daran, daß etwa das Unternehmen selbst dazu verpflichtet wäre, die Berufsfreiheit des H zu beachten; U ist nicht Adressat des Art. 12 I GG (keine unmittelbare Drittwirkung).

Es ist vielmehr Aufgabe der Gesetzgebers, privatrechtliche Regeln zu schaffen, welche eine angemessene Lösung des Falles ermöglichen. Dabei wäre es ein Verstoß gegen die Berufsfreiheit des U, wenn eine Norm erlassen würde, wonach Wettbewerbsabreden grundsätzlich unzulässig sind. Eine völlige Untätigkeit des Gesetzgebers, die zu einer unbeschränkten Zulässigkeit derartiger Wettbewerbsabreden führte, würde hingegen die Berufsfreiheit des H verletzen[528]. Die zu erlassende Norm müßte also die grundrechtlichen Interessen beider Beteiligter wahren.

Ein mit dem Fall beschäftigtes Gericht müßte mit Hilfe des anwendbaren Privatrechts den Fall zu einer Lösung bringen, die die Grundrechte der Beteiligten wahrt. Hierbei könnten (wenn es keine speziellen Regelungen für Handelsvertreter gäbe) insbesondere die Generalklauseln der §§ 138, 242 BGB das notwendige Instrumentarium bieten.

In der Rechtsprechung des Bundesverfassungsgerichts finden sich noch weitere Beispiele für derartige Auswirkungen des Art. 12 I GG auf Privatrechtsbeziehungen. So greift z. B. eine Kündigungsschutzregelung in die Berufsausübungsfreiheit der Arbeitgeber ein, während sie gleichzeitig „dem durch Art. 12 I GG geschützten Interesse des Arbeitnehmers an der Erhaltung seines Arbeitsplatzes" dient[529].

---

[523] *Wieland*, in: Dreier (Hrsg.), Kommentar zum GG, Band I, 1996, Art. 12 Rn. 149.

[524] BVerfGE 81, 242 (255)

[525] BVerfGE 81, 242 (255); *Wieland*, in: Dreier (Hrsg.), Kommentar zum GG, Band I, 1996, Art. 12 Rn. 149.

[526] BVerfGE 81, 242 (255); *Tettinger*, GewA 1999, S. 267.

[527] Vereinfachter Sachverhalt aus BVerfGE 81, 242.

[528] Die völlige Untätigkeit des Gesetzgebers ist allerdings insoweit schwer denkbar, als bereits die Generalklauseln der §§ 138, 242 BGB für viele Problemfälle (notfalls) eine Lösung ermöglichen.

[529] Vgl. BVerfGE 97, 169 (176).

3. Ergebnis

Es zeigt sich also, daß es überflüssig ist, Private an die Berufsfreiheit zu binden. Soweit Gefährdungen der Berufsfreiheit von Privaten verursacht werden, ist es die Pflicht von Gesetzgebung, Verwaltung und Fachgerichten, diese Gefährdungen unter angemessener Berücksichtigung der Grundrechte der Beteiligten zu beseitigen.

II. Drittwirkung der Grundfreiheiten

Während die Drittwirkung der Grundrechte schon seit langem diskutiert wird, ist die (unmittelbare) Drittwirkung der Grundfreiheiten vor allem nach dem Bosman-Urteil[530] ins Zentrum dogmatischer Erörterungen gerückt. Nach einem Überblick über den Stand von Rechtsprechung und Lehre sollen vor allem die in der verfassungsrechtlichen Diskussion gewonnenen Erkenntnisse für die gemeinschaftsrechtliche Problematik fruchtbar gemacht werden.

1. Stand von Rechtsprechung und Lehre

a) Entwicklung der Rechtsprechung

Die Rechtsprechung des EuGH zur unmittelbaren Drittwirkung der Grundfreiheiten ist nicht einheitlich. Zu Art. 28 EG existieren widersprüchliche Aussagen. In einem Urteil von 1981 führte der Gerichtshof aus: *„Überdies ist darauf hinzuweisen, daß Vereinbarungen zwischen Privaten in keinem Fall von den zwingenden Bestimmungen des Vertrages über den freien Warenverkehr abweichen dürfen."*[531] 1987 entschied der EuGH dann jedoch, daß *„sich die Art. 30 und 34 EWG-Vertrag nur auf staatliche Maßnahmen und nicht auf Verhaltensweisen von Unternehmen beziehen"*[532]. Insgesamt entfaltet Art. 28 EG nach dem derzeitigen Stand der Rechtsprechung keine unmittelbare Drittwirkung[533].

Eindeutiger ist die Rechtsprechung zur unmittelbaren Drittwirkung bei Art. 39 und 49/50 EG. Bereits 1974 hat sich der Gerichtshof im Urteil Walrave ausdrücklich für eine unmittelbare Drittwirkung ausgesprochen. Danach gilt das in Art. 39 und 49 EG angelegte Diskriminierungsverbot auch für „Maßnahmen, die

---

530 EuGH, Bosman, Slg. I 1995, S. 4921, 5040 ff.

531 EuGH, Dansk Supermarked, Slg. 1981, S. 181 (195).

532 EuGH, VVR, Slg. 1987, S. 3801 (3830); hierbei läßt sich kein Gegensatz zwischen „Privaten" (in der Aussage des Urteils Dansk Supermarked) und „Unternehmen" herstellen, weil auch im Urteil Dansk Supermarked zwei Unternehmen beteiligt waren.

533 So auch die Bewertung von *Ganten*, Die Drittwirkung der Grundfreiheiten, 2000, S. 45; ebenso *Körber*, EuR 2000, S. 944.

eine kollektive Regelung im Arbeits- und Dienstleistungsbereich enthalten“[534]. Zur Begründung wird zum einen Art. 7 IV der VO 1612/68 angeführt, und zum anderen die Gefährdung für die effektive Durchsetzung der Grundfreiheiten, welche von privatrechtlichen Kollektivvereinbarungen ausgehen kann[535]. Außerdem sah der Gerichtshof die Gefahr, daß es zu einer uneinheitlichen Anwendung des Gemeinschaftsrechts kommen könnte, wenn in den Mitgliedstaaten, welche die Arbeitsbedingungen durch Gesetze und Verordnungen regeln, die Grundfreiheiten anwendbar sind, aber nicht in den Mitgliedstaaten, welche die Regelung der Arbeitsbedingungen privatrechtlichen Vereinbarungen überlassen[536]. Der Gerichtshof bestätigte diese Rechtsprechung zwei Jahre später noch einmal ausdrücklich[537]. Knapp zwanzig Jahre danach entschied der Gerichtshof im Bosman-Urteil, daß die unmittelbare Drittwirkung bei Art. 39 EG auch in dessen Dimension als Beschränkungsverbot anzuwenden sei[538]. In zwei weiteren, im Jahr 2000 ergangenen, Urteilen (die übrigens, wie die drei vorzitierten Urteile, ebenfalls den Sport betrafen) bestätigte der EuGH noch einmal seine Rechtsprechung zur Drittwirkung[539].

Aus diesen Urteilen läßt sich ableiten, daß der EuGH die unmittelbare Drittwirkung der Arbeitnehmerfreizügigkeit, Dienstleistungsfreiheit (und konsequenterweise wohl auch der Niederlassungsfreiheit[540]) jedenfalls im Falle von kollektiven Regelungen bejaht.

b) Urteil Angonese

In seinem Urteil vom 6.6.2000[541] ist der EuGH noch einen Schritt weiter gegangen. In dem Fall ging es um eine Diskriminierung durch einen einzelnen Arbeitgeber. Die VO 1612/68 war auf den Fall nicht anwendbar[542]. Der EuGH entnahm nun, unter Berufung auf seine oben ausgeführte Rechtsprechung, dem Art. 39 EG eine unmittelbare Drittwirkung auch gegenüber einzelnen Privatperso-

---

[534] EuGH, Walrave, Slg. 1974, S. 1405 (1419).

[535] EuGH, Walrave, Slg. 1974, S. 1405 (1419 f.).

[536] EuGH, Walrave, Slg. 1974, S. 1405 (1419 f.).

[537] EuGH, Donà, Slg. 1976, S. 1333 (1341).

[538] Vgl. EuGH, Bosman, Slg. I 1995, S. 4921, 5065 ff.

[539] EuGH, Deliège, Slg. I 2000, S. 2549 (2614); EuGH, Lehtonen, Slg. I 2000, S. 2681 (2729); vgl. auch *Röthel*, EuZW 2000, S. 379 f.

[540] So auch die Einschätzung von *Kingreen*, Die Struktur der Grundfreiheiten des Europäischen Gemeinschaftsrechts, 1999, S. 193 f.; vgl. auch *Ganten*, Die Drittwirkung der Grundfreiheiten, 2000, S. 49 ff. (unter Bezug auf das Urteil EuGH, van Almeyde, Slg. 1977, S. 1091 [1127 f.]).

[541] EuGH, Angonese, Slg. I 2000, S. 4139 (4161 ff.); vgl. dazu *Körber*, EuR 2000, S. 932 ff.

[542] Vgl. EuGH, Angonese, Slg. I 2000, S. 4139 (4170 f.).

nen[543]. Damit ist ein vorläufiger Schlußpunkt unter die Entwicklung der Rechtsprechung gesetzt worden.

c) Lehre

In der Literatur wird einer unmittelbaren Drittwirkung der Art. 39, 43 und 49 EG gegenüber Kollektivregelungen privaten Ursprungs vielfach zugestimmt[544]. Zudem gibt es auch Stimmen, die sich für eine umfassende unmittelbare Drittwirkung auch über die Kollektivregelungen hinaus (sowie unter Einschluß der Warenverkehrsfreiheit) aussprechen[545]. Andere Autoren lehnen die unmittelbare Drittwirkung hingegen grundsätzlich ab[546]. Nicht ohne Grund wird das Problem als eines der „umstrittensten und bis heute wohl ungelösten Themen des Gemeinschaftsrechts“ bezeichnet[547].

2. Bedeutung der Grundfreiheiten in Drittwirkungskonstellationen

Ähnlich wie bei den Grundrechten soll nun untersucht werden, inwieweit mit Hilfe der Grundrechtsbindung der drei Staatsgewalten auch die Wirkung der Grundfreiheiten zwischen Privatleuten erklärt werden kann.

---

[543] EuGH, Angonese, Slg. I 2000, S. 4139 (4173).

[544] Für Art. 39 EG *Brechmann*, in: Calliess/Ruffert (Hrsg.), Kommentar zum EUV/EGV, 1999, Art. 39 Rn. 51 und *Wölker*, in: von der Groeben/Thiesing/Ehlermann (Hrsg.), Kommentar zum EUV/EGV, 5. Aufl. 1997, Art. 48 Rn. 16; für Art. 43 EG *Troberg*, in: von der Groeben/Thiesing/Ehlermann (Hrsg.), Kommentar zum EUV/EGV, 5. Aufl. 1997, Art. 52 Rn. 30; für Art. 49 *Troberg*, in: von der Groeben/Thiesing/Ehlermann (Hrsg.), Kommentar zum EUV/EGV, 5. Aufl. 1997, Art. 59, Rn. 46; für eine Übertragung auf Art. 28 EG *Müller-Graff*, in: von der Groeben/Thiesing/Ehlermann (Hrsg.), Kommentar zum EUV/EGV, 5. Aufl. 1997, Art. 30 Rn. 301 ff. (mit Einschränkungen); insgesamt zustimmend auch *Roth*, in: Festschrift für Ulrich Everling, Band II, 1995, S. 1239 (allerdings vor dem Bosman-Urteil).

[545] *Ganten*, Die Drittwirkung der Grundfreiheiten, 2000, S. 220 f. und passim; *Steindorff*, in: Festschrift für Peter Lerche zum 65. Geburtstag, 1993, S. 575 ff.

[546] *Streinz/Leible*, EuZW 2000, S. 464 ff.; *Kluth*, AöR 122 (1997), S. 566 ff.; *Kingreen*, Die Struktur der Grundfreiheiten des Europäischen Gemeinschaftsrechts, 1999, S. 195 ff.; *Bleckmann*, Europarecht, 6. Aufl. 1997, Rn. 757 f.; für Art. 28 EG *Epiney*, in: Calliess/Ruffert (Hrsg.), Kommentar zum EUV/EGV, 1999, Art. 28 Rn. 46 ff. und *Matthies/v.Borries*, in: Grabitz/Hilf (Hrsg.), Kommentar zum EUV/EGV, Altband I, Art. 30 Rn. 43; für Art. 49/50 EG *Kluth*, in: Calliess/Ruffert (Hrsg.), Kommentar zum EUV/EGV, 1999, Art. 49/50 Rn. 44 ff.

[547] *Streinz/Leible*, EuZW 2000, S. 459.

a) Pflichten des Gesetzgebers

(1) Pflichten beim Gesetzeserlaß

Die Bindung des nationalen Gesetzgebers an die Grundfreiheiten ist umfassend. Sie umfaßt auch die Rechtsetzung des Gesetzgebers im Privatrecht[548]. Es dürfen daher keine Normen des bürgerlichen Rechts erlassen werden, welche im Widerspruch zu den Grundfreiheiten stehen. Wenn also eine privatrechtliche Norm gegen die Grundfreiheiten verstößt, dann können Privatpersonen dies auch im Verhältnis zu anderen Privatpersonen geltend machen[549].

(2) Pflichten zum Gesetzeserlaß

Die Erkenntnis, daß auch die Grundfreiheiten Ausgangspunkt für Schutzpflichten sein können, hat sich seit dem Urteil Kommission/Frankreich vom 9.12.1997 durchgesetzt[550]. Das Urteil betraf zwar Verwaltungshandeln; der EuGH formulierte die Schutzpflichten jedoch allgemein für die Mitgliedstaaten. Nach Ansicht des Gerichtshofs findet Art. 28 EG auch Anwendung, „wenn ein Mitgliedstaat keine Maßnahmen ergriffen hat, um gegen Beeinträchtigungen des freien Warenverkehrs einzuschreiten, deren Ursachen nicht auf den Staat zurückzuführen sind."[551] Diese Beeinträchtigungen können insbesondere auch auf Handlungen von Privatpersonen beruhen[552]. Die Schutzverpflichtung leitet der EuGH aus Art. 28 EG i.V.m. Art. 10 EG ab[553].

---

548 *Kingreen*, Die Struktur der Grundfreiheiten des Europäischen Gemeinschaftsrechts, 1999 S. 197; *Streinz/Leible*, EuZW 2000, S. 465 f.; *Becker*, in: Schwarze (Hrsg.), EU-Kommentar, 2000, Art. 28 Rn. 88.

549 So *Jarass*, EuR 1995, S. 210.

550 EuGH, Kommission/Frankreich, Slg. I 1997, S. 6959.

551 EuGH, Kommission/Frankreich, Slg. I 1997, S. 6959 (Erwägungsgrund 30).

552 EuGH, Kommission/Frankreich, Slg. I 1997, S. 6959 (Erwägungsgrund 31).

553 EuGH, Kommission/Frankreich, Slg. I 1997, S. 6959 (Erwägungsgrund 32); *Ganten*, Die Drittwirkung der Grundfreiheiten, 2000, S. 69, argumentiert, daß die Verpflichtung der Mitgliedstaaten, Hindernisse privaten Ursprungs für die Grundfreiheiten zu beseitigen, nur deshalb besteht, weil die Privaten ihrerseits verpflichtet seien, keine solchen Hindernisse zu errichten: *„Ergibt sich aus dem Vertrag keine Pflicht Privater, die Warenverkehrsfreiheit anderer Privater zu respektieren, muß der Mitgliedstaat auch keine geeigneten Maßnahmen diesbezüglich treffen."* Die mittelbare Drittwirkung setze also die unmittelbare Drittwirkung voraus (vgl. aaO., S. 71 f.). Diese Argumentation verkennt den Grund für die Schutzverpflichtung des Mitgliedstaates: Es geht nicht darum, die Einhaltung der (angeblichen) Grundfreiheitsverpflichtung Privater sicherzustellen, sondern es geht nur um den Schutz der Grundfreiheitsberechtigten. Für diesen Schutz ist der Ursprung des Grundfreiheitshindernisses irrelevant; genausogut könnte ein Hindernis etwa auf Naturgewalten beruhen.

Damit ist eine Übertragung des grundrechtlichen Schutzpflichtgedankens[554] auf die Warenverkehrsfreiheit erfolgt[555]. Für die übrigen Grundfreiheiten ist diese Übertragung ebenfalls möglich und geboten[556]. Eine derartige Übertragung wurde im Zusammenhang mit der Drittwirkung der Grundfreiheiten auch vor dem EuGH-Urteil in der Literatur schon angedeutet[557]. Bei den Grundfreiheiten liegt die Ableitung von Schutzpflichten sogar noch näher als bei den Grundrechten, weil sie schon von vornherein als objektive Verpflichtungen der Mitgliedstaaten angelegt sind[558]. Anders als bei den Grundrechten benötigt also die Interpretation

---

[554] *Burgi*, EWS 1999, S. 329, will lieber den Begriff „Garantenpflicht" statt Schutzpflicht verwenden, weil das Verhältnis zu den grundrechtlichen Schutzpflichten nur ein „nachbarschaftliches", kein „verwandtschaftliches" sei; den gleichen Begriff benutzen auch *Streinz/Leible*, EuZW 2000, S. 466. *Schwarze*, EuR 1998, S. 56, spricht von einer „Einstands- und Gewährleistungspflicht für die Einhaltung des Gemeinschaftsrechts". *Streinz*, Europarecht, 5. Aufl. 2001, Rn. 709, verwendet den Ausdruck „Unterbindungspflicht".

[555] Zu dieser Parallele vgl. *Epiney*, in: Calliess/Ruffert (Hrsg.), Kommentar zum EUV/EGV, 1999, Art. 28 Rn. 47 ff.; *Szczekalla*, DVBl. 1998, S. 222; *Füller*, Grundlagen und inhaltliche Reichweite der Warenverkehrsfreiheit nach dem EG-Vertrag, 2000, S. 35; interessant auch *Kluth*, AöR 122 (1997), S. 560, Fußnote 14. Anders wohl *Ganten*, Die Drittwirkung der Grundfreiheiten, 2000, S. 65 f.: Seiner Meinung nach lassen sich die Argumente für eine Schutzfunktion der (Gemeinschafts-)Grundrechte nicht auf die Grundfreiheiten übertragen. Dies begründet er mit dem Hinweis, daß Grundfreiheiten und Grundrechte zwar in der Struktur ähnlich seien, aber sich nicht „gleichsetzen" ließen. Er verkennt dabei offensichtlich, daß eine Übertragung des Schutzpflichtgedankens eine Gleichsetzung von Grundfreiheiten und Grundrechten gar nicht voraussetzt, sondern daß die Strukturähnlichkeit dafür völlig ausreicht. Überdies ist nicht einsichtig, warum *Ganten* die Verpflichtung der Mitgliedstaaten zum Schutz der Grundfreiheiten vor Eingriffen Privater einerseits als „systemwidrig" bezeichnet (aaO. S. 66) und andererseits (bei einer Ableitung nicht aus den Grundfreiheiten selbst, sondern aus Art. 10 I EG) anerkennt (aaO. S. 71).

[556] Vgl. *Kluth*, in: Calliess/Ruffert (Hrsg.), Kommentar zum EUV/EGV, 1999, Art. 50 Rn. 49; *Szczekalla*, DVBl. 1998, S. 222; *Streinz*, Europarecht, 5. Aufl. 2001, Rn. 709; *Streinz/Leible*, EuZW 2000, S. 466; *Kühling*, NJW 1999, S. 404 („im Prinzip zu bejahen").

[557] Vgl. insbesondere *Kluth*, AöR 122 (1997, S. 581): Die Abwehr der *„von Privaten ausgehenden Gefährdungen der Grundfreiheiten [sollte] [...] durch eine entsprechende Rechtsetzung der Gemeinschaft und der Mitgliedstaaten"* erfolgen. Ähnlich *Jarass*, EuR 1995, S. 211: *„Zudem gilt es zu beachten, daß die Grundfreiheiten auch einen Auftrag an die Gemeinschaft und die Mitgliedstaaten enthalten, für die Beachtung der Grundfreiheiten unter Privatpersonen zu sorgen."* Ebenso auch *Giegerich*, JuS 1997, S. 528 (*„Verpflichtung der mitgliedstaatlichen Organe, den Grundfreiheiten auch im Verhältnis von Privaten zueinander Wirksamkeit zu verschaffen").*

[558] Zum Vorrang der objektiven Funktion der Grundfreiheiten vgl. bereits oben erster Teil, A. IV. 1. b) (6), S. 28 ff. Auch *Ganten*, Die Drittwirkung der Grundfreiheiten, 2000, S. 64, erkennt an, daß eine Interpretation der Grundfreiheiten als objektive Werte eine Schutzpflichtkonzeption nach sich zieht; er begründet allerdings nicht, warum die Grundfreiheiten keine derartigen objektiven Werte darstellen sollen (abgesehen von dem schon oben erwähnten Hinweis, daß Grundfreiheiten und Grundrechte nicht gleichgesetzt werden dürfen). Dies ist

als „objektive Wertordnung“ (welche dann die Schutzpflichten nach sich zieht) keine komplizierte dogmatische Konstruktion.

Ebenso wie im Verfassungsrecht wird auch im Gemeinschaftsrecht in diesem Zusammenhang der Ermessensspielraum bei der Erfüllung der Schutzpflichten betont[559]. Besonders deutlich drückt dies Generalanwalt Lenz in seinen Schlußanträgen aus. Danach liegt die Entscheidung, mit welchen Maßnahmen der Mitgliedstaat die Warenverkehrsfreiheit schützen will, allein beim Mitgliedstaat[560]. Ein Verstoß gegen die Schutzpflichten kommt aufgrund des Ermessensspielraums der Mitgliedstaaten nur in Ausnahmefällen in Betracht[561].

(3) Abwägung zwischen Grundrechten und Grundfreiheiten

Wie im Verfassungsrecht, so taucht auch im Gemeinschaftsrecht das Problem auf, daß die Erfüllung einer (grundfreiheitlichen) Schutzpflicht in die Grundrechte derer eingreifen kann, vor denen die Grundfreiheit geschützt wird. Im Bosman-Fall, wo es um Transferregelungen und Ausländerklauseln im professionellen Fußballsport ging, berief sich die UEFA etwa auf die Vereinigungsfreiheit bzw. Verbandsautonomie[562]. Im Fall Kommission gegen Frankreich ging es um gewalttätige Ausschreitungen französischer Bauern gegen spanische Agrargüter. Man könnte in einem leicht abgewandelten Fall auch an die Versammlungs- und Demonstrationsfreiheit denken (etwa bei einer Blockade der Brennerautobahn durch Umweltschützer). Diese Grundrechte der privaten „Grundfreiheitsgegner“ darf man nicht unberücksichtigt lassen[563]. Gerade beim Bosman-Urteil hat sich Kritik daran entzündet, daß die Vereinigungsfreiheit zwar erwähnt wurde[564], eine echte Abwägung aber nicht stattfand[565]. Diese Abwägung

---

um so verwunderlicher, als *Ganten* selbst den Grundfreiheiten „Grundlagenqualität“ (aaO. S. 96) und einen „ethischen Gehalt“ (aaO. S. 100) zuerkennt.

559 *Epiney*, in: Calliess/Ruffert (Hrsg.), Kommentar zum EUV/EGV, 1999, Art. 28 Rn. 50; *Schwarze*, EuR 1998, S. 57; *Streinz/Leible*, EuZW 2000, S. 466.

560 Generalanwalt *Lenz*, Schlußanträge zu EuGH, Kommission/Frankreich, Slg. I 1997, S. 6959 (Erwägungsgrund 48); ihm folgend EuGH, Kommission/Frankreich, Slg. I 1997, S. 6959 (Erwägungsgrund 32).

561 Generalanwalt *Lenz*, Schlußanträge zu EuGH, Kommission/Frankreich, Slg. I 1997, S. 6959 (Erwägungsgrund 49); ihm folgend EuGH, Kommission/Frankreich, Slg. I 1997, S. 6959 (Erwägungsgrund 33); deutlich restriktiver beurteilt hingegen *Meier*, EuZW 1998, S. 87, den Ermessensspielraum des Mitgliedstaates.

562 Vgl. EuGH, Bosman, Slg. I 1995, S. 4921 (5065); eine ganz ähnliche Problematik taucht in den Urteilen Deliège (Slg. I 2000, S. 2549 [2612 ff.]) und Lehtonen (Slg. I 2000, S. 2681 [2728 ff.]) auf, vgl. dazu *Röthel*, EuZW 2000, S. 380.

563 *Jarass*, EuR 1995, S. 210 lehnt die (unmittelbare) Drittwirkungen der Grundfreiheiten gerade deshalb ab, weil sie den Freiheitsraum der gebundenen Privatpersonen unangemessen einschränken würde.

564 EuGH, Bosman, Slg. I 1995, S. 4921 (5065).

ist unverzichtbar[566], und zwar erst recht dann, wenn man von einer unmittelbaren Drittwirkung ausgeht[567].

Es kann sich bei den mit den Grundfreiheiten abzuwägenden Grundrechten wegen des Vorrangs des Gemeinschaftsrechts nicht um nationale, sondern nur um die Gemeinschaftsgrundrechte handeln[568]. Insofern muß also der nationale Gesetzgeber, der Regelungen zum Schutz der Grundfreiheiten erläßt, die Gemeinschaftsgrundrechte beachten. Dies läßt sich mit dem oben dargestellten Anwendungsbereich der Gemeinschaftsgrundrechte in Einklang bringen: Die Gemeinschaftsgrundrechte sind immer dann anzuwenden, wenn der Mitgliedstaat gemeinschaftsrechtliche Regelungen vollzieht[569]. Die Erfüllung der grundfreiheitlichen Schutzpflicht ist insoweit vergleichbar mit der Umsetzung einer Richtlinie. Auch dort muß der nationale Gesetzgeber die Gemeinschaftsgrundrechte beachten, soweit der Sachverhalt gemeinschaftsrechtlich determiniert ist[570].

b) Pflichten der Rechtsprechung

Die nationalen Gerichte müssen (auch) bei privatrechtlichen Streitigkeiten das anzuwendende Recht grundfreiheitskonform auslegen[571]. Die Grundfreiheiten als unmittelbar anwendbare Rechte können von den Unionsbürgern vor den nationalen Gerichten geltend gemacht werden[572].

---

[565] Vgl. *Gramlich*, DÖV 1996, S. 801 ff.; auch *Kluth*, AöR 122 (1997), S. 578 ff., weist auf die grundrechtliche Dimension des Bosman-Falles hin; kritisch zur ungenügenden dogmatischen Berücksichtigung der Verbandsautonomie in den Fällen Lehtonen und Deliège, *Röthel*, EuZW 2000, S. 380.

[566] Vgl. *Gramlich*, DÖV 1996, S. 810; *Szczekalla*, DVBl. 1998, S. 224; *Streinz/Leible*, EuZW 2000, S. 465 ff.; *Bleckmann*, Europarecht, 6. Aufl. 1997, Rn. 757 f.; so auch bereits *Bleckmann*, in: Gedächtnisschrift für Christoph Sasse, 1981, S. 677.

[567] Eine im Ergebnis wohl ähnliche Lösung findet sich bei *Müller-Graff*, in: von der Groeben/Thiesing/Ehlermann (Hrsg.), Kommentar zum EUV/EGV, 5. Aufl. 1997, Art. 30 Rn. 308: Er will die Drittwirkung des Art. 28 EG dann ablehnen, wenn Private *„in legitimer Wahrnehmung ihrer nach den allgemeinen Rechtsgrundsätzen des Gemeinschaftsrechts anzuerkennenden Freiheitsrechte (namentlich Privatautonomie, Gewerbefreiheit, Meinungsfreiheit u.a.) Entscheidungen treffen oder Stellungnahmen (auch in demonstrativer Form) abgeben, die handelsbehindernde Wirkungen auslösen können."*

[568] *Szczekalla*, DVBl. 1998, S. 223 f.; vgl. auch *Kluth*, AöR 122 (1997), S. 578; a.A. (ohne Begründung) *Burgi*, EWS 1999, S. 330, Fußnote 44; etwas unklar *Schärf*, EuZW 1998, S. 618.

[569] Vgl. erster Teil, B. IV. 2. a) (3) (a)., S. 57 ff.

[570] *Störmer*, AöR 123 (1998), S. 567.

[571] *Jarass*, EuR 1995, S. 211; *Kingreen*, Die Struktur der Grundfreiheiten des Europäischen Gemeinschaftsrechts, 1999, S. 197.

[572] *Streinz*, Europarecht, 5. Aufl. 2001, Rn. 349, 705.

Auch die Gerichte dürfen dabei jedoch nicht einseitig die Grundfreiheiten berücksichtigen, Sie müssen auch die Gemeinschaftsgrundrechte einbeziehen[573]. Es kommt also hier ebenfalls zu einer Abwägung zwischen Gemeinschaftsgrundrechten (insbesondere Privat- bzw. Verbandsautonomie[574]) und Grundfreiheiten[575].

c) Pflichten der Verwaltung

Die Grundfreiheiten binden auch die Verwaltung; die Dimension der Grundfreiheiten als Schutzpflichten wurde ja, wie oben dargestellt, gerade an einer polizeirechtlichen Konstellation entwickelt[576]. Insoweit gibt es hier keine Besonderheiten.

d) Korrespondierende Rechte des Bürgers

Fraglich ist nun noch, inwieweit der einzelne Bürger in den Drittwirkungskonstellationen auch subjektive Rechte gegenüber dem Staat hat. Soweit der Staat durch aktives Tun in die Grundfreiheiten eingreift, ist die subjektive Rechtsstellung des Bürgers nicht zweifelhaft[577]. Anders als im Verfassungsrecht werfen aber auch die Schutzpflichten des Staates hier keine besonderen Probleme auf. Im Verfassungsrecht wurde aus den subjektiven Grundrechten eine objektive Wertordnung abgeleitet; aus dieser objektiven Wertordnung ließen sich dann die objektiven Schutzpflichten deduzieren. Es bedurfte hier eines gewissen Begründungsaufwandes, um diese Schutzpflichten wieder subjektiv interpretieren zu können.

Im Gemeinschaftsrecht sind die Grundfreiheiten von vornherein objektiv angelegt. Aus ihnen folgt also die objektive Pflicht für die Mitgliedstaaten, grundfreiheitswidrige Handlungen zu unterlassen, und auch die objektive Pflicht, grundfreiheitsschützend tätig zu werden. Aus der Unterlassungspflicht der Mitgliedstaaten wurde vom EuGH ein subjektives Abwehrrecht der Marktbürger abgeleitet, um damit eine möglichst effektive Durchsetzung der Grundfreiheiten zu befördern[578]. Es spricht nichts dagegen, dieselbe Konstruktion auch bei den aus den Grundfreiheiten folgenden Handlungs- bzw. Schutzpflichten anzuwen-

---

573 Vgl. *Giegerich*, JuS 1997, S. 528: Abwägung zwischen Privatautonomie und Binnenmarktkonzept.

574 Vgl. dazu *Streinz/Leible*, EuZW 2000, S. 465 f.

575 Siehe schon oben zweiter Teil, C. II. 2. a) (3), S. 106 f.

576 Siehe oben zweiter Teil, C. II. 2. a) (2), S. 104 ff.

577 So auch *Kingreen*, Die Struktur der Grundfreiheiten des Europäischen Gemeinschaftsrechts, 1999, S. 197 (für Eingriffe des Gesetzgebers durch Erlaß von Privatrechtsnormen).

578 Siehe erster Teil, A. II. 1. c) (2)., S. 8 ff.

den. Darum korrespondieren den objektiven Schutzpflichten subjektive Schutzgewährrechte[579].

3. Weitere spezifisch gemeinschaftsrechtliche Argumente zur Drittwirkung

Damit ist praktisch eine vollständige Übertragung der verfassungsrechtlichen Lösung auf die Grundfreiheiten erfolgt[580]. Es bleibt aber noch zu prüfen, ob nicht im Gemeinschaftsrecht spezielle Gründe für eine unmittelbare Drittwirkung sprechen. Hierbei ist insbesondere auf die Begründung des EuGH in den „Sport-Urteilen" (Walrave, Donà, Bosman, Deliège und Lehtonen) einzugehen.

Als Argument für die unmittelbare Drittwirkung führt der EuGH zunächst Art. 7 IV der VO 1612/68 an[581]. Die Tatsache, daß diese Bestimmung unmittelbare Verpflichtungen auch für Private aufstellt, läßt jedoch keine Rückschlüsse auf die Grundfreiheit selbst zu: Es entspricht ja gerade dem Wesen einer Verordnung, daß sie auch Pflichten für den einzelnen aufstellen kann. Die Verordnung ist eine sekundärrechtliche Norm, die der Verwirklichung der Grundfreiheit dient. Mit der Verordnung wurde also die Ausstrahlungswirkung der Arbeitnehmerfreizügigkeit für das Privatrecht in einem speziellen Bereich konkretisiert. Insofern kann sich ein Marktbürger bei diskriminierenden Kollektivvereinbarungen unmittelbar auf Art. 7 IV der VO 1612/68 stützen (aber nicht auf Art. 39 EG)[582].

Ein zweites Argument des Gerichtshofes betrifft die Gefährdung der Grundfreiheiten durch privatrechtliche Kollektivvereinbarun-gen[583]. Zur Abwehr dieser Gefahr ist es wohl tatsächlich am effektivsten, wenn diese Kollektivvereinbarungen wegen eines unmittelbaren Verstoßes gegen die Grundfreiheiten für unanwendbar erklärt werden[584]. Allerdings darf auch dann eine Abwägung mit den Gemeinschaftsgrundrechten nicht unterbleiben, so daß das materielle Ergebnis sich nicht unterscheidet.

Der Vorteil der nicht ganz so effektiven Lösung über die Bindung des Mitgliedstaates ist aber, daß sie die Verantwortung für den Schutz der Grundfreiheiten

---

[579] So auch *Kingreen*, Die Struktur der Grundfreiheiten des Europäischen Gemeinschaftsrechts, 1999, S. 195 ff.; *Kühling*, NJW 1999, 404; a.A. *Burgi*, EWS 1999, S. 330, Fußnote 41.
[580] Dafür auch explizit *Bleckmann*, Europarecht, 6. Aufl. 1997, Rn. 757.
[581] EuGH, Walrave, Slg. 1974, S. 1405 (1419 f.).
[582] Vgl. *Burgi*, EWS 1999, S. 330, Fußnote 49; etwas unklar insoweit *Wölker*, in: von der Groeben/Thiesing/Ehlermann (Hrsg.), Kommentar zum EUV/EGV, 5. Aufl. 1997, Art. 48 Rn. 16.
[583] EuGH, Walrave, Slg. 1974, S. 1405 (1419 f.).
[584] *Ganten*, Die Drittwirkung der Grundfreiheiten, 2000, S. 66; vgl. auch *Burgi*, EWS 1999, S. 330.

primär dem nationalen Gesetzgeber zuweist[585]. Aus Sicht der Kompetenzverteilung ist es geboten, die Beziehungen der privaten Wirtschaftsteilnehmer untereinander vom Gesetzgeber regeln zu lassen und nicht vom EuGH[586]. Die Nachprüfung der grundfreiheitsausgestaltenden Gesetze obliegt anschließend ohnehin dem EuGH[587], so daß hierdurch auch die einheitliche Anwendung des Gemeinschaftsrechts gesichert werden kann[588].

Man kann die Situation mit dem Problem der nicht umgesetzten Richtlinien vergleichen[589]. Diese wirken zwar (wie die Grundfreiheiten) zugunsten der Marktbürger gegenüber dem Staat, aber sie wirken nicht zu Lasten der Marktbürger (gegenüber dem Staat oder gegenüber anderen Wirtschaftsteilnehmern)[590]. Pflichten für den einzelnen kann eine Richtlinie also nur dann begründen, wenn sie vom nationalen Gesetzgeber umgesetzt wird. Dieser wiederum ist zu einer Umsetzung gemeinschaftsrechtlich verpflichtet.

Schließlich sind noch zwei Argumente zu nennen, die zusätzlich gegen eine unmittelbare Drittwirkung sprechen: Zum einen sind die Grundfreiheiten auf eine unmittelbare Verpflichtung von Privaten nicht zugeschnitten, wie sich insbesondere aus den jeweiligen Rechtfertigungsvorschriften ergibt[591]. Zum anderen muß der systematische Zusammenhang mit den Wettbewerbsvorschriften der Art. 81 f. EG beachtet werden[592]. Diese Vorschriften sind auf die Beurteilung des Marktverhaltens von privaten Unternehmen zugeschnitten. Es ist nicht einzusehen, weshalb diese speziellen Vertragsbestimmungen inklusive ihrer Ausnahme- und Rechtsfertigungsvorschriften durch eine Anwendung der Grundfreiheiten

---

[585] Gerade umgekehrt wohl *Ganten*, Die Drittwirkung der Grundfreiheiten, 2000, S. 66.

[586] *Burgi*, EWS 1999, S. 330; *Streinz/Leible*, EuZW 2000, S. 466 f.

[587] Nachprüfung ist hier untechnisch zu verstehen; selbstverständlich legt der EuGH nur das Gemeinschaftsrecht aus und spricht sich nicht über die Gültigkeit oder Anwendbarkeit von nationalen Normen aus; über die Anwendbarkeit der nationalen Norm entscheidet dann das nationale Gericht anhand der Auslegung des EuGH.

[588] Womit auch das letzte Argument des EuGH entkräftet wäre (Gefahr der uneinheitlichen Geltung des Gemeinschaftsrechts, vgl. EuGH, Walrave, Slg. 1974, S. 1405 [1419 f.]).

[589] Diese Parallele ziehen auch *Kluth*, AöR 122 (1997), S. 557, Fußnote 3; *Streinz/Leible*, EuZW 2000, S. 466 f.; *Holoubek*, in: Schwarze (Hrsg.), EU-Kommentar, 2000, Art. 49 Rn. 40; ablehnend dazu *Ganten*, Die Drittwirkung der Grundfreiheiten, 2000, S. 90.

[590] Siehe dazu bereits oben Fußnote 336.

[591] So auch *Kingreen*, Die Struktur der Grundfreiheiten des Europäischen Gemeinschaftsrechts, 1999 S. 195; *Streinz/Leible*, EuZW 2000, S. 462 ff.; auch *Steindorff*, in: Festschrift für Peter Lerche zum 65. Geburtstag, 1993, S. 584, gibt dies zu.

[592] So auch *Epiney*, in: Calliess/Ruffert (Hrsg.), Kommentar zum EUV/EGV, 1999, Art. 28 Rn. 46; *Kluth*, in: Calliess/Ruffert (Hrsg.), Kommentar zum EUV/EGV, 1999, Art. 50 Rn. 48; *Matthies/v.Borries*, in: Grabitz/Hilf (Hrsg.), Kommentar zum EUV/EGV, Altband I, Art. 30 Rn. 43.

ausgehebelt werden sollten[593]. Bestätigt wird diese Auslegung noch durch Art. 86 II EG, der nur ausnahmsweise bestimmte private Unternehmen den Vorschriften des Vertrages (inkl. der Grundfreiheiten) unterstellen will, und auch dies nur deshalb, weil diese Unternehmen besonders staatsnah sind. Das argumentum e contrario spricht deshalb gegen eine unmittelbare Bindung (sonstiger) Privater an die Grundfreiheiten[594].

4. Ergebnis

Damit ist der unmittelbaren Drittwirkung der Grundfreiheiten eine Absage zu erteilen. Die Geltung der Grundfreiheiten im Verhältnis der privaten Wirtschaftsteilnehmer zueinander ist, soweit sie nicht über das Wettbewerbsrecht oder Sekundärrecht schon sichergestellt ist, von den Mitgliedstaaten zu gewährleisten. Mit Hilfe dieser mittelbaren Drittwirkung[595] lassen sich auch die Fälle der intermediären Gewalten lösen.

III. Vergleich der Lösungen

Private sind also unmittelbar weder an die Berufsfreiheit noch an die Grundfreiheiten gebunden. Dennoch haben sowohl die Berufsfreiheit als auch die Grundfreiheiten Ausstrahlungswirkungen auf die Rechtsbeziehungen von Privaten. Diese Ausstrahlungswirkungen entfalten sich über die Abwehrdimension, soweit es um positives Tun der Staatsgewalten geht. Zudem enthalten die Berufsfreiheit und Grundfreiheiten auch Schutzpflichten, die darauf abzielen, von Privaten ausgehende Gefährdungen abzuwehren. Allerdings muß die jeweils handelnde staatliche Gewalt immer die Grundrechte aller beteiligten Privatpersonen beachten und gegeneinander abwägen.

---

[593] *Roth*, in: Festschrift für Ulrich Everling, Band II, 1995, S. 1242 ff. (unter Verweis auch auf Art. 86 II EG); vgl. auch die Ausführungen des Generalanwalts *Lenz* zur wettbewerbsrechtlichen Problematik im Fall Bosman, Slg. I 1995, S. 4921 (5026 ff.); auch *Kluth*, AöR 122 (1997), S. 582, weist darauf hin, daß der Fall wettbewerbsrechtlich hätte gelöst werden können; ebenso kritisiert *Röthel*, EuZW 2000, S. 380, die mangelnde Auseinandersetzung mit den Art. 81 f. EG in den Fällen Deliège (Slg. I 2000, S. 2549 [2612 ff.]) und Lehtonen (Slg. I 2000, S. 2681 [2728 ff.]); a.A. zum Konkurrenzverhältnis zwischen den Grundfreiheiten und Art. 81 f. EG *Steindorff*, in: Festschrift für Peter Lerche zum 65. Geburtstag, 1993, S. 586 ff. sowie *Ganten*, Die Drittwirkung der Grundfreiheiten, 2000, S. 72 ff.

[594] *Streinz/Leible*, EuZW 2000, S. 464; a.A. *Ganten*, Die Drittwirkung der Grundfreiheiten, 2000, S. 81 ff.

[595] Skeptisch gegenüber der mittelbaren Drittwirkung *Becker*, in: Schwarze (Hrsg.), EU-Kommentar, 2000, Art. 28 Rn. 89, der auch insoweit (bei Art. 28 EG) die Wettbewerbsregeln als leges speziales ansieht.

Angesichts dieser gleichen Struktur ist es nicht verwunderlich, wenn im Verfassungsrecht und im Gemeinschaftsrecht die gleichen Fälle behandelt werden. Der Bosman-Fall (in dem es um die Arbeitnehmerfreizügigkeit vs. Transferregelungen im Profifußball ging) fand deshalb auch eine Parallele in einem Urteil des BAG zu Transferregelungen im (nationalen) Profi-Eishockey[596]. Das BAG löste den Fall über die mittelbare Drittwirkung mit § 138 I BGB[597]. Inhaltlich wies es ausdrücklich auf das Bosman-Urteil hin: *„Der diesem Teil des Urteils des EuGH zugrundeliegende Gedanke, wonach die Freizügigkeit eines Arbeitnehmers im Berufssport nicht davon abhängig gemacht werden darf, daß der aufnehmende Verein an den abgebenden Verein eine Entschädigung zu zahlen hat, stimmt mit der Grundwertung des Art. 12 I GG überein. Insoweit spiegeln sich die Rechtslagen nach nationalem Recht und nach EG-Recht gegenseitig wider.“*[598]

596 BAG NZA 1997, S. 647 ff.

597 BAG NZA 1997, S. 650 ff.

598 BAG NZA 1997, S. 652. *Tettinger*, GewA 1999, S. 266 f., sieht im BAG-Urteil eine grundrechtliche Transformation des Bosman-Urteils.

DRITTER TEIL: DER RECHTSCHARAKTER ZWISCHEN FREIHEIT UND GLEICHHEIT

Einer der auf den ersten Blick gravierendsten Unterschiede zwischen der Berufsfreiheit und den Grundfreiheiten scheint darin zu bestehen, daß die Berufsfreiheit (nur) ein Freiheitsrecht ist, während die Grundfreiheiten primär (nur) Diskriminierungsverbote sind. In diesem Kapitel wird untersucht, inwieweit die jeweiligen Rechte dennoch sowohl gleichheits- als auch freiheitsrelevante Aspekte abdecken.

A. Die Grundfreiheiten als Diskriminierungs- und Beschränkungsverbote

In der Terminologie des Gemeinschaftsrechts spricht man nicht von Gleichheits- und Freiheitsrechten, sondern von Diskriminierungs- und Beschränkungsverboten. Hieran zeigt sich noch einmal, daß die Grundfreiheiten ursprünglich als objektive Rechte konzipiert sind[599]; anstelle der Berechtigung des Einzelnen wird die Verpflichtung der Mitgliedstaaten in den Vordergrund gerückt.

Angesichts der Schwierigkeiten, die sich bei der Unterscheidung zwischen den beiden Dimensionen der Grundfreiheiten ergeben, wird hier nach der Art von Regelung unterschieden, die jeweils an den Grundfreiheiten gemessen wird. Zunächst werden die offenen und versteckten, d.h. rechtlichen, Diskriminierungen unter die Lupe genommen, und anschließend die rechtlich unterschiedslosen Regelungen. Erst danach wird die Frage beantwortet, ob und inwieweit die Grundfreiheiten Beschränkungsverbote bzw. Freiheitsrechte sind.

I. Rechtliche Diskriminierungen

Eine rechtliche Diskriminierung liegt vor, wenn eine Regelung zwischen zwei Gruppen unterscheidet und sie verschieden behandelt. Dabei ist zwischen der offenen und der versteckten[600] Diskriminierung zu unterscheiden.

---

[599] Vgl. dazu oben erster Teil, A. IV. 1. b) (6), S. 28 ff.

[600] Die Terminologie ist hier weder in der Rechtsprechung noch in der Literatur einheitlich, was zu einer gewissen Verwirrung beitragen kann. Die offene Diskriminierung wird auch offensichtliche, unmittelbare, direkte oder formale Diskriminierung genannt; die versteckte Diskriminierung firmiert auch als verschleierte, verdeckte, mittelbare, indirekte oder materielle Diskriminierung. Außerdem werden gelegentlich auch, anders als in dieser Arbeit, offene und rechtliche Diskriminierungen sowie versteckte und faktische Diskriminierungen jeweils gleichgesetzt.

1. Offene Diskriminierungen

Eine offene Diskriminierung liegt vor, wenn eine Regelung anhand eines ganz bestimmten Merkmals zwischen zwei Gruppen unterscheidet. Dabei wäre es zu kurz gegriffen, nur auf das Merkmal der Staatsangehörigkeit abzustellen. Die Grundfreiheiten können nicht pauschal als Verbote der Diskriminierung nach der Staatsangehörigkeit bezeichnet werden, die insoweit (nur) Art. 12 EG konkretisieren[601]. Denn insbesondere die Warenverkehrsfreiheit zeigt, daß auch andere Anknüpfungspunkte für offene Diskriminierungen denkbar sind[602].

Im folgenden ist zu untersuchen, ob sich für alle Grundfreiheiten abstrakt definieren läßt, welches Anknüpfungsmerkmal eine Diskriminierung zu einer offenen Diskriminierung macht. Eine systematische Erfassung der verschiedenen Fälle offener Diskriminierung muß dabei an der Unterscheidung zwischen Personen- und Produktverkehrsfreiheiten ansetzen.

a) Produktverkehrsfreiheiten

(1) Warenverkehr

(a) Einfuhrbeschränkungen

Art. 28 EG unterscheidet sich von den übrigen Grundfreiheiten insoweit, als seinem Wortlaut ein Diskriminierungsverbot nicht ohne weiteres entnommen werden kann[603]. Dennoch kommt es zumindest auf der Rechtfertigungsebene auf das Vorliegen einer Diskriminierung an[604].

Fraglich ist somit, wo der Anknüpfungspunkt für eine offene Diskriminierung liegt. Für die Warenverkehrsfreiheit als Produktverkehrsfreiheit kann die Staats-

---

[601] In diese Richtung jedoch *Eberhartinger*, EWS 1997, S. 43; *Blumenwitz*, NJW 1989, S. 622.

[602] Vgl. *Epiney*, in: Calliess/Ruffert (Hrsg.), Kommentar zum EUV/EGV, 1999, Art. 12 Rn. 16. Für *Müller-Graff*, in: von der Groeben/Thiesing/Ehlermann (Hrsg.), Kommentar zum EUV/EGV, 5. Aufl. 1997, Art. 30 Rn. 326 kann sich eine Konkurrenz zwischen Art. 12 und Art. 28 EG *„nur in dem (eher seltenen) Fall ergeben, daß eine Behinderung des zwischenstaatlichen Warenverkehrs [...] auf einer gerade nach der Staatsangehörigkeit unterscheidenden Regelung beruht."* In diesem Fall wird allerdings meist statt Art. 12 EG die Niederlassungsfreiheit neben der Warenverkehrsfreiheit einschlägig sein, vgl. oben erster Teil A. I. 2. c), S. 5 ff.

[603] *Streinz*, Europarecht, 5. Aufl. 2001, Rn. 667; vgl. auch *Jarass*, EuR 1995, S. 212 und *Jarass*, EuR 2000, S. 709.

[604] Dazu unten fünfter Teil, A. I., S. 183 bzw. fünfter Teil, A. I. 1. c), S. 187: Offene Diskriminierungen lassen sich nur über die geschriebenen Rechtfertigungsgründe und Bereichsausnahmen legitimieren.

angehörigkeit der handelnden Personen höchstens mittelbar relevant werden[605]. Entscheidendes Kriterium für die Anwendbarkeit der Warenverkehrsfreiheit ist gemäß Art. 23 II EG die Herkunft der Ware. Die Herkunft ist das Kriterium, welches der Staatsangehörigkeit bei Personen entspricht[606]. Wenn eine aus einem anderen Mitgliedstaat stammende Ware schlechter behandelt wird als eine inländische Ware, dann behindert dies den Import von Waren, so daß eine „Maßnahme gleicher Wirkung wie eine mengenmäßige Einfuhrbeschränkung" vorliegt[607].

(b) Ausfuhrbeschränkungen

Der freie Warenverkehr wird allerdings nicht nur durch Art. 28 EG geschützt. So verbietet Art. 29 EG mengenmäßige Ausfuhrbeschränkungen und Maßnahmen gleicher Wirkung. Eine deutsche Ware darf also in Deutschland nicht deshalb schlechter behandelt werden, weil sie ausgeführt werden soll[608]. Hier ist nicht die Herkunft der Ware relevant, sondern ihre Destination. Art. 28 und 29 EG erfassen den Grenzübertritt der Ware also aus unterschiedlichen Perspektiven.

(c) Schlußfolgerung

Das entscheidende Kriterium für die Anwendbarkeit des Gemeinschaftsrechts bei Art. 28 und 29 ist jeweils der Grenzübertritt der Ware. Bei Art. 28 EG wird der Grenzübertritt dadurch verursacht, daß das Produkt aus einem anderen Mitgliedstaat kommt, und bei Art. 29 EG dadurch, daß es in einen anderen Mitgliedstaat gebracht wird. Somit sind Herkunft bzw. Destination entscheidend für die Anwendbarkeit der Warenverkehrsfreiheit. Gleichzeitig sind diese Kriterien auch die Anknüpfungspunkte für offene Diskriminierungen[609]. Somit läßt sich die Hypothese aufstellen, daß die Kriterien, welche einen innerstaatlichen Sachverhalt zu einem gemeinschaftsrechtlichen Sachverhalt machen, gleichzeitig

---

605 Vgl. *Müller-Graff*, in: von der Groeben/Thiesing/Ehlermann (Hrsg.), Kommentar zum EUV/EGV, 5. Aufl. 1997, Art. 30 Rn. 326.

606 Vgl. *Classen*, EWS 1995, S. 97; *Schneider*, Die öffentliche Ordnung als Schranke der Grundfreiheiten im EG-Vertrag, S. 164.

607 *Classen*, EWS 1995, S. 97; *Epiney*, in: Calliess/Ruffert (Hrsg.), Kommentar zum EUV/EGV, 1999, Art. 28 Rn. 14; vgl. auch Erwägungsgründe 4 ff. der Richtlinie 70/50/EWG, ABl. 1970, L 13/29; in Art. 2 III der Richtlinie (L13/30 f.) finden sich zahlreiche Beispiele für derartige Diskriminierungen; aus der Rechtsprechung vgl. z.B. EuGH, Schutzverband/Weinvertriebs-GmbH, Slg. 1983, S. 1217 (1226).

608 Vgl. *Epiney*, in: Calliess/Ruffert (Hrsg.), Kommentar zum EUV/EGV, 1999, Art. 29 Rn. 12; EuGH, Groenveld BV, Slg. 1979, S. 4309 (4315); explizit auch Generalanwalt *Jacobs*, Schlußanträge zu EUGH, Alpine Investments, S. 1141 (1156).

609 Vgl. *Jarass*, EuR 1995, S. 212.

auch die Kriterien sind, welche für offene Diskriminierungen maßgeblich sind. Die Stimmigkeit dieser Hypothese gilt es nun bei den übrigen Grundfreiheiten zu überprüfen.

(2) Dienstleistungsverkehr

Die Dienstleistungsfreiheit ist durch die grenzüberschreitende Tätigkeit ohne Wohnsitzverlagerung gekennzeichnet[610]. Das Merkmal „ohne Wohnsitzverlagerung" dient dabei nur der Abgrenzung zur Niederlassungsfreiheit. Das grenzüberschreitende Element[611] ist hingegen sozusagen das „élément d'extranéité"[612], welches den Anwendungsbereich des Gemeinschaftsrechts eröffnet[613]. Eine grenzüberschreitende Dienstleistung liegt dann vor, wenn zumindest eine der beiden an der Dienstleistung beteiligten Parteien nicht in dem Mitgliedstaat ansässig ist, in dem die Dienstleistung erbracht wird[614]. Nach der oben aufgestellten Hypothese enthält eine Regelung folglich dann eine offene Diskriminierung, wenn sie mit der Ansässigkeit von Dienstleistungserbringer bzw. –empfänger oder dem Erbringungsort der Dienstleistung im Ausland eine Schlechterstellung verbindet[615]. Daraus folgt die überraschende Erkenntnis, daß die Staatsangehörigkeit im Rahmen der offenen Diskriminierung bei der Dienstleistungsfreiheit (wie bei der Warenverkehrsfreiheit) keine Rolle spielt[616].

---

[610] *Streinz*, Europarecht, 5. Aufl. 2001, Rn. 755.

[611] Der EuGH spricht auch von einem „zwischenstaatlichen Element", vgl. Schlußanträge des Generalanwalt *Fennelly*, EuGH, Reisebüro Broede, Slg. I 1996, S. 6511 (6516 f.).

[612] Dies ist ein Begriff aus dem französischen internationalen Privatrecht; in seiner Bedeutung entspricht er im deutschen IPR in etwa dem Erfordernis der Auslandsberührung, vgl. Art. 3 I S. 1 EGBGB; mitunter wird auch zur Begründung der Anwendbarkeit des Gemeinschaftsrechts von „Berührungspunkten mit dem Gemeinschaftsrecht" gesprochen, vgl. z. B. die Schlußanträge des Generalanwalts *Ruiz-Jarabo*, EuGH, Terhoeve, Slg. I 1999, S. 345 (357) (unter Hinweis auf Ausführungen der Kommission).

[613] Vgl. bereits oben erster Teil, A. II. 1. c) (1), S. 8; EuGH, Bond van Adverteerders, Slg. 1988, S. 2124 (2130 f.); Schlußanträge des Generalanwalts *Fennelly*, EuGH, Reisebüro Broede, Slg. I 1996, S. 6511 (6516 f.).

[614] Etwas ungenau Generalanwalt *Jacobs*, Schlußanträge zu EuGH, Alpine Investments, Slg. I 1995, S. 1141 (1150): *„Ein grenzüberschreitendes Element liegt vor, wenn der Empfänger und der Erbringer der Dienstleistungen in verschiedenen Mitgliedstaaten ansässig sind"*. Möglich ist aber auch, daß Empfänger und Erbringer im gleichen Mitgliedstaat ansässig sind, aber die Dienstleistung in einem anderen Mitgliedstaat erbracht werden soll, vgl. z.B. EuGH, Hubbard, Slg. I 1992, S. 3777 (3794).

[615] Vgl. auch *Kingreen*, Die Struktur der Grundfreiheiten des Europäischen Gemeinschaftsrechts, 1999 S. 38: *„Offene Diskriminierungen sind ausdrückliche tatbestandsmäßige Ungleichbehandlungen zum Nachteil des grenzüberschreitenden Produktverkehrs."*

[616] Vgl. Generalanwalt *Jacobs*, Schlußanträge vom 15.2.2001 zu EuGH, Kommission/Italien, Rs. C-283/99, Rz. 20; anders jedoch die ganz h.M., vgl. *Troberg*, in: von der Gro-

(a) Diskriminierung nach der Staatsangehörigkeit als offene Diskriminierung?

Fraglich ist jedoch, ob nicht der Wortlaut der Art. 49/50 EG gegen eine derartige Auslegung spricht. Bereits Art. 49 I EG erwähnt die Staatsangehörigkeit explizit. Allerdings wird dadurch nur die Grundfreiheitsberechtigung festgelegt[617]. Auch aus Art. 50 III EG läßt sich das Diskriminierungsverbot nach der Staatsangehörigkeit nicht einwandfrei herleiten. Diese Vorschrift ist mißglückt. Zum einen erfaßt sie nur einen Fall der Dienstleistungsfreiheit, nämlich die sog. positive Dienstleistungsfreiheit. Zum anderen zeigt ein Beispiel, daß Art. 49 I EG und Art. 50 III EG nicht zusammenpassen: Wenn ein in Belgien ansässiger Deutscher eine Dienstleistung für einen in Deutschland ansässigen Deutschen erbringen will, dann ist gemäß Art. 49 I EG die Dienstleistungsfreiheit anwendbar, weil Erbringer und Empfänger der Dienstleistung Staatsangehörige der Mitgliedstaaten sind, die in verschiedenen Mitgliedstaaten ansässig sind. Gemäß Art. 50 III EG müßten nun für den deutschen Leistungserbringer die gleichen Voraussetzungen gelten wie für Deutsche. Diese Auslegung ist daher nicht sinnvoll. Sinn ergibt Art. 50 III EG nur dann, wenn man ihn so auslegt, daß mit „Angehörige" im letzten Halbsatz die in dem Staat Ansässigen gemeint sind. Damit ist also primär die Diskriminierung nach der Ansässigkeit verboten und nicht die Diskriminierung nach der Staatsangehörigkeit[618].

Dies ist nur konsequent, weil es für die Dienstleistungsfreiheit als Produktverkehrsfreiheit nur darauf ankommt, daß das Produkt, d.h. die Dienstleistung, in grenzüberschreitender Weise erbracht wird. Die Grenzüberschreitung ergibt sich aber bei der Dienstleistungsfreiheit eben daraus, daß ein in einem Mitgliedstaat Ansässiger sich vorübergehend in einen anderen Mitgliedstaat begibt, um dort eine Dienstleistung zu erbringen oder zu empfangen.

---

eben/Thiesing/Ehlermann (Hrsg.), Kommentar zum EUV/EGV, 5. Aufl. 1997, Art. 59 Rn. 9; *Kluth*, in: Calliess/Ruffert (Hrsg.), Kommentar zum EUV/EGV, 1999, Art. 50 Rn. 36; *Gundel*, Jura 2001, S. 84 f.; EuGH, Reisebüro Broede, Slg. I 1996, S. 6511 (6537) (st. Rspr.).

[617] Siehe erster Teil, A. III. 1. c) und 2. b), S. 17 f.

[618] Genau umgekehrt legt *Troberg*, in: von der Groeben/Thiesing/Ehlermann (Hrsg.), Kommentar zum EUV/EGV, 5. Aufl. 1997, Art. 59 Rn. 10 Art. 49/50 EG aus; seiner Meinung nach ist der Wortlaut des Art. 49 EG so zu interpretieren, daß eine gemeinschaftsrechtliche Dienstleistung nur dann vorliegt, wenn die Dienstleistungserbringer nicht nur nicht in dem Mitgliedstaat ansässig sind, in dem sie die Dienstleistung erbringen, sondern auch nicht dessen Staatsangehörigkeit besitzen. Damit wäre der oben genannte Fall gar kein Fall der Dienstleistungsfreiheit. Es ist jedoch nicht einzusehen, weshalb jemand, der von seiner Freizügigkeit durch Umzug ins Ausland Gebrauch gemacht hat, nicht gegenüber seinem eigenen Mitgliedstaat die Dienstleistungsfreiheit in Anspruch nehmen dürfen sollte. Insbesondere ist nicht einzusehen, weshalb es erlaubt sein sollte, ihn wegen des Umzugs, d.h. wegen seiner Ansässigkeit im Ausland, schlechter zu behandeln als einen im Inland ansässigen Inländer.

(b) Relevanz von Diskriminierungen nach der Staatsangehörigkeit

Das heißt natürlich nicht, daß Diskriminierungen nach der Staatsangehörigkeit bei Dienstleistungen irrelevant sind. Wird an die Staatsangehörigkeit eines Dienstleisters angeknüpft, so ist dies bei dauerhafter Ansässigkeit im Inland ein Fall der Niederlassungsfreiheit; andernfalls ist es eine *versteckte* Diskriminierung im Rahmen der Dienstleistungsfreiheit, weil die Anknüpfung an die Staatsangehörigkeit typischerweise zum gleichen Ergebnis wie eine direkte Anknüpfung an die Ansässigkeit führt[619].

Wenn an die Staatsangehörigkeit des Dienstleistungsempfängers angeknüpft wird, ist dies, solange er nicht im Inland ansässig ist, ebenso eine versteckte Diskriminierung nach der Ansässigkeit im Rahmen der Dienstleistungsfreiheit. Ist der Dienstleistungsempfänger im Inland ansässig, dann besteht eine gewisse Lücke der Grundfreiheiten, da dieser Fall (im Inland ansässiger Ausländer will Dienstleistung eines Inländers in Anspruch nehmen und wird dabei wegen seiner Staatsangehörigkeit diskriminiert) weder unter die Niederlassungs-, noch unter die Dienstleistungsfreiheit fällt[620]. Ein derartiger Fall läßt sich allerdings über das allgemeine Diskriminierungsverbot in Art. 12 EG lösen.

(c) Dienstleistungserbringung im Ausland

Der Aspekt der Dienstleistungserbringung im Ausland wird leicht vergessen[621]. Er stellt die Parallele zu Art. 29 EG dar[622]: Wie dort beziehen sich Diskriminierungen nicht notwendigerweise immer auf die „Herkunft", sondern können sich auch auf den Bestimmungsort beziehen. Ein Staat darf also nicht verbieten, im Ausland Dienstleistungen zu erbringen oder zu empfangen[623]; er darf diejenigen, die das tun, auch nicht gegenüber denjenigen Personen benachteiligen, die die Dienstleistungen im Inland erbringen oder empfangen. Hier zeigt sich deutlich,

---

[619] Vgl. Generalanwalt *Jacobs*, Schlußanträge vom 15.2.2001 zu EuGH, Kommission/Italien, Rs. C-283/99, Rz. 20; zur versteckten Diskriminierung im übrigen gleich unten. Der genannte Fall fällt darüber hinaus noch als offene Diskriminierung nach der Staatsangehörigkeit unter Art. 12 EG.

[620] Vgl. EuGH, Sodemare, Slg. I 1997, S. 3395 (3435 f.).

[621] *Kluth*, in: Calliess/Ruffert (Hrsg.), Kommentar zum EUV/EGV, 1999, Art. 50 Rn. 36 stellt lediglich auf die Inländergleichbehandlung von Dienstleistungserbringern und –empfängern ab; ähnlich wohl *Randelzhofer*, in: Grabitz/Hilf (Hrsg.), Kommentar zum EUV/EGV, Altband II, Art. 59 Rn. 12. *Troberg*, in: von der Groeben/Thiesing/Ehlermann (Hrsg.), Kommentar zum EUV/EGV, 5. Aufl. 1997, Art. 59 Rn. 7 f. 47 ff., spricht nur bei den Dienstleistungserbringern überhaupt von offenen Diskriminierungen (und bei den Empfängern nur von Beschränkungen).

[622] Mit dieser Parallele beschäftigt sich Generalanwalt *Jacobs* in seinen Schlußanträgen zu EuGH, Alpine Investments, Slg. I 1995, S. 1141 (1156 f.).

[623] EuGH, Alpine Investments, Slg. I 1995, S. 1141 (1176).

daß die Grundfreiheiten in bestimmten Konstellationen auch Inländer gegenüber ihrem Heimatstaat begünstigen[624].

b) Personenverkehrsfreiheiten

Eine offene Diskriminierung liegt bei der Arbeitnehmerfreizügigkeit und Niederlassungsfreiheit jedenfalls dann vor, wenn Arbeitnehmer oder Selbständige bei ihrer beruflichen Tätigkeit wegen ihrer fremden Staatsangehörigkeit benachteiligt werden[625] (vgl. insbesondere Art. 39 II EG).

Fraglich ist jedoch, ob (wie bei den Produktverkehrsfreiheiten) eine Diskriminierung auch dann zu bejahen ist, wenn ein Inländer wegen seiner Tätigkeit im Ausland schlechter gestellt wird. Klar ist immerhin, daß sich aus den Personenverkehrsfreiheiten nicht nur ein Recht zur Einreise, sondern auch ein Recht zur Ausreise ergibt[626]. Für die Arbeitnehmerfreizügigkeit erschließt sich das bereits aus dem Wortlaut des Art. 39 III lit. b) EG: Dieser gibt das Recht, sich frei zu bewegen, also ein Recht auf Ein- und Ausreise[627]. Für die Niederlassungsfreiheit hat der EuGH festgestellt, daß diese „sinnentleert" wäre, wenn sie durch ein Verbot der Ausreise zunichte gemacht werden könnte[628]. Auch die Richtlinie 73/148/EWG[629] erkennt deshalb in Art. 2 I ausdrücklich ein Recht zur Ausreise an.

Ein Verbot der Benachteiligung wegen einer Tätigkeit im Ausland geht aber über die bloße Ausreisemöglichkeit hinaus. Für die Arbeitnehmer ist dieses Diskriminierungsverbot zumindest teilweise sekundärrechtlich normiert, und zwar in Art. 18 – 79 der auf Art. 42 lit. a) EG (bzw. Art. 51 lit. a) EWGV) gestützten Verordnung 1408/71/EWG[630]. Deren Ziel ist es, „den Arbeitnehmern, die innerhalb der Gemeinschaft zu- und abwandern, die Beibehaltung der erworbenen Rechte und Vorteile [zu] ermöglichen"[631]. Dahinter steckt der Gedanke, daß ein Inländer nicht deshalb benachteiligt werden darf, weil er von seinen Grundfreiheiten Gebrauch gemacht hat. Das ist auch bei der Niederlassungsfreiheit aner-

---

[624] Siehe bereits oben erster Teil, A. IV. 1. b) (3), S. 23.

[625] Vgl. z.B. *Classen*, EWS 1995, S. 97.

[626] Mißverständlich z.B. *Brechmann*, in: Calliess/Ruffert (Hrsg.), Kommentar zum EUV/EGV, 1999, Art. 39 Rn. 72 in der Überschrift.

[627] Dies erkennt auch *Brechmann*, in: Calliess/Ruffert (Hrsg.), Kommentar zum EUV/EGV, 1999, Art. 39 Rn. 76 unter Verweis auf die Richtlinie 68/369/EWG (allerdings wiederum unter der Überschrift „Einreisebedingungen"); richtig insoweit *Wölker*, in: von der Groeben/Thiesing/Ehlermann (Hrsg.), Kommentar zum EUV/EGV, 5. Aufl. 1997, Art. 48 Rn. 17.

[628] EuGH, Daily Mail, Slg. 1988, S. 5483 (5510).

[629] ABl. 1973, L 172/14.

[630] ABl. 1971, L 149/2.

[631] Siebter Erwägungsgrund der Verordnung 1408/71/EWG, ABl. 1971, L 149/2.

kannt[632]. Der Gleichheitsgehalt der Personenverkehrsfreiheiten erschöpft sich also nicht im Verbot der Diskriminierung nach der Staatsangehörigkeit[633].

Der EuGH sieht in derartigen Fällen das Verbot der mittelbaren Diskriminierung als einschlägig an. In der Rechtssache Scholz ging es beispielsweise darum, daß für eine italienische Staatsangehörige in Italien nicht Berufszeiten angerechnet wurden, welche sie in Deutschland absolviert hatte[634]. Der EuGH sah hierin eine mittelbare Diskriminierung, ohne sich länger mit dogmatischen Überlegungen aufzuhalten[635]. Aufschlußreicher sind die Schlußanträge des Generalanwalts *Jacobs*. Dieser sah in der Nichtanrechnung von Berufszeiten im Ausland deshalb eine mittelbare Diskriminierung, weil davon typischerweise Ausländer betroffen seien[636]. Das ist zwar eine vertretbare Überlegung; allerdings war nun einmal in concreto eine Inländerin betroffen. Diese fiel aber deshalb in den Anwendungsbereich des Art. 39 EG, weil sie von ihrer Freizügigkeit durch Arbeit in einem anderen Mitgliedstaat Gebrauch gemacht hatte[637]. Weil ihr nun genau dies zum Nachteil gereichen sollte, war von einer offenen Diskriminierung auszugehen.

Somit ist auch bei den Personenverkehrsfreiheiten eine offene Diskriminierung anzunehmen, wenn eine Tätigkeit im Ausland mit einer Benachteiligung verbunden wird[638].

---

632 *Bröhmer*, in: Calliess/Ruffert (Hrsg.), Kommentar zum EUV/EGV, 1999, Art. 43 Rn. 18; EuGH, Knoors, Slg. 1979, S. 399 (410); EuGH, Bouchoucha, Slg. I 1990, S. 3551 (3567); vgl. auch EuGH, Kraus, Slg. I 1993, S. 1663 (1695). *Troberg*, in: von der Groeben/Thiesing/Ehlermann (Hrsg.), Kommentar zum EUV/EGV, 5. Aufl. 1997, Art. 52 Rn. 67 spricht hier von einer analogen Anwendung des Art. 43 EG.

633 Vgl. auch *Willms*, in: von der Groeben/Thiesing/Ehlermann (Hrsg.), Kommentar zum EUV/EGV, 5. Aufl. 1997, Art. 51 Rn. 76, der kritisiert, daß sich EuGH und Schrifttum zu sehr am Verbot der Diskriminierung aus Gründen der Staatsangehörigkeit orientieren.

634 EuGH, Scholz, Slg. I 1994, S. 505 ff.

635 EuGH, Scholz, Slg. I 1994, S. 505 (521).

636 Schlußanträge, EuGH, Scholz, Slg. I 1994, S. 505 (512).

637 Schlußanträge, EuGH, Scholz, Slg. I 1994, S. 505 (513).

638 Vgl. EuGH, Stanton, Slg. 1988, S. 3877 (3894): *„Die Gesamtheit der Vertragsbestimmungen über die Freizügigkeit [...] steht einer nationalen Regelung entgegen, die sie [d.h. die Gemeinschaftsbürger] dann benachteiligen könnte, wenn sie ihre Tätigkeit über das Hoheitsgebiet eines einzigen Mitgliedstaates hinaus ausdehnen wollen."* Der EuGH hatte hier ausdrücklich verneint, daß es sich dabei um eine mittelbare Diskriminierung aufgrund der Staatsangehörigkeit handele. Ebenso jüngst EuGH, Terhoeve, Slg. I 1999, S. 345 (386 ff.); Generalanwalt *Fennelly*, Schlußanträge zu EuGH, Graf, Slg. I 2000, S. 493 (S. 503 f.), spricht von Diskriminierungen “aus Gründen der Migration”. Die oben genannten Urteile Terhoeve und Stanton hatten seiner Meinung nach „unmittelbare“ Diskriminierungen dieser Art zum Gegenstand.

c) Zusammenfassung

Bei allen Grundfreiheiten ist das entscheidende Kriterium für die Anwendbarkeit des Gemeinschaftsrechts der Grenzübertritt[639]. Die in den Grundfreiheiten enthaltenen Diskriminierungsverbote lassen sich auf die Formel verkürzen, daß grenzüberschreitende bzw. transnationale Sachverhalte nicht gegenüber rein inländischen Sachverhalten benachteiligt werden dürfen[640]. Eine offene Diskriminierung liegt daher immer dann vor, wenn der Punkt, der die Anwendbarkeit des Gemeinschaftsrechts zur Folge hat, zum Anknüpfungspunkt für eine Benachteiligung gemacht wird[641]. Verbotene[642] Anknüpfungspunkte sind deshalb nicht nur die Staatsangehörigkeit von Personen und die Herkunft von Waren, sondern auch die Tatsache, daß eine Tätigkeit[643] im Ausland erbracht wurde, wird oder werden soll[644].

2. Versteckte Diskriminierungen

a) Definition

Ursprünglich definierte der EuGH versteckte Diskriminierungen (nach der Staatsangehörigkeit[645]) als Ungleichbehandlungen, die nicht offen an die Staatsangehörigkeit anknüpfen, aber durch die Anwendung anderer Kriterien zu ver-

---

639 Vgl. *Becker*, NJW 1996, S. 179; für die Aufgabe dieses Kriteriums allerdings *Epiney*, Umgekehrte Diskriminierungen, 1995, S. 205 ff.; zutreffende Kritik an *Epineys* Ansatz übt *Hammerl*, Inländerdiskriminierung, 1996, S. 153 ff.

640 Vgl. *Jarass*, EuR 1995, S. 216 ; *Müller-Graff*, in: von der Groeben/Thiesing/Ehlermann (Hrsg.), Kommentar zum EUV/EGV, 5. Aufl. 1997, Art. 34 Rn. 22. Das Problem der umgekehrten Diskriminierung (Benachteiligung der innerstaatlichen Sachverhalte gegenüber den gemeinschaftsrechtlichen) soll hier nicht behandelt werden, weil es im Hinblick auf den Vergleich mit der Berufsfreiheit von untergeordneter Bedeutung ist. Vgl. zur umgekehrten Diskriminierung sehr ausführlich *Epiney*, Umgekehrte Diskriminierungen, 1995.

641 Vgl. *Kingreen*, Die Struktur der Grundfreiheiten des Europäischen Gemeinschaftsrechts, 1999 S. 38; interessant in diesem Zusammenhang auch *Classen*, EWS 1995, S. 105: Es *„wird deutlich, daß Grenzüberschreitung nicht nur die Voraussetzungen, sondern auch den Inhalt der Grundfreiheiten maßgeblich determiniert“*.

642 Allerdings besteht kein absolutes Verbot, da auch offene Diskriminierungen gerechtfertigt werden können, vgl. dazu unten fünfter Teil, A. I., S. 183 ff.

643 Dies schließt auch den Export von Waren ein.

644 Bezüglich der beabsichtigten Tätigkeit im Ausland reicht allerdings nicht die rein hypothetische Möglichkeit, um die Anwendbarkeit der Grundfreiheiten zu begründen, vgl. EuGH, Moser, Slg. 1984, S. 2539 (2547).

645 Um allzu umständliche Formulierungen zu vermeiden, wird in diesem Abschnitt nur auf die versteckte Diskriminierung aufgrund der Staatsangehörigkeit eingegangen; die Ausführungen lassen sich ohne weiteres auf die übrigen oben genannten verbotenen Diskriminierungen übertragen. Vgl. unten Fußnote 659.

gleichbaren Ergebnissen führen wie offene Diskriminierungen[646]. Bei einer derartigen versteckten Diskriminierung befinden sich also aufgrund eines Unterscheidungskriteriums, welches der Staatsangehörigkeit vergleichbar ist, in der benachteiligten Gruppe vorwiegend oder im wesentlichen Ausländer[647].

Später hat der EuGH seine Rechtsprechung präzisiert. Danach ist es nicht mehr notwendig, daß sich in der schlechter gestellten Gruppe vorwiegend oder auch nur überwiegend Ausländer befinden[648]. Es reicht aus, daß sich in dieser Gruppe, prozentual gesehen, mehr Ausländer befinden als in der Vergleichsgruppe. Entscheidend für die versteckte Diskriminierung ist nämlich, daß die Wahrscheinlichkeit, zur benachteiligten Gruppe zu gehören, für einen Ausländer höher ist als für einen Inländer[649].

b) Rechenbeispiele

Den Unterschied zwischen diesen beiden Ansätzen (zum besseren Verständnis werden sie von nun an versteckte Diskriminierung der ersten bzw. zweiten Kategorie genannt) kann man mit einem mathematischen Beispiel verdeutlichen:

Gruppe A wird besser behandelt als Gruppe B. In Gruppe A befinden sich jeweils 1000 Personen und in Gruppe B jeweils 100 Personen. Von diesen 1100 Personen sind 1000 Inländer und 100 Ausländer.

Bei einer offenen Diskriminierung wird es so sein, daß Gruppe A zu 100 % aus Inländern und Gruppe B zu 100 % aus Ausländern besteht.

Bei einer versteckten Diskriminierung der ersten Kategorie sind beispielsweise von den 100 Ausländern 20 in Gruppe A und die restlichen 80 in Gruppe B. Von den 1000 Personen in Gruppe A sind dann also 2 % Ausländer und von den 100 Personen in Gruppe B 80 %. Der benachteiligten Gruppe gehören also vorwiegend Ausländer an.

Anders liegt der Fall, wenn 60 Ausländer in Gruppe A und nur 40 in Gruppe B sind. Dann sind von den 100 Personen in Gruppe B nur 40 % Ausländer, d.h. sie

---

646 Vgl. EuGH Sotgiu, Slg. 1974, S. 153 (164 f.).

647 *Brechmann*, in: Calliess/Ruffert (Hrsg.), Kommentar zum EUV/EGV, 1999, Art. 39 Rn. 46.

648 Vgl. *Brechmann*, in: Calliess/Ruffert (Hrsg.), Kommentar zum EUV/EGV, 1999, Art. 39 Rn. 46; *Jarass*, EuR 1995, S. 213, will demgegenüber den Begriff der versteckten Diskriminierung nicht auf Fälle anwenden, in dem „eine Regelung in erheblichen Umfang auch im Inland verbleibende Waren bzw. Inländer sowie im Inland ansässige Personen erfaßt."

649 Schlußanträge des Generalanwalts *Lenz*, EuGH, O'Flynn, Slg. I 1996, S. 2617 (2625); vgl. auch *Schneider/Wunderlich, in:* Schwarze (Hrsg.), EU-Kommentar, 2000, Art. 39 Rn. 36: „Bedingungen, die [...] die Gefahr begründen, sich besonders zum Nachteil von EU-Ausländern auszuwirken".

besteht nicht vorwiegend aus Ausländern. Entscheidend ist jedoch, daß die Ausländer in der Vergleichsgruppe A nur 6 % ausmachen. Der Anteil der Ausländer ist also in der benachteiligten Gruppe höher als in der Vergleichsgruppe. Damit liegt auch die Wahrscheinlichkeit für einen Ausländern, zur benachteiligten Gruppe zu gehören (in diesem Fall 40 %) höher als für einen Inländer (in diesem Fall 6 %). Dies ist eine versteckte Diskriminierung der zweiten Kategorie.

c) Beispiele aus der Rechtsprechung

Beispiele für versteckte Diskriminierungen finden sich gerade in der Rechtsprechung zu Art. 39 EG häufig. Kriterien für eine Anknüpfung waren beispielsweise der Wohnsitz im Inland[650], eine bestimmte Wohnzeit im Inland[651], der Wohnsitz der Angehörigen im Inland[652], die Ansässigkeit im Inland[653], die Zahlung von Versicherungsbeiträgen im Inland[654], die Zugehörigkeit zum inländischen Bildungssystem[655] oder die Staatsangehörigkeit der Kinder von Arbeitnehmern[656].

Ein gutes Beispiel für die versteckte Diskriminierung der zweiten Kategorie findet sich in dem Urteil O'Flynn[657]. In diesem Fall wurden in Großbritannien Beihilfen für die Beerdigung von Angehörigen von Arbeitnehmern nur dann gezahlt, wenn die Beerdigung im Inland stattfand. Es kam nun nicht darauf an, ob sich unter den Personen, die ihre Angehörigen im Ausland beerdigen lassen wollen, mehr Ausländer oder Inländer befanden. Es genügte, daß Ausländer wahrscheinlicher betroffen waren als Inländer[658].

Zusammenfassend kann man damit sagen, daß eine Regelung dann versteckt diskriminiert, wenn sie ein Unterscheidungskriterium benutzt, mit dem Ausländer wahrscheinlicher getroffen werden als Inländer[659]. Meist wird es sich dabei um gebietsbezogene Kriterien handeln. Die versteckte Diskriminierung ist und

---

650 EuGH, Komm./Vereinigtes Königreich, Slg. I 1992, S. 5785 (5828 f.).

651 EuGH, Komm./Luxemburg, Slg. I 1993, S. 817 (843).

652 EuGH, Pinna, Slg. 1986, S. 1 (25 f.).

653 EuGH, Biehl, Slg. I 1990, S. 1779 (1793).

654 EuGH, Bachmann, Slg. I 1992, S. 249 (279 ff.); vgl. auch EuGH, Paraschi, Slg. I 1991, S. 4501 (4524 ff.).

655 EuGH, Le Manoir, Slg. I 1991, S. 5531 (5542); vgl. auch EuGH, Komm./Belgien, Slg. I 1996, S. 4307 (4340).

656 EuGH, Schmid, Slg. I 1993, S. 3011 (3044).

657 EuGH, O'Flynn, Slg. I 1996, S. 2617 ff.

658 EuGH, O'Flynn, Slg. I 1996, S. 2617 (2638 f.); besonders deutlich in den Schlußanträgen von Generalanwalt *Lenz*, S. 2623 ff.

659 Allgemeiner formuliert: Eine versteckte Diskriminierung liegt vor, wenn an ein Kriterium angeknüpft wird, welches sich eher auf grenzüberschreitende als auf inländische Sachverhalte auswirkt.

bleibt allerdings eine rechtliche Diskriminierung, denn die Regelung selbst unterscheidet zwischen verschiedenen Gruppen.

3. Nicht grundfreiheitsrelevante rechtliche Diskriminierungen

Nur des besseren Verständnisses halber sei darauf hingewiesen, daß es selbstverständlich rechtliche Diskriminierungen oder besser rechtliche Unterscheidungen gibt, die nicht grundfreiheitsrelevant sind. Wenn zwei Gruppen unterschieden werden, in denen der jeweilige Ausländeranteil in etwa gleich hoch ist, dann ist es kein Problem der Grundfreiheiten, wenn die eine Gruppe schlechter behandelt wird als die andere.

II. Rechtlich unterschiedslose Regelungen

Im Bereich der offenen und versteckten Diskriminierungen ist die Anwendung der Grundfreiheiten praktisch unumstritten. Schwieriger ist es bei rechtlich unterschiedslosen Normen. Dabei gibt es zwei Fallgruppen: Rechtlich unterschiedslose Regelungen, die zu einer faktischen Schlechterstellung der von den Grundfreiheiten geschützten Vorgänge führen, sowie rechtlich und tatsächlich unterschiedslose Regelungen.

1. Faktische Schlechterstellung grenzüberschreitender Sachverhalte

a) Allgemeines

Diese Fallgruppe wird oft mit den versteckten Diskriminierungen gleichgesetzt. Zum Teil wird ein anderer Oberbegriff wie „materielle Diskriminierung" gebraucht, ohne daß die beiden Phänomene auseinandergehalten werden. Bei der faktischen Schlechterstellung werden jedoch keine zwei Gruppen gebildet, von denen die eine besser und die andere schlechter behandelt wird. Es gibt vielmehr nur eine Gruppe, die einer Beschränkung unterworfen wird, wobei sich diese Beschränkung *faktisch* auf einen Teil der Gruppe stärker auswirkt als auf den anderen Teil. Bei der versteckten Diskriminierung trifft also die rechtlich nachteiligere Regelung eher einen Ausländer als einen Inländer; bei der faktischen Schlechterstellung[660] trifft dieselbe Regelung faktisch Ausländer härter als Inländer.

Die Abgrenzung ist allerdings nicht immer ganz einfach oder eindeutig. Dies kann man anhand einer Residenzpflicht im Rahmen der Dienstleistungsfreiheit zeigen: Wenn alle in einer bestimmten Branche tätigen Dienstleister einer Resi-

---

[660] Man könnte hier auch von einer faktischen Diskriminierung sprechen; dies soll aber vermieden werden, um diese Fälle von den oben behandelten Fällen klar abzugrenzen.

denzpflicht unterliegen, dann ist dies eine rechtlich unterschiedslose Regelung, welche allerdings die grenzüberschreitend tätigen Dienstleister faktisch stärker belastet als die nur im Inland tätigen Dienstleister. Nach dieser Betrachtungsweise liegt eine faktische Diskriminierung vor.

Man könnte aber auch sagen, daß die Regelung rechtlich zwischen denjenigen unterscheidet, die die Residenzpflicht erfüllen, und denjenigen, bei denen das nicht der Fall ist. Die erste Gruppe wird besser behandelt als die zweite Gruppe, weil nur ihr die Ausübung der Dienstleistung erlaubt wird. Da die Wahrscheinlichkeit, zur zweiten Gruppe zu gehören, für grenzüberschreitend tätige Dienstleistungserbringer höher ist als für die nur im Inland tätigen Leistungserbringer, liegt eine versteckte (rechtliche) Diskriminierung vor.

Dieses Beispiel zeigt, daß der Übergang von der versteckten zur faktischen Diskriminierung fließend ist. Nach dem Sinn und Zweck der Grundfreiheiten sind daher beide Formen gleichermaßen verboten.

Je nachdem, ob man nun auf die rechtliche Unterschiedslosigkeit oder die faktische Unterschiedlichkeit abstellt, wird man diese Fallgruppe dem Diskriminierungs- oder dem Beschränkungsverbot zuordnen.

b) Beispiele

Um diese abstrakten Ausführungen zu veranschaulichen, sei hier auf einige Beispiele in der Rechtsprechung eingegangen. In der Rechtssache Klopp[661] ging es um das französische Verbot von Zweitniederlassungen für Anwälte. Eine Unterscheidung zwischen ausländischen und inländischen Anwälten wurde hier in keiner Weise getroffen. Alle Anwälte wurden rechtlich unterschiedslos von der Regelung betroffen. Tatsächlich aber war es so, daß ausländische Anwälte dazu gezwungen waren, ihre Niederlassung im Heimatstaat aufzugeben, um sich überhaupt in Frankreich niederlassen zu können[662]. Sie waren deshalb stärker von der Regelung beeinträchtigt als Inländer. Die Regelung stellte folglich eine spezifische Behinderung gerade der *grenzüberschreitenden* Niederlassungsfreiheit dar.

Die Rechtssache Alpine Investment[663] betraf das niederländische Verbot, Warentermingeschäfte im Wege der unaufgeforderten telefonischen Kontaktaufnahme anzubahnen (sog. cold calling). Dagegen wehrte sich eine niederländische Gesellschaft mit der Begründung, es werde ihr unmöglich gemacht, potentielle Kunden in anderen Mitgliedstaaten zu werben. Der EuGH entschied, daß die niederländische Regelung *„nicht allein deshalb eine Beschränkung des freien*

---

661 EuGH, Klopp, Slg. 1984, S. 2971 ff.
662 EuGH, Klopp, Slg. 1984, S. 2971 (2989 f.).
663 EuGH, Alpine Investments, Slg. I 1995, S. 1141 ff.

Dienstleistungsverkehrs i.S.d. Art. 59 [Art. 49 EG] darstellt, weil andere Mitgliedstaaten in ihrem Gebiet ansässige Erbringer gleichartiger Dienstleistungen weniger strengen Vorschriften unterwerfen".[664] Dennoch sei das Verbot des cold calling ein Fall des Art. 49 EG, weil es *„den betroffenen Wirtschaftsteilnehmern ein schnelles und direktes Mittel der Werbung und der Kontaktaufnahme mit potentiellen Kunden in anderen Mitgliedstaaten"* nimmt[665]. Mit anderen Worten darf ein Mitgliedstaat seinen Wirtschaftsteilnehmern nicht die Tätigkeiten untersagen, welche besonders effektiv für den grenzüberschreitenden Dienstleistungsverkehr sind.

Ein ähnliches Beispiel findet sich im Bereich der Warenverkehrsfreiheit im Urteil de Agostini[666]: Dabei ging es um das Verbot der Werbung, die sich an Kinder richtet. Der EuGH führte aus, daß dies zwar grundsätzlich inländische und importierte Waren gleichermaßen beträfe; allerdings könnte dann eine Maßnahme gleicher Wirkung vorliegen, wenn die Importeure davon stärker betroffen seien als die einheimischen Hersteller[667]. Dies erschien deshalb möglich, weil der Importeur behauptete, daß die Fernsehwerbung die „einzig wirksame Form der Absatzförderung sei, um in den schwedischen Markt eindringen zu können"[668]. Also trifft das rechtlich unterschiedslose Verbot der Fernsehwerbung für Kinder diejenigen Wirtschaftsteilnehmer besonders hart, die noch nicht am Markt sind.

Die Beispiele zeigen, daß es den Mitgliedstaaten grundsätzlich verboten ist, Regelungen zu erlassen, die geeignet sind, den grenzüberschreitenden Verkehr besonders zu beeinträchtigen[669].

c) Der Grundsatz der gegenseitigen Anerkennung

Eine besondere Ausprägung des Verbotes faktischer Benachteiligung ist der Grundsatz der gegenseitigen Anerkennung. Wenn in einem Land besondere Zulassungsvoraussetzungen (z. B. Hochschulstudium) für eine berufliche Tätigkeit gelten, dann sind diese Regelungen zwar normalerweise rechtlich unterschiedslos anwendbar. Tatsächlich aber treffen derartige Regelungen die Personen härter, die bereits die Voraussetzungen für eine derartige Tätigkeit in einem anderen Mitgliedstaat erfüllt haben und von denen verlangt wird, diese Vorausset-

---

[664] EuGH, Alpine Investments, Slg. I 1995, S. 1141 (1176).
[665] EuGH, Alpine Investments, Slg. I 1995, S. 1141 (1176).
[666] EuGH, De Agostini, Slg. I 1997, S. 3843 ff.
[667] EuGH, De Agostini, Slg. I 1997, S. 3843 (3890 f.).
[668] EuGH, De Agostini, Slg. I 1997, S. 3843 (3890).
[669] Zu diesem Verbot spezifischer Beschränkung des grenzüberschreitenden Verkehrs vgl. auch EuGH, Futura, Slg. I 1998, S. 2471 (2500) sowie die Schlußanträge des Generalanwalts *Lenz* in dieser Sache, S. 2481.

zungen nun noch einmal zu erfüllen. Wer bereits in Deutschland Medizin studiert hat, wird nicht in Österreich noch einmal Medizin studieren wollen, nur um dort tätig werden zu dürfen. Letztlich geht es darum, daß man wesentlich Ungleiches nicht gleich behandeln darf: Wer schon einmal Medizin studiert hat (in einem anderen Mitgliedstaat), ist nicht vergleichbar mit jemandem, der noch keinerlei einschlägige Kenntnisse hat. Man darf also nicht von beiden das Gleiche verlangen, nämlich ein komplettes Medizinstudium (im Inland), um die Tätigkeit eines Arztes ausüben zu dürfen. Daraus folgt, daß grundsätzlich auch in Ermangelung von sekundärrechtlichen Regelungen (im Bereich der Niederlassungs- und Dienstleistungsfreiheit gem. Art. 47 EG) gleichwertige Diplome vom Aufnahmestaat anerkannt werden müssen[670].

Dieses Prinzip der gegenseitigen Anerkennung gilt auch für die Warenverkehrsfreiheit. Hier hat der EuGH in seinem Grundsatzurteil „Cassis de Dijon“[671] festgestellt, daß Waren, die in einem Mitgliedstaat rechtmäßig hergestellt und in den Verkehr gebracht wurden, grundsätzlich auch in die anderen Mitgliedstaaten eingeführt werden dürfen[672]. Würde man nämlich verlangen, daß die importierten Waren zusätzlich zu den Bestimmungen, denen sie bereits im Heimatstaat unterliegen, noch die Bestimmungen im Importstaat erfüllen müssen, dann würden sie gegenüber den heimischen Waren, die nur einer Rechtsordnung unterliegen, besonders belastet. Wenn eine Ware verändert werden muß, um importiert werden zu dürfen, dann hemmt dies gerade den grenzüberschreitenden Handel: So wie der deutsche Arzt lieber in Deutschland bleibt, bevor er in Österreich noch einmal neu studieren muß, wird der französische Bierexporteur sein Bier lieber nicht nach Deutschland liefern, wenn er dafür das Reinheitsgebot beachten müßte, welches in Frankreich nicht gilt.

d) Ergebnis

Eine grundfreiheitsrelevante faktische Benachteiligung entsteht dadurch, daß eine einheitliche Regelung aufgrund der faktischen Unterschiede zwischen dem grenzüberschreitenden und dem innerstaatlichen Wirtschaftsverkehr unterschiedliche Auswirkungen hat: Der grenzüberschreitende Wirtschaftsverkehr wird stärker belastet. Vom Gleichheitssatz ausgehend, ist hier das Verbot der Gleichbehandlung von wesentlich ungleichen Sachverhalten einschlägig. Daher müssen auch rechtlich unterschiedslose Regelungen daraufhin untersucht werden, ob sie zu spezifischen Benachteiligungen für den grenzüberschreitenden

---

[670] Vgl. EuGH, Thieffry, Slg. 1977, S. 765 (775 ff.).

[671] Da EuGH-Urteile im allgemeinen nach den Parteien benannt werden, heißt dieses Urteil eigentlich EuGH, Rewe/Bundesmonopolverwaltung für Branntwein (Slg. 1979, S. 649 ff.).

[672] EuGH, Rewe/Bundesmonopolverwaltung für Branntwein, Slg. 1979, S. 649 (664).

Verkehr führen[673]; dies ist insbesondere dann der Fall, wenn die jeweilige Regelung marktabschottend wirkt. Marktabschottungen sind mit dem Prinzip des Binnenmarktes unvereinbar[674]: Der Binnenmarkt soll gerade die Öffnung der nationalen Märkte bewirken[675]. Deshalb verbieten die Grundfreiheiten auch diese spezifischen Benachteiligungen.

2. Rechtlich und tatsächlich unterschiedslose Regelungen

Nun stellt sich noch die Frage, ob die Grundfreiheiten auch auf Regelungen anwendbar sind, welche nicht spezifisch den grenzüberschreitenden Verkehr behindern, sondern (nur) die Wirtschaftstätigkeit im ganzen beeinträchtigen. Bejaht man dies, dann werden die Grundfreiheiten zu allgemeinen Verboten der Beschränkung der Wirtschaftstätigkeit (im folgenden „allgemeine Beschränkungsverbote" genannt)[676]. Verneint man es, dann sind die Grundfreiheiten nur spezifische Verbote der Benachteiligung grenzüberschreitender Vorgänge (im folgenden „spezifische Benachteiligungsverbote" genannt)[677].

Zweckmäßigerweise ist hier zwischen den einzelnen Grundfreiheiten zu unterscheiden.

a) Die Warenverkehrsfreiheit als Pionierfreiheit[678]

(1) Einfuhrbeschränkungen nach Art. 28 EG

(a) Von Dassonville über Cassis zu Keck

Die Dimension der Warenverkehrsfreiheit als Beschränkungsverbot wird im allgemeinen schon aus der sog. Dassonville-Formel abgeleitet: „Jede Handelsregelung der Mitgliedstaaten, die geeignet ist, den innergemeinschaftlichen Handel unmittelbar oder mittelbar, tatsächlich oder potentiell zu behindern, ist als Maßnahme gleicher Wirkung wie eine mengenmäßige Beschränkung anzusehen."[679]

---

[673] So auch *Kort*, JZ 1996, S. 136 (bezogen auf die Produktverkehrsfreiheiten).

[674] *Eberhartinger*, EWS 1997, S. 51 f.; vgl. auch *Kingreen*, Die Struktur der Grundfreiheiten des Europäischen Gemeinschaftsrechts, 1999, S. 122 ff.

[675] Vgl. *Müller-Graff*, in: von der Groeben/Thiesing/Ehlermann (Hrsg.), Kommentar zum EUV/EGV, 5. Aufl. 1997, Art. 30 Rn. 2.

[676] Dafür *Bleckmann*, DVBl. 1987, S. 69 ff.

[677] Dafür *Jarass*, EuR 1995, S. 216 ff.; *Wichmann*, Dienstleistungsfreiheit und grenzüberschreitende Entsendung von Arbeitnehmern, 1998, S. 88; *Kingreen*, Die Struktur der Grundfreiheiten des Europäischen Gemeinschaftsrechts, 1999, S. 82 ff., 115 ff.

[678] Vgl. *Müller-Graff*, in: von der Groeben/Thiesing/Ehlermann (Hrsg.), Kommentar zum EUV/EGV, 5. Aufl. 1997, Vor Art. 30, Rn. 8.

[679] EuGH, Dassonville, Slg. 1974, S. 837 (852).

Allerdings betraf das Dassonville-Urteil eine Maßnahme, die Importeure aus anderen Mitgliedstaaten benachteiligte[680]. Zudem kann man das Erfordernis der Behinderung des *innergemeinschaftlichen Handels* durchaus auch in dem Sinn auslegen, daß damit nur spezifische Beschränkungen des *grenzüberschreitenden* Warenverkehrs angesprochen werden.

Die Anwendbarkeit von Art. 28 EG auf *rechtlich* unterschiedslose Regelungen wurde vom EuGH in der bereits angesprochenen Rechtssache Cassis de Dijon[681] klargestellt[682]. Allerdings formuliert der EuGH genau in diesem Urteil das Prinzip der gegenseitigen Anerkennung im Bereich der Warenverkehrsfreiheit[683]. Eine Regelung, wonach in Deutschland verkaufter Likör einen bestimmten Mindestalkoholgehalt haben muß[684], behindert spezifisch die grenzüberschreitenden Warenströme, weil die Produzenten in anderen Mitgliedstaaten, welche einen derartigen Mindestwert nicht vorschreiben, davon abgehalten werden, ihre Liköre nach Deutschland einzuführen. Insofern stellt die Regelung nach der hier vertretenen Auffassung eine faktische Benachteiligung dar und kann nicht als Beweis für die Dimension der Warenverkehrsfreiheit als allgemeines Beschränkungsverbot dienen.

Das dritte Grundsatzurteil zur Warenverkehrsfreiheit erging 1993 in der Rechtssache Keck und Mithouard[685]. Danach ist zwischen zwei Arten von Regelungen zu unterscheiden: Regelungen, die Verkaufsmodalitäten betreffen, und produktbezogene Regelungen.

Bei den Verkaufsmodalitäten nimmt der EuGH keine Maßnahme gleicher Wirkung an, *„sofern diese Bestimmungen für alle betroffenen Wirtschaftsteilnehmer gelten, die ihre Tätigkeit im Inland ausüben, und sofern sie den Absatz der inländischen Erzeugnisse und der Erzeugnisse aus anderen Mitgliedstaaten rechtlich wie tatsächlich in der gleichen Weise berühren“*[686]. Dies kann man so auslegen, daß damit bei Verkaufsmodalitäten offene und versteckte (d.h. rechtliche) Diskriminierungen unter Art. 28 EG fallen, sowie auch die hier sogenannten faktischen Benachteiligungen. Sonstige Beschränkungen fallen hingegen ausdrücklich nicht unter Art. 28 EG.

---

[680] Vgl. EuGH, Dassonville, Slg. 1974, S. 837 (853); *Eberhartinger*, EWS 1997, S. 45.

[681] EuGH, Rewe/Bundesmonopolverwaltung für Branntwein, Slg. 1979, S. 649 ff.

[682] Vgl. *Schweitzer/Hummer*, Europarecht, 5. Aufl. 1996, Rn. 1117; *Eberhartinger*, EWS 1997, S. 45.

[683] Siehe oben dritter Teil, A. II. 1. c), S. 126.

[684] Darum ging es in der Rechtssache Cassis de Dijon, vgl. EuGH, Rewe/Bundesmonopolverwaltung für Branntwein, Slg. 1979, S. 649 (651).

[685] EuGH, Keck, Slg. I 1993, S. 6097 ff.

[686] EuGH, Keck, Slg. I 1993, S. 6097 (6131).

Anders jedoch verhält es sich bei produktbezogenen Maßnahmen. Für diese macht der EuGH nicht die Einschränkung, daß sie nur dann unter Art. 28 EG fallen, wenn sie rechtlich diskriminieren oder faktisch benachteiligen[687]. Es scheint damit, daß zumindest bei den produktbezogenen Regelungen eine spezifische Auswirkung auf den grenzüberschreitenden Warenverkehr unerheblich ist. Damit würden also zumindest teilweise auch die sonstigen Beschränkungen unter die Warenverkehrsfreiheit fallen.

(b) Bewertung

Die Keck-Rechtsprechung ist außerordentlich schwierig dogmatisch nachzuvollziehen. Seit der Verkündung des Urteils sind zahlreiche Interpretationen des Urteils veröffentlicht worden[688], darunter auch mehrere Dissertationen[689]. Auch der Gerichtshof selbst sowie einige Generalanwälte haben in nachfolgenden Urteilen bzw. Schlußanträgen versucht, Beiträge zur Auslegung dieser Rechtsprechung zu leisten[690].

(i) Keck-Rechtsprechung und allgemeines bzw. spezifisches Beschränkungsverbot

Zunächst einmal kann man folgendes feststellen: Wenn man von einer Konzeption der Warenverkehrsfreiheit als allgemeines Beschränkungsverbot ausgeht, dann läßt sich kaum erklären, weshalb ein wichtiger Bereich (Verkaufsmodalitä-

---

[687] EuGH, Keck, Slg. I 1993, S. 6097 (6131).

[688] Vgl. etwa *Adrian*, EWS 1998, S. 288 ff.; *Becker*, EuR 1994, S. 162 ff.; *Classen*, EWS 1995, S. 97 ff.; *Eberhartinger*, EWS 1997, S. 43 ff.; *Jarass*, EuR 1995, S. 202 ff.; *Jestaedt/Kästle*, EWS 1994, S. 26 ff.; *Sack*, EWS 1994, S. 37 ff. Ein umfassender Überblick über die Literatur zu „Keck" findet sich bei *Leible*, in: Grabitz/Hilf, Kommentar zum EUV/EGV, Band I, vor Art. 28 – 31.

[689] *Füller*, Grundlagen und inhaltliche Reichweite der Warenverkehrsfreiheit nach dem EG-Vertrag, 2000; *Hödl*, Die Beurteilung von verkaufsbehindernden Maßnahmen im Europäischen Binnenmarkt, 1997; *Keßler*, Das System der Warenverkehrsfreiheit im Gemeinschaftsrecht, 1997; *Weyer*, Freier Warenverkehr und nationale Regelungsgewalt in der Europäischen Union, 1997.

[690] Vgl. insbesondere EuGH, Alpine Investments, Slg. I 1995, S. 1141 (1177 f.); Generalanwalt *Jacobs*, Schlußanträge zu EuGH, Alpine Investments, Slg. I 1995, S. 1141 (1156 ff.) Generalanwalt *Tesauro*, Schlußanträge zu EuGH, Hünermund, Slg. I 1993, S. 6787 (6805 ff.); Generalanwalt *Jacobs*, Schlußanträge zu EuGH, Leclerc-Siplec, Slg. I 1995, S. 179 (191 ff.); EuGH, Bosman, Slg. I 1995, S. 4921 (5070 f.); Generalanwalt *Lenz*, Schlußanträge zu EuGH, Bosman, Slg. I 1995, S. 4921 (5008 ff.); Generalanwalt *Fennelly*, Schlußanträge zu EuGH, Graf, Slg. I 2000, S. 493 (501 ff.).

ten) von diesem allgemeinen Beschränkungsverbot ausgenommen werden soll[691].

Fraglich ist deshalb, ob sich umgekehrt das „allgemeine" Verbot von produktbezogenen Beschränkungen in die Konzeption einfügen läßt, wonach nur rechtliche Diskriminierungen und faktische Benachteiligungen untersagt sind.

Dazu ist zu untersuchen, welche Wirkungen produktbezogene Regelungen typischerweise haben. Wenn der Importstaat (im Gegensatz zum Herkunftstaat) gewisse Anforderungen an Bezeichnung, Form, Abmessungen, Gewicht, Zusammensetzung, Aufmachung, Etikettierung oder Verpackung eines Produktes[692] stellt, dann wirkt sich das typischerweise gerade auf den grenzüberschreitenden Handel negativ aus: Der Hersteller, der seine Waren nach den Vorschriften seines Heimatstaates produziert, wird gezwungen, diese Produktion für den Export in den Bestimmungsstaat zu ändern. Er wird sich dies „zweimal überlegen", da damit zusätzliche Kosten verbunden sind. Damit wirkt eine produktbezogene Regelung typischerweise marktabschottend[693]. Ein klassisches, bereits genanntes Beispiel ist das Reinheitsgebot für Bier. Bei produktbezogenen Regelungen wird daher regelmäßig das Prinzip der gegenseitigen Anerkennung als Ausprägung des Verbotes faktischer Benachteiligung eingreifen. Rechtlich unterschiedslose produktbezogene Beschränkungen ziehen also grundsätzlich faktische Benachteiligungen nach sich und sind somit verboten. Interessanterweise hat deshalb bereits die oben erwähnte[694] Richtlinie 70/50/EWG in Art. 3 festgelegt, daß „Maßnahmen [...] betreffend die Form, die Ausmaße, das Gewicht, die Zusammensetzung, die Aufmachung, die Identifizierung, die Aufbereitung, welche unterschiedslos auf inländische und eingeführte Waren anwendbar sind und deren beschränkende Wirkungen auf den Warenverkehr den Rahmen der solchen Handelsregelungen eigentümlichen Wirkungen überschreiten" unter Art. 28 EG fallen. Die Gefahr, daß derartige produktbezogene Regeln[695] den (grenzüberschreitenden) freien Warenverkehr faktisch beschränken können, wurde also bereits frühzeitig erkannt.

Rechtlich unterschiedslose *vertriebsbezogene* Bestimmungen führen hingegen im allgemeinen nicht zu faktischen Benachteiligungen. Wenn sonntags keine

---

691 So auch *Kingreen*, Die Struktur der Grundfreiheiten des Europäischen Gemeinschaftsrechts, 1999, S. 125; *Jarass*, EuR 2000, S. 711.

692 Vgl. diese Aufzählung bei EuGH, Keck, Slg. I 1993, S. 6097 (6131).

693 Vgl. *Jarass*, EuR 1995, S. 218 : Bei produktbezogenen Regelungen ist eine faktische Benachteiligung der ausländischen Produkte „durchweg zu bejahen".

694 Siehe Fußnote 313.

695 In Art. 3 der Richtlinie 70/50/EWG ist von „Maßnahmen über die Vermarktung" die Rede, was im Lichte der vom EuGH (viel später) getroffenen Unterscheidung zwischen produkt- und vertriebsbezogenen Regelungen irreführend ist.

Waren verkauft werden dürfen, dann behindert das einheimische wie ausländische Waren tatsächlich in gleicher Weise. Wenn allerdings ein Fall auftritt, in dem eine rechtlich unterschiedslose Vertriebsregelung doch zu einer faktischen Benachteiligung importierter Waren führt, dann fällt diese Regelung gemäß der Keck-Formel ausdrücklich unter Art. 28 EG[696].

Somit ließe sich die Keck-Formel also als eine Bestätigung der Konzeption verstehen, wonach die Warenverkehrsfreiheit nur spezifische Beschränkungen des grenzüberschreitenden Warenverkehrs erfaßt.

(ii) Keck-Rechtsprechung und Interpretation durch den EuGH

Der EuGH selbst hat in späteren Urteilen präzisiert, worin der Sinn der Unterscheidung zwischen produkt- und vertriebsbezogenen Maßnahmen zu sehen ist. Eine besondere Rolle spielte dabei die Übertragung der Keck-Rechtsprechung auf die anderen Grundfreiheiten. Bereits im Urteil Alpine Investments[697] hat der EuGH angedeutet, daß eine Übertragung der Keck-Rechtsprechung nicht bedeutet, daß nun auch im Rahmen der Dienstleistungsfreiheit „produktbezogene" und „vertriebsbezogene" Regelungen unterschieden werden müßten. Vielmehr stellte der EuGH fest, daß das Verbot des „cold calling" geeignet sei, den *Zugang zum ausländischen Markt* unmittelbar zu beschränken, weshalb Art. 49 EG jedenfalls anwendbar sei[698]. In nachfolgenden Urteilen wurde dann bestätigt, daß der entscheidende Grund für die Unterscheidung zwischen produkt- und vertriebsbezogenen Maßnahmen bei der Warenverkehrsfreiheit der war, daß (nur) erstere geeignet sind, den Zugang zum ausländischen Markt zu beschränken[699]. So qualifizierte der EuGH beispielsweise im Urteil Dior ein Werbeverbot (d.h. eine Verkaufsmodalität) als Maßnahme gleicher Wirkung, weil ein derartiges Werbeverbot den Zugang zum Markt erheblich erschweren würde[700]. In dem jüngst ergangenen Urteil Graf übertrug der EuGH dann die Keck-Rechtsprechung auf die Arbeitnehmerfreizügigkeit. Danach sind auch unterschiedslose Maßnahmen an Art. 39 EG zu messen, aber nur, „wenn sie den Zugang der Arbeitnehmer zum Arbeitsmarkt beeinflussen"[701]. Damit dürfte entschieden sein, daß die Unterscheidung zwischen produkt- und vertriebsbezogenen Maßnahmen sich überset-

[696] Vgl. EuGH, Keck, Slg. I 1993, S. 6097 (6131).
[697] Siehe oben dritter Teil, A. II. 1. b), S. 125.
[698] EuGH, Alpine Investment, Slg. I 1995, S. 1141 (1177 f.).
[699] Vgl. auch Generalanwalt *Jacobs*, Schlußanträge zu EuGH, Leclerc-Siplec, Slg. I 1995, S. 179 (194 ff.), der das Kriterium der "wesentlichen Beschränkung des Zugangs zum Markt" aufstellt; der EuGH griff dies jedoch damals nicht auf (vgl. EuGH, Slg. I 1995, S. 179 (217 f.).
[700] EuGH, Parfums Christian Dior, Slg. I 1997, S. 6013 (S. 6051); vgl. auch EuGH, De Agostini, Slg. I 1997, S. 3843 (3890 f.).
[701] EuGH, Graf, Slg. I 2000, S. 493 (523).

zen läßt in eine Differenzierung zwischen zugangsrelevanten und sonstigen Maßnahmen. Sobald also eine Maßnahme den Zugang der Waren zum ausländischen Markt beeinflußt, fällt sie unter Art. 28 EG[702]. Das erklärt auch, warum rechtlich unterschiedslose Werbebeschränkungen oft als Maßnahmen gleicher Wirkung zu qualifizieren sind, auch wenn sie nur Verkaufsmodalitäten betreffen: Die Werbung kann eben auch ein Mittel sein, um in einen Markt einzudringen, sich Zugang zu einem Markt zu verschaffen[703].

(iii) Ergebnis

Es ergibt sich damit folgendes Bild: Die Warenverkehrsfreiheit dient dazu, die nationalen Märkte zu öffnen[704] und eine diskriminierungsfreie Behandlung importierter und inländischer Waren zu gewährleisten. Wenn eine nationale Regelung Zugangshürden errichtet, dann hat dies in der Regel gerade für den grenzüberschreitenden Warenaustausch besonders negative Folgen und führt zu einer Marktaufsplitterung[705]: je höher die Hürden für einen Marktzutritt sind, um so eher werden ausländische Warenanbieter geneigt sein, diesen Markt den einheimischen Anbietern zu überlassen[706]. Deshalb sind zugangsbeschränkende Bestimmungen regelmäßig an Art. 28 EG zu prüfen. Bei produktbezogenen Regelungen i.S.d. Keck-Rechtsprechung besteht eine Vermutung, daß sie zu einer Zugangsbeschränkung führen, welche den grenzüberschreitenden Warenaustausch behindert.

Vertriebsbezogene Regelungen betreffen hingegen typischerweise nur die Behandlung der Waren, die schon auf dem Markt sind. Wenn diese Regelungen keine rechtliche Diskriminierung enthalten, dann führen sie im Regelfall zu keiner Beeinträchtigung des grenzüberschreitenden Warenverkehrs[707]. Allerdings ist es möglich, daß auch die Beschränkung von Verkaufsmodalitäten den Zu-

---

[702] Ähnlich *Eberhartinger*, EWS 1997, S. 49.

[703] Vgl. Generalanwalt *Tesauro*, Schlußanträge zu EuGH, Hünermund, Slg. I 1993, S. 6787 (6811).

[704] *Müller-Graff*, in: von der Groeben/Thiesing/Ehlermann (Hrsg.), Kommentar zum EUV/EGV, 5. Aufl. 1997, Art. 30 Rn. 2; *Wichmann*, Dienstleistungsfreiheit und grenzüberschreitende Entsendung von Arbeitnehmern, S. 80; *Kingreen*, Die Struktur der Grundfreiheiten des Europäischen Gemeinschaftsrechts, 1999, S. 123.

[705] Ähnlich *Kingreen*, Die Struktur der Grundfreiheiten des Europäischen Gemeinschaftsrechts, 1999, S. 122 ff.

[706] Dies wird insbesondere bei einem kleinen Mitgliedstaat der Fall sein: Wegen eines verhältnismäßig kleinen Absatzmarktes wird es sich nicht lohnen, besondere Anforderungen zu erfüllen; vgl. auch *Kingreen*, Die Struktur der Grundfreiheiten des Europäischen Gemeinschaftsrechts, 1999, S. 124.

[707] So auch *Eberhartinger*, EWS 1997, S. 49; *Kingreen*, Die Struktur der Grundfreiheiten des Europäischen Gemeinschaftsrechts, 1999, S. 122 ff.

gang eingeführter Erzeugnisse zu einem Markt erschwert und deshalb als Maßnahme gleicher Wirkung anzusehen ist[708].

Die in der Keck-Rechtsprechung vorgenommene Unterscheidung nach dem Gegenstand der Regelung stellt sich somit als Faustregel dar[709].

Entscheidend ist und bleibt also nicht der Gegenstand der Regelung, sondern allein ihre Wirkung auf den grenzüberschreitenden Warenhandel[710].

(2) Ausfuhrbeschränkungen nach Art. 29 EG

Für das Verbot von warenausfuhrbeschränkenden Maßnahmen nimmt der Gerichtshof schon seit langem an, daß lediglich solche Maßnahmen erfaßt werden, *„die spezifische Beschränkungen der Ausfuhrströme bezwecken oder bewirken und damit unterschiedliche Bedingungen für den Binnenhandel innerhalb eines Mitgliedstaates und seinen Außenhandel schaffen, so daß die nationale Produktion oder der Binnenmarkt des betroffenen Staates einen besonderen Vorteil erlangt“*[711].

Diese Formel ist allerdings zu eng. Art. 29 EG schützt ebenso wie Art. 28 EG den grenzüberschreitenden Warenverkehr. Verboten sind damit Maßnahmen, die geeignet sind, gerade die Ausfuhr der Waren zu behindern. Nicht notwendig ist es, daß die Maßnahme die nationale Produktion oder den nationalen Binnen-

---

[708] Vgl. Generalanwalt *Tesauro*, Schlußanträge zu EuGH, Hünermund, Slg. I 1993, S. 6787 (6811).

[709] So auch Generalanwalt *Fennelly*, Schlußanträge zu EuGH, Graf, Slg. I 2000, S. 493 (502): *„Der Gerichtshof hat [...] aufgrund seiner Erfahrung und seiner Kenntnis des Marktverhaltens Vermutungen über die wahrscheinlichen Auswirkungen verschiedener Arten von Regelungen auf die [...] Errichtung eines Binnenmarktes [...] angestellt [...] Derartige Vermutungen sollten jedoch nicht entscheidend sein.“* Ähnlich auch Kingreen, Die Struktur der Grundfreiheiten des Europäischen Gemeinschaftsrechts, 1999 S. 129: Die Unterscheidung zwischen produkt- und vertriebsbezogenen Maßnahmen allein ist unzureichend. Vgl. noch *Leible*, in: Grabitz/Hilf, Kommentar zum EUV/EGV, Band I, Art. 28 Rn. 30.

[710] So auch Molinier, Droit du marché intérieur, S. 60 : *«En dernière analyse les effets de la mesure nationale l'emportent sur son objet.»* Ähnlich sieht es auch Kingreen, Die Struktur der Grundfreiheiten des Europäischen Gemeinschaftsrechts, 1999, S. 126. Auch der EuGH stellt in diesem Sinne im Urteil Leclerc, Slg. I 1995, S. 179 (217) ausdrücklich darauf ab, daß nicht-diskriminierende Vertriebsregelungen nicht geeignet sind, den Marktzugang für importierte Erzeugnisse stärker zu behindern als für inländische; dies wiederholt der EuGH dann noch einmal in EuGH, Alpine Investments, Slg. I 1995, S. 1141 (1177 f.); im Urteil Dior, Slg. I 1997, S. 6013 (Rn. 51) mißt der EuGH ein Werbeverbot (d.h. eine Verkaufsmodalität) an Art. 28 EG, weil dadurch der Zugang zum Markt erheblich erschwert wird; ähnlich im Urteil de Agostini, Slg. I 1997, 3843 (3890 f.).

[711] EuGH, Groenveld, Slg. 1979, S. 3409 (3415); st. Rspr.

markt begünstigt[712]. Insbesondere kann eine Regelung die Ausfuhr beeinträchtigen, wenn sie verhindert, daß der Hersteller bzw. Exporteur sich beim Export der im Bestimmungsland erlaubten Methoden bedient[713].

Dies gilt sowohl für produktbezogene wie für vertriebsbezogene Maßnahmen: Wenn beispielsweise ein deutscher Bierhersteller auch das Bier, welches er exportieren möchte, nach dem Reinheitsgebot brauen muß, dann wird er dadurch gegenüber den einheimischen Wettbewerbern in anderen Mitgliedstaaten benachteiligt, welche günstiger produzieren können. Auch hier geht es letztlich wieder um den Zugang zum Markt: Dem in Deutschland gebrauten Bier, welches nicht dem Reinheitsgebot entspricht, wird der Zugang zum ausländischen Markt versperrt.

Bei Verkaufsmodalitäten wird es zwar regelmäßig so sein, daß der Ausfuhrstaat sie ohnehin nur für sein eigenes Territorium regelt. Das Verbot etwa, an Sonntagen Waren zu verkaufen, kann der deutsche Gesetzgeber nur für Deutschland erlassen; er kann nicht etwa verlangen, daß in Deutschland produzierte Waren auch im Ausland sonntags nicht verkauft werden. Wenn aber der Gesetzgeber ausnahmsweise doch eine Regelung erläßt, welche bestimmte Vertriebsmodalitäten für zum Export bestimmte Produkte ebenso verbietet wie für die im Inland verbleibenden Waren, dann greift er in Art. 29 EG ein[714]. Ein Beispiel hierfür wäre etwa eine Regelung, welche den Versand von pornographischen Druckwerken per Post verbietet: Wenn ein derartiger Versand im Mitgliedstaat A verboten ist und im Mitgliedstaat B erlaubt, dann darf Mitgliedstaat A seinen Wirtschaftsteilnehmern nicht verbieten, derartige Druckwerke in den Mitgliedstaat B zu versenden[715]. Auch hier wird der Zugang zum ausländischen Markt geschützt[716].

Nach dieser Auslegung schützt also Art. 29 EG ebenfalls vor Beschränkungen, die spezifisch den grenzüberschreitenden Verkehr beeinträchtigen[717]. Es kommt

---

[712] So auch *Epiney*, in: Calliess/Ruffert (Hrsg.), Kommentar zum EUV/EGV, 1999, Art. 29 Rn. 23.

[713] So auch *Müller-Graff*, in: von der Groeben/Thiesing/Ehlermann (Hrsg.), Kommentar zum EUV/EGV, 5. Aufl. 1997, Art. 34 Rn. 21 f.; anders wohl der EuGH, Jongeneel Kaas, Slg. 1984, S. 483 (504 f.).

[714] So auch Generalanwalt *Jacobs*, Schlußanträge zu EuGH, Alpine Investments, Slg. I 1995, S. 1141 (1157); ähnlich (allerdings nur in Bezug auf Werbeaktivitäten) *Lux*, in: Lenz (Hrsg.), Kommentar zum EGV, 2. Aufl. 1999, Art. 28 Rn. 27.

[715] Das gilt natürlich vorbehaltlich einer möglichen Rechtfertigung.

[716] Vgl. dazu auch *Kort*, JZ 1996, S. 137.

[717] Vgl. Generalanwalt *Jacobs*, Schlußanträge zu EuGH, Alpine Investments, Slg. I 1995, S. 1141 (1156) („rechtliche oder tatsächliche Diskriminierung“), allerdings unter Bezugnahme auf EuGH, Groenveld, Slg. 1979, S. 3409 (3415).

somit darauf an, ob die Regelung dazu führt, daß der Verkauf im Inland attraktiver gemacht wird als der Export.

(3) Zusammenfassung zur Warenverkehrsfreiheit

Wie die Analyse der Rechtsprechung zeigt, ist die Warenverkehrsfreiheit kein allgemeines Beschränkungsverbot. Es kommt vielmehr sowohl bei Art. 28 EG als auch bei Art. 29 EG entscheidend darauf an, ob eine rechtliche Diskriminierung oder faktische Benachteiligung der grenzüberschreitenden Warenströme vorliegt.

Um eine gewisse Typisierung zu erreichen, kann man zwischen produkt- und vertriebsbezogenen Regelungen unterscheiden:

Produktbezogene Beschränkungen, die rechtlich unterschiedslos für importierte und einheimische Waren gelten, fallen regelmäßig unter Art. 28 EG, weil sie den Zugang zum Markt betreffen; Zugangshürden wiederum führen zur Marktabschottung und damit zu einer spezifischen Benachteiligung des grenzüberschreitenden Wirtschaftsverkehrs. Rechtlich unterschiedslose Vertriebsbeschränkungen stellen hingegen typischerweise keinen Fall des Art. 28 EG dar, weil hier nur die Behandlung der bereits auf dem Markt zugelassenen Waren betroffen ist und damit regelmäßig keine faktische Schlechterstellung ausländischer Waren verbunden ist.

Bei Art. 29 EG ist es ebenfalls so, daß produktbezogene Regelungen, die rechtlich unterschiedslos für Exportwaren und im Inland verbleibende Erzeugnisse gelten, geeignet sind, die Ausfuhrströme spezifisch zu behindern. Vertriebsbezogene Regelungen werden hingegen sich meist nur auf die im Inland verbleibenden Waren auswirken; werden sie allerdings auch auf die zum Export bestimmten Erzeugnisse erstreckt, dann können sie den Zugang zum ausländischen Markt beeinträchtigen und fallen ebenfalls unter Art. 29 EG.

b) Dienstleistungsfreiheit

Die Dienstleistungsfreiheit wurde vom EuGH bereits frühzeitig als Beschränkungsverbot behandelt. Fraglich ist aber, ob auch hier nur die Beschränkungen erfaßt werden, die sich spezifisch auf den grenzüberschreitenden Dienstleistungsverkehr beziehen, oder auch sonstige Beschränkungen. Die Rechtsprechung scheint, zumindest den verwendeten Formulierungen nach, diese Freiheit als ein allgemeines Beschränkungsverbot auszulegen[718].

---

[718] Vgl. EuGH, Alpine Investments, Slg. I 1995, S. 1141 (1177 f.), wo der EuGH eine Regelung an der Dienstleistungsfreiheit mißt, welche *"allgemeinen und nichtdiskriminierenden Charakter hat und [...] weder bezweckt noch bewirkt, dem nationalen Markt einen Vorteil*

Allerdings hat der EuGH angedeutet, daß eine Übertragung der Grundsätze der Keck-Rechtsprechung auf die Dienstleistungsfreiheit möglich ist[719]. Dabei kann es jedoch, wie bereits oben angemerkt, nicht darum gehen, hier ebenfalls zwischen „produktbezogenen“ und „vertriebsbezogenen“ Regelungen zu differenzieren. Denn die Situation ist bei Dienstleistungen und Waren insofern nicht vergleichbar[720]. Dienstleistungen haben einen viel stärkeren Personenbezug[721] und sind zudem unkörperliche Produkte, so daß es nicht darum geht, ein einmal hergestelltes Produkt anzuerkennen bzw. zum Markt zuzulassen.

Wie oben gesehen, ist der tiefere Grund für die bei der Warenverkehrsfreiheit getroffene Unterscheidung nach dem *Gegenstand* der Regelung letztlich eine typisierte Betrachtungsweise der *Wirkung* der Regelung. In den Urteilen, in denen der EuGH eine Übertragung der Keck-Rechtsprechung auf die anderen Grundfreiheiten anspricht, stellt der EuGH deshalb auch konsequenterweise auf diese Wirkung ab: Entscheidend ist dann, ob die jeweilige Regelung geeignet ist, den Marktzugang für grenzüberschreitende Dienstleistungen „zu versperren oder stärker zu behindern, als dies für inländische“ Dienstleistungen der Fall ist[722]. Es kommt also darauf an, ob die jeweilige Regelung den Marktzugang beschränkt oder nur das Verhalten auf dem Markt betrifft[723]. Eine zugangsrelevante Regelung ist immer geeignet, den grenzüberschreitenden Dienstleistungsverkehr spezifisch zu behindern.

Wenn hingegen nur die Ausübung der Tätigkeit („auf dem Markt“) geregelt wird, dann genügt zumeist eine rechtlich unterschiedslose Ausgestaltung dieser Regelung. Allerdings ist ausdrücklich darauf hinzuweisen, daß nach wie vor die Auswirkungen auf den grenzüberschreitenden Dienstleistungsverkehr entscheidend sind[724]. Daher kann ausnahmsweise auch eine (rechtlich unterschiedslose) Ausübungsregelung zu einer faktischen Benachteiligung der Sachverhalte mit Gemeinschaftsbezug führen und deshalb an Art. 49 EG zu messen sein.

Insgesamt erfaßt also die Dienstleistungsfreiheit „jede nationale Regelung [...], die die Leistung von Diensten zwischen den Mitgliedstaaten im Ergebnis gegenüber der Leistung im Inneren eines Mitgliedstaates erschwert“[725].

---

gegenüber den Dienstleistungserbringern aus anderen Mitgliedstaaten zu verschaffen."

[719] Vgl. EuGH, Alpine Investments, Slg. I 1995, S. 1141 (1177 f.).

[720] *Kort*, JZ 1996, S. 136.

[721] Vgl. *Troberg*, in: von der Groeben/Thiesing/Ehlermann (Hrsg.), Kommentar zum EUV/EGV, 5. Aufl. 1997, Art. 59 Rn. 35.

[722] Vgl. EuGH, Alpine Investments, Slg. I 1995, S. 1141 (1177 f.).

[723] Vgl. auch *Ganten*, Die Drittwirkung der Grundfreiheiten, 2000, S. 134.

[724] Vgl. *Eberhartinger*, EWS 1997, S. 50: Bei der Dienstleistungsfreiheit kommt es auf die „Eignung zur Marktaufsplitterung an.“

[725] EuGH, Kohll, Slg. I 1998, S. 1931 (1946); *Hakenberg*, in: Lenz (Hrsg.), Kommentar zum

c) Arbeitnehmerfreizügigkeit

Im Bosman-Urteil stellte der EuGH ausdrücklich fest, daß auch nicht-diskriminierende Maßnahmen die Freizügigkeit der Arbeitnehmer beschränken und damit unter Art. 39 EG fallen können[726]. In diesem Urteil bereits angedeutet[727] und im Urteil Graf endgültig entschieden wurde die Übertragung der Keck-Rechtsprechung auf die Arbeitnehmerfreizügigkeit. Darin heißt es: *„Auch unterschiedslos anwendbare Bestimmungen, die einen Staatsangehörigen eines Mitgliedstaats daran hindern oder davon abhalten, sein Herkunftsland zu verlassen, um von seinem Recht auf Freizügigkeit Gebrauch zu machen, stellen daher Beeinträchtigungen dieser Freiheit dar. Dies ist jedoch nur dann der Fall, wenn sie den Zugang der Arbeitnehmer zum Arbeitsmarkt beeinflussen."*[728] Also kommt es auch hier darauf an, ob eine Regelung zugangsrelevant ist oder nicht[729]. Man kann hier die gleichen Überlegungen anstellen wie schon bei Art. 28/29 und 49 EG: Je höher die Zugangshürden für einen nationalen Arbeitsmarkt sind, um so eher werden die ausländischen Arbeitnehmer davon abgehalten, dort Arbeit zu suchen. Zugangsbeschränkungen sind dazu geeignet, den Austausch von Arbeitskräften über die Grenzen zu beeinträchtigen und müssen deshalb an Art. 39 EG gemessen werden.

Regelungen, die nur die Ausübung der Tätigkeit betreffen, beeinträchtigen die Arbeitnehmerfreizügigkeit dagegen grundsätzlich nur dann, wenn sie diskriminierend ausgestaltet sind[730].

d) Niederlassungsfreiheit

Auch die Niederlassungsfreiheit wurde in der Rechtsprechung des EuGH zu einem Beschränkungsverbot „ausgebaut"[731]. Allerdings ist festzustellen, daß alle

---

EGV, 2. Aufl. 1999, Art. 43 Rn. 23; im Ergebnis auch *Wichmann*, Dienstleistungsfreiheit und grenzüberschreitende Entsendung von Arbeitnehmern, 1998, S. 88.

[726] EuGH, Bosman, Slg. I 1995, S. 4921 (5069).

[727] EuGH, Bosman, Slg. I 1995, S. 4921 (5070 f.); dem folgend wohl EuGH, Lehtonen, Slg. I 2000, S. 2681 (2732 f.), wobei es in diesem Fall allerdings um Art. 49 EG ging; ähnlich auch EuGH, Deliège, Slg. I 2000, S. 2549 (2618).

[728] EuGH, Graf, Slg. I 2000, S. 493 (523).

[729] *Ganten*, Die Drittwirkung der Grundfreiheiten, 2000, S. 134 f., spricht von „Berufszugangsregeln" und „Ausübungsmodalitäten"; ähnlich auch *Wunderlich*, Das Grundrecht der Berufsfreiheit im Europäischen Gemeinschaftsrecht, 2000, S. 91.

[730] Gegen die Unterscheidung zwischen Zugang zur Tätigkeit und Tätigkeitsausübung Generalanwalt *Alber*, Schlußanträge zu EuGH, Lehtonen, Slg. I 2000, S. 2681 (2696); das Urteil selbst spricht die Problematik nicht an, sondern verweist zurück auf das Bosman-Urteil, vgl. EuGH, Lehtonen, Slg. I 2000, S. 2681 (2732 f.).

[731] Vgl. *Scheuer*, in: Lenz (Hrsg.), Kommentar zum EGV, 2. Aufl. 1999, Art. 43 Rn. 7 ff.; soweit *Scheuer* behauptet, die Dimension der Niederlassungsfreiheit als Beschränkungsverbot

Urteile, welche die Dimension der Niederlassungsfreiheit als Beschränkungsverbot betreffen, auf ein Verbot der Benachteiligung grenzüberschreitender Niederlassungen zurückgeführt werden können[732]. Dies gilt unter anderem für das Urteil Kraus[733], welches als Grundsatzurteil zur Dimension der Niederlassungsfreiheit als Beschränkungsverbot gilt. Darin ging es um die Anerkennung von im Ausland erworbenen Titeln[734]. Letztlich ging es darum, zu verhindern, daß Selbständige mit einem im Ausland erworbenen Titel faktisch benachteiligt würden[735].

Auch wenn die Rechtsprechung sich noch nicht explizit mit der Unterscheidung zwischen Zugangs- und Ausübungsregelungen beschäftigt hat, lassen sich doch die Ausführungen zur Arbeitnehmerfreizügigkeit ohne weiteres auf die Niederlassungsfreiheit übertragen. Man kann bei der Niederlassungsfreiheit, anknüpfend an den Wortlaut des Art. 43 II EG, auch von der Unterscheidung zwischen der Aufnahme und der Ausübung selbständiger Tätigkeiten sprechen. Wird also bereits die Aufnahme der Tätigkeit (darunter auch die Gründung einer Zweitniederlassung) beschränkt, dann ist dies in jedem Fall an Art. 43 EG zu messen; wenn hingegen nur die Ausübung der Tätigkeit beschränkt ist, dann muß die diskriminierende Wirkung eigens nachgewiesen werden[736]. Dementsprechend hat der EuGH entschieden, daß ein Gesetz, welches die Öffnungszeiten von Einzelhandelsgeschäften an Sonn- und Feiertagen beschränkte, nicht an Art. 43 EG zu messen ist[737].

---

sei nach der Neufassung des Art. 43 EG durch den Amsterdamer Vertrag bereits dem Wortlaut zu entnehmen, kann dem nicht gefolgt werden. Durch die Neufassung wurde lediglich die unmittelbare Anwendbarkeit klargestellt, im übrigen blieb der Wortlaut unangetastet. Es besteht insoweit also weiterhin der Widerspruch zwischen Art. 43 I EG, der vom Verbot der Beschränkungen spricht, und Art. 43 II EG, der ein (bloßes) Gleichbehandlungsgebot aufstellt.

[732] *Bröhmer*, in: Calliess/Ruffert (Hrsg.), Kommentar zum EUV/EGV, 1999, Art. 43 Rn. 30.

[733] EuGH, Kraus, Slg. I 1993, S. 1663 (1696 f.).

[734] EuGH, Kraus, Slg. I 1993, S. 1663 (1665 ff.).

[735] Vgl. *Bröhmer*, in: Calliess/Ruffert (Hrsg.), Kommentar zum EUV/EGV, 1999, Art. 43 Rn. 30.

[736] Ähnlich *Eberhartinger*, EWS 1997, S. 49; vgl. auch *Troberg*, in: von der Groeben/Thiesing/Ehlermann (Hrsg.), Kommentar zum EUV/EGV, 5. Aufl. 1997, Art. 52 Rn. 29: *„Ausübungsregeln sind auch viel seltener auf Marktabschottung gerichtet als Zulassungsregeln."* Gegen die Übertragung der Keck-Rechtsprechung auf Art. 43 EG hingegen *Scheuer*, in: Lenz (Hrsg.), Kommentar zum EGV, 2. Aufl. 1999, Art. 43 Rn. 10.

[737] EuGH, Semeraro Casa, Slg. I 1996, S. 2975 (3009). Der EuGH begründete dies damit, die beschränkenden Auswirkungen der nationalen Regelung auf die Niederlassungsfreiheit seien „zu ungewiß und zu mittelbar"; vgl. dazu vierter Teil, A. II. 5. b) (5), S. 161 ff.

e) Ergebnis

Die Grundfreiheiten schützen den grenzüberschreitenden Produkt- und Personenverkehr. Sie erfassen jede Beschränkung, die den grenzüberschreitenden Verkehr spezifisch beeinträchtigt[738]; sie sind also Verbote der Benachteiligung des grenzüberschreitenden Verkehrs, wobei der Begriff der Benachteiligung sehr weit zu verstehen ist und jede Form der versteckten oder faktischen Benachteiligung erfaßt. Rechtliche Diskriminierungen fallen immer unter die Grundfreiheiten. Bei rechtlich neutralen Regelungen ist zu unterscheiden:

Betrifft eine (rechtlich neutrale) Beschränkung den Marktzugang, dann beeinträchtigt sie typischerweise den grenzüberschreitenden Verkehr. Der Staat muß sich deshalb für diese Beschränkung rechtfertigen; diese Rechtfertigung kann auch in dem Nachweis bestehen, daß die Marktzugangsbeschränkung gerade keine spezifischen Auswirkungen auf den grenzüberschreitenden Verkehr hat.

Bei rechtlich unterschiedslosen Beschränkungen, die das Verhalten auf dem Markt regulieren, muß hingegen der von ihnen betroffene Marktbürger eigens nachweisen, daß eine Benachteiligung des grenzüberschreitenden Verkehrs vorliegt. Die Unterscheidung zwischen Zugangs- und Ausübungsregelungen läßt sich damit letztlich als eine Beweislastregel interpretieren[739].

Insgesamt also sind die Grundfreiheiten immer von einem Vergleich grenzüberschreitender Sachverhalte mit internen Sachverhalten abhängig. Insoweit könnte man ihnen den Freiheitsgehalt absprechen und sie als bloße „Grundgleichheiten" bezeichnen[740].

Allerdings tritt insbesondere bei Zugangsregeln der Vergleich zwischen internen und grenzüberschreitenden Sachverhalten in den Hintergrund. Schlagwortartig könnte man deshalb sagen, daß die Grundfreiheiten als Freiheitsrechte den freien Zugang zum Markt schützen, und als Gleichheitsrechte die Gleichbehandlung auf dem Markt.

Überdies hat das in den Grundfreiheiten enthaltene Diskriminierungsverbot auch per se eine Freiheitsdimension: Es verschafft den von ihm Begünstigten die

---

[738] So auch *Jarass*, EuR 1995, S. 216 (für die Grundfreiheiten allgemein); Nettesheim, NVwZ 1996, S. 342 (für die Personenverkehrsfreiheiten); *Kort*, JZ 1996, S. 136 (für die Produktverkehrsfreiheiten); *Wichmann*, Dienstleistungsfreiheit und grenzüberschreitende Entsendung von Arbeitnehmern, S. 87 (für die Dienstleistungsfreiheit); Generalanwalt *Tesauro*, Schlußanträge zu EuGH, Hünermund, Slg. I 1993, S. 6787 (6814); im Ergebnis ähnlich *Classen*, EWS 1995, S. 104 f.

[739] Vgl. dazu *Troberg*, in: von der Groeben/Thiesing/Ehlermann (Hrsg.), Kommentar zum EUV/EGV, 5. Aufl. 1997, Art. 52 Rn. 55; ähnlich auch *Jarass*, EuR 2000, S. 712.

[740] Vgl. *Jarass*, EuR 1995, S. 217.

gleiche Freiheit wie sie Inländer (in einer internen Situation) genießen. Insofern schaffen die Grundfreiheiten also einen relativen Freiheitsraum[741].

B. Die gleichheitsschützende Dimension der Berufsfreiheit

Daß die Berufsfreiheit ein Freiheitsrecht ist, bedarf keiner besonderen Erwähnung. Fraglich ist allerdings, ob sie auch vor Gleichheitsverstößen schützt. Dabei geht es im wesentlichen um das Verhältnis zwischen Art. 12 I und Art. 3 I GG. Die Untersuchung richtet sich dabei auf die Abwehrdimension der Berufsfreiheit; die Verbindung von Art. 12 I und Art. 3 I GG in ihrer Leistungsdimension, welche vor allem bei der Ausbildungsfreiheit relevant wurde[742], soll hier ausgeklammert werden.

Zunächst ist darauf einzugehen, in welchen Konstellationen Berufsfreiheitsbeschränkungen mit Gleichheitsverstößen zusammentreffen können. Anschließend stellt sich die Frage nach der rechtlichen Behandlung dieser Fallgruppen.

I. Fallgruppen

Ähnlich wie bei den Grundfreiheiten kann man eine Unterscheidung zwischen rechtlichen Ungleichbehandlungen und faktischen Diskriminierungen treffen[743].

1. Rechtliche Ungleichbehandlungen

a) Innerhalb einer Berufsgruppe

Die Frage einer Wechselwirkung zwischen Art. 12 I und Art. 3 I GG[744] stellt sich besonders dringend, wenn nur ein Teil einer Berufsgruppe eine Berufsfreiheitsbeschränkung dulden muß, während der Rest der Berufsgruppe davon verschont bleibt.

Ein Beispiel dafür findet sich in BVerfGE 59, 336 (355 ff.): Vom Verbot, am Montagvormittag den Frisiersalon zu öffnen, wurden die Friseure ausgenommen, die in Kaufhäusern arbeiten[745]. Hier wird die besondere Problematik dieser Fallgruppe deutlich, nämlich die Verstärkung des Freiheitseingriffes durch die

---

[741] Vgl. *Classen*, EWS 1995, S. 105, der dem „Freiheitsgehalt der Grundfreiheiten [...] einen begrenzten Charakter" zuspricht.

[742] Vgl. dazu z.B. *Scholz*, in: Maunz/Dürig (Hrsg.), Kommentar zum GG, Art. 12 Rn. 147 ff.

[743] Bei den Grundfreiheiten war die Rede von rechtlichen Diskriminierungen und faktischen Schlechterstellungen.

[744] Denkbar sind natürlich auch Ungleichbehandlungen, die unter Art. 3 II bzw. III GG fallen; die Bezugnahme auf Art. 3 I GG erfolgt der Vereinfachung halber.

[745] Dies ist eine gewisse Verkürzung des Sachverhalts der Entscheidung.

Ungleichbehandlung: Wenn ein Friseur am Montagvormittag seinen Salon nicht öffnen darf (Freiheitseingriff), ist dies bereits eine Belastung; wenn aber auch noch seine Konkurrenz in einem nahegelegenen Kaufhaus am Montagvormittag arbeiten darf (Ungleichbehandlung), dann verschlimmert sich seine Lage noch.

b) Zwischen verschiedenen Berufsgruppen

Eine ähnliche Problematik wie bei den Kaufhausfriseuren kann man beim Ladenschlußgesetz finden[746]. Dort werden die Öffnungszeiten für Einzelhändler beschränkt, während beispielsweise Tankstellen ohne eine derartige Beschränkung Waren verkaufen können. Auch hier wird der Berufsfreiheitseingriff, der in der Öffnungszeitbeschränkung für den Einzelhändler liegt, dadurch verschlimmert, daß die mit ihm in Konkurrenz stehende Tankstelle nebenan rund um die Uhr öffnen darf.

Allerdings ist bei dieser Fallgruppe zu beachten, daß nicht jede Berufsfreiheitsbeschränkung, welche nur eine Berufsgruppe trifft, automatisch eine besondere Problematik im Bereich des Art. 3 I GG aufwirft. Art. 3 I GG kann zunächst überhaupt nur dann angewendet werden, wenn die beiden Berufsgruppen vergleichbar sind[747]. Aber auch die bloße Vergleichbarkeit reicht nicht aus, um die besondere Wechselwirkung zwischen Freiheits- und Gleichheitseingriff auszulösen. Wenn beispielsweise Anwälte deutlich strengeren Werbebeschränkungen unterworfen würden als Ärzte, dann kann man zwar von einer Vergleichbarkeit der Berufsgruppen im Hinblick auf Werbebeschränkungen ausgehen. Es handelt sich jeweils um freie Berufe, bei denen eine übermäßige Inanspruchnahme der Leistungen vermieden werden soll[748]. Man könnte die Ungleichbehandlung insoweit auch an Art. 3 I GG messen. Es liegt aber keine Wechselwirkung zwischen Art. 12 I und Art. 3 I GG vor, da es den Anwälten im Prinzip gleichgültig sein kann, ob die Ärzte werben dürfen oder nicht. Anders wäre es jedoch, wenn z.B. Steuerberater keinen Werbebeschränkungen unterlägen. In diesem Fall hätte der Freiheitseingriff insbesondere für die auf Steuerrecht spezialisierten Anwälte unangenehmere Folgen, weil sie befürchten müßten, daß die Mandanten von Steuerberatern abgeworben werden könnten. Hier verschlimmert also die Ungleichbehandlung den Freiheitseingriff[749].

---

[746] Vgl. zur Verfassungsmäßigkeit des Ladenschlußgesetzes BVerfGE 13, 230 (233 ff.) und BVerfGE 13, 237 (241 ff.); kritisch dazu *Schunder*, in: Festschrift für Otfried Wlotzke zum 70. Geburtstag, 1996, S. 599 ff.

[747] Vgl. *Heun*, in: Dreier (Hrsg.), Kommentar zum GG, Band I, 1996, Art. 3 Rn. 21.

[748] Vgl. *Manssen*, in: v.Mangoldt/Klein/Starck (Hrsg.), Kommentar zum GG, Band 1, 4. Aufl. 1999, Art. 12 I Rn. 161.

[749] Vgl. BVerfGE 94, 372 (397), wo das Bundesverfassungsgericht darauf hinweist, daß Werbebeschränkungen für Apotheker sich dort besonders auswirken, wo diese mit ihrem Waren-

Entscheidend für die Wechselwirkung zwischen Berufsfreiheitseingriff und Ungleichbehandlung ist also die Konkurrenz zwischen den Berufsgruppen. Es geht um die Fälle, in denen die Freiheitsbeschränkung einer Berufsgruppe auch noch zu einer Benachteiligung gegenüber ihrer Konkurrenz führt. Die Unterscheidung zwischen der Fallgruppe unter (1) und dieser Fallgruppe beruht ganz wesentlich auf der Bildung von Berufsgruppen; würde man beispielsweise die „Kaufhausfriseure“ als eigene Berufsgruppe ansehen, dann würde der oben erwähnte Fall zu dieser Fallgruppe gehören.

c) Begünstigung statt Benachteiligung

Eine berufsfreiheitsrelevante Ungleichbehandlung kann auch dann vorliegen, wenn ein Teil einer Berufsgruppe besonders gefördert wird, während die übrigen Berufsangehörigen nicht in den Genuß der Vergünstigung gelangen[750]. Ein Beispiel hierfür wäre eine Subvention für (nur) ein bestimmtes Unternehmen einer Branche. Es ist umstritten, ob in diesem Fall die Subventionierung einen Eingriff in die Berufsfreiheit des nichtsubventionierten Konkurrenten bewirkt[751]. Wenn man dies bejaht, dann sind diese Fälle den oben genannten Fällen strukturell gleich: Benachteiligung bzw. Nicht-Begünstigung und Eingriff in die Berufsfreiheit treffen dieselbe Person und beruhen auf derselben staatlichen Maßnahme. Der Zusammenhang zwischen Ungleichbehandlung und Freiheitseingriff wird hier sogar noch deutlicher: Die Ungleichbehandlung verschlimmert den Freiheitseingriff nicht nur, sie führt ihn vielmehr überhaupt erst herbei[752].

2. Faktische Diskriminierungen

Eine Beschränkung der Berufsfreiheit, welche *rechtlich unterschiedslos* für eine ganze Berufsgruppe gilt, kann auf verschiedene (abgrenzbare) Teile dieser Gruppe *faktisch unterschiedlich* wirken[753]. Das Bundesverfassungsgericht hat immer wieder mit dieser Problematik zu tun. In einem Fall ging es beispielsweise um die Pflicht zum unentgeltlichen Transport von Schwerbehinderten[754]. Die-

---

angebot in Konkurrenz zu anderen Berufsgruppen stehen.

[750] Entsprechendes gilt für die Begünstigung einer Berufsgruppe, die mit einer anderen Berufsgruppe in Konkurrenz steht.

[751] Dazu unten beim Eingriffsbegriff, vierter Teil, B. II. 1. d), S. 171 ff.

[752] Vgl. *Manssen*, in: v.Mangoldt/Klein/Starck (Hrsg.), Kommentar zum GG, Band 1, 4. Aufl. 1999, Art. 12 Rn. 270: „*Die Gleichheitswidrigkeit erweist sich hierbei als Indiz für die rechtswidrige Verkürzung des grundrechtlichen Freiheitsgehaltes.*“

[753] Vgl. hierzu oben dritter Teil, A. II. 1. a), S. 124 f. Denkbar ist auch, daß die faktische Diskriminierung nicht auf einem Eingriff, sondern auf einer Förderung einer Berufsgruppe beruht, von der ein Teil der Berufsgruppe mehr profitiert als der Rest.

[754] BVerfGE 68, 155 (173).

se Pflicht traf zwar alle Personenverkehrsbetriebe; aber die Betreiber des öffentlichen Personenverkehrs in Kur- und Fremdenverkehrsgebieten waren deutlich stärker belastet als die übrigen Verkehrsbetriebe, weil sich in den Erholungsgebieten ein weit größerer Prozentsatz von Schwerbehinderten aufhält.

Die Gleichheitsproblematik, die hier auftaucht, besteht in der Gleichbehandlung von Sachverhalten, die wesentlich ungleich sind[755]. Es wird vertreten, daß die Fälle der Gleichbehandlung von wesentlich Ungleichem sich stets auch als Fälle der Ungleichbehandlung von wesentlich Gleichem fassen lassen[756]. Doch gerade in den Fällen, wo ein Freiheitseingriff sich faktisch unterschiedlich auswirkt, kann man dies nicht durch Heranziehung einer anderen Vergleichsgruppe als Ungleichbehandlungsproblem ansehen[757]. Die Ungleichheit liegt hier nur in den Wirkungen der Regelung[758]: Die Pflicht zur unentgeltlichen Beförderung von Schwerbehinderten bewirkt eine Benachteiligung der Verkehrsbetriebe in Kurorten gegenüber den sonstigen Verkehrsbetrieben. Es liegt also nicht eine rechtliche Ungleich*behandlung*, sondern eine tatsächliche „Ungleich*wirkung*" vor[759].

Eine derartige Ungleichwirkung kann übrigens vom Urheber der Regelung auch beabsichtigt sein. Das Nachtbackverbot etwa trifft schichtfähige, industrielle Backwarenproduzenten stärker als Handwerksbetriebe[760]. Diese Wirkung ist vom Gesetzgeber auch beabsichtigt, weil er die mittelständischen Betriebe gegenüber den Großbetrieben schützen will[761].

---

[755] Vgl. auch BVerfGE 84, 133 (158); *Manssen*, Grundrechte, 2000, Rn. 26 (mit Bezug auf die Pflichtexemplarentscheidung, BVerfGE 58, 137 ff. Dort ging es zwar um Art. 14 GG; die Problematik der Gleichbehandlung von wesentlich Ungleichem im Rahmen eines Freiheitseingriffs ist jedoch bei Art. 14 GG dieselbe wie bei Art. 12 GG.). Vgl. auch oben dritter Teil, A. II. 1. d), S. 127, wo festgestellt wurde, daß sich die Fallgruppe der faktischen Benachteiligung im Rahmen der Grundfreiheiten auf das Verbot der Gleichbehandlung von wesentlich ungleichen Sachverhalten zurückführen läßt.

[756] *Pieroth/Schlink*, Staatsrecht II, 17. Aufl. 2001, Rn. 436 f.

[757] *Manssen*, Staatsrecht I, 1995, Rn. 673 f.; *Jarass*, in: Jarass/Pieroth, Kommentar zum GG, 5. Aufl. 2000, Art. 3 Rn. 7.

[758] Vgl. *Manssen*, Staatsrecht I, 1995, Rn. 676.

[759] Vgl. noch *Sachs*, Verfassungsrecht II, 2000, B 3 Rn. 41 ff., der sich gegen ein aus Art. 3 I GG folgendes Verbot der Gleichbehandlung wesentlich ungleicher Sachverhalte wendet. Sofern dabei ein Verfassungsverstoß vorliege, folge er aus „anderweitigen verfassungsrechtlichen Anforderungen", insbesondere Verstößen gegen Freiheitsrechte. Das spricht dafür, daß *Sachs* das Verbot der Gleichbehandlung von wesentlich Ungleichem *innerhalb der Berufsfreiheit* wohl anerkennt.

[760] Vgl. BVerfGE 87, 363 (388 f.); vgl. auch bereits BVerfGE 23, 50 (59 f.).

[761] Vgl. BVerfGE 87, 363 (388 f.); 23, 50 (59 f.).

II. Rechtliche Behandlung der unterschiedlichen Konstellationen

1. Rechtsprechung des Bundesverfassungsgerichts

Das Bundesverfassungsgericht hat keine einheitliche Linie gefunden, um Fälle zu behandeln, in denen Berufsfreiheitseingriffe mit Gleichheitsproblemen zusammentreffen. Für die Fälle der (rechtlichen oder faktischen) Ungleichbehandlung innerhalb einer Berufsgruppe verwendet das Gericht häufig folgende Formel: *„Werden durch eine Berufsausübungsregelung, die im ganzen verfassungsrechtlich nicht zu beanstanden ist, innerhalb der betroffenen Berufsgruppe nicht nur einzelne, sondern bestimmte, wenn auch zahlenmäßig begrenzte Gruppen typischer Fälle ohne hinreichende sachliche Gründe wesentlich stärker als andere belastet, dann kann Art. 12 I GG i.V.m. Art. 3 I GG verletzt sein."*[762]

Diese Formel sieht also eine kombinierte Anwendung von Art. 12 I GG und Art. 3 I GG vor. Ausgangspunkt für die Prüfung ist Art. 12 I GG. Die jeweilige Regelung wird auf ihre „generelle" Verhältnismäßigkeit geprüft; ist diese zu bejahen, wird anschließend untersucht, ob wegen einer sachlich nicht gerechtfertigten Ungleichbehandlung eines abgrenzbaren Teils der Berufsgruppe dennoch ein Grundrechtsverstoß vorliegt[763].

2. Eigener Lösungsvorschlag

Dem Ansatz der kombinierten Anwendung von Art. 12 I und Art. 3 I GG ist zuzustimmen. Angesichts der unterschiedlichen Fallgruppen muß allerdings eine differenzierte Lösung gefunden werden.

a) Rechtliche Diskriminierung innerhalb einer Berufsgruppe

(1) Freiheitseingriff

Im Fall der rechtlichen Diskriminierung eines Berufsgruppenteils ist zunächst der Eingriff in die Berufsfreiheit am normalen Maßstab des Art. 12 I GG zu messen[764].

---

[762] BVerfGE 30, 292 (327); 68, 155 (173); ähnlich BVerfGE 59, 336 (355 f.); 65, 116 (125 f.); 77, 84 (113).

[763] So der Aufbau in BVerfGE 30, 292 (317 ff., 327 ff.); 69, 155 (171 f., 173 ff.); 77, 84 (107 ff., 113).

[764] So allgemein für das Zusammentreffen von Freiheits- und Gleichheitsverstößen *Starck*, in: v.Mangoldt/Klein/Starck (Hrsg.), Kommentar zum GG, Band 1, 4. Aufl. 1999, Art. 3 I Rn. 275; *Gubelt*, in: v.Münch/Kunig (Hrsg.), Kommentar zum GG, Band 1, 5. Aufl. 2000, Art. 3 Rn. 105; etwas differenzierter *Heun*, in: Dreier (Hrsg.), Kommentar zum GG, Band I, 1996, Art. 3 Rn. 124.

Bei der Verhältnismäßigkeitsprüfung ist bereits zu beachten, daß die Ungleichbehandlung Rückwirkungen auf die Intensität des Eingriffs hat[765]. Das Verbot, am Montagmorgen den Frisiersalon zu öffnen, ist für den Friseur deshalb besonders gravierend, weil er Kunden an Kaufhausfriseure verliert. Diese konkreten negativen Auswirkungen dürfen insbesondere bei der Angemessenheitsprüfung nicht außer acht gelassen werden[766].

(2) Gleichheitsverstoß

Nur wenn die Regelung verhältnismäßig ist, muß anschließend eine Gleichheitsprüfung vorgenommen werden. Gerade in den Fällen der Diskriminierung durch Begünstigung (etwa bei Subventionen) wird hier der Schwerpunkt der Prüfung liegen.

Um die Wechselwirkung zwischen Berufsfreiheitseingriff und Ungleichbehandlung nicht aus dem Auge zu verlieren, sollte Art. 3 I GG nicht separat von Art. 12 I GG geprüft werden[767]. Art. 3 I GG ist vielmehr im Rahmen des Art. 12 I GG anzuwenden[768].

Dies ließe sich über eine Anwendung der „Elfes-Konstruktion“ erreichen: Nur ein („im übrigen“) verfassungsmäßiges Gesetz kann Art. 12 I GG einschränken; wenn das Gesetz aber gegen Art. 3 I GG verstößt, ist es gerade nicht verfassungsgemäß[769].

---

[765] Vgl. *Wunderlich*, Das Grundrecht der Berufsfreiheit im Europäischen Gemeinschaftsrecht, 2000, S. 141 f.

[766] Vgl. auch BVerfGE 94, 372 (397).

[767] So allerdings *Sachs*, Verfassungsrecht II, 2000, B 3 Rn. 139 und B 12 Rn. 54; wohl auch *Papier*, DVBl. 1984, S. 810; nicht eindeutig bei *Bachof*, in: Bettermann/Nipperdey/Scheuner, Die Grundrechte, Band III/1, 1. Aufl. 1958, S. 169; dieser Prüfungsaufbau findet sich u.a. in BVerfGE 13, 181 (184ff., 202 ff.); 46, 246 (256 ff.); 80, 269 (278 ff., 280 ff.).

[768] Vgl. BVerfGE 34, 252 (256); 38, 61 (97); 54, 251 (271); 98, 49 (62); *Breuer*, in: Isensee/Kirchhof (Hrsg.), Handbuch des Staatsrechts, Band VI, 2. Aufl. 2001, § 147, Rn. 99: „verbundene Idealkonkurrenz“; *Scholz*, in: Maunz/Dürig (Hrsg.), Kommentar zum GG, Art. 12 Rn. 145 f; *Scholz*, in: Maunz/Dürig (Hrsg.), Kommentar zum GG, Art. 19 Rn. 10; *P.M. Huber*, in: v.Mangoldt/Klein/Starck (Hrsg.), Kommentar zum GG, Band 1, 4. Aufl. 1999, Art. 19 I Rn. 16; für das ähnliche Verhältnis von Art. 14 und Art. 3 I GG *Bryde*, in: v.Münch/Kunig (Hrsg.), Kommentar zum GG, Band 1, 5. Aufl. 2000, Art. 14 Rn. 64a.

[769] Ein schönes Beispiel für die Verwendung dieser Konstruktion findet sich in BVerfGE 95, 267 (316), wobei dort allerdings nicht Art. 12 I GG, sondern Art. 2 I GG angewendet wird: Art. 3 I GG wird nach der Verhältnismäßigkeit im Rahmen der „übrigen verfassungsmäßigen Ordnung“ geprüft. Vgl. auch *Bleckmann*, Staatsrecht II, 4. Aufl. 1997, S. 695 (bei der von *Bleckmann* u.a. als Beleg angeführten Entscheidung BVerfGE 25, 236 [251] ist allerdings zu beachten, daß es sich dort nicht um einen kombinierten Freiheits- und Gleichheitsverstoß in bezug auf dieselbe Personengruppe handelte, sondern daß die berufsfreiheitsbeschränkende

Eine weitere Konstruktionsmöglichkeit besteht darin, den Gleichheitssatz als eine spezielle Schranken-Schranke der Berufsfreiheit anzusehen[770]. Diese dogmatische Konstruktion verdeutlicht, daß Freiheits- und Gleichheitseingriff nur zwei Aspekte derselben Regelung sind.

Bei der inhaltlichen Prüfung ist zu beachten, daß der Gleichheitssatz nicht nur als bloßes Willkürverbot zur Anwendung gelangt. Das Bundesverfassungsgericht hat in seiner sog. neuen Formel festgelegt, daß gerade bei Ungleichbehandlungen von Personengruppen zu untersuchen ist, ob sachgerechte Gründe für die Ungleichbehandlung vorhanden sind, die von solcher Art und Gewicht sind, daß sie diese rechtfertigen können[771]. Die Prüfungsintensität wächst dabei mit dem Bezug zum Freiheitsrecht[772]. Es liegt darum nahe, sich daran zu orientieren, auf welcher Stufe der jeweilige Eingriff in die Berufsfreiheit erfolgt ist[773]. Im Ergebnis erfolgt dann eine weitere Verhältnismäßigkeitsprüfung[774]. Diese unterscheidet sich von der vorhergehenden Prüfung: Nicht die Beschränkung der individuellen Freiheit, sondern die Ungleichbehandlung muß geeignet, erforderlich und angemessen sein, den gesetzgeberischen Zweck zu erfüllen. Diese Gleichheitsprüfung ist wegen dieser unterschiedlichen Blickrichtung neben der Prüfung der Verhältnismäßigkeit des Freiheitseingriffes nicht überflüssig[775]. So entschied das Bundesverfassungsgericht beispielsweise, daß das Selbstbedienungsverbot in Apotheken im Hinblick auf Art. 12 I GG verhältnismäßig sei[776]. Allerdings erkannte es einen Gleichheitsverstoß, soweit frei verkäufliche Arzneimittel in Apotheken dem Selbstbedienungsverbot unterlagen, aber nicht im übrigen Einzelhandel[777].

Regelung an einem „inneren Widerspruch" litt.

[770] *Kloepfer*, Gleichheit als Verfassungsfrage, 1980, S. 52, sieht den Gleichheitssatz als Schranken-Schranke der Beschränkung von Freiheitsrechten; zum Verhältnis zu Art. 19 I 1 GG vgl. *P.M. Huber*, in: v.Mangoldt/Klein/Starck (Hrsg.), Kommentar zum GG, Band 1, 4. Aufl. 1999, Art. 19 Rn. 16 ff.

[771] Vgl. BVerfGE 55, 72 (88).

[772] Vgl. speziell für Art. 12 I GG BVerfGE 62, 256 (274); 97, 169 (181).

[773] Zur Dreistufentheorie siehe unten fünfter Teil, B. II., S. 204 ff.

[774] Die Verhältnismäßigkeitsprüfung im Rahmen des Gleichheitssatzes ist nicht unumstritten; dafür *Pieroth/Schlink*, Staatsrecht II, 17. Aufl. 2001, Rn. 440 ff.; kritisch *Heun*, in: Dreier (Hrsg.), Kommentar zum GG, Band I, 1996, Art. 3 Rn. 24 ff., der allerdings gerade für den hier relevanten Bereich des Bezugs zu einem Freiheitsrecht anerkennt, daß insoweit eine Verhältnismäßigkeitsprüfung „naheliegt" (aaO., Rn. 29, Fußnote 162); ablehnend *J. Ipsen*, Staatsrecht II, 3. Aufl. 2000, Rn. 767 ff.

[775] *Manssen*, in: v.Mangoldt/Klein/Starck (Hrsg.), Kommentar zum GG, Band 1, 4. Aufl. 1999, Art. 12 I Rn. 269; *Gubelt*, in: v.Münch/Kunig (Hrsg.), Kommentar zum GG, Band 1, 5. Aufl. 2000, Art. 12 Rn. 94.

[776] BVerfGE 75, 166 (177 f.).

[777] BVerfGE 75, 166 (178 ff.). Auch hier gerät dem Bundesverfassungsgericht durch eine

b) Rechtliche Ungleichbehandlung verschiedener Berufsgruppen

Es wird teilweise vertreten, daß die unterschiedliche Behandlung verschiedener Berufe nicht anhand des Art. 3 I GG zu überprüfen sei[778]. Dies wird damit begründet, daß Art. 12 I GG in Verbindung mit dem Übermaßverbot bereits dafür sorge, daß die jeweilige Differenzierung sachgerecht sei[779]. Es ist aber nicht einzusehen, warum die Fälle der berufsinternen Ungleichbehandlung an Art. 3 I GG gemessen werden sollen[780], aber nicht die strukturell gleichen Fälle, in denen miteinander in Konkurrenz stehende Berufe verschieden behandelt werden. Das Beispiel des Ladenschlußgesetzes kann dies verdeutlichen: Tankstellenpächter gehören nicht zur Berufsgruppe der Einzelhändler; Einzelhändler in Bahnhöfen gehören hingegen sehr wohl zur Berufsgruppe der Einzelhändler. Von dieser Berufsgruppenzugehörigkeit darf es jedoch nicht abhängen, ob die unterschiedlichen Öffnungszeiten auch am Gleichheitssatz gemessen werden dürfen.

Deshalb sind auch die Fälle, in denen aufgrund einer Konkurrenz zwischen den Berufsgruppen eine Wechselwirkung zwischen Freiheits- und Gleichheitsverstößen besteht, so zu behandeln wie die oben genannten berufsinternen Ungleichbehandlungen.

c) Faktische Diskriminierung

Bei der faktischen Diskriminierung durch einen Berufsfreiheitseingriff ist grundsätzlich genauso vorzugehen: Zunächst ist die Verhältnismäßigkeit des Eingriffs zu untersuchen und anschließend Art. 3 I GG als besondere Schranken-Schranke der Berufsfreiheit zu prüfen. Eine Besonderheit besteht allerdings darin, daß bei Art. 12 I GG zunächst die „generelle" Verhältnismäßigkeit der Regelung zu prüfen ist, d. h. wie wirkt sich die Regelung auf die „normalen" Berufsangehörigen aus. Anschließend ist die „spezielle" Verhältnismäßigkeit der Auswirkungen auf die besonders belasteten Angehörigen der Berufsgruppe[781] zu

---

separate Prüfung von Art. 3 I GG der Zusammenhang zur Berufsfreiheit etwas aus dem Blick (die Werbebeschränkungen für frei verkäufliche Waren sieht das Gericht hingegen unter dem Aspekt des Art. 12 I GG, vgl. BVerfGE 94, 372 [397]). Kritisch dazu auch *Manssen*, in: v.Mangoldt/Klein/ Starck, GG, Art. 12 I Rn. 164, der insoweit einen Verstoß gegen die Berufsfreiheit und nicht nur gegen Art. 3 I GG erkennt. Ein ähnlicher, auch vergleichbar gelöster, Fall findet sich noch in BVerfGE 80, 278 (280 ff.).

[778] So *Erichsen*, Jura 1980, S. 560; *Tettinger*, AöR 108 (1983), S. 131; ähnlich *Starck*, in: v.Mangoldt/Klein/Starck (Hrsg.), Kommentar zum GG, Band 1, 4. Aufl. 1999, Art. 3 I Rn. 275 a. E.

[779] *Erichsen*, Jura 1980, S. 560; *Tettinger*, AöR 108 (1983), S. 131.

[780] Was auch *Erichsen*, Jura 1980, S. 560, und *Tettinger*, AöR 108 (1983), S. 131 f. zugeben.

[781] Es wird stillschweigend davon ausgegangen, daß die besondere Belastung nicht die Mehrheit, sondern gerade nur eine Minderheit der Berufsgruppe trifft. Liegt der Fall umgekehrt, so ist das eher ein Fall der besonderen Bevorzugung der weniger betroffenen Berufsangehörigen.

durchleuchten[782]. Wenn eine generell verhältnismäßige Norm gegenüber einer abgrenzbaren Gruppe unverhältnismäßig ist, dann liegt darin ein Verstoß gegen Art. 12 I GG[783]. Ist die Norm hingegen auch der besonders benachteiligten Gruppe gegenüber verhältnismäßig, dann ist sie noch auf ihre Vereinbarkeit mit dem Gleichheitssatz zu überprüfen[784]. Allerdings ist zu beachten, daß das Verbot der Gleichbehandlung von wesentlich ungleichen Sachverhalten nicht so streng ist wie das Verbot der Ungleichbehandlung von wesentlich gleichen Sachverhalten[785]. Der Spielraum des Gesetzgebers ist größer: *„Wenn der Gesetzgeber verschiedene Lebenssachverhalte vorfindet, hat er zunächst zu beurteilen, ob die vorgegebenen Unterschiede so erheblich sind, daß sie auch verschiedene Rechtsfolgen verlangen."*[786] Deshalb werden Regelungen, welche die Hürde der „speziellen" Verhältnismäßigkeit genommen haben, in der Regel nicht mehr am Gleichheitssatz scheitern[787]. Ungleichwirkungen von Normen, die den Betroffenen „absolut" zumutbar sind, sind ihnen also regelmäßig auch „relativ" gegenüber ihren weniger belasteten Kollegen bzw. Konkurrenten zuzumuten.

Häufig wird es darauf ankommen, ob es nicht möglich war, Härteklauseln einzuführen[788]. Ist dies der Fall, so stellt die Härteklausel ein milderes Mittel dar, so daß die Freiheitsbeschränkung der besonders belasteten Minderheit nicht erforderlich und damit unverhältnismäßig ist; wenn hingegen eine Härteklausel eingeführt wird, beseitigt sie sowohl den Verstoß gegen das Übermaßverbot wie auch einen möglichen Verstoß gegen den Gleichheitssatz.

3. Ergebnis

Wenn Berufsfreiheits- und Gleichheitseingriffe zusammentreffen, dann ist dies über eine kombinierte Anwendung von Art. 12 I GG und Art. 3 I GG zu lösen.

Bei rechtlichen Ungleichbehandlungen ist die Verstärkung des Freiheitseingriffs durch die Diskriminierung zu berücksichtigen. Wenn die Regelung dem Übermaßverbot standhält, muß der Gleichheitssatz als Schranken-Schranke der Be-

---

[782] Vgl. BVerfGE 84, 133 (154 f., 158).
[783] Vgl. (für Art. 14 GG) BVerfGE 58, 137 (150 f.), wo das Bundesverfassungsgericht in dem Verstoß gegen Art. 14 GG zugleich einen Verstoß gegen Art. 3 I GG sieht.
[784] Vgl. z.B. BVerfGE 13, 237 (241 ff.).
[785] Vgl. BVerfGE 6, 55 (71); 90, 226 (239); *Osterloh*, in: Sachs (Hrsg.), Kommentar zum GG, 2. Aufl. 1999, Art. 3 Rn. 83. Dieser unterschiedliche Maßstab ist dadurch begründet, daß anderenfalls durch das Gleichbehandlungsverbot auf der einen Seite und das Ungleichbehandlungsverbot auf der anderen Seite der Handlungsspielraum des Gesetzgebers zu stark eingeschränkt würde, vgl. dazu *Heun*, in: Dreier (Hrsg.), Kommentar zum GG, Band I, 1996, Art. 3 Rn. 22.
[786] BVerfGE 13, 237 (242).
[787] Vgl. z.B. BVerfGE 13, 237 (241 ff.); 84, 133 (158); 87, 363 (388 f.).
[788] Vgl. z.B. BVerfGE 68, 155 (173).

rufsfreiheit geprüft werden, wobei der anzulegende Maßstab sich an der Intensität des Freiheitseingriffs orientiert.

Bei faktischen Ungleichbehandlungen muß die Regelung nicht nur gegenüber den allgemein betroffenen Berufsausübenden, sondern auch gegenüber den sonderbetroffenen Berufstätigen zumutbar sein. Wenn dies der Fall ist, dann ist ebenfalls noch der Gleichheitssatz in seiner Ausprägung als Verbot der Gleichbehandlung von wesentlich ungleichen Sachverhalten anzuwenden; der Prüfungsmaßstab ist hier allerdings weniger streng, so daß die Zumutbarkeit im Rahmen des Übermaßverbotes regelmäßig auch die Vereinbarkeit mit dem Gleichheitssatz indiziert.

C. Abschließender Vergleich

Es läßt sich nun feststellen, wie groß der Unterschied zwischen der Berufsfreiheit als Freiheitsrecht und den Grundfreiheiten als Gleichheitsrechten tatsächlich ist. Dazu ist es zweckmäßig, drei verschiedene Fallgruppen zu unterscheiden. Dabei wird untersucht, inwieweit Berufsfreiheit und Grundfreiheiten strukturell die gleichen oder unterschiedliche Fälle betreffen.

I. Zusammentreffen von Freiheits- und Gleichheitsaspekten

Die Fälle, in denen Freiheits- und Gleichheitsaspekte zusammentreffen, werden sowohl von der Berufsfreiheit als auch von den Grundfreiheiten erfaßt.

Im Verfassungsrecht steht in diesen Fällen regelmäßig der Freiheitseingriff im Vordergrund. Die Gleichheitsprobleme werden meist innerhalb oder als Appendix der Freiheitsprobleme behandelt[789]. Gerade in den Fällen faktischer Ungleichwirkung wird der Gleichheitsaspekt leicht übersehen[790]; es werden also, mit anderen Worten, Fälle als reine Freiheitsprobleme behandelt, die in Wirklichkeit zumindest auch Gleichheitsaspekte enthalten[791].

---

[789] Vgl. *Manssen*, Staatsrecht I, 1995, Rn. 23: Es *„wird oft eine Problematik im Bereich eines Freiheitsrechts angesiedelt, auch wenn sie gleichgewichtige Gleichheitsprobleme enthält."*

[790] So auch *Manssen*, Grundrechte, 2000, Rn. 25.

[791] Zum Beispiel könnte man Altersgrenzen ohne weiteres auch unter dem Aspekt der „Diskriminierung wegen des Alters" (vgl. hierzu Art. 25 der EU-Charta der Grundrechte, wo die „Rechte älterer Menschen" im Kapitel „Gleichheit" angesprochen werden) betrachten (das Alter ist ein subjektives Merkmal wie die in Art. 3 III S. 1 GG genannten Merkmale „Geschlecht" bzw. „Sprache", vgl. auch *Wieland*, in: Dreier (Hrsg.), Kommentar zum GG, Band I, 1996, Art. 12 Rn. 75). Das Bundesverfassungsgericht prüft jedoch bei Altersgrenzen Art. 3 I GG nur im Hinblick auf den Vergleich mit anderen Berufsgruppen, nicht im Hinblick auf „Alte" vs. „Junge", vgl. BVerfGE 9, 338 (349 ff.). Ansonsten wird nur der Freiheitseingriff betrachtet, vgl. BVerfGE 9, 338 (343 ff.); 64, 72 (82 f.). Eine teilweise Berücksichtigung von Art. 3 I GG findet sich allerdings in BVerfG NJW 1993, S. 1576.

Bei den Grundfreiheiten ist die Blickrichtung anders: Das Vorliegen einer rechtlichen Ungleichbehandlung oder faktischen Benachteiligung grenzüberschreitender Sachverhalte ist Voraussetzung für die Anwendung der Grundfreiheiten. Damit ist also das Diskriminierungsverbot der Hebel, um Freiheitsbeschränkungen überprüfen zu können. Es ist aber nicht notwendig, daß die Diskriminierung der dominierende Aspekt der Regelung ist; der Schwerpunkt kann durchaus auf der Freiheitsbeschränkung liegen.

II. Gleichheitsverstöße

Gleichheitsverstöße ohne Freiheitsbeschränkung werden von der Berufsfreiheit nicht erfaßt[792]. Auch die Grundfreiheiten sind regelmäßig bei reinen Gleichheitsverstößen nicht einschlägig: Erforderlich ist bei den Grundfreiheiten immer ein Bezug zu einer wirtschaftlichen Tätigkeit. Die von den Grundfreiheiten erfaßten Fälle werden also zumeist eine Beschränkung der Berufsfreiheit zum Gegenstand haben.

Was die verschiedenen Arten von Gleichheitsverstößen angeht, so ist noch darauf hinzuweisen, daß auch hier eine weitgehende Parallelität zwischen Gemeinschaftsrecht und Verfassungsrecht festzustellen ist. So findet sich die Unterscheidung zwischen offener und versteckter Diskriminierung im Verfassungsrecht wieder: Im Rahmen der speziellen Gleichbehandlungsgebote des Art. 3 III GG (welche insoweit dem Diskriminierungsverbot nach der Staatsangehörigkeit ähnlich sind) ist nicht nur die unmittelbare Anknüpfung an das jeweilige Merkmal grundsätzlich verboten[793], sondern auch die Anknüpfung an Merkmale, die typischerweise zum gleichen Ergebnis führen[794].

Auch die Unterscheidung zwischen rechtlichen und faktischen Diskriminierungen taucht bei der Berufsfreiheit auf. Dabei ist festzustellen, daß sich das Verbot der faktischen Diskriminierung im Bereich des Verfassungsrechts auf das Verbot zurückführen läßt, wesentlich Ungleiches gleich zu behandeln. Dies wurde auch bei den Grundfreiheiten angedeutet: Man darf grenzüberschreitende und

---

[792] Allerdings kommt es auch vor, daß wegen eines offensichtlichen Gleichheitsverstoßes (insbesondere im Rahmen des Art. 3 III GG) der Freiheitseingriff übersehen wird: In der Entscheidung zum Nachtarbeitsverbot für Frauen (BVerfGE 85, 191 [206 ff.]) prüfte das Bundesverfassungsgericht nur Art. 3 III und Art. 3 I GG, aber nicht Art. 12 I GG. Das Bundesverwaltungsgericht hingegen berücksichtigte in einer Entscheidung zum Verbot für Männer, Hebamme zu werden, korrekterweise sowohl Art. 12 I GG als auch Art. 3 II und III GG (BVerwGE 40, 17 [18 ff., 24 f.]).

[793] BVerfGE 85, 191 (206); *Sachs*, in: Isensee/Kirchhof (Hrsg.), Handbuch des Staatsrechts, Band V, 2. Aufl. 2000, § 126 Rn. 70 ff.

[794] BVerfGE 97, 35 (43 ff.) (unter ausdrücklichem Bezug auf die Rechtsprechung des EuGH zu Art. 141 EG); *Osterloh*, in: Sachs (Hrsg.), Kommentar zum GG, 2. Aufl. 1999, Art. 3 Rn. 255; *Jarass*, in: Jarass/Pieroth, Kommentar zum GG, 5. Aufl. 2000, Art. 3 Rn. 72.

interne Sachverhalte nicht immer den (rechtlich) gleichen Beschränkungen unterwerfen, weil die grenzüberschreitenden Sachverhalte durch derartige Beschränkungen ungleich getroffen werden.

III. Reine Freiheitsbeschränkungen

Die Grundfreiheiten erfassen reine Freiheitsbeschränkungen im Gegensatz zur Berufsfreiheit nicht. Allerdings muß ein Eingriff in die Berufsfreiheit, der zugleich zu einer Ungleichbehandlung führt, letztlich strengere Voraussetzungen erfüllen (nämlich die des Gleichheitssatzes als einer zusätzlichen Schranken-Schranke), als eine reine Freiheitsbeschränkung. Damit ist der Gleichheitsverstoß bei den Grundfreiheiten Voraussetzung für die Annahme eines Eingriffs, während er bei der Berufsfreiheit zu einer Maßstabsverschärfung bei der Rechtfertigung des Eingriffs führt.

IV. Ergebnis

Der Unterschied zwischen der Berufsfreiheit als Freiheitsrecht und den Grundfreiheiten als Diskriminierungsverbote ist nicht so groß, wie es auf den ersten Blick scheinen könnte. Die Grundfreiheiten sind auch (spezifische) Beschränkungsverbote; aus der Sicht des Einzelnen sind sie also auch Freiheitsrechte. Die Berufsfreiheit wiederum schützt nicht nur vor Freiheitsbeschränkungen, sondern auch vor Diskriminierungen.

Man kann also zusammenfassen, daß die Berufsfreiheit ein Freiheitsrecht ist, welches auch die Gleichheit der Berufstätigen schützt, während die Grundfreiheiten Diskriminierungsverbote sind, die in ihrem Anwendungsbereich auch vor Beschränkungen schützen. Schlagwortartig lassen sich damit die Grundfreiheiten als freiheitsschützende Gleichheitsrechte und die Berufsfreiheit als gleichheitsschützendes Freiheitsrecht charakterisieren.

VIERTER TEIL: DER EINGRIFF

Schon in den bisherigen Ausführungen wurde des öfteren von „Eingriffen“ in die Grundfreiheiten bzw. Berufsfreiheit gesprochen. Hier soll nun untersucht werden, nach welchen Kriterien man den Eingriff bestimmen kann.

A. Der Eingriff in die Grundfreiheiten

Bei den Grundfreiheiten spricht man meist nicht von „Eingriffen“, sondern von Beschränkungen. Allerdings wird der Terminus „Beschränkung“ oft als Gegensatz zur „Diskriminierung“ gebraucht. Der aus der Grundrechtslehre stammende Begriff des Eingriffs soll daher hier verwendet werden, um sowohl „Beschränkungen“ als auch „Diskriminierungen“ zu erfassen[795].

I. Merkmale für eine vorläufige Definition

Zunächst sind die Merkmale eines Eingriffs zu erörtern, welche notwendig sind, um eine vorläufige Definition zu erstellen.

1. Urheberschaft

Es wurde bereits im zweiten Teil dieser Arbeit festgestellt, daß weder Private noch die Gemeinschaft selbst Autoren eines Eingriffs in die Grundfreiheiten sein können[796].

Von einem Eingriff in die Grundfreiheiten kann vielmehr nur gesprochen werden, wenn die beeinträchtigende Handlung von einer dem Mitgliedstaat zurechenbaren Handlungseinheit vorgenommen wird.

2. Handlungsqualität

Fraglich ist, ob die eingreifende Handlung ein aktives Tun sein muß, oder ob auch ein Unterlassen genügt. Wie oben dargelegt, kann auch ein (pflichtwidriges) Unterlassen die Grundfreiheiten verletzen[797]. Allerdings sind die Grundfreiheiten dabei nicht in ihrer Abwehrdimension betroffen, sondern vielmehr in ihrer Dimension als Schutzpflichten[798]. Der Begriff des Eingriffs soll jedoch auf

---

[795] So auch die Terminologie bei *Hoffmann*, Die Grundfreiheiten des EG-Vertrags als koordinationsrechtliche und gleichheitsrechtliche Abwehrrechte, 2000, S. 21.

[796] Siehe zweiter Teil, A. I. (S. 64 ff.), B. I. (S. 81 ff.) und C II. (S. 101 ff.).

[797] Siehe zweiter Teil, C. II. 2., S. 103 ff.

[798] Vgl. zweiter Teil, C. II. 2., S. 103 ff.

die Abwehrdimension beschränkt werden. Damit kann also nur ein aktives Tun in die Grundfreiheiten eingreifen[799].

3. Wirkung

Im dritten Teil dieser Arbeit wurde beschrieben, welche Wirkung ein staatliches Tun haben muß, damit man von einem Eingriff sprechen kann. Die staatliche Handlung muß den grenzüberschreitenden Wirtschaftsverkehr spezifisch beschränken, ihn also gegenüber rein internen Sachverhalten rechtlich diskriminieren oder faktisch benachteiligen[800]. Insofern kann nicht jede beliebige Beschränkung der Wirtschaftsfreiheit als Eingriff in eine der Grundfreiheiten betrachtet werden. Bei genauerer Betrachtung ist dies allerdings kein Problem des Eingriffsbegriffs, sondern eine Frage des Schutzgutes[801]: Schutzgut der Grundfreiheiten ist eben nicht die allgemeine Wirtschaftsfreiheit, sondern nur der grenzüberschreitende Wirtschaftsverkehr.

4. Zusammenfassung

Damit läßt sich eine vorläufige Definition aufstellen: Ein Eingriff in die Grundfreiheiten liegt vor, wenn ein Grundfreiheitsträger durch ein dem Staat zurechenbares, aktives Tun bei seiner Teilnahme am grenzüberschreitenden Wirtschaftsverkehr spezifisch behindert wird[802]. Wenn man das Schutzgut der Grundfreiheiten aus dieser Definition ausklammern möchte, dann ergibt sich folgende Formulierung: Eingriff ist jedes dem Staat zurechenbare aktive Tun mit grundfreiheitsverkürzender Wirkung.

II. Weitere Merkmale

Nach dem (inzwischen überholten) klassischen Eingriffsbegriff der deutschen Grundrechtslehre sind vier Merkmale kennzeichnend für einen Eingriff: Impera-

---

[799] Ähnlich *Hoffmann*, Die Grundfreiheiten des EG-Vertrags als koordinationsrechtliche und gleichheitsrechtliche Abwehrrechte, 2000, S. 21: Als Gegenstand der grundfreiheitlichen Abwehrrechte kommen nur „negative Handlungen" des Grundfreiheitsverpflichteten in Betracht. Wenn der Mitgliedstaat durch die Grundfreiheiten (als Abwehrrechte) nur zu einem Unterlassen verpflichtet ist, kann er auch nur durch ein aktives Tun diese Verpflichtung verletzen (d.h. eingreifen).

[800] Vgl. dritter Teil, A. II. 2. e), S. 140 f.

[801] Zum Verhältnis zwischen Schutzgut und Eingriff vgl. *Hoffmann*, Die Grundfreiheiten des EG-Vertrags als koordinationsrechtliche und gleichheitsrechtliche Abwehrrechte, 2000, S. 21 ff.

[802] Ähnlich *Hoffmann*, Die Grundfreiheiten des EG-Vertrags als koordinationsrechtliche und gleichheitsrechtliche Abwehrrechte, 2000, S. 39.

tivität, Rechtsförmigkeit, Unmittelbarkeit und Finalität[803]. Es soll nun erörtert werden, inwieweit diese Kriterien sowie das Kriterium der Spürbarkeit eine Bedeutung für den Eingriffsbegriff im Gemeinschaftsrecht haben.

1. Imperativität

Wie schon oben festgestellt, ist es unerheblich, ob der Eingriff privatrechtlich oder öffentlich-rechtlich erfolgt[804]. Da privatrechtlichem Handeln kein Zwangscharakter zukommt, kann dieser nicht Voraussetzung für den Eingriff sein. Auch nicht-imperatives Handeln kann also in die Grundfreiheiten eingreifen[805].

2. Rechtsförmigkeit

Auch die Rechtsförmigkeit ist keine notwendige Voraussetzung für einen Eingriff[806]. Ähnlich wie die staatliche Öffentlichkeitsarbeit bzw. Informationstätigkeit in Grundrechte eingreifen kann[807], können beispielsweise Aufrufe der öffentlichen Hand zum Kauf inländischer Waren gegen die Warenverkehrsfreiheit verstoßen[808].

3. Unmittelbarkeit

Was die Unmittelbarkeit anbetrifft, so ist zu konstatieren, daß schon die klassische Dassonville-Formel ausdrücklich auch mittelbare Beeinträchtigungen der Warenverkehrsfreiheit einschließt[809]. Das staatliche Handeln muß also die spezifische Beschränkung der jeweiligen Grundfreiheit nicht unmittelbar herbeiführen[810]. Allerdings wird auf dieses Kriterium im Zusammenhang mit der Spürbarkeit noch einmal zurückzukommen sein[811].

---

[803] Vgl. *Bethge*, VVDStRL 57 (1998), S. 38; *Pieroth/Schlink*, Staatsrecht II, 17. Aufl. 2001, Rn. 238.

[804] Siehe zweiter Teil, A. I. 3. a), S. 68 ff.

[805] A. A. *Füller*, Grundlagen und inhaltliche Reichweite der Warenverkehrsfreiheiten nach dem EG-Vertrag, 2000, S. 33 f., der nur „bindende" Maßnahmen von Art. 28 EG erfaßt sieht.

[806] *Jarass*, EuR 1995, S. 219.

[807] Dazu unten, vierter Teil, B. II. 1. a), S. 165 ff.

[808] *Müller-Graff*, in: von der Groeben/Thiesing/Ehlermann (Hrsg.), Kommentar zum EUV/EGV, 5. Aufl. 1997, Art. 30 Rn. 292 unter Bezug auf EuGH, Kommission/Irland („Buy Irish"), Slg. 1982, S. 4005 (4022 f.).

[809] EuGH, Dassonville, Slg. 1974, S. 837 (852).

[810] Vgl. *Hoffmann*, Die Grundfreiheiten des EG-Vertrags als koordinationsrechtliche und gleichheitsrechtliche Abwehrrechte, 2000, S. 38.

[811] Siehe unten vierter Teil, A. II. 5. b) (5), S. 161 ff.

4. Finalität

Als letztes klassisches Kriterium ist die Finalität zu untersuchen, d.h. die Frage, ob der jeweilige Akt mitgliedstaatlicher Gewalt die spezifische Beeinträchtigung des grenzüberschreitenden Wirtschaftsverkehrs bezwecken muß. Hierzu ist zwischen den im dritten Teil herausgearbeiteten Formen des Eingriffs zu unterscheiden: offene Diskriminierung, versteckte Diskriminierung und faktische Beeinträchtigung.

a) Offene Diskriminierung

Bei offenen Diskriminierungen weiß der Mitgliedstaat, daß er an ein verbotenes Unterscheidungsmerkmal anknüpft, oder muß es zumindest wissen. Eine darüber hinausgehende Zwecksetzung (etwa dergestalt, daß die Benachteiligung der Grundfreiheitsberechtigten Hauptzweck der Regelung ist) ist nicht notwendig. Dies folgt schon aus den verschiedenen Rechtfertigungsvorschriften: Eine Regelung, deren Hauptzweck der Schutz der öffentlichen Sicherheit ist, kann zwar aus diesem Grund gerechtfertigt sein (vgl. Art. 30, 39 III, 46 I EG); rechtfertigungsbedürftig ist sie aber gerade nur, weil sie trotz ihrer Zwecksetzung ein Eingriff ist.

b) Versteckte Diskriminierung

Eine versteckte Diskriminierung liegt vor, wenn die Wahrscheinlichkeit, von einer Beschränkung erfaßt zu werden, für einen grenzüberschreitenden Sachverhalt größer ist als für einen internen Sachverhalt[812].

Man könnte das Verbot versteckter Diskriminierungen lediglich als ein Umgehungsverbot (bezüglich offener Diskriminierungen) ansehen. Dann läge es nahe, auf die Intention des Autors der Maßnahme abzustellen: Dieser weiß z. B., daß er EG-ausländische Arbeitnehmer nicht (offen) schlechter behandeln darf als inländische Arbeitnehmer. Um das Verbot offener Diskriminierung zu umgehen, knüpft er die Schlechterstellung nicht an die Nationalität an, sondern an eine bestimmte Aufenthaltsdauer im Inland.

Das Problem, das eine solche Auslegung aufwirft, liegt darin, daß eine Umgehungsabsicht des Mitgliedstaates oft nur schwer nachzuweisen sein wird. Wollte man nur solche Maßnahmen als Eingriff betrachten, die eine Diskriminierung bezwecken, dann würde man den Schutz der Grundfreiheiten stark verkürzen[813]. Es erscheint daher sinnvoller, auf die Intentionen des Gesetzgebers erst im

---

[812] Vgl. oben dritter Teil, A. I. 2. a), S. 121.

[813] Gegen eine Beschränkung des Diskriminierungsverbotes nach Art. 6 EG auf finale Diskriminierungen auch *Epiney*, Umgekehrte Diskriminierungen, 1995, S. 100 ff.

Rahmen der Verhältnismäßigkeitsprüfung einzugehen. Dort kann man Wirkungen und Zweck der Regelung gegeneinander abwägen[814].

Daher reicht die bloße Existenz einer Diskriminierung aus, um einen Eingriff anzunehmen[815].

c) Faktische Beschränkungen

Angesichts des eben Ausgeführten ist es klar, daß auch bei den faktischen Beeinträchtigungen die Finalität nicht Voraussetzung für die Annahme eines Eingriffs sein kann. Gerade bei den faktischen Beeinträchtigungen wird es selten vorkommen, daß man eine klare Intention des Mitgliedstaates zur spezifischen Behinderung des grenzüberschreitenden Verkehrs erkennen kann. Grundfreiheitsrelevante faktische Beeinträchtigungen folgen regelmäßig daraus, daß der Mitgliedstaat eine einheitliche Regelung erläßt, die aufgrund der tatsächlich bestehenden Unterschiede zwischen internen und grenzüberschreitenden Sachverhalten zu einer Benachteiligung dieser gegenüber jenen führt. Im Regelfall wird diese einheitliche Regelung aber nicht auf die grenzüberschreitenden Sachverhalte abzielen (bzw. dies wird kaum nachweisbar sein). Die von ihr bewirkte Marktabschottung ist regelmäßig nur die Nebenfolge der primär beabsichtigten Marktregulierung. Marktabschottungen widersprechen jedoch dem Binnenmarktgedanken[816], gleichgültig ob sie beabsichtigt sind oder nicht.

d) Ergebnis

Es ist für einen Eingriff in die Grundfreiheiten nicht Voraussetzung, daß die jeweilige Maßnahme eine Beschränkung der Grundfreiheiten bezweckt[817]. Eine derartige Intention läßt sich lediglich im Rahmen der Rechtfertigung berücksichtigen.

---

[814] Vgl. zur Verhältnismäßigkeitsprüfung unten fünfter Teil, A. I. 2. b), S. 190 ff.

[815] In diesem Sinne auch *Streinz*, Europarecht, 5. Aufl. 2001, Rn. 672: Versteckte Diskriminierungen können „bewußt und vorsätzlich, aber auch unbewußt und unabsichtlich, quasi als Nebenfolge vorkommen"; *H.P. Ipsen*, Europäisches Gemeinschaftsrecht, 1972, § 30 Rn. 16, S. 604; auf Art. 12 EG bezogen ähnlich *Feige*, Der Gleichheitssatz im Recht der EWG, 1973, S. 27.

[816] *Eberhartinger*, EWS 1997, S. 51 f.; vgl. auch *Kingreen*, Die Struktur der Grundfreiheiten des Europäischen Gemeinschaftsrechts, 1999, S. 122 ff.

[817] *Hoffmann*, Die Grundfreiheiten des EG-Vertrags als koordinationsrechtliche und gleichheitsrechtliche Abwehrrechte, 2000, S. 38; *Jarass*, EuR 2000, S. 713; speziell für Art. 28 EG, *Becker*, EuR 1994, S. 171; *Jestaedt/Kästle*, EWS 1994, S. 28.

5. Spürbarkeit

Zu untersuchen ist nun, ob es eine bestimmte „Eingriffsschwelle“ gibt. Auch hier ist es hilfreich, zwischen den drei verschiedenen Formen des Eingriffs zu unterscheiden.

a) Offene Diskriminierungen und gleichgestellte Fälle

Offene Diskriminierungen sind per se die schwerste Form des Eingriffs. Es ist unerheblich, wie groß die Gruppe der diskriminierten Waren oder Personen ist, oder wie stark sich die Diskriminierung auf die Waren oder Personen auswirkt. Eine offene Diskriminierung verstößt gegen das Grundprinzip der Gemeinschaft. Eine de-minimis-Regel kann hier keine Anwendung finden[818].

Die versteckten Diskriminierungen, die eine Umgehung des Verbotes offener Diskriminierungen bezwecken, sind diesen gleichzustellen. Es kann keinen Unterschied machen, ob offen an verbotene Kriterien, oder mit Umgehungsabsicht an andere Kriterien angeknüpft wird, die zu einem vergleichbaren Ergebnis führen[819].

b) Versteckte Diskriminierungen und spezifische Beschränkungen

Fraglich ist, ob nicht bei den schwächeren Formen des Eingriffs, nämlich den (übrigen) versteckten Diskriminierungen und den spezifischen Beschränkungen, gewisse Mindestanforderungen an die Spürbarkeit des Eingriffs zu stellen sind. Diese Mindestanforderungen können die Größe der beeinträchtigten Gruppe, die Intensität des Eingriffs sowie die Frage betreffen, ob der Eingriff tatsächlich eingetreten sein muß. Bevor diese Mindestanforderungen diskutiert werden können, ist es jedoch angezeigt, den Begriff der versteckten Diskriminierung noch einmal zu präzisieren.

(1) Diskriminierungen und Nicht-Diskriminierungen

Versteckte Diskriminierungen wurden definiert als Unterscheidungen, die dazu führen, daß die Wahrscheinlichkeit, zur benachteiligten Gruppe zu gehören, für die grenzüberschreitenden Sachverhalte größer ist als für die internen[820]. Dies

---

[818] So auch *Kingreen*, Die Struktur der Grundfreiheiten des Europäischen Gemeinschaftsrechts, 1999, S. 84.

[819] Vgl. *Kingreen*, Die Struktur der Grundfreiheiten des Europäischen Gemeinschaftsrechts, 1999, S. 121: *„Diese Privilegierung des versteckten Protektionismus wäre offensichtlich sachwidrig.“*

[820] Siehe oben dritter Teil, A. I. 2. a), S. 121.

läßt sich daran ablesen, ob der Anteil der EU-Ausländer[821] an der benachteiligten Gruppe höher ist als an der begünstigten Gruppe[822].

Diese Definition ist ergänzungsbedürftig. Es kann beispielsweise nicht ausreichen, wenn der Anteil der Ausländer an der benachteiligten Gruppe neun Prozent beträgt und an der begünstigten Gruppe acht Prozent. Ein derartiges Verhältnis kann bestenfalls eine „zufällige“ Diskriminierung begründen, welche nicht justiziabel ist. Der EU-Ausländer-Anteil an der benachteiligten Gruppe muß deutlich höher sein als der Anteil an der begünstigten Gruppe. Die Relation zwischen diesen beiden Anteilen läßt sich jedoch nicht abstrakt festlegen (so wie zumeist ohnehin nicht möglich sein wird, genau festzustellen, wie hoch der exakte Anteil von EU-Ausländern an der begünstigten bzw. der benachteiligten Gruppe ist). Entscheidend ist, ob die Schlechterstellung der EG-Ausländer in der Regelung angelegt ist, oder nur zufällig zustande kommt[823].

Insofern existiert hier bereits eine gewisse de-minimis-Regel, die jedoch eng mit dem Begriff der versteckten Diskriminierung selbst zusammenhängt. Es geht also, strenggenommen, nicht um die Abgrenzung von „spürbaren“ und „nicht spürbaren“ Diskriminierungen, sondern um die Abgrenzung von (versteckten) Diskriminierungen und Nichtdiskriminierungen.

(2) Größe der beeinträchtigten Gruppe

Man könnte überlegen, ob die beeinträchtigte Gruppe eine bestimmte Mindestgröße aufweisen muß. Allerdings muß man sich davor hüten, lediglich abstrakt-generelle Regelungen als mögliche Diskriminierungen bzw. Beschränkungen im Blick zu haben. Wie oben ausgeführt[824], können auch konkret-individuelle Maßnahmen in die Grundfreiheiten eingreifen. Es reicht also ohne weiteres aus,

---

821 Wie schon oben, wird auch hier zur Vereinfachung wieder auf die Diskriminierung nach der Staatsangehörigkeit abgestellt.

822 Siehe dazu die Rechenbeispiele unter dritter Teil, A. I. 2. b), S. 122.

823 *Emmert*, Europarecht, 1996, § 37 Rn. 15, will diese Prüfung allerdings auf die Rechtfertigungsebene verschieben. Der statistische Nachweis, daß mehr EG-Ausländer als Inländer betroffen seien, genüge als prima facie Beweis für eine Diskriminierung (d.h. für den Eingriff), so daß damit die Rechtfertigungsbedürftigkeit der Regelung ausgelöst wird und den Mitgliedstaat die Beweislast trifft. *Epiney*, Umgekehrte Diskriminierungen, 1995, S. 101, will das Diskriminierungsverbot des Art. 12 EG auch dann gelten lassen, „wenn die diskriminierende Wirkung auf ‚Zufall' beruht“. Demgegenüber ist jedoch zu beachten, daß eine Regelung nur dann eine diskriminierende Wirkung haben kann, wenn die Situation, in der EG-Ausländer schlechter gestellt sind als Inländer, auf die Regelung zurückführbar ist, und nicht auf Umstände, die von der Regelung nicht beeinflußt wurden. Es geht also um das Problem der Zurechenbarkeit eines Eingriffs an den Staat; dazu ausführlich *Sachs*, in: Stern, Das Staatsrecht der Bundesrepublik Deutschland, Band III/2, 1994, S. 128 ff.

824 Siehe zweiter Teil, A. I. 2., S. 65 f.

wenn ein öffentlicher Arbeitgeber in einem konkreten Fall einen EU-Ausländer bei der Einstellung (versteckt) diskriminiert.

Bei einer abstrakt-generellen Regelung kann es allerdings durchaus bedeutsam sein, wie groß die Anzahl der von ihr betroffenen EG-Ausländern ist: Je kleiner diese Gruppe ist, um so schwieriger ist die Feststellung, ob die Schlechterstellung der EU-Ausländer rein zufällig oder in der jeweiligen Regelung angelegt ist. Dieses Problem gehört jedoch zu dem eben behandelten Problemkreis der Abgrenzung zwischen Diskriminierung und Nichtdiskriminierung.

(3) Tatsächlicher Eintritt der Beeinträchtigung

Die Dassonville-Formel enthält unter anderem die Formulierung, daß die Beschränkung des Handelsverkehrs „tatsächlich oder potentiell" sein kann[825]. Das heißt mit anderen Worten, daß keine Beeinträchtigung des freien Warenverkehrs eingetreten sein muß, sondern daß die bloße Gefährdung genügt, um einen Eingriff anzunehmen[826]. Die Rechtsprechung zu den übrigen Grundfreiheiten ist weniger deutlich; allerdings läßt der EuGH es beispielsweise bei Art. 39 EG genügen, daß sich eine Maßnahme dazu eignet, eine versteckte Diskriminierung herbeizuführen[827]. Also kommt es nicht auf den tatsächlichen Eintritt einer Beschränkung oder Diskriminierung an[828]. Allerdings sind potentielle Behinderungen von rein hypothetischen Behinderungen abzugrenzen[829].

(4) Intensität

Schließlich stellt sich die Frage, ob die Beeinträchtigung des Waren-, Personen- oder Dienstleistungsverkehrs von einer gewissen Mindestintensität sein muß. Der EuGH hat in seiner Rechtsprechung zu Art. 28 EG ausdrücklich entschie-

---

[825] EuGH, Dassonville, Slg. 1974, S. 837 (852).

[826] So auch *Hoffmann*, Die Grundfreiheiten des EG-Vertrags als koordinationsrechtliche und gleichheitsrechtliche Abwehrrechte, 2000, S. 39.

[827] EuGH, O'Flynn, Slg. I 1996, S. 2617 (2638 f.); vgl. *Brechmann*, in: Calliess/Ruffert (Hrsg.), Kommentar zum EUV/EGV, 1999, Art. 39 Rn. 46 m.w.N.

[828] So auch *Hoffmann*, Die Grundfreiheiten des EG-Vertrags als koordinationsrechtliche und gleichheitsrechtliche Abwehrrechte, 2000, S. 39.

[829] EuGH, Yves Rocher, Slg. I 1993, S. 2361 (2390), wobei der Hinweis, daß rein hypothetische Maßnahmen von Art. 28 EG ausgenommen sein sollen, hier nur ein obiter dictum ist. In EuGH, B & Q, Slg. I 1992, I S. 6635 (6658 f.), scheint es hingegen noch, als wolle der EuGH die Unterscheidung zwischen unmittelbaren, mittelbaren und nur hypothetischen Wirkungen erst auf der Rechtfertigungsebene vornehmen. Vgl. auch *Wölker*, in: von der Groeben/Thiesing/Ehlermann (Hrsg.), Kommentar zum EUV/EGV, 5. Aufl. 1997, Art. 48 Rn. 13 („rein theoretische Benachteiligungen"); *Kort*, JZ 1996, S. 138 („konkret sich abzeichnende Eignung zur Behinderung des freien Waren- bzw. Dienstleistungsverkehrs"); kritisch *Körber*, EuR 2000, S. 937, Fußnote 25.

den, daß auch geringfügige Beeinträchtigungen des innergemeinschaftlichen Handels verboten sind[830]. Danach spielt die Schwere der Beeinträchtigung keine Rolle[831].

(5) Ausnahmen

(a) „Zu mittelbar und zu ungewiß"

Die bisherigen Ausführungen zeigen, daß der Eingriffsbegriff außerordentlich weit ist. Auf die Spitze getrieben, genügt also eine unbeabsichtigte, faktische, mittelbare, geringfügige Gefährdung des grenzüberschreitenden Wirtschaftsverkehrs, um einen Eingriff anzunehmen.

Allerdings gibt es dennoch Fälle, in denen der Gerichtshof einen Eingriff ablehnt. Die dabei verwendete Formel lautet: Die jeweilige Beschränkung sei „zu mittelbar und zu ungewiß"[832] bzw. „zu ungewiß und [...] zu indirekt"[833]. Es handelt sich also nicht nur um eine Kombination einer bloß mittelbaren mit einer nur potentiellen Beschränkung, welche nach der Dassonville-Formel durchaus möglich ist, sondern die jeweilige Beschränkung muß „zu" mittelbar und „zu" ungewiß sein[834].

---

[830] EuGH, Prantl, Slg. 1984, S. 1299 (1326); EuGH, van de Haar, Slg. I 1994, S. 1797 (1813) ; EuGH, Kommission/Frankreich, Slg. 1985, S. 837 (846); EuGH, Yves Rocher, Slg. I 1993, S. 2361 (2390); zustimmend *Leible*, in: Grabitz/Hilf, Kommentar zum EUV/EGV, Band I, Art. 28 Rn. 15; *Müller-Graff*, in: von der Groeben/Thiesing/Ehlermann (Hrsg.), Kommentar zum EUV/EGV, 5. Aufl. 1997, Art. 30 Rn. 59; Becker, EuR 1994, S. 170; a.A. *Fezer*, JZ 1994, S. 624 f.; vgl. auch *Oliver*, Free Movement of Goods in the E.E.C., 2. Edition 1988, S. 81, zum Unterschied zwischen Wettbewerbsrecht (wo ein Spürbarkeitserfordernis existiert) und Warenverkehrsfreiheit.

[831] EuGH, Yves Rocher, Slg. I 1993, S. 2361 (2390); *Jarass*, EuR 1995, S. 219 und *Jarass*, EuR 2000, S. 713; für die Dienstleistungsfreiheit *Kort*, JZ 1996, S. 138; a.A. wohl *H.P. Ipsen*, Europäisches Gemeinschaftsrecht, 1972, § 30 Rn. 17 (S. 604): „eine gewisse Schwere und hinreichende Intensität"; *Sack*, EWS 1994, S. 45 (Art. 28 EG nur dann einschlägig, wenn die Maßnahme geeignet ist, den Absatz von Importwaren spürbar zu beeinträchtigen); vgl. zur Rechtsprechung noch Generalanwalt *Tesauro*, Schlußanträge zu EuGH, Hünermund, Slg. I 1993, S. 6787 (6810).

[832] So für Art. 28 EG: EuGH, CMC Motorradcenter, Slg. I 1993, S. 5009 (5021).

[833] So für Art. 39 EG: EuGH, Graf, Slg. I 2000, S. 493 (523).

[834] Vgl. zu dieser Rechtsprechung auch *Becker*, in: Schwarze (Hrsg.), EU-Kommentar, 2000, Art. 28 Rn. 41.

(b) Beispiele

In dem jüngst entschiedenen Fall Graf[835] ging es um einen deutschen Arbeitnehmer, der bei seinem österreichischen Arbeitgeber gekündigt hatte. Ihm entging deshalb gemäß einer Regelung des österreichischen Arbeitsrechts eine Entschädigungszahlung, welche nur bei einer Kündigung seitens des Arbeitgebers an den Arbeitnehmer zu zahlen ist (sog. Abfertigung). Der deutsche Arbeitnehmer argumentierte nun, daß diese Regelung einen Anreiz schaffe, nicht zu kündigen, und deshalb auch nicht im Ausland eine Stelle zu suchen. Insofern werde also die Mobilität der Arbeitnehmer beeinträchtigt, so daß die Regelung an Art. 39 EG zu messen sei.

Der Gerichtshof folgte dieser Argumentation nicht, sondern befand, daß der Bezug zur Arbeitnehmerfreizügigkeit hier zu ungewiß und zu indirekt sei[836]. Dem ist zuzustimmen: Schließlich muß der Arbeitnehmer keine Vertragsstrafe zahlen, um zu einem anderen Arbeitgeber (im Ausland) gehen zu können. Er muß auch nicht auf einen ihm zustehenden Anspruch verzichten; ein solcher Anspruch würde überhaupt nur bei Kündigung des Arbeitgebers entstehen. Der grenzüberschreitende Zugang zum Arbeitsmarkt wird durch eine derartige Regelung nicht beeinträchtigt.

Beim Fall CMC Motorradcenter[837] lag folgender Sachverhalt vor: Die deutschen Vertragshändler der Motorradmarke Yamaha weigerten sich im allgemeinen, Gewährleistungsreparaturen an parallel importierten Motorrädern durchzuführen. Eine Händlerin, welche nicht Vertragshändlerin war, hatte ein Motorrad der Marke Yamaha verkauft, ohne den Kunden auf diese Praxis hinzuweisen. Als der Käufer davon erfuhr, verweigerte er die Abnahme des Motorrads. Im folgenden Rechtsstreit bejahte das deutsche Gericht eine vorvertragliche Aufklärungspflicht der Verkäuferin, auf die Praxis der Vertragshändler hinzuweisen. Das Landgericht legte dem EuGH die Frage vor, ob diese Aufklärungspflicht eine Maßnahme gleicher Wirkung gem. Art. 28 EG sei.

Der EuGH sah eine Behinderung des freien Warenverkehrs lediglich in der Praxis der Vertragshändler, aber nicht in der Pflicht, auf diese Praxis hinzuweisen[838]. Weil die „restriktiven Wirkungen, die von der Aufklärungspflicht auf den freien Warenverkehr ausgehen könnten, zu ungewiß und zu mittelbar" waren, war die Verpflichtung gar nicht geeignet, den innergemeinschaftlichen Handel zu behindern[839]. Auch hier ist dem EuGH zuzustimmen: Die Warenverkehrsbehinderung darf letztlich nicht demjenigen zugerechnet werden, der auf das wa-

---

[835] EuGH, Graf, Slg. I 2000, S. 493

[836] EuGH, Graf, Slg. I 2000, S. 493 (523).

[837] EuGH, CMC Motorradcenter, Slg. I 1993, S. 5009 ff.

[838] EuGH, CMC Motorradcenter, Slg. I 1993, S. 5009 (5021).

[839] EuGH, CMC Motorradcenter, Slg. I 1993, S. 5009 (5021).

renverkehrsbehindernde Verhalten von anderen hinweist. Die Pflicht, auf ein grundfreiheitswidriges Verhalten hinzuweisen, ist daher nicht selbst als Grundfreiheitseingriff zu werten.

(c) Schlußfolgerung

Zusammengefaßt handelt es sich also um atypische Fälle, deren Überprüfung am Maßstab der Grundfreiheiten nicht angezeigt war. Der EuGH behält sich damit eine Möglichkeit vor, gewisse Fälle, bei denen der Bezug zur jeweiligen Grundfreiheit sehr weit hergeholt erscheint, nicht an den Grundfreiheiten zu messen[840]. Diese Fälle lassen sich deshalb auch nicht präzise an der Nichterfüllung eines Kriteriums festmachen.

III. Ergebnis

Damit ist festzuhalten, daß die oben erstellte vorläufige Definition durch kein weiteres Einzelkriterium weiter eingeschränkt wird. Eingriff ist also grundsätzlich jedes dem Staat zurechenbare aktive Tun, welches ein von den Grundfreiheiten geschütztes Verhalten behindert. Ein Eingriff ist nur in Ausnahmefällen zu verneinen, wenn die Auswirkungen der staatlichen Maßnahme zu mittelbar und zu ungewiß sind.

B. Der Eingriff in die Berufsfreiheit

Ähnlich wie bei den Grundfreiheiten soll zunächst eine vorläufige Definition erarbeitet werden, bevor dann auf problematische Kriterien für den Eingriff in die Berufsfreiheit einzugehen ist.

I. Vorläufige Definition

Es sind wiederum drei Eigenschaften notwendig, um den Eingriff zumindest vorläufig zu bestimmen.

1. Urheberschaft

Wie im zweiten Teil dieser Arbeit ausführlich dargestellt, können weder die Gemeinschaft noch Private, sondern nur der Staat in die deutsche Berufsfreiheit

---

[840] Vgl. auch EuGH, Semeraro Casa, Slg. I 1996, S. 2975 (3009); EuGH, Krantz, Slg. I 1990, S. 583 (597).

eingreifen[841]. Autor eines Grundrechtseingriffs kann also nur eine dem Staat zurechenbare Handlungseinheit sein[842].

2. Handlungsqualität

Es wurde bereits dargelegt, daß die Berufsfreiheit auch dadurch verletzt werden kann, daß der Staat seinen aus den Grundrechten folgenden Schutzpflichten nicht nachkommt[843]. Allerdings spricht man insoweit nicht von Eingriffen in die Grundrechte, weil hier nicht die Abwehrdimension betroffen ist[844]. Ein von den Grundrechten abzuwehrender Eingriff setzt also ein aktives Tun des Staates voraus[845].

3. Wirkung

Ein Eingriff kann nur dann vorliegen, wenn Grundrechte beeinträchtigt werden, wenn also ein grundrechtlich geschütztes Verhalten ganz oder teilweise unmöglich gemacht wird[846]. Entscheidend ist folglich die (berufs-)freiheitsverkürzende Wirkung des staatlichen Handelns[847].

4. Zusammenfassung

Die vorläufige Definition des Berufsfreiheitseingriffs lautet also folgendermaßen: Eingriff ist ein dem Staat zurechenbares[848] aktives Tun, welches ein durch die Berufsfreiheit geschütztes Verhalten unmöglich macht oder wesentlich erschwert[849].

---

[841] Siehe zweiter Teil A. II. (S. 76 ff.), B. II. (S. 87 ff.) und C. I. (S. 91 ff.).

[842] *Bethge*, VVDStRL 57 (1998), S. 10; *Isensee*, ZRP 1996, S. 13.

[843] Siehe zweiter Teil, C. I. 1. b), S. 93 ff.

[844] *Starck*, Diskussionsbeitrag in VVDStRL 57 (1998), S. 109; zum Unterschied zwischen Schutzpflichten und Eingriffsabwehr *Wahl/Masing*, JZ 1990, S. 558 f.; vgl. auch *Enders*, AöR 115 (1990), S. 630 f.; anders in jüngerer Zeit der EGMR, EuGRZ 1995, S. 530 (533), dazu *Weber-Dürler*, VVDStRL 57 (1998), S. 81 f.; in diese Richtung auch *P.M. Huber*, Diskussionsbeitrag in VVDStRL 57 (1998), S. 142.

[845] Vgl. auch *Gallwas*, Faktische Beeinträchtigungen im Bereich der Grundrechte, 1970, S. 11, der auch Fälle nennt, in denen die Grundrechte durch Unterlassen beeinträchtigt werden können; allerdings verwendet *Gallwas* auch nicht den Terminus Eingriff.

[846] *Pieroth/Schlink*, Staatsrecht II, 17. Aufl. 2001, Rn. 240.

[847] *Bethge*, VVDStRL 57 (1998), S. 10.; *J. Ipsen*, Staatsrecht II, 3. Aufl. 2000, Rn. 134, spricht konsequenterweise statt von Eingriffen von „Einwirkungen".

[848] Zur Zurechnung an den Staat vgl. näher *Sachs*, JuS 1995, S. 305 f.

[849] Vgl. auf den allgemeinen Eingriffsbegriff bezogen *Bethge*, VVDStRL 57 (1998), S. 40, der dies als Faustregel bezeichnet; vgl. auch bereits Bethge aaO. S. 10: „staatlich verantwortete Freiheitsverkürzung". Ähnlich *Pieroth/Schlink*, Staatsrecht II, 17. Aufl. 2001, Rn. 240; *P.M.*

II. Die berufsregelnde Tendenz und andere Korrektive

Es erscheint wenig sinnvoll, an dieser Stelle alle in der allgemeinen Grundrechtsdogmatik diskutierten möglichen Eingriffsmerkmale nacheinander abzuhandeln. Statt dessen wird hier eine deduktive Vorgehensweise bevorzugt. Anhand einiger problematischer Fallgruppen werden die verschiedenen Eingriffskriterien erörtert, wobei der sogenannten berufsregelnden Tendenz besondere Aufmerksamkeit zu schenken ist.

1. Fallgruppen

a) Behördliche Warnungen

Ein Bereich, der nicht nur bei der Berufsfreiheit, sondern auch in der allgemeinen Grundrechtslehre für Diskussionen gesorgt hat, betrifft behördliche Warnungen[850]. Als Beispiel soll die Warnung einer Gesundheitsbehörde vor dem Verzehr eines bestimmten Lebensmittels dienen.

Gemessen an den klassischen Eingriffskriterien (Rechtsförmigkeit, Imperativität, Unmittelbarkeit und Finalität[851]) treten hier große Schwierigkeiten bei der Klassifizierung des Eingriffs auf: Die behördliche Warnung hat keinen Rechts- und schon gar keinen Zwangscharakter; sie richtet sich an die Konsumenten und betrifft die Grundrechtsträger (z. B. Hersteller des jeweiligen Produkts) nur mittelbar. Dennoch hat sich inzwischen die Ansicht durchgesetzt, daß auch derartige Warnungen Grundrechtseingriffe sein können[852].

Um dies zu erläutern, soll ein bereits im ersten Teil dieser Arbeit genanntes Beispiel noch einmal aufgegriffen werden[853]. Dort wurden zwei Konstellationen untersucht: das Verbot an einen Arzt, einen bestimmten Patienten zu behandeln, und das Verbot an einen Patienten, einen bestimmten Arzt aufzusuchen. In der ersten Konstellation ist der Eingriff in die Berufsfreiheit des Arztes offensichtlich, da dem Arzt durch einen an ihn gerichteten imperativen Rechtsakt die Ausübung seines Berufs teilweise unmöglich gemacht wird. Problematisch ist die zweite Situation, in der der Arzt nicht Adressat des Rechtsaktes ist. Allerdings zeigt der Vergleich der beiden Fälle, daß die Wirkung jeweils die gleiche ist, da der Arzt in beiden Fällen seinen Beruf nicht mehr ungehindert ausüben kann[854].

Huber, Konkurrenzschutz im Verwaltungsrecht, 1991, S. 383.

[850] Vgl. zur Unterscheidung zwischen Öffentlichkeitsarbeit, Aufklärung, Empfehlungen und Warnungen *Gröschner*, DVBl. 1990, S. 622.

[851] Vgl. Fußnote 803.

[852] *Bethge*, VVDStRL 57 (1998), S. 49 f.; *Murswiek*, DVBl. 1997, S. 1021 ff.

[853] Siehe erster Teil, B. II. 2., S. 35 ff.

[854] Vgl. *Murswiek*, DVBl. 1997, S. 1026, der als Beispiel ein Verkaufsverbot an einen Unternehmer und ein Kaufverbot an Konsumenten nennt.

Deshalb ist auch das an den Patienten gerichtete Verbot ein Eingriff in die Berufsfreiheit des Arztes[855]. Es ist also nicht Voraussetzung für einen Grundrechtseingriff, daß die jeweilige Maßnahme unmittelbar an den Grundrechtsträger gerichtet ist[856].

Wenn man diesen Fall nun mit dem eingangs genannten Beispiel der Warnung vor einem bestimmten Produkt vergleicht, erkennt man, daß es in beiden Fällen an imperativer Rechtswirkung gegenüber dem Grundrechtsträger fehlt: Ebensowenig wie der Arzt Adressat des an den Patienten gerichteten Besuchsverbotes ist, ist der Hersteller Adressat der Warnung vor dem Produkt[857]. Die Tatsache, daß eine Warnung gegenüber ihren Adressaten nicht-imperativ wirkt, während das Besuchsverbot (oder entsprechend z.B. ein Kaufverbot) imperativ wirkt, kann keinen Unterschied machen, da es nur auf die Wirkung gegenüber dem Grundrechtsträger ankommt. Diese Wirkung kann aber bei einer Warnung durchaus ähnlich sein wie bei einem Kaufverbot[858]. Daher ist eine derartige Warnung ein Grundrechtseingriff[859].

Hinreichendes Kriterium für die Annahme des Eingriffs ist dabei die Finalität[860]. Dagegen läßt sich nicht argumentieren, daß Warnungen primär auf den Schutz dessen abzielen, der gewarnt wird, und nicht auf die Beeinträchtigung der Grundrechte desjenigen, vor dem gewarnt wird; beides läßt sich nämlich nicht voneinander trennen, und das eine ist gleichsam die Kehrseite des anderen[861].

Damit läßt sich also festhalten, daß auch nichtimperative, faktische[862], mittelbare staatliche Maßnahmen in die Berufsfreiheit eingreifen können, jedenfalls dann, wenn das Kriterium der Finalität erfüllt ist.

b) Das kommunale Vertretungsverbot

Das sogenannte kommunale Vertretungsverbot[863] untersagt es Gemeinderatsmitgliedern, in Prozessen gegen ihre Gemeinde gerichtlich tätig zu werden. In einer

---

[855] Vgl. *Murswiek*, DVBl. 1997, S. 1026.
[856] *Murswiek*, DVBl. 1997, S. 1026; *Eckhoff*, Der Grundrechtseingriff, 1992, S. 217.
[857] Vgl. *Murswiek*, DVBl. 1997, S. 1026.
[858] Ein instruktives Beispiel zu den möglichen Auswirkungen öffentlicher Warnungen findet sich in OLG Stuttgart, NJW 1990, S. 2690 ff.
[859] Vgl. *Bethge*, VVDStRL 57 (1998), S. 50 (Warnungen sind „belastende Informationsakte mit Interventionseffekt").
[860] *Di Fabio*, JuS 1997, S. 5; wohl auch *Bethge*, VVDStRL 57 (1998), S. 40.
[861] So auch BVerwGE 90, 112 (120 f.); vgl. auch BVerfGE 13, 230 (232 f.).
[862] Der Begriff „faktisch" wird hier als Gegensatz zum Begriff der Rechtsförmigkeit gebraucht.
[863] Z.B. Art. 50 BayGO, Art. 24 GONW.

ganzen Reihe von Entscheidungen[864] bejahte das Bundesverfassungsgericht die Verfassungsmäßigkeit dieses Vertretungsverbotes. In der ersten einschlägigen Entscheidung[865] führte der zweite Senat aus: „*Das Verbot* ***bezweckt*** *also nicht, diese Inhaber von Ehrenämtern in ihrer jeweiligen Berufsausübung zu beschränken. Es stellt vielmehr eine* ***durch andere gesetzliche Zwecke gebotene allgemeine Beschränkung der Berufsfreiheit*** *u.a. auch der Rechtsanwälte dar, die hier nicht in den Schutzbereich des Art. 12 I S. 1 GG eingreift.*“[866] Wenn man dieser Argumentation folgt, dann gibt es also Beschränkungen der Berufsfreiheit, welche nicht in die Berufsfreiheit eingreifen; der Eingriff ist dann zu verneinen, wenn keine Beschränkung der Berufsfreiheit bezweckt ist; damit wäre also die Finalität nicht nur hinreichendes, sondern sogar notwendiges Kriterium für den Eingriff in die Berufsfreiheit.

In seiner nächsten Entscheidung zum Vertretungsverbot nahm der zweite Senat dann Bezug auf den schillernden Begriff der berufsregelnden Tendenz; inhaltlich allerdings blieb die Begründung für die Ablehnung des Eingriffs unverändert: „*Aus dem* ***Sinn und Zweck*** *des Vertretungsverbotes ergibt sich, daß es nicht die Art und Weise der jeweiligen Berufstätigkeit der Mandatsträger* ***regeln will.***“[867] In zwei weiteren Urteil bestätigte der Senat dann noch einmal diese Rechtsprechung, ohne neue Argumente zu nennen[868].

Angesichts der Kritik in der Literatur[869] deutete das Gericht dann allerdings in einer späteren Entscheidung eine Revidierung seiner Rechtsprechung an: „*Selbst wenn das kommunale Vertretungsverbot infolge einer deutlich erkennbaren berufsregelnden Tendenz als Berufsausübungsregelung anzusehen und deshalb an Art. 12 I GG zu messen sein sollte, so wäre es durch hinreichende Gründe des Allgemeinwohls gerechtfertigt und auch mit dem Grundsatz der Verhältnismäßigkeit vereinbar.*“[870]

Es scheint also, als ob das Gericht erkannt habe, daß eine strikte Ausrichtung am Kriterium der Finalität kaum haltbar ist. Das kommunale Vertretungsverbot untersagt den Rechtsanwälten, die gleichzeitig Gemeinderatsmitglieder sind, in rechtsförmiger und imperativer Weise teilweise die Ausübung ihres Berufes. Daher greift es in die Berufsfreiheit ein[871]. Die alleinige Tatsache, daß das ge-

---

[864] BVerfGE 41, 231 (241); 52, 42 (54); 56, 99 (107); 61, 68 (72);
[865] BVerfGE 41, 231 (241).
[866] BVerfGE 41, 231 (241) (Hervorhebungen nicht im Original).
[867] BVerfGE 52, 42 (54) (Hervorhebungen nicht im Original).
[868] BVerfGE 56, 99 (107); 61, 68 (72).
[869] Vgl. etwa *Menger*, NJW 1980, S. 1829 f.; *Jäkel*, DVBl. 1980, S. 829 f.
[870] BVerfG DVBl. 1988, S. 54 (55 f.).
[871] *Manssen*, in: v.Mangoldt/Klein/Starck (Hrsg.), Kommentar zum GG, Band 1, 4. Aufl. 1999, Art. 12 Rn. 74; in diese Richtung auch *Menger*, NJW 1980, S. 1829 f.

setzgeberische Ziel der Regelung sich nicht auf die Berufsausübungsbeschränkung als solche, sondern auf die Sauberkeit der öffentlichen Verwaltung richtet, darf nicht ausreichen, um die Berufsfreiheit als Grundrecht leerlaufen zu lassen[872]. Anderenfalls hätte es der Gesetzgeber über die Definition von „primären Gesetzeszwecken" letztlich in der Hand, einen Eingriff und damit die Rechtfertigungsbedürftigkeit der berufsfreiheitsbeschränkenden Regelung zu vermeiden. Wie in der allgemeinen Grundrechtsdogmatik ist die Finalität daher als hinreichendes, aber nicht notwendiges Kriterium zu werten[873].

c) Geldleistungspflichten

(1) Rechtsprechung des Bundesverfassungsgerichts

Im Zusammenhang mit seiner Rechtsprechung zur Berufsfreiheitsrelevanz von Geldleistungspflichten entwickelte das Bundesverfassungsgericht die bereits angesprochene „berufsregelnde Tendenz".

Sie wird zum ersten Mal erwähnt im Beschluß vom 30.10.1961 zur Schankerlaubnissteuer[874]. Dort ging es um eine Vorschrift, welche die Erlangung der Schankerlaubnis als steuerbegründenden Tatbestand enthielt. Der erste Senat führte aus, daß Art. 12 I GG auch durch Vorschriften berührt werden könnte, die *„infolge ihrer tatsächlichen Auswirkungen geeignet sind, die Freiheit der Berufswahl mittelbar zu beeinträchtigen, obwohl sie keinen unmittelbar berufsregelnden Charakter tragen"*[875]. Dies könne auch bei steuerlichen Vorschriften der Fall sein: *„Sie sind dann an Art. 12 I GG zu messen, wenn sie infolge ihrer Gestaltung* ***in einem engen Zusammenhang mit der Ausübung eines Berufes stehen und – objektiv – eine berufsregelnde Tendenz deutlich erkennen lassen****"*[876].

Insbesondere der Terminus „Tendenz" deutet darauf hin, daß es hier wieder um die eben behandelte Finalität handelt. Der verkürzte Ausdruck „objektiv berufsregelnde Tendenz" ist jedoch irreführend. Denn er suggeriert, daß es daneben

---

872 Vgl. in Bezug auf Steuernormen *Breuer*, in: Isensee/Kirchhof (Hrsg.), Handbuch des Staatsrechts, Band VI, 2. Aufl. 2001, § 148, Rn. 30: Es erscheint *„fragwürdig, wenn die Anwendbarkeit des Art. 12 I GG [...] durch das Kriterium der ‚berufsregelnden Tendenz' von den jeweiligen, oft miteinander verwobenen Steuerzwecken abhängig gemacht wird"*.

873 Vgl. *Sachs*, in: Sachs (Hrsg.), Kommentar zum GG, 2. Aufl. 1999, Vor Art. 1 Rn. 86 (und Fußnote 156); *Manssen*, in: v.Mangoldt/Klein/Starck (Hrsg.), Kommentar zum GG, Band 1, 4. Aufl. 1999, Art. 12 I Rn. 95.

874 BVerfGE 13, 181 (184 ff.); vgl. auch das Urteil zur doppelten Schankerlaubnissteuer BVerfGE 29, 327 (333 ff.).

875 BVerfGE 13, 181 (186).

876 BVerfGE 13, 181 (186) (Hervorhebungen nicht im Original).

noch eine „subjektiv berufsregelnde Tendenz“ gibt[877]. Dies würde aber dafür sprechen, daß (nur) die subjektiv berufsregelnde Tendenz mit der Finalität gleichzusetzen ist, während die objektiv berufsregelnde Tendenz etwas anderes sein müßte. Von einer „subjektiv berufsregelnden Tendenz“ spricht das Bundesverfassungsgericht jedoch nie. Es spricht, genau genommen, auch nicht von einer „objektiv berufsregelnden Tendenz“. Denn in der oben zitierten Passage aus dem Urteil des ersten Senats bezieht sich das Adverb „objektiv“ nicht auf die berufsregelnde Tendenz als solche, sondern nur auf deren Erkennbarkeit[878]. Die berufsregelnde Tendenz muß also lediglich objektiv deutlich erkennbar sein. Mit anderen Worten geht es darum, welche Finalität dem jeweiligen Rechtsakt objektiv durch Interpretation entnommen werden kann[879].

Die oben zitierte Formel zur berufsregelnden Tendenz wiederholte der Senat zwei Jahre später in seinem Urteil zur Sonderbesteuerung des Werkfernverkehrs[880]. Weiter führt das Gericht in diesem Urteil aus: *„Die Eigentümlichkeit der Sonderbesteuerung des Werkfernverkehrs besteht darin, daß er* ***auf die berufliche Betätigung abzielt*** *[...] Die berufsregelnde Tendenz ist unverkennbar.“* Hier wird zweierlei deutlich: Die berufsregelnde Tendenz entspricht der Finalität, und diese Finalität muß (objektiv) erkennbar sein.

Ergänzt wird das Bild durch das Urteil zur Weinwirtschaftsabgabe, welches einige Jahre später erging[881]. Hier verneint der Senat die berufsregelnde Tendenz und damit den Eingriff in Art. 12 I GG, weil die Weinwirtschaftsabgabe *„weder nach der Intention des Gesetzgebers den Entschluß zur Wahl oder zur Art der Ausübung eines solchen Berufs motivierend steuern [solle] noch [...] objektiv – schon wegen ihrer geringen Höhe – eine solche berufspolitische Wirkung“* habe[882].

Hier werden alternativ zwei Kriterien verwendet: Entweder ist eine Berufssteuerung beabsichtigt (Finalität) oder die Berufssteuerung wird allein aus der Wirkung der Regelung abgeleitet. Letzteres spricht ein anderes Kriterium an, nämlich die Intensität[883]. Das Urteil läßt sich jedoch mit der Auslegung der berufsre-

---

877 Für die Existenz einer „subjektiv berufsregelnden Tendenz“ *Manssen*, in: v.Mangoldt/Klein/Starck (Hrsg.), Kommentar zum GG, Band 1, 4. Aufl. 1999, Art. 12 I Rn. 70 ff.; vgl. auch *Bleckmann*, Staatsrecht II, 4. Aufl. 1997, § 33 Rn. 58.

878 So auch die Interpretation von *Eckhoff*, Der Grundrechtseingriff, 1992, S. 188 f. Insofern ist, entgegen *J. Ipsen*, Staatsrecht II, 3. Aufl. 2000, Rn. 619, auch keine contradictio in adiecto zu erkennen. Die mißverständliche Verkürzung der Formel hat das Bundesverfassungsgericht allerdings selbst mitzuverantworten, vgl. BVerfGE 95, 267 (302); 96, 375 (397).

879 *Eckhoff*, Der Grundrechtseingriff, 1992, S. 188.

880 BVerfGE 16, 147 (162 f.).

881 BVerfGE 37, 1 (17 ff.).

882 BVerfGE 37, 1 (18).

883 Ähnlich *Bleckmann*, Staatsrecht II, 4. Aufl. 1997, § 33 Rn. 58: *Bleckmann* unterteilt die

gelnden Tendenz im Sinne einer Finalität vereinbaren: Ab einer gewissen Intensität wird (unwiderlegbar) vermutet, daß eine Regelung auch final auf die jeweiligen Wirkungen abzielt. Dies ist dann die objektiv erkennbare berufsregelnde Tendenz.

(2) Bewertung

Doch warum soll man die Annahme eines Eingriffs bei derartigen Geldleistungspflichten überhaupt von weiteren Kriterien wie Finalität oder Intensität abhängig machen? Die Schankerlaubnissteuer knüpft an die Erlangung der Schankerlaubnis eine Sonderabgabe. Eine derartige Abgabe ist ein Nachteil. Es wird also, mit anderen Worten, unmittelbar an die Berufsausübung selbst ein Nachteil geknüpft. Man stelle sich vor, es würde die Äußerung von Meinungen mit Abgaben belegt. Hier käme man wohl kaum auf den Gedanken, den Grundrechtseingriff davon abhängig zu machen, ob mit der Abgabe eine bestimmte Meinungssteuerung beabsichtigt ist oder tatsächlich erzielt wird. Man kann sich ähnliche Beispiele auch bei anderen Grundrechten vorstellen (Abgabe auf die Teilnahme an Demonstrationen oder Gottesdiensten, auf die Mitgliedschaft in Vereinen oder Gewerkschaften etc.). Es handelt sich um imperative rechtsförmige staatliche Maßnahmen, die die Grundrechtsausübung mit einem Nachteil verknüpfen. Damit liegt insoweit immer ein Eingriff in die Berufsfreiheit vor, ohne daß es auf eine (objektiv erkennbare) „berufsregelnde Tendenz" als Chiffre für Finalität oder Intensität der Regelung ankäme[884]. Damit ist insbesondere dem Urteil zur Weinwirtschaftsabgabe zu widersprechen; es reicht für den Berufsfreiheitseingriff aus, daß die Abgabe „formal" an berufliche Tätigkeiten anknüpft[885].

Berufsfreiheitseingriffe durch Steuern in subjektiv berufslenkende Maßnahmen (entspricht der Finalität) und Steuern, die die Ausübung des Berufs faktisch stark erschweren (entspricht der Intensität).

884 *Manssen*, in: v.Mangoldt/Klein/Starck (Hrsg.), Kommentar zum GG, Band 1, 4. Aufl. 1999, Art. 12 I Rn. 73. Gegen das Erfordernis der berufsregelnden Tendenz auch *Breuer*, in: Isensee/Kirchhof (Hrsg.), Handbuch des Staatsrechts, Band VI, 2. Aufl. 2001, § 148 Rn. 29 ff. Inkonsequent insoweit *Sachs*, Verfassungsrecht II, 2000, B 12 Rn. 26 f.: Zunächst stellt *Sachs* fest, daß Normen, „deren imperative Rechtswirkungen u.a. auch die Betätigung der Berufsfreiheit erfassen können" Eingriffe seien, ohne daß es auf die berufsregelnde Tendenz ankäme (Rn. 26). Dann jedoch führt er aus, daß die Geldzahlung ein Verhalten sei, „dessen Anordnung den Art. 12 I GG nur mittelbar betrifft, namentlich über die Motivation des Zahlungspflichtigen" (Rn. 27). Es geht aber nicht um die Zahlung oder Nichtzahlung von Geld als potentiell geschütztes Verhalten, sondern um die berufliche Betätigung, welche durch die Auferlegung einer Zahlungspflicht beeinträchtigt wird.

885 A.A. BVerfGE 37, 1 (17 f.).

Etwas schwieriger ist es allerdings, wenn eine steuerliche Vorschrift nicht unmittelbar an die berufliche Tätigkeit anknüpft, sondern an das aus der beruflichen Tätigkeit erzielte Einkommen. Man könnte hier annehmen, daß die Tätigkeit an sich nicht mit einem Nachteil belastet wird, so daß die Berufsfreiheit nur mittelbar betroffen ist. Zu beachten ist jedoch, daß eine Tätigkeit nur dann als beruflich qualifiziert werden kann, wenn sie „der Schaffung und Erhaltung einer Lebensgrundlage dient"[886]. Anders als etwa bei künstlerischer Tätigkeit ist also bei der beruflichen Betätigung der Erwerbszweck begriffsimmanent[887]. Es macht daher (für den Eingriff) keinen Unterschied, ob die Besteuerung an die Betätigung als solche oder das erzielte Einkommen anknüpft[888].

Damit ist festzuhalten, daß Geldleistungspflichten, die an die Berufstätigkeit (inkl. des durch die Berufstätigkeit erzielten Einkommens) anknüpfen, unabhängig von einer berufsregelnden Tendenz oder anderen Kriterien als Berufsfreiheitseingriffe zu werten sind[889].

(3) Pflichtmitgliedschaft in Kammern

Nach der gerade entwickelten Auffassung ist auch bei der Mitgliedschaft in Berufskammern und der damit verbundenen Abgabepflicht ein Berufsfreiheitseingriff anzunehmen[890]. Die Mitgliedschaft ist nämlich nicht nur eine „einfache Folge der Ausübung eines bestimmten Berufs"[891], sondern sie ist eine hoheitliche Beeinträchtigung, welche an die Berufsausübung geknüpft wird.

d) Beeinträchtigungen der Wettbewerbsfreiheit

Unter diese Fallgruppe gehören gleich mehrere (teilweise bereits an früherer Stelle angerissene) Problemkreise der Berufsfreiheit: Eingriff durch Subventio-

---

[886] BVerfGE 7, 377 (397).

[887] Vgl. BVerfG, NJW RR 2000, S. 1241; ähnlich (bezogen auf freie Berufe) *Manssen*, in: v.Mangoldt/Klein/Starck (Hrsg.), Kommentar zum GG, Band 1, 4 Aufl. 1999, Art. 12 I Rn. 171.

[888] Vgl. *Papier*, Der Staat 11 (1972), S. 494 ff.

[889] So auch *Papier*, Der Staat 11 (1972), S. 494 ff.; *Breuer*, in: Isensee/Kirchhof (Hrsg.), Handbuch des Staatsrechts, Band VI, 2. Aufl. 2001, § 148 Rn. 30 f.

[890] *Manssen*, in: v.Mangoldt/Klein/Starck (Hrsg.), Kommentar zum GG, Band 1, 4. Aufl. 1999, Art. 12 I Rn. 74; a.A. z.B. *Tettinger*, in: Sachs (Hrsg.), Kommentar zum GG, 2. Aufl. 1999, Art. 12 Rn. 73; BVerfGE 10, 354 (362 f.); 15, 235 (239); 32, 54 (64). Das Bundesverwaltungsgericht läßt die Frage, ob Art. 12 I GG oder Art. 2 I GG anzuwenden ist, in einer neueren Entscheidung offen, BVerwG GewA 1997, S. 237 (238).

[891] So BVerfGE 15, 235 (239).

nierung oder Begünstigung der Konkurrenz[892], Eingriff durch Zulassung von Konkurrenz, Eingriff durch staatliche Konkurrenz[893].

(1) Art. 12 I GG und Wettbewerbsfreiheit

Um dieses Problem im Rahmen des Eingriffsbegriffs lösen zu können, muß allerdings zunächst die Vorfrage geklärt werden, ob der Schutzbereich der Berufsfreiheit die Wettbewerbsfreiheit überhaupt umfaßt. Denn teilweise wird vertreten, die Wettbewerbsfreiheit werde nur von Art. 2 I GG[894] bzw. von Art. 3 I GG[895] erfaßt, oder sie sei abwehrrechtlich gar nicht geschützt[896].

Dem ist entgegenzuhalten, daß die Berufsfreiheit nicht isoliert ausgeübt werden kann. Vielmehr setzt ihre Ausübung vielfältige soziale Kontakte voraus. Dabei gibt es in einer Marktwirtschaft nicht nur synchrone Interessen der Berufstätigen, sondern auch gegensätzliche. Daß die synchronen Interessen (etwa Geschäftsbeziehungen) von der Berufsfreiheit geschützt sind, ist offensichtlich. Aber auch die gegensätzlichen Interessen werden von der Berufsfreiheit geprägt: Eine arbeitsrechtliche Regelung muß die Berufsfreiheit der Arbeitnehmer genauso berücksichtigen wie die der Arbeitgeber. Auch eine Regelung zum Mißbrauch wirtschaftlicher Machtstellung muß die Berufsfreiheit der großen Konzerne genauso beachten wie die des Mittelstandes. In letzterem Fall erwachsen die gegenläufigen Interessen aus der Teilnahme am Wettbewerb. Berufsausübung ohne Teilnahme am Wettbewerb ist kaum denkbar[897]. Der Wettbewerb beeinflußt die Berufsausübung ganz erheblich.

Ein Beispiel soll dies verdeutlichen: Wie oben festgestellt, schützt die Berufsfreiheit gegen eine Warnung vor dem Verzehr eines bestimmten Produktes. Wenn eine Behörde ein bestimmtes Produkt empfiehlt (und dadurch in den Wettbewerb eingreift), dann kann dies eine ähnliche Wirkung entfalten, wie eine Warnung vor den Produkten der Konkurrenz. Darum schützt die Berufsfreiheit die Konkurrenten vor einer Empfehlung in gleicher Weise wie vor einer Warnung.

---

[892] Vgl. oben dritter Teil, B. I. 1. c), S. 143 f.

[893] Vgl. Fußnote 406.

[894] BVerwGE 30, 191 (198).

[895] Dafür *Murswiek*, in: Sachs (Hrsg.), Kommentar zum GG, 2. Aufl. 1999, Art. 2 Rn. 87; BVerfGE 27, 375 (384 f.).

[896] So wohl *Henke*, Das Recht der Wirtschaftssubventionen als öffentliches Vertragsrecht, 1979, S. 113 f., der allerdings dann die Möglichkeit einer Entschädigung wegen enteignungsgleichen Eingriffs im Rahmen des Art. 14 GG annimmt (aaO., S. 120 ff.).

[897] So auch BVerfGE 87, 363 (388): *„Die Freiheit der Berufsausübung führt notwendig zu Wettbewerb."*

Es zeigt sich also, daß die Berufsfreiheit als sachnächstes Grundrecht auch das Verhalten im Wettbewerb, d.h. die Wettbewerbsfreiheit, umfaßt[898].

Fraglich ist nun, in welchen Fällen ein Eingriff in diese Wettbewerbsfreiheit anzunehmen ist.

(2) Eingriff in die Wettbewerbsfreiheit

(a) Schutz vor Wettbewerbsverzerrung

Kein Eingriff in die Berufsfreiheit ist nach herrschender Meinung[899] die Zulassung von privaten Konkurrenten. In der Tat ermöglicht die Zulassung erst den freien Wettbewerb, welcher von Art. 12 I GG geschützt wird[900]. Art. 12 I GG kann nicht gleichzeitig den Wettbewerb schützen und seine Entstehung verhindern[901]. Ein Eingriff in die Berufsfreiheit liegt deshalb erst dann vor, wenn die jeweilige staatliche Maßnahme den Wettbewerb verfälscht oder verzerrt[902].

Eine derartige Verzerrung des Wettbewerbs liegt bei der bloßen Zulassung von Konkurrenten nicht vor. Sie kann aber dann zu bejahen sein, wenn ein Konkurrent gegenüber seinen Mitbewerbern begünstigt wird. Dies ist insbesondere bei einer Subvention möglich[903].

---

[898] Dafür auch BVerfGE 32, 311 (317 f.); 46, 120 (137 f.); *P.M. Huber*, Konkurrenzschutz im Verwaltungsrecht, 1991, S. 319; *Erichsen*, in: Isensee/Kirchhof (Hrsg.), Handbuch des Staatsrechts, Band VI, 2. Aufl. 2001, § 152 Rn. 62; Scholz, AöR 100 (1975), S. 128 f.; *Scholz*, in: Maunz/Dürig (Hrsg.), Kommentar zum GG, Art. 12 Rn. 136; *Papier*, DVBl. 1984, S. 809; *Wunderlich*, Das Grundrecht der Berufsfreiheit im Europäischen Gemeinschaftsrecht, 2000, S. 29; vgl. auch *Murswiek*, in: Sachs (Hrsg.), Kommentar zum GG, 2. Aufl. 1999, Art. 2 Rn. 54.

[899] BVerfGE 34, 252 (256); 55, 261 (269); *Sachs*, Verfassungsrecht II, 2000, B 12 Rn. 29; *Wieland*, in: Dreier (Hrsg.), Kommentar zum GG, Band I, 1996, Art. 12 Rn. 82; *Manssen*, in: v.Mangoldt/Klein/Starck (Hrsg.), Kommentar zum GG, Band 1, 4. Aufl. 1999, Art. 12 I Rn. 76; *Papier*, DVBl. 1984, S. 808.

[900] *Manssen*, in: v.Mangoldt/Klein/Starck (Hrsg.), Kommentar zum GG, Band 1, 4. Aufl. 1999, Art. 12 I Rn. 76; BVerfGE 34, 252 (256). Aus diesem Gedanken heraus könnte man auch dieses Problem noch dem Schutzbereich des Art. 12 I GG zuordnen (so wohl *Papier*, DVBl. 1984, S. 808) und nicht dem Eingriffsbegriff. Allerdings wird das Problem in der Literatur meist beim Eingriff diskutiert, vgl. *Wieland*, in: Dreier (Hrsg.), Kommentar zum GG, Band I, 1996, Art. 12 Rn. 82; *Manssen*, in: v.Mangoldt/Klein/Starck (Hrsg.), Kommentar zum GG, Band 1, 4. Aufl. 1999, Art. 12 I Rn. 76.

[901] Deshalb ist übrigens der Schutz vor neuer Konkurrenz kein tauglicher Zweck, mit dem ein Eingriff in die Berufsfreiheit (etwa eine objektive Bedarfsprüfung) gerechtfertigt werden kann, vgl. dazu *Papier*, DVBl. 1984, S. 808.

[902] *P.M. Huber*, Konkurrenzschutz im Verwaltungsrecht, 1991, S. 381.

[903] BVerfGE 82, 209 (223 f.); *Breuer*, in: Isensee/Kirchhof (Hrsg.), Handbuch des Staats-

Gerade in diesen Fällen ist die gleichheitsrechtliche Dimension der Berufsfreiheit wichtig[904]: Man stelle sich nur den Fall vor, daß alle bis auf einen der miteinander in Konkurrenz stehenden Wirtschaftsteilnehmer von einer Subvention begünstigt werden.

(b) Kriterien für den Eingriff

Fraglich ist allerdings, wann man von einer Wettbewerbsverzerrung durch Begünstigung sprechen kann. Die Kriterien der Imperativität, Rechtsförmigkeit und Unmittelbarkeit können hier, ähnlich wie bei behördlichen Warnungen, offensichtlich keine Rolle spielen. Damit bleiben im wesentlichen Finalität und Intensität als mögliche Bestimmungsmerkmale übrig. Finalität ist dabei, im Anschluß an die Ausführungen oben, als hinreichendes, aber nicht notwendiges Kriterium zu qualifizieren. Ein Eingriff liegt also jedenfalls vor, wenn eine Wettbewerbsverzerrung zuungunsten des nichtsubventionierten Konkurrenten beabsichtigt ist[905].

Falls die Maßnahme jedoch keinen finalen Charakter hat, wird man auf das Merkmal der Intensität kaum verzichten können. Eine Vielzahl von staatlichen Maßnahmen hat wettbewerbsbeeinflussende Wirkung; wettbewerbsverzerrend sind (neben den finalen) nur die Maßnahmen, welche die Position des nichtbegünstigten Mitbewerbers erheblich beeinträchtigen[906]. Umgekehrt stellt es allerdings eine unangemessene Verkürzung des Grundrechtsschutzes dar, wenn man beispielsweise eine Subvention nur als Grundrechtseingriff wertet, sofern sie „von solcher Lenkungsintensität ist, daß sie erdrosselnde Wirkung entfaltet“[907]. Demgegenüber ist eine differenzierte Lösung vorzuziehen, wonach eine „Erdrosselungssubvention“ als objektive Berufswahlregelung[908] anzusehen ist, wäh-

---

rechts, Band VI, 2. Aufl. 2001, § 148 Rn. 75 ff.; *P.M. Huber*, Konkurrenzschutz im Verwaltungsrecht, 1991, S. 380 ff.; *Wieland*, in: Dreier (Hrsg.), Kommentar zum GG, Band I, 1996, Art. 12 Rn. 82; *Sachs*, Verfassungsrecht II, 2000, B 12 Rn. 29; *Manssen*, in: v.Mangoldt/Klein/Starck (Hrsg.), Kommentar zum GG, Band 1, 4. Aufl. 1999, Art. 12 I Rn. 95; *Papier*, DVBl. 1984, S. 809 f.

904 Siehe oben dritter Teil B. I. 1. c), S. 143 f.

905 *P.M. Huber*, Konkurrenzschutz im Verwaltungsrecht, 1991, S. 384; *Groepper*, GewA 2000, S. 369.

906 *Manssen*, in: v.Mangoldt/Klein/Starck (Hrsg.), Kommentar zum GG, Band 1, 4. Aufl. 1999, Art. 12 I Rn. 95; ähnlich *Groepper*, GewA 2000, S. 369.

907 So aber *Wieland*, in: Sachs (Hrsg.), Kommentar zum GG, 2. Aufl. 1999, Art. 12 Rn. 82 unter Berufung auf *Breuer*, in: Isensee/Kirchhof (Hrsg.), Handbuch des Staatsrechts, Band VI, 2. Aufl. 2001, § 148 Rn. 77 ff.; dagegen *P.M. Huber*, Konkurrenzschutz im Verwaltungsrecht, 1991, S. 381.

908 Vgl. zur Unterscheidung von objektiven und subjektiven Berufswahlregelungen sowie Berufsausübungsregelungen unten fünfter Teil, B. II. 1., S. 205 ff.; siehe zur „Erdrosselungssteuer“ als Parallelfall der „Erdrosselungssubvention“ *Breuer*, in: Isensee/Kirchhof (Hrsg.),

rend unter dieser Schwelle liegende Subventionen, die erhebliche Auswirkungen auf den Wettbewerb haben, als Berufsausübungsregelungen (und damit auch schon als Eingriff) zu betrachten und vor allem im Hinblick auf ihre mögliche Gleichheitswidrigkeit zu untersuchen sind[909] (Art. 12 I GG i.V.m. Art. 3 I GG[910]).

Ähnlich scheint es auch das Bundesverfassungsgericht zu sehen. Es hatte über die Krankenhausbedarfsplanung zu entscheiden, welche im Krankenhausfinanzierungsgesetz vorgesehen war[911]. Nur die in den Krankenhausplan aufgenommenen Krankenhäuser sollten Anspruch auf Förderung haben. Das Gericht bejahte den Eingriff aufgrund einer berufsregelnden Tendenz[912] und entschied darüber hinaus, daß die wirtschaftlichen Belastungen, welche die Bedarfsplanung für nicht berücksichtigte Krankenhäuser mit sich brachte, so schwerwiegend seien, daß sie einer Beschränkung der Berufswahl nahekämen[913].

Eine Begünstigung von Konkurrenten ist außer durch Subventionen auch in anderer Weise möglich[914]. So hatte das Bundesverfassungsgericht z. B. über die öffentliche Bestellung von Sachverständigen zu entscheiden[915]. Nach den Worten des Gerichts liegt ein Eingriff in die Berufsfreiheit vor, *„wenn durch staatliche Maßnahmen der Wettbewerb beeinflußt und die Ausübung einer beruflichen Tätigkeit dadurch behindert wird“*[916]. Auf die berufsregelnde Tendenz ging das Gericht in diesem Zusammenhang nicht ein; allerdings stellte es darauf ab, daß die öffentliche Bestellung zu einem „erheblichen Wettbewerbsvorsprung“ der begünstigten Sachverständigen führe. Also konnte man auch hier den Eingriff mit dem Kriterium der Intensität begründen.

(3) Eingriff durch staatliche Konkurrenz

Ein Sonderproblem ist die Beeinträchtigung der Berufsfreiheit durch staatliche Konkurrenz. Das Bundesverwaltungsgericht stellt sich hier auf den Standpunkt, Art. 12 I GG schütze grundsätzlich nicht vor Konkurrenz, gleichgültig ob von

---

Handbuch des Staatsrechts, Band VI, 2. Aufl. 2001, § 148 Rn. 35.

[909] So, entgegen *Wieland*, in: Sachs (Hrsg.), Kommentar zum GG, 2. Aufl. 1999, Art. 12 Rn. 82, auch die Lösung bei *Breuer*, in: Isensee/Kirchhof (Hrsg.), Handbuch des Staatsrechts, Band VI, 2. Aufl. 2001, § 148 Rn. 77 f.

[910] Siehe dazu dritter Teil, B. II. 2. a), S. 145 ff.

[911] BVerfGE 82, 209 (223 ff.).

[912] BVerfGE 82, 209 (224).

[913] BVerfGE 82, 209 (229 f.).

[914] Vgl. zum Eingriff in die Berufsfreiheit bei der staatlichen Auftragsvergabe *Puhl*, VVDStRL 60 (2001), S. 481 ff.

[915] BVerfGE 86, 28 (37 ff.).

[916] BVerfGE 86, 28 (37).

staatlicher oder von privater Seite[917]. Nur wenn die wirtschaftliche Betätigung unmöglich gemacht oder unzumutbar eingeschränkt werde, sei ein Grundrechtsschutz aus Art. 12 I GG zu bejahen[918].

Wie gerade gesehen, schützt Art. 12 I GG tatsächlich nicht vor der Zulassung von *privaten* Konkurrenten, aber er schützt vor deren wettbewerbsverzerrender Begünstigung. Erst recht muß Art. 12 I GG davor schützen, daß *staatliche* Konkurrenten in wettbewerbsverzerrender Weise favorisiert werden[919].

Auch hier muß man sich wieder fragen, wann eine derartige Wettbewerbsverzerrung vorliegt. Dabei sind zwei Fragen auseinanderzuhalten: Wann wird aus der staatlichen Wettbewerbsteilnahme eine staatliche Wettbewerbsbeeinflussung? Und wann wird aus dieser Wettbewerbsbeeinflussung eine Wettbewerbsverzerrung?

Bei der ersten Frage ist problematisch, daß hier, anders als bei der Begünstigung privater Konkurrenten, kein Dreipersonenverhältnis vorliegt (Staat – begünstigter Konkurrent – nichtbegünstigter Konkurrent), sondern ein Zweipersonenverhältnis (staatlicher Konkurrent – privater Konkurrent). Die Feststellung, ob der Staat eine von ihm unabhängige private Person begünstigt, ist leichter zu treffen als die Feststellung, ob der Staat sich selbst begünstigt. Das Äquivalent zur Begünstigung privater Konkurrenten liegt bei der staatlichen Wettbewerbsteilnahme darum in den Strukturvorteilen der öffentlichen Hand, d.h. in den Vorteilen, die staatliche Wettbewerbsteilnehmer deshalb haben, weil sie eben staatlich sind[920]. Solche Strukturvorteile hat die öffentliche Hand beim Wettbewerb mit Privaten letztlich immer. In Betracht kommen etwa ein Vertrauensvorsprung, Informationsvorsprünge oder die zumindest faktische Konkursunfähigkeit[921]. Öffentliche Unternehmen verfügen über eine „potentielle Übermacht“[922], welche aus dem tatsächlichen oder möglichen Einsatz von Steuermitteln resultiert[923]. Ein aktuelles Beispiel der Strukturvorteile zeigt sich bei der Diskussion um die Vereinbarkeit der öffentlichrechtlichen Kreditinstitute mit dem europäischen Beihilferecht[924]: Selbst wenn man Anstaltslast und Gewährträgerhaftung nicht

[917] BVerwGE 39, 329 (336 f.); 71, 183 (193).

[918] BVerwG NJW 1995, S. 2938 f.

[919] Vgl. *P.M. Huber*, Konkurrenzschutz im Verwaltungsrecht, 1991, S. 322.

[920] Vgl. *P.M. Huber*, Konkurrenzschutz im Verwaltungsrecht, 1991, S. 317 f.; *Manssen*, in: v.Mangoldt/Klein/ Starck, GG, Art. 12 I Rn. 79 f.; ähnlich auch *Scholz*, in: Maunz/Dürig (Hrsg.), Kommentar zum GG, Art. 12 Rn. 405.

[921] *Löwer*, VVDStRL 60 (2001), S. 445.

[922] *Breuer*, in: Isensee/Kirchhof (Hrsg.), Handbuch des Staatsrechts, Band VI, 2. Aufl. 2001, § 148 Rn. 57.

[923] *Breuer*, in: Isensee/Kirchhof (Hrsg.), Handbuch des Staatsrechts, Band VI, 2. Aufl. 2001, § 148 Rn. 57.

[924] Vgl. dazu Europareport in EuZW 1999, S. 516; *v.Friesen*, EuZW 1999, S. 581 ff.; übri-

als verbotene Beihilfen i.S.d. EG-Rechts ansehen will[925], so sind sie doch in jedem Fall Strukturvorteile gegenüber der privaten Konkurrenz[926].

Wollte man Strukturvorteile als solche bereits genügen lassen, um einen Eingriff in die Berufsfreiheit anzunehmen, dann käme man praktisch immer zur Bejahung des Eingriffs[927]. Das wäre allerdings nicht mit der Lösung bei der Begünstigung privater Konkurrenten zu vereinbaren, wo auch nicht jede Wettbewerbsbeeinflussung als Wettbewerbsverzerrung (und damit als Eingriff) angesehen wurde.

Es kommt daher darauf an, ob die Existenz bzw. der Einsatz dieser Strukturvorteile den Wettbewerb nicht nur beeinflußt, sondern verzerrt. Dafür sind wiederum die Kriterien der Finalität und der Intensität entscheidend. Wenn also die öffentliche Hand ihre Strukturvorteile absichtlich einsetzt, um den Wettbewerb zuungunsten ihrer privaten Konkurrenten zu beeinflussen, dann ist dies ein finaler Eingriff in deren Wettbewerbsfreiheit. In die Wettbewerbsfreiheit wird darüber hinaus aber auch dann eingegriffen, wenn die öffentliche Hand zwar versucht, sich möglichst marktkonform zu verhalten[928], wenn aber ihre Wettbewerbsteilnahme (wegen ihrer immer vorhandenen Strukturvorteile) dennoch zu einer spürbaren Beeinträchtigung des Wettbewerbs führt[929].

---

gens zeigt sich hier noch eine interessante Parallele des Beihilferechts zur Berufsfreiheit: Auch Art. 87 I EG greift nur bei Vorliegen einer Wettbewerbsverfälschung ein.

[925] Die Frage ist sehr strittig, vgl. einerseits *Schneider/Busch*, EuZW 1995, S. 605 ff. (Ablehnung des Beihilfecharakters); andererseits *Koenig*, EuZW 1995, S. 595 ff.; *v.Friesen*, EuZW 1999, S. 581 ff. (Bejahung des Beihilfecharakters).

[926] Vgl. zu den wirtschaftlichen Auswirkungen von Anstaltslast und Gewährträgerhaftung *v.Friesen*, EuZW 1999, S. 581 ff.

[927] Dafür *Hösch*, DÖV 2000, S. 398 f., sowie (im Hinblick auf die staatliche Auftragsvergabe) *Puhl*, VVDStRL 60 (2001), S. 482 ff.; wohl auch *Löwer*, VVDStRL 60 (2001), S. 419 (allerdings nicht ausdrücklich auf Art. 12 I GG bezogen). In diese Richtung auch *Breuer*, in: Isensee/Kirchhof (Hrsg.), Handbuch des Staatsrechts, Band VI, 2. Aufl. 2001, § 148 Rn. 60; vgl. auch *Sachs*, Verfassungsrecht II, 2000, B 12 Rn. 30; a.A. *P.M. Huber*, Konkurrenzschutz im Verwaltungsrecht, 1991, S. 317 f.; *Wieland*, in: Dreier (Hrsg.), Kommentar zum GG, Band I, 1996, Art. 12 Rn. 83.

[928] Nicht marktkonformes Verhalten wird auch als Eingriff angesehen von *P.M. Huber*, Konkurrenzschutz im Verwaltungsrecht, 1991, S. 317 f., *Manssen*, in: v.Mangoldt/Klein/ Starck, GG, Art. 12 I Rn. 79 f., und *Kluth*, WiVerw 2000, S. 200 f.

[929] *Tettinger*, in: Sachs (Hrsg.), Kommentar zum GG, 2. Aufl. 1999, Art. 12 Rn. 73; zu eng *Wieland*, in: Dreier (Hrsg.), Kommentar zum GG, Band I, 1996, Art. 12 Rn. 83 (nur bei Verdrängungswettbewerb des Staates oder Einsatz genuiner Hoheitsmittel).

e) Veränderung von Rahmenbedingungen für die Berufstätigkeit

(1) Die Tierpräparator-Entscheidung

Schließlich sind die Fälle der Veränderung von Rahmenbedingungen für die Berufstätigkeit zu nennen[930]. Mit dieser Problematik hatte das Bundesverfassungsgericht in der Tierpräparator-Entscheidung zu tun[931].

Das Land Nordrhein-Westfalen hatte ein Verbot der Aneignung von herrenlosen, nicht jagdbaren Tieren erlassen. Dadurch nahm der Landesgesetzgeber zwar keine unmittelbare Regelung der Berufstätigkeit von Tierpräparatoren vor[932]. Doch wurden die Rahmenbedingungen für deren Berufsausübung erheblich geändert, weil ihnen damit eine wichtige Bezugsquelle für Tierkadaver genommen wurde. Das Bundesverfassungsgericht schien in dieser Entscheidung die berufsregelnde Tendenz aufgeben zu wollen[933]. Er stellte fest, daß das Aneignungsverbot *„keine bestimmte berufsregelnde Tendenz enthält"*. Aber in Art. 12 I GG könne auch eingegriffen werden *„durch Vorschriften ohne berufsregelnde Zielrichtung [...], wenn sie infolge ihrer tatsächlichen Auswirkungen geeignet sind, die Berufsfreiheit zu beeinträchtigen."*

Die Entscheidung nimmt allerdings ausdrücklich auf frühere Entscheidungen zur berufsregelnden Tendenz Bezug. Man kann sie (auch angesichts der späteren Rechtsprechung) daher nicht als eine Abkehr von der berufsregelnden Tendenz ansehen, sondern höchstens als Absage an eine ausschließliche Ausrichtung am Kriterium der Finalität. Denn die Entscheidung läßt sich durchaus in das oben (beim Urteil zur Weinwirtschaftsabgabe) entwickelte Schema einfügen: Zwar war das Aneignungsverbot nicht final auf eine Berufsregelung ausgerichtet, aber die Auswirkungen auf den Beruf des Tierpräparators waren so erheblich, daß ein Eingriff nicht verneint werden konnte. Also war zwar keine Finalität gegeben. Doch führte die Intensität zur Annahme des Eingriffs.

---

[930] Teilweise überschneidet sich diese Fallgruppe mit den bisher genannten; dies läßt sich kaum vermeiden.

[931] BVerfGE 61, 291 (308).

[932] Dies könnte man bezweifeln, wenn man die Aneignung toter Tiere als Teil der Berufsausübung von Tierpräparatoren ansehen würde; dann läge eine unmittelbare Regelung der Berufstätigkeit vor, und es käme nicht mehr auf weitere Kriterien an.

[933] Als Beleg für die Aufgabe der berufsregelnden Tendenz wird das Urteil angesehen von *Breuer*, in: Isensee/Kirchhof (Hrsg.), Handbuch des Staatsrechts, Band VI, 2. Aufl. 2001, § 148 Rn. 32, und von *Papier*, DVBl. 1984, S. 805 f. Angesichts der späteren Rechtsprechung läßt sich das allerdings nicht mehr aufrechterhalten, vgl. *Tettinger*, in: Sachs (Hrsg.), Kommentar zum GG, 2. Aufl. 1999, Art. 12 Rn. 76.

(2) Die Allgemeinheit der eingreifenden Regelung

Allerdings zeigen zwei andere Entscheidungen des Bundesverfassungsgerichts, daß mit den beiden genannten Kriterien nicht alle Fälle dieser Fallgruppe zuverlässig gelöst werden können. Im LPG-Altschuldenfall[934] ging es um das Problem, ob die aus der DDR stammenden Landwirtschaftlichen Produktionsgenossenschaften (LPG) die aus der DDR-Zeit herrührenden staatlichen Kredite (Altschulden) tilgen mußten. Die betroffenen LPG sahen darin einen unzulässigen Eingriff in ihre Berufsfreiheit. Das Bundesverfassungsgericht verneinte diesen jedoch mangels berufsregelnder Tendenz[935]. Auch in dem schon einmal angesprochenen Urteil zum Schadensersatz wegen fehlgeschlagener Sterilisation wurde Art. 12 I GG geprüft. Die klagenden Ärzte beriefen sich nämlich darauf, daß die vertrags- bzw. deliktsrechtlichen Vorschriften, welche ihre Haftung begründeten, gegen die Berufsfreiheit verstießen. Das Bundesverfassungsgericht führte dazu aus: *„Vertrags- und Deliktsrecht gehören jedoch nicht zu den Normen, die nur in Randbereichen auch nicht berufsmäßig Handelnde betreffen und daher in einem engen Zusammenhang mit der Ausübung des Berufs stehen; sie haben objektiv keine berufsregelnde Tendenz.“*[936]

Bei diesen beiden Fällen wird man eine finale Regelung der Berufsfreiheit jeweils verneinen müssen. Daß die jeweiligen Regelungen allerdings durchaus intensive Auswirkungen auf die Berufsausübung haben können, wird man hingegen kaum leugnen können: So kann beispielsweise das Festhalten an den Altschulden eine LPG in die Insolvenz treiben. Fraglich ist also, warum das Bundesverfassungsgericht trotz gegebener Intensität diese Regelungen nicht an der Berufsfreiheit messen wollte.

Das Bundesverfassungsgericht scheint hier davon auszugehen, daß allgemeine Regelungen wie die Überführung von Altschulden (welche ja nicht nur die LPG betraf) oder vertrags- bzw. deliktsrechtliche Haftungsregeln die Berufsfreiheit nicht spezifisch genug berühren, um ein Rechtfertigungsbedürfnis auszulösen. In der Tat ist es so, daß beispielsweise praktisch die Gesamtheit des Zivilrechts *auch* Auswirkungen auf die Berufsausübung hat. Allerdings ist die Berufsausübung eben nicht als solche besonders betroffen; es fehlt, mit den Worten des Bundesverfassungsgerichts, der enge Zusammenhang mit der Berufsausübung.

Wenn man dieser Auslegung folgt, dann führt man dadurch eine gewisse gleichheitsrechtliche Komponente in den Eingriffsbegriff ein. Dort, wo die Berufsausübung von einer Regelung nur betroffen wird wie andere Tätigkeiten auch, liegt keine berufsregelnde, oder besser noch keine berufslenkende[937] oder berufssteu-

---

[934] Vgl. BVerfGE 95, 267 (302 f.).
[935] BVerfGE 95, 267 (302 f.).
[936] BVerfGE 96, 375 (397).
[937] Vgl. *Bleckmann*, Staatsrecht II, 4. Aufl. 1997, § 33 Rn. 58.

ernde[938], Tendenz vor. Nur dort, wo die berufliche Betätigung besonders betroffen ist, liegt ein Eingriff vor. Dies erinnert einerseits an die Problematik der allgemeinen Gesetze bei Art. 5 II GG und andererseits an das Erfordernis spezifischer Auswirkungen auf den grenzüberschreitenden Wirtschaftsverkehr im Gemeinschaftsrecht[939].

Genau hier muß man jedoch mit der Kritik an dieser Konzeption ansetzen. Das Erfordernis der Allgemeinheit bei Art. 5 II GG führt lediglich dazu, daß Gesetze, die sich spezifisch gegen die Kommunikationsfreiheiten richten, schwerer oder gar nicht gerechtfertigt werden können[940]; die Eingriffsqualität wird allgemeinen Gesetzen jedoch nicht abgesprochen[941]. Bei der Berufsfreiheit wäre die Situation dann anders: Allgemeine Gesetze wären schon keine Eingriffe, und nur spezifische Gesetz müßten überhaupt gerechtfertigt werden.

Was den Vergleich mit den Grundfreiheiten anbetrifft, so erklärt sich das dortige Erfordernis spezifischer Auswirkungen auf den grenzüberschreitenden Wirtschaftsverkehr gerade daraus, daß die Grundfreiheiten primär eben als Gleichheitsrechte konzipiert sind[942]. Genau das ist bei der Berufsfreiheit nicht der Fall.

Darum sind auch allgemeine Regelungen als Eingriffe zu betrachten, sofern sie (auch) die Berufsfreiheit beeinträchtigen[943].

(3) Ergebnis

Der Forderung des Bundesverfassungsgerichts nach einem engen Zusammenhang der jeweiligen Regelung mit der Berufsausübung kann nicht zugestimmt werden. Auch allgemeine Gesetze, die nur am Rande die Berufsausübung beeinträchtigen, müssen sich an Art. 12 I GG messen lassen. Es reicht für die Annahme eines Eingriffs aus, wenn die imperativen Rechtswirkungen einer Regelung (auch) Grundrechtsträger bei ihrer Berufsausübung erfassen.

---

938 Das Bundesverfassungsgericht selbst benutzt auch einmal den Ausdruck „berufspolitische" Tendenz, vgl. BVerfGE 15, 235 (239).

939 Dazu oben dritter Teil, A. II. 2. e), S. 140 f.

940 Vgl. zu Art. 5 II GG *Bethge*, in: Sachs (Hrsg.), Kommentar zum GG, 2. Aufl. 1999, Art. 5 Rn. 142 ff.

941 *Papier*, Der Staat 11 (1972), S. 496.

942 Vgl. dazu oben dritter Teil, A. II. 2. e), S. 140 f.

943 So auch *Papier*, Der Staat 11 (1972), S. 496; *Papier*, DVBl. 1984, S. 805; *Sachs*, Verfassungsrecht II, 2000, B 12 Rn. 8, 26 und A 9 Rn. 29 ff.; *Manssen*, in: v.Mangoldt/Klein/Starck (Hrsg.), Kommentar zum GG, Band 1, 4. Aufl. 1999, Art. 12 I Rn. 73 f.; wohl auch *Scholz*, in: Maunz/Dürig (Hrsg.), Kommentar zum GG, Art. 12 Rn. 298 f., 420 f.; vgl. auch *Breuer*, in: Isensee/Kirchhof (Hrsg.), Handbuch des Staatsrechts, Band VI, 2. Aufl. 2001, § 148 Rn. 29 ff.; a.A. *J. Ipsen*, Staatsrecht II, 3. Aufl. 2000, Rn. 621 f.; *Selmer*, DÖV 1972, S. 557 f.

Bei Maßnahmen, die nicht an die Grundrechtsträger gerichtet sind, ist darauf abzustellen, ob entweder final eine Regelung von Berufswahl oder –ausübung beabsichtigt ist oder ob erhebliche Auswirkungen auf Berufswahl oder –ausübung dargetan werden können.

2. Zusammenfassung

Wenn man die dogmatischen Erkenntnisse aus den verschiedenen Fallgruppen zusammenfaßt, ergibt sich folgendes Bild:

- „Klassische“ Berufsfreiheitseingriffe sind Regelungen, die an den Grundrechtsträger gerichtet sind und ihn in der Ausübung der Berufsfreiheit spezifisch, final und mit imperativer Rechtswirkung intensiv beeinträchtigen.
- Als Berufsfreiheitseingriffe stellen sich aber auch allgemeine Regelungen dar, denen ein spezifischer Zusammenhang mit der Berufsfreiheit fehlt, die also die Berufsfreiheitsausübung nur „unter anderem“ betreffen. Der vom Bundesverfassungsgericht geforderte „enge Zusammenhang mit der Berufsausübung“ ist abzulehnen. Es können auch allgemeine delikts- oder vertragsrechtliche Regelungen in Art. 12 I GG eingreifen. Das Kriterium „spezifisch“ in der oben genannten Ausgangsformel ist also komplett verzichtbar.
- Die Kriterien der Finalität und Intensität sind ebenfalls verzichtbar, zumindest solange es sich um imperative, an den Berufsfreiheitsträger gerichtete, Regelungen handelt.
- Problematisch wird der Eingriff, wenn der Berufsfreiheitsträger nicht selbst mit imperativer Rechtswirkung erfaßt wird, sondern nur „mittelbar“ betroffen ist. Dies ist beispielsweise der Fall bei behördlichen Warnungen oder staatlichen Subventionen. In diesen Fällen muß man den Eingriff in die Berufsfreiheit näher begründen; dies kann insbesondere mit Hilfe der Kriterien der Finalität oder Intensität geschehen. Was die Intensität angeht, so kann man keine allgemeingültige Formel aufstellen, mit denen alle Fälle befriedigend gelöst werden können. Entscheidend ist die individuelle Situation des jeweiligen Grundrechtsträgers. Es dürfen allerdings keine zu hohen Anforderungen an einen Eingriff gestellt werden.
- Auf den Begriff der berufsregelnden Tendenz sollte besser verzichtet werden, da er eine Chiffre für ganz unterschiedliche Anforderungen an den Berufsfreiheitseingriff darstellt[944]. Diese Anforderungen sind aber nur in dem gerade dargestellten Rahmen tatsächlich gerechtfertigt.

---

[944] Vgl. *Puhl*, VVDStRL 60 (2001), S. 482: Das Kriterium der berufsregelnden Tendenz ist

C. Vergleich der Lösungen

Die beiden „vorläufigen“ Definitionen für den Eingriff in Berufsfreiheit bzw. Grundfreiheiten sind identisch: Eingriff ist jedes dem (Mitglied-)Staat zurechenbare aktive Tun mit grund- bzw. berufsfreiheitsverkürzender Wirkung.

Weiterhin ist festzustellen, daß es kein *einzelnes* Kriterium gibt, welches diese Definition weiter einengt. Allerdings wurde sowohl bei den Grundfreiheiten als auch bei der Berufsfreiheit die Notwendigkeit erkannt, den Eingriffsbegriff einzugrenzen.

Bei der Berufsfreiheit werden die Maßnahmen nicht als Eingriff betrachtet, die den Berufsfreiheitsträger weder mit imperativer Zwangswirkung noch final noch intensiv beeinträchtigen. Im Gemeinschaftsrecht sind die Maßnahmen ausgenommen, deren Auswirkungen auf die Grundfreiheiten „zu mittelbar und zu ungewiß“ sind. „Zu unmittelbar und zu ungewiß“ sind die Auswirkungen aber auch hier nur bei Maßnahmen, die weder imperativ noch final noch intensiv in die Grundfreiheiten eingreifen. Allerdings ist zu bemerken, daß der Akzent im Verfassungsrecht etwas anders gesetzt wird als im Gemeinschaftsrecht: Das Bemühen um eine Eingrenzung des Eingriffsbegriffs ist im Verfassungsrecht stärker ausgeprägt (weshalb das Bundesverfassungsgericht Formeln wie die berufsregelnde Tendenz oder den engen Zusammenhang mit der Berufsausübung entwickelt hat, die dogmatisch nicht immer überzeugen). Im Gemeinschaftsrecht findet eine dogmatische Auseinandersetzung mit dem Eingriffsbegriff kaum statt; die Formulierung „zu mittelbar und zu ungewiß“ weist auf den absoluten Ausnahmecharakter eines „Nichteingriffs“ hin.

„höchst unscharf“ und „seine Herleitung [...] wenig überzeugend.“

FÜNFTER TEIL: DIE RECHTFERTIGUNG VON EINGRIFFEN

Es bleibt zu untersuchen, welchen Rechtfertigungsanforderungen Eingriffe in die Grundfreiheiten bzw. in die Berufsfreiheit unterliegen.

A. Die Rechtfertigung von Eingriffen in die Grundfreiheiten

Bei den Grundfreiheiten ist nach der Art des jeweiligen Eingriffs zu unterscheiden. Wie bereits im dritten Teil herausgearbeitet, gibt es prinzipiell drei Eingriffstypen: offene Diskriminierungen, versteckte Diskriminierungen und spezifische Beschränkungen.

I. Offene Diskriminierungen

Die offene Diskriminierung ist die stärkste Eingriffsform. Hier sind die höchsten Anforderungen an die Rechtfertigung zu stellen. Zur Rechtfertigung einer offenen Diskriminierung kann sich der Mitgliedstaat daher nur auf die im Vertrag ausdrücklich vorgesehenen Rechtfertigungsgründe oder Bereichsausnahmen berufen[945].

1. Die geschriebenen Bereichsausnahmen und Rechtfertigungsgründe

a) Die Bereichsausnahmen: Art. 39 IV und Art. 45 EG

Die Zuordnung der Bereichsausnahmen zur Rechtfertigungsebene ist, streng genommen, nicht korrekt. Wenn eine Bereichsausnahme einschlägig ist, dann liegt nämlich schon gar kein zu rechtfertigender Eingriff vor[946]. Es kommt also grundsätzlich nicht auf den Zweck der Maßnahme und ihre Verhältnismäßigkeit an. Insoweit gehören die Bereichsausnahmen eigentlich zur Tatbestandsebene. Üblicherweise werden Bereichsausnahmen und Rechtfertigungsgründe dennoch zusammen behandelt[947]; auch hier wurde dieser Aufbau gewählt.

---

[945] EuGH, Kommission/Irland, Slg. 1981, S. 1625 (1639); EuGH, Schutzverband gegen Unwesen in der Wirtschaft/Weinvertriebs-GmbH, Slg. 1983, S. 1217 (1227); EuGH, Leclerc/Au blé vert, Slg. 1985, S. 1 (35).

[946] Vgl. *Kingreen*, Die Struktur der Grundfreiheiten des Europäischen Gemeinschaftsrechts, 1999, S. 76 f.; a.A. *Jarass*, EuR 2000, S. 718.

[947] Vgl. z.B. *Streinz*, Europarecht, 5. Aufl. 2001, Rn. 686 ff., 696 ff. (unter der Überschrift „Schranken", wobei dann betont wird, daß die Bereichsausnahmen gerade keine Schranken sind); *Schweitzer/Hummer*, Europarecht, 5. Aufl. 1996, Rn. 1161 f., 1178 f.; 1194 (jeweils unter der Überschrift „Ausnahmen"); *Schneider/Wunderlich*, in: Schwarze (Hrsg.), EU-Kommentar, 2000, Art. 39 Rn. 118 ff., 133 ff. (unter der Überschrift „Grenzen").

Die Freizügigkeit gilt nach Art. 39 IV EG nicht für den Bereich der öffentlichen Verwaltung. Die Niederlassungs- und Dienstleistungsfreiheit finden gem. Art. 45 und 55 EG keine Anwendung auf Tätigkeiten, die mit der Ausübung öffentlicher Gewalt verbunden sind. Während Art. 45 EG eine funktionelle Sichtweise zwingend voraussetzt, wäre bei Art. 39 IV EG auch eine institutionelle Sichtweise der öffentlichen Verwaltung möglich[948]. Der EuGH wendet jedoch hier, in dem Bestreben, die Bereichsausnahme möglichst eng auszulegen, ebenfalls eine funktionelle Betrachtung an[949]. Zur öffentlichen Verwaltung gehören daher nur die Stellen, *„die eine unmittelbare oder mittelbare Teilnahme an der Ausübung hoheitlicher Befugnisse und an der Wahrnehmung solcher Aufgaben mit sich bringen, die auf die Wahrung der allgemeinen Belange des Staates oder anderer öffentlicher Körperschaften gerichtet sind“*[950]. Diese funktionelle Interpretation führt dann in gewisser Weise doch wieder ein Element der Verhältnismäßigkeit ein[951]. Anders als bei einer institutionellen Betrachtung, bei der rein schematisch die Zugehörigkeit zum öffentlichen Dienst über die Anwendbarkeit der Freizügigkeitsregeln entscheiden würde, wird bei der funktionellen Sichtweise abgewogen, ob die Freizügigkeit vorgeht oder aber das berechtigte Interesse des Staates[952] daran überwiegt, bestimmte Tätigkeiten den eigenen Staatsbürgern vorzubehalten[953]. Zu beachten ist allerdings, daß der funktionelle Begriff durch den institutionellen Begriff begrenzt wird[954]: Die Ausnahme gilt also nur für Angehörige des öffentlichen Dienstes (institutionell), aber nicht für alle (funktionell).

Bei Art. 45 EG, dem die funktionelle Sichtweise immanent ist, findet eine ähnliche Abwägung statt. Art. 45 EG ergänzt Art. 39 IV EG für die hoheitlichen Tätigkeiten, die auf Personen außerhalb des öffentlichen Dienstes übertragen wer-

---

948 Vgl. dazu *Wölker*, in: von der Groeben/Thiesing/Ehlermann (Hrsg.), Kommentar zum EUV/EGV, 5. Aufl. 1997, Art. 48 Rn. 116 f.

949 EuGH, Kommission/Belgien, Slg. 1980, S. 3881 (3900 ff.); EuGH, Kommission/Luxemburg, Slg. I 1996, S. 3207 (3255 f.).

950 EuGH, Kommission/Belgien, Slg. 1980, S. 3881 (3900).

951 Deshalb ordnet *Jarass*, EuR 2000, S. 718, die Bereichsausnahmen auch der Rechtfertigungsebene und nicht der Schutzbereichsebene zu.

952 Vgl. EuGH, Kommission/Belgien, Slg. 1980, S. 3881 (3900): *„Die Beschäftigung auf derartigen Stellen setzt nämlich ein Verhältnis besonderer Verbundenheit des jeweiligen Stelleninhabers zum Staat sowie die Gegenseitigkeit von Rechten und Pflichten voraus, die dem Staatsangehörigkeitsband zugrunde liegen.“*

953 Vgl. hierzu bereits EuGH, Sotgiu, Slg. 1974, S. 153 (162): *„Wegen der grundlegenden Bedeutung [...] der Freizügigkeit [...] können die in Absatz 4 des Artikels 48 [EG-Vertrag] zugelassenen Ausnahmen nicht weiter reichen, als der Zweck es erfordert, um dessentwillen sie vorgesehen sind.“*

954 Generalanwalt *Jacobs*, Schlußanträge vom 15.2.2001 zu EuGH, Kommission/Italien, Rs. C-283/99, Rz. 26; bestätigt im Urteil vom 31.5.2001 in derselben Sache, Rz. 25.

den[955]. Art. 45 EG kommt deshalb dann zur Anwendung, wenn ein echtes Subordinationsverhältnis vorliegt[956]. Dabei dürfen einzelne hoheitliche Funktionen innerhalb einer Tätigkeit nicht zum Ausschluß der Niederlassungs- und Dienstleistungsfreiheit für die gesamte Tätigkeit führen[957]: Art. 45 EG ist *„auf Tätigkeiten zu beschränken, die als solche eine unmittelbare und spezifische Teilnahme an der Ausübung öffentlicher Gewalt darstellen."*[958] Problematisch ist dabei, daß kein gemeinschaftsrechtlich definierter Begriff der öffentlichen Gewalt besteht. Es bestehen Unterschiede zwischen den Mitgliedstaaten in den Bereichen, in denen öffentliche Gewalt ausgeübt wird. Der EuGH muß deshalb im Einzelfall nachprüfen, ob eine bestimmte Tätigkeit ihrem Charakter nach hoheitlich ist[959]. Auch hier kommt man nicht an einer Abwägung zwischen der betroffenen Grundfreiheit und den mitgliedstaatlichen Interessen vorbei.

b) Die Rechtfertigungsgründe

Neben den Bereichsausnahmen gibt es noch echte Rechtfertigungsgründe, oder, in der Terminologie des Verfassungsrechts, Schranken[960].

(1) Die Rechtfertigungsgründe in Art. 39 III und Art. 46 EG

(a) Allgemeines

Für die Arbeitnehmerfreizügigkeit normiert Art. 39 III EG einen Vorbehalt der öffentlichen Ordnung, Sicherheit und Gesundheit. Ein entsprechender ordre-public-Vorbehalt findet sich in Art. 46 EG für die Niederlassungsfreiheit und (i.V.m. Art. 55 EG) für die Dienstleistungsfreiheit. Die Begriffe der öffentlichen Ordnung, Sicherheit und Gesundheit können nicht von den Mitgliedstaaten einseitig definiert werden; es handelt sich um gemeinschaftsrechtliche Begriffe[961]. Der EuGH legt Art. 39 III und Art. 46 EG als Ausnahmevorschriften eng aus[962].

---

955 *Troberg*, in: von der Groeben/Thiesing/Ehlermann (Hrsg.), Kommentar zum EUV/EGV, 5. Aufl. 1997, Art. 55 Rn. 1.
956 *Troberg*, in: von der Groeben/Thiesing/Ehlermann (Hrsg.), Kommentar zum EUV/EGV, 5. Aufl. 1997, Art. 55 Rn. 2.
957 *Troberg*, in: von der Groeben/Thiesing/Ehlermann (Hrsg.), Kommentar zum EUV/EGV, 5. Aufl. 1997, Art. 55 Rn. 2.
958 EuGH, Thijssen, Slg. I 1993, S. 4047 (4069); EuGH, Reyners, Slg. 1974, S. 631 (654).
959 Vgl. z.B. EuGH, Thijssen, Slg. I 1993, S. 4047 (4069 ff.); *Troberg*, in: von der Groeben/Thiesing/Ehlermann (Hrsg.), Kommentar zum EUV/EGV, 5. Aufl. 1997, Art. 55 Rn. 12; *Schlag*, in: Schwarze (Hrsg.), EU-Kommentar, 2000, Art. 45 Rn. 5.
960 So auch die Begrifflichkeit bei *Streinz*, Europarecht, 5. Aufl. 2001, Rn. 686 ff.
961 EuGH, van Duyn, Slg. 1974, S. 1337 (1350); EuGH, Rutili, Slg. 1975, S. 1219 (1231).
962 EuGH, van Duyn, Slg. 1974, S. 1337 (1350); EuGH, Rutili, Slg. 1975, S. 1219 (1231).

Danach rechtfertigt die Berufung auf die öffentliche Ordnung eine Freizügigkeitsbeschränkung nur, wenn *„eine tatsächliche und hinreichend schwere Gefährdung vorliegt, die ein Grundinteresse der Gesellschaft berührt."*[963] Dennoch haben die Mitgliedstaaten einen gewissen Spielraum bei der Bestimmung der öffentlichen Ordnung[964].

(b) Anwendungsbereich des Art. 39 III EG

Umstritten ist, ob der ordre-public-Vorbehalt des Art. 39 III EG nur auf die in Art. 39 III EG enthaltenen Rechte oder auch auf das in Art. 39 II EG normierte Gleichbehandlungsgebot anwendbar ist. Die systematische Stellung des Vorbehalts spricht für eine Beschränkung auf die Rechte des Art. 39 III, so daß das eigentliche Diskriminierungsverbot des Art. 39 II EG dann vorbehaltlos gewährt ist[965]. Dies ist insoweit nachvollziehbar, als auch das allgemeine Diskriminierungsverbot des Art. 12 EG vorbehaltlos gewährleistet ist[966].

(c) Richtlinie 64/221/EWG

Die Richtlinie 64/221/EWG[967] präzisiert die ordre-public-Vorbehalte. Bedeutsam ist insbesondere Art. 2 II der Richtlinie, der bestimmt, daß Art. 39 III und Art. 46 EG nicht zur Verfolgung wirtschaftlicher Zwecke benutzt werden dürfen.

Die öffentliche Ordnung und Sicherheit kann darüber hinaus gem. Art. 3 I der Richtlinie Grundfreiheitsbeschränkungen nicht aus generalpräventiven Gründen, sondern nur aus Gründen, die im persönlichen Verhalten des Betroffenen liegen, rechtfertigen. Zudem reicht die bloße Tatsache einer strafrechtlichen Verurteilung nicht aus, um eine Beschränkung der Grundfreiheiten des Verurteilten zu rechtfertigen (Art. 3 II der Richtlinie 64/221/EWG).

Die in der Richtlinie festgelegten Rechtfertigungsanforderungen sind den Qualifizierungen eines grundrechtlichen Gesetzesvorbehaltes vergleichbar. So wie ein die Meinungsfreiheit beschränkendes Gesetz „allgemein" i.S.d. Art. 5 II GG sein muß, muß eine die Niederlassungsfreiheit einschränkende Maßnahme nicht-

---

[963] EuGH, Bouchereau, Slg. 1977, S. 1999 (2013); EuGH, Rutili, Slg. 1975, S. 1219 (1231).

[964] Vgl. *Bröhmer*, in: Calliess/Ruffert (Hrsg.), Kommentar zum EUV/EGV, 1999, Art. 46 Rn. 3.

[965] So *Wölker*, in: von der Groeben/Thiesing/Ehlermann (Hrsg.), Kommentar zum EUV/EGV, 5. Aufl. 1997, Art. 48 Rn. 92 m.w.N.; *Brechmann*, in: Calliess/Ruffert (Hrsg.), Kommentar zum EUV/EGV, 1999, Art. 39 Rn. 89; a.A. *Randelzhofer*, in: Grabitz/Hilf (Hrsg.), Kommentar zum EUV/EGV, Altband II, Art. 48 Rn. 58.

[966] Vgl. dazu unten zum Problem der sachlichen Gebotenheit fünfter Teil, A. I. 1. c), S. 187.

[967] ABl. 1964, Nr. 56, S. 850 ff.

wirtschaftlichen Zwecken dienen. Anders als im Verfassungsrecht ist die Qualifizierung im Gemeinschaftsrecht auf einer niedrigeren Rangstufe, nämlich dem Sekundärrecht, angesiedelt. Dies ist allerdings unschädlich, weil auch das Sekundärrecht dem nationalen Recht (welchem Schranken gesetzt werden) vorgeht. Die Anforderungen sind also für den nationalen Gesetzgeber verbindlich, unabhängig davon, ob man sie als bloße Konkretisierung der Grundfreiheitsgarantien betrachtet oder nicht.

(2) Der Rechtfertigungsgrund des Art. 30 EG

Für die Warenverkehrsfreiheit gibt Art. 30 EG dem Mitgliedstaat Eingriffsmöglichkeiten. Art. 30 S. 1 EG zählt dabei enumerativ die Gründe auf, welche der Staat zur Rechtfertigung einer offenen Diskriminierung anführen darf[968]. Art. 30 S. 2 EG nennt Schranken-Schranken und ist daher später zu behandeln.

Von den Rechtsgütern, die Art. 30 S. 1 GG nennt, sind zwei warenverkehrsspezifisch, nämlich der Schutz des nationalen Kulturguts sowie des gewerblichen und kommerziellen Eigentums. Die übrigen Rechtfertigungsgründe finden sich (von der weniger bedeutsamen öffentlichen Sittlichkeit abgesehen) bei den übrigen Grundfreiheiten wieder (Art. 39 III EG und Art. 46 EG). Entsprechend Art. 2 II der Richtlinie 64/221/EWG läßt sich deshalb der Schluß ziehen, daß auch die in Art. 30 S. 1 EG genannten Rechtfertigungsgründe nicht (allein) der Verfolgung wirtschaftlicher Interessen dienen dürfen[969]. Wirtschaftliche Schwierigkeiten können daher selbst dann nicht als Rechtfertigungsgrund für Warenverkehrsbeschränkungen benutzt werden, wenn sie zu Störungen der öffentlichen Ordnung führen[970]. Möglich ist es allerdings, daß staatliche Maßnahmen neben der Wahrung der Rechtsgüter des Art. 30 EG auch wirtschaftspolitische Zielsetzungen verfolgen[971].

c) Ungeschriebene Rechtfertigungsmöglichkeiten?

Es ist umstritten, ob das allgemeine Diskriminierungsverbot des Art. 12 EG offene Diskriminierungen absolut oder relativ verbietet. Die gleiche Frage stellt sich auch im Bereich der Grundfreiheiten. Insbesondere ist Art. 39 II EG ebenso wie Art. 12 EG vorbehaltlos gewährleistet.

---

968 Vgl. zur Definition der einzelnen Begriffe *Epiney*, in: Calliess/Ruffert (Hrsg.), Kommentar zum EUV/EGV, 1999, EUV/ EGV, Art. 30 Rn. 25 ff.

969 EuGH, Kommission/Italien, Slg. 1982, S. 2187 (2204); EuGH, Decker, Slg. I 1998, S. 1831 (1884); *Becker*, in: Schwarze (Hrsg.), EU-Kommentar, 2000, Art. 30 Rn. 60.

970 *Epiney*, in: Calliess/Ruffert (Hrsg.), Kommentar zum EUV/EGV, 1999, Art. 30 Rn. 13 f.

971 EuGH, Campus Oil Ltd., Slg. 1984, S. 2727 (2752); EuGH, Openbaar Ministerie, Slg. 1987, S. 3883 (3908); *Epiney*, in: Calliess/Ruffert (Hrsg.), Kommentar zum EUV/EGV, 1999, Art. 30 Rn. 13.

Ein Teil der Literatur sieht auch offene Diskriminierungen als sachlicher Rechtfertigung zugänglich an[972]. Zur Begründung wird angeführt, daß man bei einer sachlich begründeten Ungleichbehandlung nicht von Diskriminierung sprechen könne[973]. Dem ist jedoch zu widersprechen: Das Merkmal der Staatsangehörigkeit ist ein per se verbotenes Anknüpfungskriterium. Wenn eine Regelung an die EU-ausländische Staatsangehörigkeit einer Person (im Anwendungsbereich des Gemeinschaftsrechts) einen Nachteil knüpft, wenn also ein Gemeinschaftsbürger wegen seiner Staatsangehörigkeit benachteiligt wird, dann ist dies „absolut" verboten. Damit statuiert Art. 12 EG ein vorbehaltlos gewährleistetes absolutes Diskriminierungsverbot[974]. Erst recht muß dies für die Grundfreiheiten gelten. Auch diese normieren absolute Verbote offener Diskriminierung. Eine offene Diskriminierung kann nicht sachlich geboten sein. Ausnahmen hiervon kann man nur machen, wenn sie im Vertrag selbst vorgesehen sind, wie in Art. 39 IV, 45 und 46 EG[975]. Darum können insbesondere die zwingenden Erfordernisse i.S.d. Cassis-Rechtsprechung[976] nicht zur Rechtfertigung von offenen Diskriminierungen herangezogen werden[977].

2. Die allgemeinen Rechtfertigungsanforderungen

Die bloße Tatsache, daß eine diskriminierende Maßnahme einen rechtfertigenden Zweck im Sinne der Art. 30, 39 III oder 46 EG verfolgt, genügt noch nicht, um eine Verletzung der jeweiligen Grundfreiheit auszuschließen. Vielmehr muß die jeweilige Maßnahme bestimmten Anforderungen genügen, um dem Verdikt der Grundfreiheitswidrigkeit zu entgehen. Zu diesen Anforderungen gehören die Konsequenzen der Richtlinie 64/221/EWG[978]. Darüber hinaus gibt es auch noch allgemeine Rechtfertigungsanforderungen.

a) Der Vorbehalt des Gesetzes

Zur Problematik, ob es auch im Gemeinschaftsrecht einen dem Verfassungsrecht vergleichbaren Vorbehalt des Gesetzes gibt, findet man nur spärliche Aussagen in der gemeinschaftsrechtlichen Literatur und Rechtsprechung[979].

---

972 *Bleckmann*, Europarecht, 6. Aufl. 1997, Rn. 1742 ff.; ähnlich im Ergebnis *Epiney*, in: Calliess/Ruffert (Hrsg.), Kommentar zum EUV/EGV, 1999, Art. 12 Rn. 42.

973 Vgl. *Bleckmann*, Europarecht, 6. Aufl. 1997, Rn. 1743.

974 So auch *Holoubek*, in: Schwarze (Hrsg.), EU-Kommentar, 2000, Art. 12 Rn. 53.

975 Vgl. *Holoubek*, in: Schwarze (Hrsg.), EU-Kommentar, 2000, Art. 12 EGV Rn. 53.

976 Dazu unten unter fünfter Teil, A. II. 1., S. 192 ff.

977 So auch *Gundel*, Jura 2001, S. 82.

978 Siehe oben unter fünfter Teil, A. I. 1. b) (1) (c), S. 186 f.

979 Vgl. *Kingreen*, Die Struktur der Grundfreiheiten des Europäischen Gemeinschaftsrechts, 1999, S. 152 ff.; für einen Gesetzesvorbehalt (ohne nähere Begründung) *Eschmann*, Freizü-

Der EuGH hat den Gesetzesvorbehalt bei den Gemeinschaftsgrundrechten als allgemeinen Grundsatz des Gemeinschaftsrechts aus Art. 220 EG anerkannt[980]. Wegen der unterschiedlichen Adressaten von Gemeinschaftsgrundrechten (Gemeinschaft) und Grundfreiheiten (Mitgliedstaaten) läßt sich dieses Konzept aber nicht ohne weiteres auf die Grundfreiheiten übertragen. Es wird daher die Ansicht vertreten, daß sich das Erfordernis einer gesetzlichen Grundlage nach der Rechtsordnung des jeweils eingreifenden Mitgliedstaats richten soll[981]. Dem kann nicht zugestimmt werden. Die Rechtfertigungsanforderungen müssen prinzipiell in allen Mitgliedstaaten die gleichen sein.

Ein Hinweis läßt sich aus Art. 46 EG entnehmen. Danach sind Sonderregelungen für Ausländer in „Rechts- und Verwaltungsvorschriften“ zulässig. Hieraus läßt sich (allerdings nicht zwingend) der Umkehrschluß ziehen, daß offene Diskriminierungen, die auf Einzelfallmaßnahmen beruhen, unzulässig sind[982]. Damit gilt bei Art. 46 EG ein Rechtsnormvorbehalt, der weiter ist als der grundgesetzliche Vorbehalt des Gesetzes, weil er auch Verwaltungsvorschriften zuläßt[983].

Dem Wortlaut des Art. 39 III EG läßt sich ein derartiger Rechtsnormvorbehalt allerdings nicht entnehmen. Dabei ist jedoch zu beachten, daß das eigentliche Diskriminierungsverbot des Art. 39 II EG ohnehin vorbehaltlos gewährleistet ist. Art. 30 EG schließlich spricht ebenfalls nur von „Beschränkungen“, so daß auch hier der Wortlaut keinen Hinweis auf einen Rechtsnormvorbehalt gibt.

Der EuGH hat sich, soweit ersichtlich, zur Frage eines Rechtsnormvorbehaltes in dieser Form nicht geäußert[984]. Allerdings stellte sich im Bereich der Umsetzung von Richtlinien immer wieder die Problematik, in welcher Form diese Umsetzung zu geschehen hat. Hier ist es gefestigte Rechtsprechung des EuGH, daß eine normative Umsetzung notwendig ist[985]. Diese Rechtsprechung hat der EuGH in gewisser Weise auf die Grundfreiheiten übertragen. Danach wird der Verstoß eines Mitgliedstaats gegen die Grundfreiheiten nicht dadurch ausgeschlossen, daß ein grundfreiheitswidriges Gesetz in der Praxis nicht beachtet

---

gigkeit der EG-Bürger und der Zugang zur öffentlichen Verwaltung, 1992, S. 33.

[980] EuGH, Kommission/Höchst, Slg. 1989, S. 2859 (2924).

[981] *Kingreen*, Die Struktur der Grundfreiheiten des Europäischen Gemeinschaftsrechts, 1999, S. 154.

[982] *Jarass*, EuR 1995, S. 222.

[983] *Jarass*, EuR 1995, S. 222.

[984] Das deutet übrigens bereits auf die geringe praktische Relevanz des Problems hin, da letztlich ganz überwiegende Zahl von Grundfreiheitseingriffen ohnehin auf Rechts- oder Verwaltungsvorschriften beruht.

[985] Vgl. EuGH, Kommission/Belgien, Slg. 1980, S. 1473 (1486); EuGH, Kommission/Italien, Slg. 1983, S. 711 (718); EuGH, Kommission/Deutschland, Slg. I 1991, S. 2567 (2603 ff.).

wird[986]. Der Mitgliedstaat muß ein grundfreiheitswidriges Gesetz also ausdrücklich ändern oder aufheben[987]. Dieses Mißtrauen des EuGH gegenüber einer bloßen Verwaltungspraxis legt es nahe, für eingreifendes Verwaltungshandeln das Vorliegen einer (grundfreiheitskonformen) normativen Grundlage zu fordern. Eingriffe in die Grundfreiheiten dürfen nicht ohne normative Grundlage der Verwaltung überlassen werden. Daher muß für offene Diskriminierungen ein Rechtsnormvorbehalt gelten. Ein darüber hinausgehender Parlamentsvorbehalt, wie er für das deutsche Verfassungsrecht notwendig ist[988], läßt sich allerdings im Gemeinschaftsrecht nicht annehmen.

b) Schranken-Schranken, insbesondere Verhältnismäßigkeit

(1) Allgemeines

Das Gemeinschaftsrecht kennt im wesentlichen nur eine Schranken-Schranke, nämlich die der Verhältnismäßigkeit[989]. Gemeinschaftsrechtlich normiert ist das Verhältnismäßigkeitsprinzip[990] zum einen in Art. 5 III EG. Diese Vorschrift gilt aber, streng genommen, nur für die Gemeinschaft selbst. Zumindest angedeutet ist das Verhältnismäßigkeitsprinzip auch in Art. 30 S. 2 EG. Danach sind Regelungen, die Ziele im Sinne des Art. 30 S. 1 EG verfolgen, nicht unbeschränkt zulässig. Sie dürfen weder ein „Mittel zur willkürlichen Diskriminierung" noch „eine verschleierte Beschränkung des Handels zwischen den Mitgliedstaaten" sein. Auch Art. 39 III und Art. 46 EG machen deutlich, daß Eingriffe „gerechtfertigt" werden müssen, d.h. das Verhältnismäßigkeitsprinzip beachtet werden muß[991].

Die Struktur des Verhältnismäßigkeitsprinzips im Gemeinschaftsrecht entspricht in den Grundzügen ihrem verfassungsrechtlichen Pendant[992]. Eine mitgliedstaatliche Maßnahme, die unter Berufung auf Art. 30, 39 III oder 46 EG in die Grundfreiheiten eingreift, muß also geeignet, erforderlich und angemessen sein[993]. Allerdings legt der Gerichtshof den Schwerpunkt der Prüfung häufig auf

---

[986] EuGH, Kommission/Italien, Slg. I 2000, S. 1255 (1273); vgl. auch Streinz, JuS 2000, S. 907 f.

[987] EuGH, Kommission/Italien, Slg. I 2000, S. 1255 (1273).

[988] Siehe dazu unten unter fünfter Teil, B. I. 3., Seite 203 ff.

[989] Vgl. *Kingreen*, Die Struktur der Grundfreiheiten des Europäischen Gemeinschaftsrechts, 1999, S. 168: „Herzstück der Rechtfertigungsprüfung".

[990] Vgl. zur Terminologie unten unter fünfter Teil, B. II. 2. a), S. 207 f.

[991] Vgl. *Brechmann*, in: Calliess/Ruffert (Hrsg.), Kommentar zum EUV/EGV, 1999, Art. 39 Rn. 90; *Jarass*, EuR 2000, S. 721.

[992] Dazu siehe unten unter fünfter Teil, B. II. 2., S. 207 ff.

[993] *Kingreen*, Die Struktur der Grundfreiheiten des Europäischen Gemeinschaftsrechts, 1999, S. 169; *Geiger*, Kommentar zum EUV/EGV, 3. Aufl. 2000, Art. 30 Rn. 15; *Becker*, in:

die Erforderlichkeit, weshalb teilweise auch von einer zweistufigen Prüfung (Geeignetheit – Erforderlichkeit) ausgegangen wird[994]. Die Angemessenheit spricht der EuGH nur selten ausdrücklich an[995].

(2) Die einzelnen Elemente des Verhältnismäßigkeitsprinzips

Im einzelnen muß die Maßnahme also zunächst geeignet sein, das mit ihr angestrebte Ziel zu verwirklichen[996]. Dabei genügt es, wenn das Ziel gefördert wird[997]. Geeignet ist eine Maßnahme auch, wenn sie unzulänglich ist, solange sie nicht gänzlich untauglich ist[998].

Weiterhin muß die Maßnahme erforderlich sein. Hierunter prüft der EuGH, ob die Maßnahme nicht über das zur Verfolgung des Ziels Notwendige hinausgeht[999]. Nicht erforderlich ist eine Maßnahme insbesondere, wenn es gleich wirksame Mittel gibt, welche den Grundfreiheitsträger weniger belasten. Eine europarechtliche Spezialität in der Erforderlichkeitsprüfung betrifft die Frage, ob der jeweilige Regelungszweck nicht bereits durch Vorschriften des Herkunftslandes erfüllt wird[1000]. Außerdem ist, jedenfalls einer Ansicht in der Literatur zufolge, eine Diskriminierung dann nicht erforderlich, wenn der angestrebte Zweck ebensogut mit einer nicht-diskriminierenden Maßnahme erreicht werden kann[1001]. Das soll nicht für den Fall gelten, in dem eine Diskriminierung deutlich weniger belastend wirkt[1002]. Man wird allerdings ein derartiges Rangverhältnis allenfalls zwischen offenen Diskriminierungen einerseits und sonstigen Beschränkungen (d.h. versteckten Diskriminierungen und spezifischen Beschränkungen) andererseits annehmen können, weil offene Diskriminierungen vom Vertrag ausdrücklich und absolut verboten sind, versteckte Diskriminierungen und spezifische Beschränkungen hingegen nicht. Ein generelles Rang-

---

Schwarze (Hrsg.), EU-Kommentar, 2000, Art. 30 Rn. 63; *Epiney*, in: Calliess/Ruffert (Hrsg.), Kommentar zum EUV/EGV, 1999, Art. 30 Rn. 45; *Jarass*, EuR 2000, S. 721.

994 So z.B. *Schlag*, in: Schwarze (Hrsg.), EU-Kommentar, 2000, Art. 43 Rn. 56.

995 EuGH, Schräder, Slg. 1989, S. 2237 (2269).

996 Z.B. EuGH, Läärä, S. 6067 (6118); *Jarass*, EuR 2000, S. 721.

997 Vgl. EuGH, Kommission/Frankreich, Slg. 1980, S. 2299 (2316); *Jarass*, EuR 2000, S. 722.

998 *Müller-Graff*, in: von der Groeben/Thiesing/Ehlermann (Hrsg.), Kommentar zum EUV/EGV, 5. Aufl. 1997, Art. 36 Rn. 130.

999 EuGH, Kommission/Deutschland, Slg. 1986, S. 3755 (3804); EuGH, Aher-Waggon, Slg. I 1998, S. 4473 (4489).

1000 Vgl. EuGH, Slg. I 1994, Houtwipper, S. 4249 (4268); EuGH, Slg. I 1991, S. 4221, (4244); EuGH, Ramrath, Slg. I 1992, S. 3351 (3384); EuGH, Gebhard, Slg. I 1995, S. 4186 (4198).

1001 *Jarass*, EuR 2000, S. 722 ; *Jarass*, RIW 1993, S. 6.

1002 *Jarass*, EuR 2000, S. 722, Fußnote 111.

verhältnis zwischen versteckten Diskriminierungen und spezifischen Beschränkungen ist abzulehnen, weil es in beiden Fällen letztlich nur auf die Wirkung der Maßnahme ankommt, so daß dies auch bei der Erforderlichkeit gelten sollte.

Angemessenheit schließlich wird im allgemeinen definiert als Abwägung zwischen Eingriffsschwere und verfolgtem Schutzinteresse[1003] oder, etwas genauer, als Abwägung zwischen Eingriffsschwere und Schutzgewinn[1004]. Die Prüfung der Angemessenheit ist in besonderem Maße der Gefahr ausgesetzt, daß mit Hilfe juristischer Argumente lediglich das politisch Gewünschte durchgesetzt wird[1005]. Angesichts der Konturenunschärfe des Angemessenheitsbegriffs ist es durchaus verständlich, wenn der EuGH eine staatliche Maßnahme nur selten an diesem Prüfungspunkt scheitern läßt[1006].

II. Versteckte Diskriminierungen und spezifische Beschränkungen

1. Die zwingenden Erfordernisse

a) Entwicklung der Rechtsprechung

Im Zuge der Ausweitung des Eingriffsbegriffs hat der EuGH die Notwendigkeit erkannt, auch die Rechtfertigungsmöglichkeiten zu erweitern. Das oben in Zusammenhang mit der Anwendung des Art. 28 EG auf unterschiedslose Maßnahmen angesprochene Cassis-Urteil[1007] hat deshalb eine weitere dogmatische Erkenntnis gebracht[1008]. Danach können sogenannte „zwingende Erfordernisse", welche nicht mit den in Art. 30 EG genannten Rechtsgütern übereinstimmen, Eingriffe in die Warenverkehrsfreiheit legitimieren[1009]. Die Liste der zwingenden

---

[1003] *Jarass*, EuR 2000, S. 722 ; *Epiney*, in: Calliess/Ruffert (Hrsg.), Kommentar zum EUV/EGV, 1999, Art. 30 Rn. 49.

[1004] So *Müller-Graff*, in: von der Groeben/Thiesing/Ehlermann (Hrsg.), Kommentar zum EUV/EGV, 5. Aufl. 1997, Art. 36 Rn. 157.

[1005] Vgl. *Kingreen*, Die Struktur der Grundfreiheiten des Europäischen Gemeinschaftsrechts, 1999 S. 173 f. („Grenzbereich der Politik"). Zur Kritik im Verfassungsrecht vgl. z.B. *Pieroth/Schlink*, Staatsrecht II, 17. Aufl. 2001, Rn. 293 ff.

[1006] Vgl. *Epiney*, in: Calliess/Ruffert (Hrsg.), Kommentar zum EUV/EGV, 1999, Art. 30 Rn. 49. Das Bundesverfassungsgericht hat hingegen eher die Tendenz, Aspekte der Erforderlichkeit in der Angemessenheit zu prüfen, vgl. *Thiel*, GewA 2001, S. 101. *Lecheler*, VVDStRL 43 (1985), S. 61, fordert das Bundesverfassungsgericht auf, sich den hinsichtlich der Erforderlichkeitsprüfung „selbstbewußt judizierenden EuGH" zum Vorbild zu nehmen.

[1007] EuGH, Rewe, Slg. 1979, S. 649 ff.

[1008] Dieser Zusammenhang zwischen Erweiterung des Eingriffsbegriffs und Erweiterung der Rechtfertigungsmöglichkeiten im Cassis-Urteil wird auch hervorgehoben von *Becker*, in: Schwarze (Hrsg.), EU-Kommentar, 2000, Art. 28 Rn. 37.

[1009] EuGH, Rewe, Slg. 1979, S. 649 (662 ff.).

Erfordernisse ist dabei (im Gegensatz zu Art. 30 EG) offen[1010]. Anerkannt sind beispielsweise der Verbraucherschutz[1011] und der Umweltschutz[1012].

Die Cassis-Rechtsprechung wurde vom EuGH nach und nach auch auf die übrigen Grundfreiheiten übertragen[1013]. Auch hier ging die Ausweitung des Eingriffsbegriffs Hand in Hand mit der Ausweitung der Rechtfertigungsmöglichkeiten. Spezifische Beschränkungen im Bereich der übrigen Grundfreiheiten können also durch zwingende Gründe des Allgemeininteresses gerechtfertigt werden[1014].

b) Zwingende Erfordernisse und versteckte Diskriminierungen

Umstritten ist die Anwendung der zwingenden Erfordernisse auf versteckte Diskriminierungen. Hierzu wird die Ansicht vertreten, versteckte Diskriminierungen seien den offenen Diskriminierungen gleichzustellen und könnten deshalb nicht über zwingende Erfordernisse, sondern nur über die geschriebenen Gründe gerechtfertigt werden[1015]. Die neuere Rechtsprechung des EuGH in diesem Bereich ist uneinheitlich. Einige Urteile sprechen für[1016], andere gegen[1017] eine derartige Gleichsetzung von offenen und versteckten Diskriminierungen[1018].

Ausgangspunkt für die Überlegungen muß die Tatsache sein, daß offene Diskriminierungen vom Vertrag ausdrücklich verboten sind. Versteckte Diskriminierungen sind hingegen nicht in gleicher Weise ausdrücklich verboten. Zudem können versteckte Diskriminierungen und spezifische Beschränkungen ineinander übergehen[1019]. Der EuGH grenzt die beiden Fallgruppen auch gar nicht im-

---

[1010] *Epiney*, in: Calliess/Ruffert (Hrsg.), Kommentar zum EUV/EGV, 1999, Art. 28 Rn. 22.

[1011] EuGH, Rewe, Slg. 1979, S. 649 (662 f.).

[1012] EuGH, Kommission/Dänemark, Slg. 1988, S. 4607 (4630).

[1013] Vgl. *Streinz*, Europarecht, 5. Aufl. 2001, Rn. 700 ff.

[1014] Vgl. hierzu für Art. 39 EG EuGH, Bosman, Slg. I 1995, S. 4921 (5076); für Art. 43 EG EuGH, Vlassopoulou, Slg. I 1991, S. 2357 (2383); für Art. 49/50 EG EuGH, Kommission/Deutschland, Slg. 1986, S. 3755 (3804); die unterschiedliche Bezeichnung „zwingende Erfordernisse" oder „zwingende Gründe des Allgemeininteresses" etc. hat keine besondere Bedeutung.

[1015] Vgl. etwa *Nicolaysen*, Europarecht II, 1996, S. 178 f.

[1016] EuGH, Svensson, Slg. I 1995, S. 3955 (3976 f.); EuGH, Ciola, Slg. I 1999, S. 2517 (2536).

[1017] EuGH, Bachmann, Slg. I 1992, S. 249 (284); EuGH, Decker, Slg. I 1998, S. 1831 (1884); EuGH, Kohll, Slg. I 1998, S. 1931 (1948); EuGH, Chemical Industries, Slg. I 1998, S. 4695 (4722 f.).

[1018] Vgl. ausführlich zum Ganzen *Nowak/Schnitzler*, EuZW 2000, S. 627 ff.

[1019] *Kluth*, in: Calliess/Ruffert (Hrsg.), Kommentar zum EUV/EGV, 1999, Art. 50 Rn. 57; *Schneider/Wunderlich*, in: Schwarze (Hrsg.), EU-Kommentar, 2000, Art. 39 Rn. 37.

mer voneinander ab[1020]. Für eine versteckte Diskriminierung genügt es schon, daß die Wahrscheinlichkeit, zur benachteiligten Gruppe zu gehören, für einen Ausländer höher ist, als für einen Inländer[1021]. Dies führt zu einem sehr weiten Diskriminierungsbegriff, der auf der Rechtfertigungsebene „aufgefangen“ werden muß[1022]. Daher sind die zwingenden Erfordernisse auch auf versteckte Diskriminierungen anzuwenden[1023].

c) Dogmatische Einordnung

Die dogmatische Einordnung der Cassis-Gründe bereitet Schwierigkeiten. Der Rechtsprechung des EuGH zufolge scheint es sich um eine Art negativer Tatbestandsmerkmale zu handeln[1024]. Die Literatur hingegen tendiert dazu, die zwingenden Erfordernisse als ungeschriebene Rechtfertigungsgründe auf der gleichen Ebene anzusiedeln wie die geschriebenen Rechtfertigungsgründe[1025]. Zum Teil wird auch die Auffassung vertreten, die ungeschriebenen Rechtfertigungsgründe seien verzichtbar, und die jeweiligen Probleme ließen sich auch über eine extensive Interpretation der geschriebenen Rechtfertigungsgründe lösen[1026].

Dogmatisch erklären lassen sich die zwingenden Erfordernisse, wenn man sie in Beziehung setzt zu dem oben bereits angesprochenen Problem der sachlichen Gebotenheit von Diskriminierungen. Eine offene Diskriminierung kann nicht sachlich geboten sein, weil die Staatsangehörigkeit ein vom Vertrag verpöntes Anknüpfungsmerkmal ist. Das Verbot offener Diskriminierungen gilt also absolut[1027].

Das Verbot versteckter Diskriminierungen und spezifischer Beschränkungen gilt jedoch nicht in gleicher Weise absolut. Es fehlt hier an der Anknüpfung an ein vom Vertrag ausdrücklich verbotenes Unterscheidungskriterium[1028]. Das ist offensichtlich bei den spezifischen Beschränkungen, die ja unterschiedslose Maßnahmen sind. Aber auch versteckte Diskriminierungen unterscheiden gerade nicht nach der Staatsangehörigkeit. Versteckte Diskriminierungen sind nur deshalb verboten, weil sie offenen Diskriminierungen gleichen. Es besteht also eine

---

[1020] Vgl. EuGH, Terhoeve, Slg. I 1999, S. 345 (390).
[1021] So die oben gefundene Definition, siehe dritter Teil A. I. 2. a), S. 121.
[1022] Ähnlich *Nowak/Schnitzler*, EuZW 2000, S. 631; *Gundel*, Jura 2001, S. 82 f.
[1023] So auch *Gundel*, Jura 2001, S. 82 f.; vgl. auch *Schneider/Wunderlich*, in: Schwarze (Hrsg.), EU-Kommentar, 2000, Art. 39 Rn. 37.
[1024] Vgl. *Epiney*, in: Calliess/Ruffert (Hrsg.), Kommentar zum EUV/EGV, 1999, Art. 28 Rn. 21.
[1025] Z.B. *Jarass*, EuR 2000, S. 719.
[1026] So *Kingreen*, Die Struktur der Grundfreiheiten des Europäischen Gemeinschaftsrechts, 1999, S. 154 ff.
[1027] Vgl. oben fünfter Teil, A. I. 1. c), S. 187.
[1028] Vgl. *Holoubek*, in: Schwarze (Hrsg.), EU-Kommentar, 2000, Art. 12 Rn. 53.

Vermutung dafür, daß eine versteckte Diskriminierung den Vertragszielen in gleicher Weise widerspricht wie eine offene Diskriminierung. Diese Vermutung ist aber widerlegbar. Im Gegensatz zur Anknüpfung an die Staatsangehörigkeit kann z.B. die Anknüpfung an den Wohnsitz sachlich geboten sein, etwa aus Gründen der steuerlichen Kontrolle. Wenn man es aus diesem Blickwinkel betrachtet, so ist das Verbot von versteckten Diskriminierungen (und spezifischen Beschränkungen) im Gegensatz zum Verbot offener Diskriminierungen nur ein relatives Verbot[1029]. Relativiert werden kann es durch die Verfolgung von Zwecken, welche gemeinschaftsrechtlich legitim sind. Genau das sind die zwingenden Erfordernisse.

So läßt sich auch die vom EuGH vorgenommene Einordnung der zwingenden Erfordernisse verstehen[1030]. Eine versteckte Diskriminierung, die durch ein zwingendes Erfordernis sachlich geboten ist, ist letztlich gar keine Diskriminierung und damit kein Eingriff. Ebenso wird aus einer „spezifischen" Beschränkung im Falle ihrer sachlichen Gebotenheit eine „unspezifische" Beschränkung, so daß die Beschränkung ebenfalls ihren Eingriffscharakter verliert. Es liegt in der Konsequenz dieser dogmatischen Einordnung, die sachliche „Rechtfertigung" von versteckten Diskriminierungen und spezifischen Beschränkungen auf der Eingriffsebene zu prüfen. Nur wenn eine versteckte Diskriminierung nicht sachlich geboten ist, ist sie einer offenen Diskriminierung gleichzustellen und als Eingriff in die Grundfreiheiten zu werten[1031]. Anschließend kann die gleiche Rechtfertigungsprüfung vorgenommen werden wie bei offenen Diskriminierungen. Dabei wird allerdings regelmäßig keine Rechtfertigung mehr in Betracht kommen, weil die dabei zu berücksichtigenden Gesichtspunkte schon bei der Frage der sachlichen Gebotenheit in die Bewertung eingeflossen sind.

Gerade der letzte Punkt spricht dafür, das hier vorgestellte verschachtelte Modell trotz seiner dogmatischen Stringenz zu vereinfachen. Inhaltlich richtige Ergebnisse erzielt man nämlich auch dann, wenn man versteckte Diskriminierungen und spezifische Beschränkungen ohne weiteres als Eingriffe wertet, um dann auf der Rechtfertigungsebene die zwingenden Erfordernisse als ungeschriebene Rechtfertigungsgründe zu prüfen. Unerheblich ist es, ob man diese Rechtfertigungsprüfung neben oder an Stelle der normalen Rechtfertigungsprüfung anstellt.

[1029] Ähnlich *Holoubek*, in: Schwarze (Hrsg.), EU-Kommentar, 2000, Art. 12 Rn. 53; vgl. auch *Kluth*, in: Calliess/Ruffert (Hrsg.), Kommentar zum EUV/EGV, 1999, Art. 50 Rn. 54.

[1030] *Schweitzer/Hummer*, Europarecht, 5. Aufl. 1996, Rn. 1135.

[1031] Man könnte die versteckten Diskriminierungen und spezifischen Beschränkungen in (vorsichtiger) Anlehnung an Art. 28 EG als „Maßnahmen gleicher Wirkung wie offene Diskriminierungen" bezeichnen.

d) Prüfungsmodelle

Der unterschiedliche Prüfungsaufbau soll durch zwei Modelle verdeutlicht werden.

I. Dogmatisches Modell der Prüfung einer Verletzung der Grundfreiheiten

1. Schutzbereich der Grundfreiheit eröffnet?

    a) Wenn nein (d.h. auch im Falle einer einschlägigen Bereichsausnahme): Ende der Prüfung

    b) Wenn ja: → weiter mit 2.

2. Eingriff in die Grundfreiheit?

    a) Wenn offene Diskriminierung: Eingriff (+) → weiter mit 3.

    b) Wenn keine offene Diskriminierung: Liegt eine „Maßnahme gleicher Wirkung wie eine offene Diskriminierung" vor?

        aa) Weder versteckte Diskriminierung noch spezifische Beschränkung: Ende der Prüfung, kein Eingriff

        bb) Wenn versteckte Diskriminierung oder spezifische Beschränkung: Sachliche Gebotenheit dieser Maßnahme durch zwingende Erfordernisse?

            aaa) Wenn sachliche Gebotenheit (+): Ende der Prüfung, kein Eingriff

            bbb) Wenn sachliche Gebotenheit (-): „Maßnahme gleicher Wirkung wie offene Diskriminierung" (+), d.h. Eingriff (+) → weiter mit 3. (ist allerdings praktisch überflüssig, weil eine Rechtfertigung nicht mehr denkbar ist)

3. Eingriff in die Grundfreiheit gerechtfertigt?

Prüfung der geschriebenen Rechtfertigungsgründe; wenn Rechtfertigung (-): Grundfreiheit verletzt

II. Pragmatisches Modell

1. Schutzbereich der Grundfreiheit eröffnet?

    a) Wenn nein (d.h. auch im Falle einer einschlägigen Bereichsausnahme): Ende der Prüfung

    b) Wenn ja: weiter mit 2.

2. Eingriff in die Grundfreiheit?

a) Bei offener Diskriminierung: weiter mit 3. b)

b) Bei versteckter Diskriminierung oder spezifischer Beschränkung: weiter mit 3. a)

c) Wenn keiner dieser Fälle: Eingriff (-), Ende der Prüfung

3. Eingriff gerechtfertigt?

a) Ungeschriebene Rechtfertigungsgründe (zwingende Erfordernisse)

aa) Rechtfertigung (+): Ende der Prüfung

bb) Rechtfertigung (-): Weiter mit b) (ist allerdings praktisch überflüssig, weil eine Rechtfertigung nicht mehr denkbar ist)

b) Geschriebene Rechtfertigungsgründe

Wenn Rechtfertigung (-): Grundfreiheit verletzt

2. Geschriebene Rechtfertigungsgründe und Bereichsausnahmen

Wie bereits angedeutet, haben die geschriebenen Rechtfertigungsgründe keine praktische Bedeutung für die versteckten Diskriminierungen und spezifischen Beschränkungen. Eine Maßnahme, welche sich durch einen geschriebenen Rechtfertigungsgrund, etwa die öffentliche Ordnung, legitimieren ließe, wird ohnehin bereits aufgrund eines zwingenden Erfordernisses sachlich geboten sein. Insoweit ist es auch irrelevant, ob z.B. Art. 46 EG, in dem ausdrücklich von „Sonderregelungen für Ausländer" die Rede ist, auf andere Maßnahmen als offene Diskriminierungen anwendbar ist[1032].

Anders ist es bei den Bereichsausnahmen. Diese müssen bereits auf Schutzbereichsebene geprüft werden und sind daher logisch vorrangig. Bei Einschlägigkeit einer Bereichsausnahme ist es irrelevant, ob ein Eingriff vorliegt, bzw. welcher Art (offene oder versteckte Diskriminierung oder spezifische Beschränkung) dieser Eingriff ist.

3. Gesetzesvorbehalt und Schranken-Schranken

Bezüglich des Gesetzesvorbehalts und der Schranken-Schranken kann auf die oben gemachten Ausführungen verwiesen werden. Der Gesetzesvorbehalt und insbesondere das Verhältnismäßigkeitsprinzip müssen also auch dann beachtet werden, wenn sich der Mitgliedstaat auf zwingende Erfordernisse des Allgemeininteresses beruft.

[1032] Vgl. Generalanwalt *Warner*, Schlußanträge zu EuGH, Debauve, Slg. 1980, S. 833 (877): Wenn Art. 46 EG schon auf offene Diskriminierungen anwendbar ist, muß er erst recht auf nichtdiskriminierende Maßnahmen anwendbar sein.

B. Die Rechtfertigung von Eingriffen in die Berufsfreiheit

I. Der Gesetzesvorbehalt für die Berufsfreiheit

1. Vorbemerkung

Die deutsche Staatsrechtslehre unterscheidet zwischen zwei Begriffen, die man leicht verwechseln könnte: Vorbehalt des Gesetzes und Gesetzesvorbehalt[1033].

Der Vorbehalt des Gesetzes folgt aus dem Rechtsstaatsprinzip und bedeutet, auf die Grundrechte bezogen[1034], daß Eingriffe in „Freiheit und Eigentum" nur durch Gesetz oder aufgrund eines Gesetzes vorgenommen werden dürfen. Ein Grundrechtseingriff darf also, mit anderen Worten, nicht von der Exekutive oder der Judikative vorgenommen werden, wenn nicht eine Ermächtigung durch den Gesetzgeber vorliegt[1035]. Insofern hat der Vorbehalt des Gesetzes eine grundrechtsschützende Funktion.

Gesetzesvorbehalte sind hingegen primär Grundrechtsbegrenzungen[1036]. Ein idealtypischer schlichter Gesetzesvorbehalt ist einem Grundrecht beigefügt und lautet (vgl. etwa Art. 8 II GG): „Dieses Grundrecht darf nur durch Gesetz oder aufgrund eines Gesetzes eingeschränkt werden." Der Gesetzesvorbehalt sieht also die Einschränkung eines Grundrechts vor; ohne Gesetzesvorbehalt wäre das Grundrecht (prinzipiell) nicht einschränkbar.

Allerdings normiert ein Gesetzesvorbehalt eben nicht nur die Möglichkeit der Einschränkung von Grundrechten, sondern er schreibt zugleich auch vor, daß eine derartige Einschränkung nur durch oder aufgrund eines Gesetzes erfolgen darf[1037]. Dadurch wird der Vorbehalt des Gesetzes in den Gesetzesvorbehalt integriert. Ein Gesetzesvorbehalt ist also sozusagen ein Beschränkungsvorbehalt („Dieses Grundrecht darf eingeschränkt werden..."), der den Vorbehalt des Gesetzes beachtet („... aber nur durch Gesetz oder aufgrund eines Gesetzes"). Diese „Ja, aber..."-Funktion von Gesetzesvorbehalten wird besonders deutlich bei qualifizierten Gesetzesvorbehalten wie z.B. Art. 11 II GG: Die Freizügigkeit darf beschränkt werden, aber nur in bestimmten Fällen, und nur unter Beachtung des Vorbehalts des Gesetzes.

[1033] Allerdings ist auch eine synonyme Verwendung der Begriffe nicht unüblich, vgl. z.B. *Ossenbühl*, in: Isensee/Kirchhof (Hrsg.), Handbuch des Staatsrechts, Band III, § 62 Rn. 12.

[1034] Die Bedeutung des Vorbehalts des Gesetzes geht über die Grundrechte hinaus, vgl. *Ossenbühl*, in: Isensee/Kirchhof (Hrsg.), Handbuch des Staatsrechts, Band III, 2. Aufl. 1996, § 62 Rn. 16.

[1035] Vgl. *Sachs*, Verfassungsrecht II, 2000, A 9 Rn. 6.

[1036] *Sachs*, Verfassungsrecht II, 2000, A 9 Rn. 7.

[1037] *Sachs*, Verfassungsrecht II, 2000, A 9 Rn. 9.

2. Der Vorbehalt in Art. 12 I S. 2 GG

Die Berufsausübungsfreiheit kann nach Art. 12 I S. 2 GG durch oder aufgrund eines Gesetzes geregelt werden. Mehrere Fragen sind in diesem Zusammenhang zu klären.

a) Anwendung des Art. 12 I S. 2 GG auf die Berufswahlfreiheit

Ausgehend vom Wortlaut scheint sich der Regelungsvorbehalt nur auf die Berufsausübungsfreiheit zu beziehen[1038]. Die Berufswahlfreiheit wäre dann ein gem. Art. 12 I S. 1 GG vorbehaltlos gewährtes Grundrecht[1039].

Nach der Rechtsprechung des Bundesverfassungsgerichts und der herrschenden Literaturmeinung gewährt jedoch Art. 12 I GG ein einheitliches Grundrecht der Berufsfreiheit, und der Vorbehalt des Art. 12 I S. 2 GG erfaßt deshalb beide Aspekte dieser Freiheit[1040]. Begründet wird dies vor allem damit, daß Berufswahl und Berufsausübung funktional aufeinander bezogen[1041] und in vielfältiger Weise miteinander verschränkt seien[1042]. Das in Art. 12 I GG gewährte Grundrecht der Berufsfreiheit soll die gesamte Berufstätigkeit von ihrer Aufnahme bis zu ihrer Beendigung schützen[1043].

Neben dieser (anfechtbaren[1044]) dogmatischen Begründung gibt es noch einen pragmatischen Hintergrund[1045]: Wenn man den Regelungsvorbehalt des Art. 12 I

[1038] Vgl. BVerfGE 7, 377 (401).

[1039] Dafür *Lücke*, Die Berufsfreiheit - Eine Rückbesinnung auf den Text des Art. 12 Abs. 1 GG, 1994, S. 29 ff.

[1040] St. Rspr. seit BVerfGE 7, 377 (401 ff.); zur Literatur vgl. nur *Pieroth/Schlink*, Staatsrecht II, 17. Aufl. 2001, Rn. 808 und *Tettinger*, in: Sachs (Hrsg.), Kommentar zum GG, 2. Aufl. 1999, Art. 12 Rn. 8; a.A. *Lücke*, Die Berufsfreiheit - Eine Rückbesinnung auf den Text des Art. 12 Abs. 1 GG, 1994, S. 26 ff.

[1041] *Scholz*, in: Maunz/Dürig (Hrsg.), Kommentar zum GG, Art. 12 Rn. 11.

[1042] BVerfGE 7, 377 (401 ff.); zustimmend z.B. *Breuer*, in: Isensee/Kirchhof (Hrsg.), Handbuch des Staatsrechts, Band VI, 2. Aufl. 2001, § 147 Rn. 59; *Manssen*, in: v.Mangoldt/Klein/Starck (Hrsg.), Kommentar zum GG, Band 1, 4. Aufl. 1999, Art. 12 I Rn. 2.

[1043] BVerfGE 7, 377 (401).

[1044] Vgl. z.B. *Sachs*, Verfassungsrecht II, 2000, B 12 Rn. 32: Die auf die Untrennbarkeit von Berufswahl und –ausübung rekurrierende Begründung „überzeugt freilich nur bedingt", weil im Rahmen der Dreistufentheorie beide Aspekte doch wieder getrennt werden. Genau dies nennt *Wieland*, in: Dreier (Hrsg.), Kommentar zum GG, Band I, 1996, Art. 12 Rn. 68 einen „dogmatischen Bruch". Vgl. auch *Gubelt*, in: v.Münch/Kunig (Hrsg.), Kommentar zum GG, Band 1, 5. Aufl. 2000, Art. 12 Rn. 40: *„Man sollte sich vergegenwärtigen, daß dieser Schritt des Bundesverfassungsgerichts kaum noch durch Auslegung gedeckt wird, sondern eher eine Rechtsschöpfung darstellt."* Ähnlich *Bethge*, Der verfassungsrechtliche Standort der "staatlich gebundenen Berufe", 1968, S. 6, der von „einer weitgehend sich von der Wortlautauslegung trennenden Interpretation" spricht.

S. 2 GG nicht auf die Berufswahlfreiheit erstreckte, dann wäre die Berufswahlfreiheit zwar dennoch nicht schrankenlos[1046]; Eingriffe könnten aber, wie bei anderen vorbehaltlos gewährten Grundrechten, nur durch kollidierendes Verfassungsrecht gerechtfertigt werden[1047]. Dies würde zu einer deutlich stärkeren Einschränkung der Gestaltungsfreiheit des Gesetzgebers führen als die Anwendung des einfachen Gesetzesvorbehalts (i.V.m. der Dreistufentheorie).

Ob man ein derartiges Ergebnis tatsächlich befürchten sollte oder ob es nicht im Interesse einer Deregulierung der Berufswelt sogar wünschenswert wäre, ist eine verfassungspolitische Entscheidung. Dem Bundesverfassungsgericht ist jedenfalls zuzugeben, daß Art. 74 I Nr. 19 GG von der Regelbarkeit der Zulassung zu bestimmten Berufen ausgeht[1048], und daß auch die Entstehungsgeschichte des Art. 12 I GG belegt, daß die Berufswahlfreiheit einschränkbar sein sollte[1049]. Insofern soll auch hier dieser Auslegung gefolgt werden und der Vorbehalt auf beide Teilgewährleistungen erstreckt werden.

b) Nicht voraussehbare Eingriffe

Eingriffe in die Berufsfreiheit sind für den Autor der jeweiligen Maßnahme nicht immer voraussehbar. Eine gesetzliche Grundlage kann man grundsätzlich aber nur für das schaffen, was man auch voraussieht. Die Ausweitung des Eingriffsbegriffs auf nicht-finales (und damit eben auch auf nicht voraussehbares) Handeln erfordert insoweit eine Reduzierung der Rechtfertigungsanforderungen. Deshalb gilt der Regelungsvorbehalt (im Sinne eines Vorbehalts des Gesetzes) nicht bei unvorhersehbaren Eingriffen[1050]. Anzumerken ist hierzu noch, daß z.B.

[1045] Vgl. zu dieser Formulierung *J. Ipsen*, Staatsrecht II, 3. Aufl. 2000, Rn. 595.

[1046] Insofern ist die Andeutung in BVerfGE 7, 377 (401), mit einer Auslegung des Art. 12 I S. 1 GG als vorbehaltlos gewährtem Grundrecht würde man „dem Gesetzgeber jeden Eingriff in die Freiheit der Berufswahl schlechthin verwehren", nicht überzeugend. Allerdings war die Theorie zur Einschränkung vorbehaltlos gewährter Grundrechte zum Zeitpunkt des Apothekenurteils noch nicht entwickelt, vgl. *Sachs*, Verfassungsrecht II, 2000, B 12 Rn. 31.

[1047] So die konsequente Lösung bei *Lücke*, Die Berufsfreiheit – Eine Rückbesinnung auf den Text des Art. 12 Abs. 1 GG, 1994, S. 29 ff.; allgemein zu den vorbehaltlosen Grundrechten vgl. *Sachs*, Verfassungsrecht II, 2000, A 9 Rn. 20 ff.

[1048] Vgl. BVerfGE 7, 377 (401); *Erichsen*, Jura 1980, S. 553.

[1049] Vgl. BVerfGE 7, 377 (401 f.); *Scholz*, in: Maunz/Dürig (Hrsg.), Kommentar zum GG, Art. 12 Rn. 16.

[1050] So auch *Manssen*, in: v.Mangoldt/Klein/Starck (Hrsg.), Kommentar zum GG, Band 1, 4. Aufl. 1999, Art. 12 I Rn. 104. *Isensee*, in: Isensee/Kirchhof (Hrsg.), Handbuch des Staatsrechts, Band V, 2. Aufl. 2000, § 111 Rn. 68, will den Gesetzesvorbehalt bei nicht-finalen Eingriffen einschränken. Eingehend dazu *Murswiek*, Die staatliche Verantwortung für die Risiken der Technik, 1985, S. 134 ff., der den Gesetzesvorbehalt für nicht-finale Eingriffe ebenfalls ablehnt, aber einen Gesetzesvorbehalt für die Verursachung von Risiken fordert. Ähnlich wohl *Sachs*, in: Sachs (Hrsg.), Kommentar zum GG, 2. Aufl. 1999, Vor Art. 1 Rn. 80.

staatliche Warnungen voraussehbare Eingriffe sind, so daß vom Erfordernis einer gesetzlichen Grundlage nicht abgesehen werden kann[1051]. Auch bei Eingriffen durch Subventionen wird es in der Regel nicht an der Vorhersehbarkeit fehlen, so daß auch hier eine gesetzliche Grundlage notwendig ist[1052].

c) Regelungs- und Gesetzesvorbehalt

Der Wortlaut des Art. 12 I S. 2 GG wirft noch eine weitere Frage auf. Welche Auswirkungen hat es, daß dort von „Regelungen" statt von „Einschränkungen" die Rede ist? Man könnte auf den Gedanken kommen, daß der Inhalt der Berufsfreiheit vom Gesetzgeber durch Regelungen überhaupt erst konstitutiv bestimmt wird[1053]. Genau diese Auffassung hat das Bundesverfassungsgericht jedoch bereits im Apothekenurteil zurückgewiesen[1054]. Statt dessen deutete das Gericht an, der Ausdruck „regeln" könnte heißen, daß *„eher an eine nähere Bestimmung der Grenzen **von innen** her, d.h. der im Wesen des Grundrechts selbst angelegten Grenzen, gedacht ist als an Beschränkungen [...] **von außen** her."*[1055]

Diese Formulierung deutet darauf hin, daß es sich bei Art. 12 I GG um ein sogenanntes normgeprägtes Grundrecht[1056] handeln könnte[1057]. Eine Unterscheidung zwischen Grenzenbestimmung von innen und Beschränkung von außen ist allerdings praktisch schwer durchführbar[1058]; in der späteren Rechtsprechung spielt sie auch keine Rolle[1059]. Art. 12 I GG ist kein normgeprägtes Grundrecht[1060]. Im

[1051] So auch *Manssen*, in: v.Mangoldt/Klein/Starck (Hrsg.), Kommentar zum GG, Band 1, 4. Aufl. 1999, Art. 12 I Rn. 105; problematisch ist insoweit die Frage, ob die aus der Verfassung abgeleitete Aufgabe der Bundesregierung zur Öffentlichkeitsarbeit eine ausreichende gesetzliche Eingriffsgrundlage ist; dies bejaht das Bundesverwaltungsgericht in BVerwGE 82, 76 (80); zur Gegenauffassung vgl. *Manssen* aaO.

[1052] Vgl. *Manssen*, in: v.Mangoldt/Klein/Starck (Hrsg.), Kommentar zum GG, Band 1, 4. Aufl. 1999, Art. 12 I Rn. 106 ff. (auch zu sonstigen Zweifelsfällen in Bezug auf das Erfordernis einer gesetzlichen Grundlage).

[1053] So *H.P. Ipsen*, DVBl. 1956, S. 359 f.

[1054] BVerfGE 7, 377 (403).

[1055] BVerfGE 7, 377 (404) (Hervorhebungen nicht im Original).

[1056] Vgl. dazu allgemein *Lerche*, in: Isensee/Kirchhof (Hrsg.), Handbuch des Staatsrechts, Band V, 2. Aufl. 2000, § 121 Rn. 38 ff.; vgl. auch *Bethge*, VVDStRL 57 (1998), S. 28 ff.

[1057] In diese Richtung *P.M. Huber*, in: Festschrift für Martin Kriele, 1997, S. 391; *Lerche*, in: Isensee/Kirchhof (Hrsg.), Handbuch des Staatsrechts, Band V, 2. Aufl. 2000, § 121 Rn. 39; vgl. auch *Manssen*, in: v.Mangoldt/Klein/Starck (Hrsg.), Kommentar zum GG, Band 1, 4. Aufl. 1999, Art. 12 I Rn. 98 („teilweise norm- und teilweise sachgeprägt").

[1058] Vgl. *Scholz*, in: Maunz/Dürig (Hrsg.), Kommentar zum GG, Art. 12 Rn. 297: „nur theoretische Bedeutung".

[1059] *Scholz*, in: Maunz/Dürig (Hrsg.), Kommentar zum GG, Art. 12 Rn. 297.

[1060] So auch *Pieroth/Schlink*, Staatsrecht II, 17. Aufl. 2001, Rn. 221 f.; *Lerche*, in: Isensee/Kirchhof (Hrsg.), Handbuch des Staatsrechts, Band V, 2. Aufl. 2000, § 121 Rn. 39, sieht

Ergebnis ist der Regelungsvorbehalt des Art. 12 I S. 2 GG nicht anders zu behandeln als ein schlichter Gesetzesvorbehalt[1061].

Die einzige greifbare Konsequenz der Formulierung in Art. 12 I S. 2 GG besteht darin, daß das Bundesverfassungsgericht sie zum Anlaß nimmt, das Zitiergebot (Art. 19 I S. 2 GG) und die Wesensgehaltsgarantie (Art. 19 II GG) nicht auf die Berufsfreiheit anzuwenden[1062]. Angesichts der Tatsache, daß das Bundesverfassungsgericht dem Wortlaut des Art. 12 I S. 2 GG ansonsten keine übermäßig große Bedeutung beimißt (indem es ihn einerseits auch auf die Berufswahlfreiheit erstreckt und andererseits ausdrücklich als „Gesetzesvorbehalt" behandelt), mutet die Begründung, daß „Regelungen" nicht „Einschränkungen" i.S.d. Art. 19 I S. 2 und II GG seien, formalistisch an[1063]. Auch hier dürfte die eigentlichen Gründe weniger dogmatischen, als vielmehr pragmatischen Ursprungs sein: Das Zitiergebot ist nach Ansicht des Bundesverfassungsgerichts *„eine Formvorschrift, die enger Auslegung bedarf, damit sie nicht zu einer leeren Förmlichkeit erstarrt und den die verfassungsmäßige Ordnung konkretisierenden Gesetzgeber in seiner Arbeit unnötig behindert."*[1064] Was die Wesensgehaltsgarantie anbe-

---

die Normprägung bei Art. 12 I GG „in einer Übergangszone zur Grundrechtskonkretisierung, ja zum Grundrechtseingriff".

1061 So die herrschende Meinung, vgl. *Jarass*, in: Jarass/Pieroth, Kommentar zum GG, 5. Aufl. 2000, Art. 12 Rn. 19; *Wieland*, in: Dreier (Hrsg.), Kommentar zum GG, Band I, 1996, Art. 12 Rn. 97; *Tettinger*, in: Sachs (Hrsg.), Kommentar zum GG, 2. Aufl. 1999, Art. 12 Rn. 81. Das Bundesverfassungsgericht nennt Art. 12 I S. 2 GG deshalb auch „Gesetzesvorbehalt", vgl. BVerfGE 33, 125 (159); 54, 237 (246).

1062 BVerfGE 13, 97 (122).

1063 Kritisch auch *Bethge*, DVBl. 1972, S. 368 ff.; *Manssen*, Grundrechte, 2000, Rn. 537; *Sachs*, Verfassungsrecht II, 2000, Rn. 53. Drastisch drückt es *Manssen* aus, in: v.Mangoldt/Klein/Starck (Hrsg.), Kommentar zum GG, Band 1, 4. Aufl. 1999, Art. 12 I Rn. 98: *„Es ist deshalb verfehlt, aus der Formulierung „regeln" irgendwelche dogmatischen Konsequenzen zu ziehen."* Das Bundesverfassungsgericht gerät mit seiner Argumentation zum Ausschluß des Zitiergebots auch in bedenkliche Nähe zu der von ihm selbst im Apothekenurteil (BVerfGE 7, 377 [403]) abgelehnten Theorie, daß der Gesetzgeber durch Regelung den Grundrechtsinhalt erst konstitutiv bestimmt. Dies zeigt die Formulierung in BVerfGE 64, 72 (81): Danach sei Art. 19 I S. 2 GG „zumindest" auf Berufsausübungsregelungen und subjektive Zulassungsbeschränkungen nicht anwendbar, weil es sich dabei nicht um eine *„konstitutive Einschränkung eines von der Verfassung selbst festgelegten Grundrechtsinhalts aufgrund eines Gesetzesvorbehalts handelt [...] [sondern] um eine andere grundrechtsrelevante Maßnahme wie Inhaltsbestimmungen oder Regelungsaufträge, welche die Verfassung dem Gesetzgeber zur Konkretisierung des Grundrechtsschutzes zugewiesen hat."* Diese Formulierung nimmt darum auch *Lerche*, in: Isensee/Kirchhof, Handbuch des Staatsrechts, Band V, 2.Aufl. 2000, § 121 Rn. 39, Fußnote 109, als Beleg dafür, daß Art. 12 I GG ähnlich wie Art. 14 I GG normgeprägt sei.

1064 BVerfGE 35, 185 (188); vgl. speziell für Art. 12 I GG auch BVerfGE 64, 72 (79 f.), wo die Nichtanwendbarkeit von Art. 19 I S. 2 GG „zumindest für Vorschriften über die Berufsausübung oder [...] über subjektive Zulassungsvoraussetzungen" bestätigt wird.

trifft, so ist sie in der gesamten Rechtsprechung des Bundesverfassungsgerichts zu den Grundrechten von untergeordneter Bedeutung geblieben[1065]; auch die Literatur tut sich schwer, ihr einen über den Verhältnismäßigkeitsgrundsatz hinausgehenden praktischen Anwendungsbereich zu geben[1066]. Zusammengefaßt, wenn auch zugegebenermaßen etwas salopp formuliert, könnte man sagen: Art. 19 I S. 2 GG *will* das Bundesverfassungsgericht nicht anwenden, und Art. 19 II GG *braucht* es nicht anzuwenden. Die Formulierung des Art. 12 I S. 2 GG ist dafür ein willkommener Anlaß.

3. Der Parlamentsvorbehalt

Das Bundesverfassungsgericht hat die These entwickelt und durchgesetzt, daß in der parlamentarischen Demokratie die wesentlichen Entscheidungen vom Parlament zu treffen sind[1067]. Doch trotz der terminologischen Nähe ist der Parlamentsvorbehalt keine bloße Weiterentwicklung und Verstärkung des Vorbehalts des Gesetzes[1068]. Denn die beiden Konstruktionen stehen nebeneinander[1069]. Dies zeigt sich unter anderem schon daran, daß der Parlamentsvorbehalt auch außerhalb der grundrechtsrelevanten Bereiche zum Zuge kommt[1070]. Zudem wohnt dem Parlamentsvorbehalt die Tendenz einer freiheitsverkürzenden Durchnormierung und Reglementierung grundrechtsgeschützter Bereiche inne[1071]. Denn

---

[1065] Vgl. *Hartmut Krüger*, in: Sachs (Hrsg.), Kommentar zum GG, 2. Aufl. 1999, Art. 19 Rn. 42.

[1066] Den Versuch unternimmt u.a. *Stern*, Das Staatsrecht der Bundesrepublik Deutschland, Band III/2, 1994, S. 837 ff., insbesondere S. 874 ff. Allerdings gelingt es auch ihm kaum, dem nebulösen Begriff des Wesensgehaltes Konturen zu verleihen (S. 876): „*Wesensgehaltsschutz bedeutet [...] Identitätsschutz. Diese identitätsbegründenden Merkmale müssen für jedes einzelne Grundrecht besonders ermittelt werden.*" Resignierend stellen *Pieroth/Schlink*, Staatsrecht II, 17. Aufl. 2001, Rn. 301, fest: „*Zu Art. 19 Abs. 2 ist daher auch aus der Rechtsprechung des Bundesverfassungsgerichts nicht mehr festzuhalten, als daß vom Grundrecht trotz aller Eingriffe noch etwas bleiben muß. Wem es bleiben muß, ist dabei wieder offen [...].*" Speziell zu Art. 12 I GG vgl. *Scholz*, in: Maunz/Dürig (Hrsg.), Kommentar zum GG, Art. 12 Rn. 293.

[1067] BVerfGE 40, 237 (248 ff.); 49, 89 (126); 88, 103 (116); vgl. zur Wesentlichkeitstheorie z.B. *Stern*, Das Staatsrecht der Bundesrepublik Deutschland, Band I, 2. Aufl. 1984, S. 811 ff.

[1068] Vgl. *Bethge*, VVDStRL 57 (1998), S. 31 ff.; anders wohl *Stern*, Das Staatrecht der Bundesrepublik Deutschland, Band I, 2. Aufl. 1984, S. 811, der davon ausgeht, daß der Parlamentsvorbehalt den rechtsstaatlich-grundrechtlichen Eingriffsvorbehalt „in sich aufnimmt"; in diese Richtung wohl auch *Pieroth/Schlink*, Staatsrecht II, 17. Aufl. 2001, Rn. 264 ff.

[1069] So *Bethge*, VVDStRL 57 (1998), S. 32.

[1070] Vgl. etwa BVerfGE 90, 286 (383 ff.): Parlamentsvorbehalt für den militärischen Einsatz von Streitkräften.

[1071] *Bethge*, VVDStRL 57 (1998), S. 33, spricht pointiert von der „Suggestivkraft des normbegierigen Parlamentsvorbehalts".

der Parlamentsvorbehalt schützt, anders als der grundrechtliche Eingriffsvorbehalt, nicht vor Eingriffen durch den Gesetzgeber selbst[1072].

Dennoch enthält der Parlamentsvorbehalt freiheitsschützende Elemente. Er verstärkt insbesondere die Schranken-Schranke der Bestimmtheit[1073]. Je intensiver der Eingriff in die Berufsfreiheit ist, desto präziser müssen also seine Voraussetzungen vom parlamentarischen Gesetzgeber umschrieben werden[1074]. Die gesetzliche Regelung muß „Umfang und Grenzen des Eingriffs deutlich erkennen" lassen[1075]. Der Gesetzgeber kann deshalb Regelungsbefugnisse nicht unbeschränkt delegieren[1076]. Praktische Auswirkungen hat dies besonders im Bereich der Selbstverwaltungskörperschaften, die vom Gesetzgeber zur Setzung von berufsrelevanten Normen ermächtigt werden[1077]. Nach der Rechtsprechung des Bundesverfassungsgerichts dürfen Berufsverbände des öffentlichen Rechts nur die Berufsausübung regeln, während die sog. statusbildenden Regelungen, insbesondere solche der Berufswahl, vom parlamentarischen Gesetzgeber selbst zu treffen sind[1078]. Diese Unterscheidung zwischen Berufsausübungs- und Berufswahlregelungen ist bereits eine Ausprägung der nun zu erläuternden Dreistufentheorie[1079].

II. Die Dreistufentheorie

Das Bundesverfassungsgericht hat für die Prüfung der Rechtfertigung von Berufsfreiheitseingriffen eine Dreistufentheorie entwickelt[1080], wonach zwischen verschiedenen Intensitätsgraden von Berufsfreiheitsbeschränkungen zu differenzieren ist: Berufsausübungsregelungen, subjektive Berufswahlregelungen und objektive Berufswahlregelungen[1081].

[1072] *Bethge*, VVDStRL 57 (1998), S. 33; vgl. auch BVerfGE 90, 60 (89).

[1073] Bethge, VVDStRL 57 (1998), S. 35 f.; vgl. auch *Sommermann*, in: v.Mangoldt/Klein/Starck (Hrsg.), Kommentar zum GG, Band 2, 4. Aufl. 2000, Art. 20 III Rn. 281.

[1074] BVerfGE 33, 125 (157 ff.) (mit Akzent auf die Wesentlichkeitslehre); 62, 203 (209 f.) (mit Akzent auf die Bestimmtheit); 87, 287 (316 ff.); ausführlich zu diesem Problemkomplex *Manssen*, in: v.Mangoldt/Klein/Starck (Hrsg.), Kommentar zum GG, Band 1, 4. Aufl. 1999, Art. 12 I Rn. 112 ff.

[1075] BVerfGE 82, 209 (224); 86, 28 (40); vgl. weiter BVerfGE 73, 280 (295);

[1076] BVerfGE 33, 125 (158).

[1077] Vgl. *Pieroth/Schlink*, Staatsrecht II, 17. Aufl. 2001, Rn. 845.

[1078] BVerfGE 33, 125 (160); 94, 372 (390); *Tettinger*, GewA 1999, S. 270.

[1079] Vgl. BVerfGE 33, 125 (160).

[1080] BVerfGE 7, 377 (405 ff.).

[1081] BVerfGE 7, 377 (405 ff.). Vgl. dazu z.B. *Manssen*, in: v.Mangoldt/Klein/ Starck, GG, Art. 12 I Rn. 134; die Begriffe Berufswahlregelung und Berufszulassungsregelung werden hier synonym gebraucht, vgl. z.B. *Wieland*, in: Dreier (Hrsg.), Kommentar zum GG, Band I,

1. Die verschiedenen Stufen

a) Berufswahl und Berufsausübung

(1) Grundsatz

Die grundsätzliche Unterscheidung von Berufswahl- und Berufsausübungsregeln ist, wie oben schon angemerkt, im Wortlaut des Art. 12 I GG angelegt. Die beiden Eingriffstypen lassen sich folgendermaßen umschreiben: Wenn eine Vorschrift das „Ob“ der Berufstätigkeit betrifft, d.h. den Zugang zum Beruf, dann handelt es sich um eine Berufswahlregelung, und wenn sie das „Wie“ betrifft, dann ist sie eine Berufsausübungsregelung[1082]. Die Berufswahlfreiheit bezieht sich also auf die *Substanz* des Berufs, während die Ausübungsfreiheit *modalitätsbezogen* ist[1083].

(2) Problemfälle

Allerdings ist die Unterscheidung nicht immer so einfach, wie es auf den ersten Blick scheint[1084]. Zweifelhaft ist z.B. der Fall einer Berufserweiterung. Liegt hierin eine bloße Berufsausübung oder schon die Wahl eines neuen Berufs? Diese Frage hängt eng zusammen mit der Definition von Berufsbildern[1085]. Wenn also ein Fachanwalt für Steuerrecht die Qualifikation eines Fachanwalts für Arbeitsrecht erwerben und seine Kanzlei dementsprechend erweitern möchte, liegt darin die Wahl eines Zweitberufs oder aber die bloße Ausübung des Berufs Rechtsanwalt? Entscheidende Abgrenzungskriterien sind in einem solchen Fall das soziale Gewicht einer beruflichen Tätigkeit und die Verkehrsanschauung[1086].

1996, Art. 12 Rn. 69 oder *Tettinger*, in: Sachs (Hrsg.), Kommentar zum GG, 2. Aufl. 1999, Art. 12 Rn. 103.

1082 *Pieroth/Schlink*, Staatsrecht II, 17. Aufl. 2001, Rn. 825; *Wieland*, in: Dreier (Hrsg.), Kommentar zum GG, Band I, 1996, Art. 12 Rn. 78; *Bachof*, in: Bettermann/Nipperdey/Scheuner, Die Grundrechte, Band III/1, 1. Aufl. 1958, S. 193 nennt die Gleichsetzung von „Ob“ mit „Wahl“ und „Wie“ mit „Ausübung“ allzu vereinfachend.

1083 So *Friauf*, JA 1984, S. 542; ähnlich bereits *Klein*, in: v.Mangoldt/Klein, Kommentar zum GG, 2. Aufl. 1957, Art. 12 Anm. IV 2 b) („Substanzverwirklichung“ vs. „Modalitätsverwirklichung“).

1084 Vgl. z.B. BVerfGE 82, 209 (229) („Dabei ist die Grenze nicht immer scharf zu ziehen.“); *Breuer*, in: Isensee/Kirchhof (Hrsg.), Handbuch des Staatsrechts, Band VI, 2. Aufl. 2001, § 147 Rn. 58 („klare Abgrenzung [...] nicht möglich“); ebenso *Bachof*, in: Bettermann/Nipperdey/Scheuner, Die Grundrechte, Bd. III/1, S. 191 ff.

1085 Zur Berufsbildlehre vgl. *Wieland*, in: Dreier (Hrsg.), Kommentar zum GG, Band I, 1996, Art. 12 Rn. 45 ff.

1086 BVerfGE 77, 84 (105): Arbeitnehmerverleiher im Baugewerbe ist keine „besondere Berufsgruppe“ im Verhältnis zu den übrigen Arbeitnehmerverleihern. Vgl. auch BVerfGE 7, 377

Zu fragen ist nach dem funktionalen Schwergewicht einer beruflichen Tätigkeit[1087].

Ganz ähnliche Fragen wie bei der Berufserweiterung stellen sich beim Verbot einer bestimmten Tätigkeit. Auch dort kommt es entscheidend darauf an, ob die verbotene berufliche Tätigkeit als solche bereits ein eigenständiger Beruf ist oder ob sie lediglich Teil der Ausübung eines umfassenderen Berufs ist[1088].

b) Objektive und subjektive Regelungen

Die Unterscheidung zwischen objektiv und subjektiv wird nach der klassischen Dreistufentheorie nur bei Berufswahlregelungen getroffen[1089]. Subjektive Berufszulassungsschranken sind solche, die an persönliche Eigenschaften und Fähigkeiten sowie erbrachte Leistungen anknüpfen[1090]. Objektive Zulassungsschranken orientieren sich hingegen an Kriterien, die außerhalb der Person des Grundrechtsträgers liegen[1091]. Sie sind seinem Einfluß entzogen[1092] und stellen deshalb die schwerere Eingriffsform dar.

Auch hier gibt es Abgrenzungsschwierigkeiten. Ein „klassischer" Zweifelsfall ist das Lebensalter: Dieses ist vom Berufstätigen (bzw. Berufswilligen) nicht beeinflußbar. Das Bundesverfassungsgericht hat Altersgrenzen dennoch den subjektiven Zulassungsschranken zugeordnet[1093]. Der Grund dafür liegt darin, daß das Alter der „Risikosphäre des Einzelnen"[1094] zuzurechnen ist[1095]. Ähnliches gilt etwa für die Gesundheit oder das Geschlecht[1096].

Ein anderer Fall, der schwer in die Kategorien „subjektiv" und „objektiv" einzuordnen ist, betrifft Merkmale, die zwar nicht am Grundrechtsträger selbst anknüpfen, auf die er aber Einfluß nehmen kann, wie z.B. die Beschaffenheit und Ausstattung der für eine Gastwirtschaft vorgesehenen Räume (vgl. § 4 I Nr. 2

---

(399): „Eigenes soziales Gewicht" der Tätigkeit ist entscheidend.

1087 *Scholz*, in: Maunz/Dürig (Hrsg.), Kommentar zum GG, Art. 12 Rn. 265.

1088 Vgl. dazu *Sachs*, Verfassungsrecht II, 2000, Rn. 18 f.

1089 Vgl. BVerfGE 7, 377 (405 ff.); kritisch dazu *Schwabe*, JA 1981, S. 321; vgl. nunmehr auch BVerfGE 86, 26 (39).

1090 *Tettinger*, in: Sachs (Hrsg.), Kommentar zum GG, 2. Aufl. 1999, Art. 12 Rn. 103; *Wieland*, in: Dreier (Hrsg.), Kommentar zum GG, Band I, 1996, Art. 12 Rn. 75.

1091 *Tettinger*, in: Sachs (Hrsg.), Kommentar zum GG, 2. Aufl. 1999, Art. 12 Rn. 103.

1092 BVerfGE 7, 377 (407).

1093 Vgl. BVerfGE 9, 338 (344 f.); 64, 72 (82).

1094 Vgl. *Manssen*, in: v.Mangoldt/Klein/Starck (Hrsg.), Kommentar zum GG, Band 1, 4. Aufl. 1999, Art. 12 I Rn. 135.

1095 Ein ähnlicher Zweifelsfall findet sich bei *Seewald*, NZS 1997, S. 348.

1096 BVerwGE 40, 17 (20), sieht das Verbot der Zulassung von Männern zum Hebammenberuf als subjektive Zulassungsvoraussetzung, die aber für die betroffenen Männer einer objektiven Zulassungsvoraussetzung gleichkommt.

GastG)[1097]. Mit dem Kriterium der Risikosphäre wird man hier jedoch annehmen können, daß je nach Einflußmöglichkeit eher subjektive Zulassungsvoraussetzungen vorliegen[1098].

2. Dreistufentheorie und Verhältnismäßigkeitsprinzip

a) Allgemeine Anmerkungen zum Verhältnismäßigkeitsprinzip

In der Rechtsprechung des Bundesverfassungsgerichts ist das Verhältnismäßigkeitsprinzip die wichtigste Schranken-Schranke für Grundrechtseinschränkungen[1099]. Abgeleitet wird das Verhältnismäßigkeitsprinzip aus dem Rechtsstaatsprinzip des Art. 20 III GG und dem Wesen der Grundrechte[1100].

Die Verhältnismäßigkeitsprüfung umfaßt drei Teile. Ein Eingriff in ein Freiheitsrecht ist verhältnismäßig, wenn er im Hinblick auf den von ihm verfolgten (legitimen[1101]) Zweck geeignet, erforderlich und angemessen ist[1102].

Hierbei ist zu beachten, daß die Terminologie in Rechtsprechung und Lehre nicht immer einheitlich ist[1103]. Die Angemessenheit wird oft auch als Proportionalität, Zumutbarkeit oder Verhältnismäßigkeit im engeren Sinne bezeichnet[1104]. Zudem wird für das Verhältnismäßigkeitsprinzip auch der Begriff Übermaßver-

---

[1097] Beispiel von *Schwabe*, JA 1981, S. 320.

[1098] Ein interessantes Beispiel findet sich in BVerfGE 9, 39 (49) (Mindestabsatz von Milch als objektive Zulassungsschranke).

[1099] Vgl. z.B. BVerfGE 7, 377 (407); 19, 342 (348 ff.); 30, 292 (316); 52, 1 (29 ff.); 67, 157 (173); 69, 315 (353); 81, 156 (188 f.); 92, 277 (326 f.); 96, 10 (21); 98, 265 (308 f.).

[1100] BVerfGE 19, 342 (348 f.); 23, 127 (133); *Sachs*, in: Sachs (Hrsg.), Kommentar zum GG, 2. Aufl. 1999, Art. 20 Rn. 149; ausführlich zur Herleitung des Verhältnismäßigkeitsprinzips *Stern*, Das Staatsrecht der Bundesrepublik Deutschland, Band III/2, 1994, S. 762 ff.

[1101] Der Zweck an sich darf also nicht mit dem Grundgesetz unvereinbar sein, vgl. *Sachs*, in: Sachs (Hrsg.), Kommentar zum GG, 2. Aufl. 1999, Art. 20 Rn. 149; vgl. auch, bezogen auf die Berufsfreiheit, *Manssen*, in: v.Mangoldt/Klein/Starck (Hrsg.), Kommentar zum GG, Band 1, 4. Aufl. 1999, Art. 12 I Rn. 120 ff.

[1102] Vgl. beispielhaft BVerfGE 30, 292 (316 f.); 76, 157 (173); 81, 156 (188 ff.); 96, 10 (21); 98, 265 (308 f.); *Sachs*, in: Sachs (Hrsg.), Kommentar zum GG, 2. Aufl. 1999, Art. 20 Rn. 149 ff.; *Stern*, Das Staatsrecht der Bundesrepublik Deutschland, Band III/2, 1994, S. 775 ff.; *Clérico*, Die Struktur der Verhältnismäßigkeit, 2001, S. 18.

[1103] Kritisch dazu z.B. *Grabitz*, AöR 98 (1973), S. 570 f.

[1104] *Pieroth/Schlink*, Staatsrecht II, 17. Aufl. 2001, Rn. 289; *Dreier*, in: Dreier (Hrsg.), Kommentar zum GG, Band I, 1996, Vorb. Rn. 94. *Sachs*, in: Sachs (Hrsg.), Kommentar zum GG, 2. Aufl. 1999, Art. 20 Rn. 154; *Manssen*, in: v.Mangoldt/Klein/Starck (Hrsg.), Kommentar zum GG, Band 1, 4. Aufl. 1999, Art. 12 I Rn. 133; *Stern*, Das Staatsrecht der Bundesrepublik Deutschland, Band III/2, 1994, S. 782 f.

bot verwendet[1105]. In der vorliegenden Arbeit werden die Begriffe Übermaßverbot und Verhältnismäßigkeitsprinzip synonym gebraucht[1106].

b) Einordnung der drei Stufen in die Verhältnismäßigkeitsprüfung

Die Dreistufentheorie hat im Rahmen der Verhältnismäßigkeitsprüfung Auswirkungen auf die Erforderlichkeit und die Angemessenheit.

Der Eingriff ist nur dann erforderlich, wenn er das mildeste Mittel darstellt, um das angestrebte Ziel (gleich wirksam) zu erreichen[1107]. Dabei gilt nach der Stufenlehre grundsätzlich der Eingriff auf einer niederen Stufe als milderes Mittel[1108]. Deshalb ist etwa eine objektive Zulassungsbeschränkung nicht erforderlich, wenn das damit verfolgte Ziel ebenso gut durch eine subjektive Zulassungsregelung hätte erreicht werden können[1109].

Die Verhältnismäßigkeit im engeren Sinne verlangt, daß das angewandte Mittel zum angestrebten Zweck nicht außer Verhältnis stehen darf bzw. daß das angewandte Mittel in einem angemessenen Verhältnis zum angestrebten Zweck stehen muß[1110]. Bei der Prüfung dieser Angemessenheit gelten für jede Eingriffsstufe eigene Anforderungen[1111]:

1105 Vgl. grundlegend zum Übermaßverbot *Lerche*, Übermaß und Verfassungsrecht, 1961. *Stern*, Das Staatsrecht der Bundesrepublik Deutschland, Band III/2, 1994, S. 764, will den Begriff Übermaßverbot für die Verhältnismäßigkeit i.w.S. verwenden zur Abgrenzung von der Verhältnismäßigkeit i.e.S.; so wohl auch die Terminologie bei *Manssen*, in: v.Mangoldt/Klein/Starck (Hrsg.), Kommentar zum GG, Band 1, 4. Aufl. 1999, Art. 12 I Rn. 120 ff. Umgekehrt verwendet z.B. BVerfGE 90, 145 (173) den Terminus Übermaßverbot gerade für die Verhältnismäßigkeit i.e.S. (vgl. auch Leitsatz 2b der Entscheidung, S. 146); etwas unklar BVerfGE 92, 277 (327); vgl. dazu die abweichende Meinung der Richter *Klein*, *Kirchhof* und *Winter*, BVerfGE 92, 277 (341, 346): „das Verhältnismäßigkeitsprinzip in seiner Ausprägung als Übermaßverbot".

1106 Vgl. *Sachs*, in: Sachs (Hrsg.), Kommentar zum GG, 2. Aufl. 1999, Art. 20 Rn. 145; *Stern*, Das Staatsrecht der Bundesrepublik Deutschland, Band III/2, 1994, S. 762 f.; *Dreier*, in: Dreier (Hrsg.), Kommentar zum GG, Band I, 1996, Vorb. Rn. 91.

1107 *Dreier*, in: Dreier (Hrsg.), Kommentar zum GG, Band I, 1996, Vorb. Rn. 93; *Sachs*, in: Sachs (Hrsg.), Kommentar zum GG, 2. Aufl. 1999, Art. 20 Rn. 152; *Stern*, Das Staatsrecht der Bundesrepublik Deutschland, Band III/2, 1994, S. 780; Beispiele aus der Rechtsprechung für das Fehlen der Erforderlichkeit: BVerfGE 53, 135 (145 ff.); 85, 97 (107).

1108 Vgl. BVerfGE 7, 377 (409).

1109 Vgl. BVerfGE 86, 28 (43 f.).

1110 *Stern*, Das Staatsrecht der Bundesrepublik Deutschland, Band III/2, 1994, S. 782; *Sachs*, in: Sachs (Hrsg.), Kommentar zum GG, 2. Aufl. 1999, Art. 20 Rn. 154; vgl. z.B. BVerfGE 67, 157 (173); 96, 10 (21).

1111 Auch *Manssen*, in: v.Mangoldt/Klein/Starck (Hrsg.), Kommentar zum GG, Band 1, 4. Aufl. 1999, Art. 12 I Rn. 133 ff., ordnet die Dreistufentheorie im wesentlichen bei der Verhältnismäßigkeit i.e.S. ein.

- Objektive Berufszulassungsschranken stellen nach der Rechtsprechung des Bundesverfassungsgerichts die intensivste Eingriffsform dar. Sie sind daher nur zur *„Abwehr nachweisbarer oder höchstwahrscheinlicher schwerer Gefahren für ein überragend wichtiges Gemeinschaftsgut"* zulässig[1112].

- Subjektive Zulassungsschranken können nur gerechtfertigt werden, wenn sie dem Schutz wichtiger Gemeinschaftsgüter dienen[1113] und *„zu dem angestrebten Zweck der ordnungsgemäßen Erfüllung der Berufstätigkeit nicht außer Verhältnis stehen"*[1114].

- In die Berufsausübungsfreiheit darf schon eingegriffen werden, *„soweit vernünftige Erwägungen des Gemeinwohls es zweckmäßig erscheinen lassen"*[1115].

3. Verfeinerung der Dreistufentheorie

Die Dreistufentheorie ist nicht viel mehr als eine Faustregel[1116]. Die Zuordnung eines Eingriffs zu einer bestimmten Kategorie entbindet nicht von einer sorgfältigen Prüfung der Eingriffsschwere und ihrer Abwägung mit dem Gesetzeszweck. Dabei können sich die Stufen einander annähern[1117].

Berufsausübungsregelungen etwa können faktische Berufszulassungshürden errichten[1118]. Inhaltlich besteht z.B. kaum ein Unterschied zwischen der Eingriffswirkung einer an eine Berufszulassung geknüpften Bedingung (betrifft die Berufswahl) und einer mit der Zulassung verbundenen Auflage (betrifft die Be-

---

[1112] BVerfGE 7, 377(408).

[1113] BVerfGE 13, 97 (107). Die Terminologie ist nicht immer einheitlich. In BVerfGE 7, 377 (406); 59, 302 (316); 69, 209 (218) wird z.B. ein „überragendes Gemeinschaftsgut, das der Freiheit des Einzelnen vorgeht" gefordert. Kritisch zur Unterscheidung zwischen wichtigen, besonders wichtigen und überragend wichtigen Gemeinschaftsgütern *Tettinger*, in: Sachs (Hrsg.), Kommentar zum GG, 2. Aufl. 1999, Art. 12 Rn. 129. Vgl. dazu auch *Manssen*, in: v.Mangoldt/Klein/Starck (Hrsg.), Kommentar zum GG, Band 1, 4. Aufl. 1999, Art. 12 I Rn. 135.

[1114] BVerfGE 7, 377(407).

[1115] BVerfGE 7, 377 (405).

[1116] *Manssen*, in: v.Mangoldt/Klein/Starck (Hrsg.), Kommentar zum GG, Band 1, 4. Aufl. 1999, Art. 12 I Rn. 138 nennt die drei Stufen ein „Grobraster"; *Breuer*, in: Isensee/Kirchhof (Hrsg.), Handbuch des Staatsrechts, Band VI, 2. Aufl. 2001, § 148 Rn. 9 führt aus, mit der Zuordnung zu einer Stufe seien „die verfassungsrechtlichen Würfel [...] noch nicht endgültig gefallen." *Schwabe*, JA 1981, S. 320 f. schlägt vor, auf die jeweiligen Unterscheidungen zu verzichten und lediglich das Verhältnismäßigkeitsprinzip anzuwenden. Sehr kritisch auch *Lecheler*, VVDStRL 43 (1985): „Die Stufenlehre hat im Grunde jeden faßbaren Inhalt verloren."

[1117] *Pieroth/Schlink*, Staatsrecht II, 17. Aufl. 2001, Rn. 852.

[1118] BVerfGE 11, 30 (42 ff.); 61, 291 (311); 65, 116 (127 f.); 72, 26 (32); 77, 84 (106); 82, 209 (229).

rufsausübung)[1119]. Umgekehrt können auch Berufszulassungsregeln, soweit sie z.B. bloße Formalitäten betreffen, von geringer Eingriffsintensität sein[1120]. Subjektive Berufswahlregelungen können so einschneidend sein, daß sie wie objektive Berufswahlregelungen wirken[1121]. Gerade in den oben schon angeführten Zweifelsfällen darf daher die bloße Zuordnung zu einer Stufe nicht endgültig über die Zulässigkeit oder Unzulässigkeit der jeweiligen staatlichen Regelung (vor-)entscheiden. Eine Altersgrenze ist prinzipiell ein schärferer Eingriff als z.B. Qualifikationserfordernisse, weil das Alter eben vom Grundrechtsträger nicht beeinflußt werden kann[1122].

Insgesamt gilt also: Entscheidend ist nicht die schematische Einordnung in Eingriffskategorien, sondern die Wirkung des Eingriffs. Die Dreistufentheorie gibt nur ein Indiz für die Schwere eines Eingriffs, aber letztlich erspart sie nicht eine umfassende Abwägung. Die Verhältnismäßigkeitsprüfung wird von der Dreistufentheorie nicht ersetzt[1123]. Die Stufenlehre gibt auch keine verbindlichen Leitlinien für das Verhältnismäßigkeitsprinzip vor, sondern sie leitet sich im Gegenteil aus dem Verhältnismäßigkeitsprinzip ab[1124].

III. Weitere Schranken-Schranken

Neben dem Verhältnismäßigkeitsprinzip sind die weiteren Schranken-Schranken für die Berufsfreiheit von geringer Bedeutung. So wurde die Unanwendbarkeit von Art. 19 I S. 2 und II GG bereits oben festgestellt[1125].

Was das Verbot des Einzelfallgesetzes in Art. 19 I S. 1 GG anbetrifft, so ist dieses neben der in Art. 12 I GG (i.V.m. Art. 3 I GG) ohnehin bereits enthaltenen Gleichheitskomponente[1126] ebenfalls nicht von Belang. Art. 19 I S. 1 GG ist

---

[1119] Beispiel von *Schwabe*, JA 1981, S. 319; entgegen *Schwabe* ist allerdings ein, wenn auch geringer, Unterschied zwischen der Eingriffswirkung von Auflage und Bedingung anzunehmen, da Auflagen im allgemeinen als das weniger einschneidende Mittel betrachtet werden (vgl. *Maurer*, Allgemeines Verwaltungsrecht, 13. Aufl. 2001, § 12 Rn. 17).

[1120] *Bachof*, in: Bettermann/Nipperdey/Scheuner, Die Grundrechte, Band III/1, 1. Aufl. 1958, S. 216; *Schwabe*, JA 1981, S. 319.

[1121] Vgl. *Breuer*, in: Isensee/Kirchhof (Hrsg.), Handbuch des Staatsrechts, Band VI, 2. Aufl. 2001, § 148 Rn. 10.

[1122] Vgl. *Bachof*, in: Bettermann/Nipperdey/Scheuner, Die Grundrechte, Band III/1, 1. Aufl. 1958, S. 217.

[1123] *Thiel*, GewA 2001, S. 99.

[1124] Vgl. BVerfGE 46, 120 (138); *Tettinger*, in: Sachs (Hrsg.), Kommentar zum GG, 2. Aufl. 1999, Art. 12 Rn. 110; *Wieland*, in: Dreier (Hrsg.), Kommentar zum GG, Band I, 1996, Art. 12 Rn. 104: „Letztlich verdeutlicht und konkretisiert die Stufenlehre die Verhältnismäßigkeitsanforderungen".

[1125] Vgl. oben fünfter Teil, B. I. 2. c), S. 201 f.

[1126] Dazu oben dritter Teil, B., S. 141 ff.

nämlich nichts anderes als eine Konkretisierung von Art. 3 I GG[1127] und von äußerst geringer praktischer Bedeutung[1128].

Aus dem Rechtsstaatsprinzip folgt die Schranken-Schranke der Bestimmtheit[1129]. Der Bestimmtheitsgrundsatz gilt auch für Regelungen der Berufsfreiheit[1130]. Wie im Zusammenhang mit dem Parlamentsvorbehalt ausgeführt, muß das Gesetz, welches dem Eingriff zugrunde liegt, um so präziser sein, je intensiver der Eingriff ist[1131]. Auch hier kann sich die Dreistufentheorie auswirken: Bei Berufswahlregelungen sind in der Regel strengere Anforderungen an die Bestimmtheit zu stellen als bei Berufsausübungsregelungen[1132].

Anzuführen ist schließlich noch der Vertrauensschutz, der einer Einschränkung der Berufsfreiheit Grenzen setzen kann[1133]. Auch der Grundsatz des Vertrauensschutzes ist aus dem Rechtsstaatsprinzip abgeleitet[1134]. Der Vertrauensschutz wird insbesondere relevant, wenn die Änderung einer bestimmten Rechtslage zu Härten führt. Diese Härten müssen regelmäßig durch Übergangsregelungen abgemildert werden[1135]. Die Vertrauensschutzgesichtspunkte lassen sich allerdings oft schon im Rahmen der Verhältnismäßigkeit bzw. des Gleichheitssatzes berücksichtigen[1136]. So kann eine Regelung, welche subjektive Zulassungsvoraus-

---

[1127] So *Dreier*, in: Dreier (Hrsg.), Kommentar zum GG, Band I, 1996, Art. 19 I Rn. 15; ähnlich *Pieroth/Schlink*, Staatsrecht II, 17. Aufl. 2001, Rn. 308; *Jarass*, in: Jarass/Pieroth, Kommentar zum GG, 5. Aufl. 2000, Art. 19 Rn. 1a; vgl. auch BVerfGE 25, 371 (399); differenzierend *Herzog*, in: Maunz/Dürig (Hrsg.), Kommentar zum GG, Art. 19 I Rn. 9, der Art. 19 I S. 1 GG als Verschärfung des Art. 3 I GG sieht.

[1128] *Jarass*, in: Jarass/Pieroth, Kommentar zum GG, 5. Aufl. 2000, Art. 19 Rn. 1a; *Sachs*, Verfassungsrecht II, 2000, A 10 Rn. 11.

[1129] Vgl. *Sachs*, in: Sachs (Hrsg.), Kommentar zum GG, 2. Aufl. 1999, Art. 20 Rn. 126; *Dreier*, in: Dreier (Hrsg.), Kommentar zum GG, Band I, 1996, Vorb. Rn. 91.

[1130] *Manssen*, in: v.Mangoldt/Klein/Starck (Hrsg.), Kommentar zum GG, Band 1, 4. Aufl. 1999, Art. 12 I Rn 119.

[1131] Siehe oben fünfter Teil, B. I. 3., S. 203 ff.

[1132] *Tettinger*, in: Sachs (Hrsg.), Kommentar zum GG, 2. Aufl. 1999, Art. 12 Rn. 84; vgl. BVerfGE 62, 203 (210).

[1133] Vgl. *Seewald*, NZS 1997, S. 347 und S. 353 f.

[1134] BVerfGE 30, 392 (403); 55, 185 (202); *Sachs*, in: Sachs (Hrsg.), Kommentar zum GG, 2. Aufl. 1999, Art. 20 Rn. 131; *Sommermann*, in: v.Mangoldt/Klein/Starck (Hrsg.), Kommentar zum GG, Band 2, 4. Aufl. 2000, Art. 20 III Rn. 282 ff.

[1135] BVerfGE 54, 301 (331 f.); 55, 185 (202); 64, 72 (83 ff.); 68, 272 (284 ff.); 75, 246 (278 ff.); 98, 265 (309).

[1136] Zur Berücksichtigung im Rahmen des Verhältnismäßigkeitsprinzips vgl. *Wieland*, in: Dreier (Hrsg.), Kommentar zum GG, Band I, 1996, Art. 12 Rn. 126; *Tettinger*, in: Sachs (Hrsg.), Kommentar zum GG, 2. Aufl. 1999, Art. 12 Rn. 121; BVerfGE 55, 185 (201); 64, 72 (83 ff.); 68, 272 (284); 75, 246 (279); zur Berücksichtigung im Rahmen des Gleichheitssatzes vgl. BVerfGE 54, 301 (331); 55, 185 (202 ff.); 64, 72 (86).

setzungen verschärft, gegenüber den bereits Berufstätigen unverhältnismäßig sein, weil sie ihnen die Berufsausübung praktisch unmöglich macht[1137].

IV. Rechtfertigungsanforderungen bei staatlichen und staatlich gebundenen Berufen

1. Die staatlichen Berufe

Staatliche Berufe sind unselbständige Tätigkeiten, die in den öffentlichen Dienst eingegliedert sind[1138]. Es geht hier also um den formell-institutionellen öffentlichen Dienst, d.h. im wesentlichen um Beamte, Soldaten und Richter[1139].

a) Geltung der Berufsfreiheit im öffentlichen Dienst

Zu überlegen ist, ob für die staatlichen Berufe (ähnlich wie bei Art. 39 IV EG) gemäß Art. 33 GG eine Bereichsausnahme von der Berufsfreiheit gilt.

Voraussetzung für eine derartige Bereichsausnahme wäre zunächst, daß Art. 33 GG bei Berufen im öffentlichen Dienst Art. 12 I GG verdrängt. Diese Meinung wird vertreten[1140]. Das Bundesverfassungsgericht hat allerdings bereits in einem obiter dictum des Apothekenurteils ausgeführt, daß das Grundrecht der Berufsfreiheit grundsätzlich auch für staatliche Berufe gelte[1141]. Aber Art. 33 GG ermögliche für diese Berufe „weithin Sonderregelungen"[1142]. Die herrschende Literaturmeinung folgert daraus, daß Art. 12 I GG insoweit durch Art. 33 GG „überlagert und modifiziert" werde[1143].

Die Rechtsprechung des Bundesverfassungsgerichts wird mit dem Hinweis kritisiert, es sei inkonsequent, zunächst die prinzipielle Geltung des Art. 12 I GG

1137 *Wieland*, in: Dreier (Hrsg.), Kommentar zum GG, Band I, 1996, Art. 12 Rn. 126.

1138 Vgl. *Pieroth/Schlink*, Staatsrecht II, 17. Aufl. 2001, Rn. 817; *Tettinger*, in: Sachs (Hrsg.), Kommentar zum GG, 2. Aufl. 1999, Art. 12 Rn. 39.

1139 Vgl. *Manssen*, in: v.Mangoldt/Klein/Starck (Hrsg.), Kommentar zum GG, Band 1, 4. Aufl. 1999, Art. 12 I Rn. 43.

1140 So *Wieland*, in: Dreier (Hrsg.), Kommentar zum GG, Band I, 1996, Art. 12 Rn. 52; *Scholz*, in: Maunz/Dürig (Hrsg.), Kommentar zum GG, Art. 12 Rn. 196, 201, 205; *Maunz*, in: Maunz/Dürig (Hrsg.), Kommentar zum GG, Art. 33 Rn. 13, Fußnote 1; etwas unklar *Battis*, in: Sachs (Hrsg.), Kommentar zum GG, 2. Aufl. 1999, Art. 33 Rn. 66 (Art. 33 V GG als „lex specialis" zu Art. 12 GG).

1141 BVerfGE 7, 377 (397 f.).

1142 BVerfGE 7, 377 (398); *Bachof*, in: Bettermann/Nipperdey/Scheuner, Die Grundrechte, Band III/1, 1. Aufl. 1958, S. 183 f.

1143 *Tettinger*, in: Sachs (Hrsg.), Kommentar zum GG, 2. Aufl. 1999, Art. 12 Rn. 40; ähnlich *Sachs*, Verfassungsrecht II, 2000, B 12 Rn. 56; *Pieroth/Schlink*, Staatsrecht II, 17. Aufl. 2001, Rn. 817.

festzustellen, und dann materiell Art. 33 GG anzuwenden[1144]. Demgegenüber ist jedoch zu bemerken, daß das Bundesverfassungsgericht Art. 33 GG nur insoweit anwendet, als dieser tatsächlich Sonderregelungen vorsieht; dies ist vor allem im Bereich der Berufszulassung der Fall, wo Art. 33 II GG das Freiheitsrecht des Art. 12 I GG auf Berufszulassung in ein bloßes Gleichheitsrecht verwandelt[1145]. Diese Modifikation ist dem Art. 12 I GG nicht einmal fremd: Art. 12 I GG gibt keinen Anspruch auf Schaffung von Arbeitsplätzen durch den Staat[1146]; dies gilt eben auch für Stellen im öffentlichen Dienst[1147], so daß es ohnehin nur um den gleichen Zugang zu den vorhandenen Stellen gehen kann. Insofern würde wohl die Lösung bezüglich des Zugangs zum öffentlichen Dienst[1148] nicht wesentlich anders aussehen, wenn es Art. 33 II GG nicht gäbe[1149]. Insgesamt ist nicht einzusehen, weshalb Art. 12 I GG im Bereich des öffentlichen Dienstes unanwendbar sein sollte.

Von einer Bereichsausnahme des öffentlichen Dienstes kann man also nicht sprechen; Art. 12 I GG gilt auch für die von Art. 33 GG erfaßten Berufstätigen. Das dogmatische Verhältnis zwischen den beiden Vorschriften ist damit allerdings noch nicht abschließend beschrieben. Diesbezüglich weist die neuere Rechtsprechung des Bundesverfassungsgerichts den Weg. In mehreren 1997 ergangenen Urteilen[1150] bezeichnet das Gericht Art. 33 II GG als *ergänzende* Regelung zu Art. 12 I GG, soweit es Arbeitsverhältnisse im öffentlichen Dienst angeht[1151]. Es prüft dabei die in Art. 33 II GG angesprochenen Belange als Allgemeinwohlgründe für die Rechtfertigung von Eingriffen in die Berufsfreiheit[1152]. In ähnlicher Weise könnte man auch Art. 33 IV und V GG anwenden. Wenn also ein Beamter aus dem Staatsdienst entlassen wird, weil er sich verfassungsfeindlich betätigt, dann ist dies ein Eingriff in seine Berufsfreiheit; aber die aus Art. 33 V GG entnommene Pflicht zur Verfassungstreue (i.V.m. Art. 33 II

[1144] *Wieland*, in: Dreier (Hrsg.), Kommentar zum GG, Band I, 1996, Art. 12 Rn. 52; *Rupp*, AöR 92 (1967), S. 223.

[1145] Vgl. BVerfGE 16, 6 (21).

[1146] Vgl. BVerfGE 84, 133 (146): Mit der Berufswahlfreiheit ist „weder ein Anspruch auf Bereitstellung eines Arbeitsplatzes eigener Wahl noch eine Bestandsgarantie für den einmal gewählten Arbeitsplatz verbunden".

[1147] Vgl. BVerfGE 84, 133 (147).

[1148] Vgl. allerdings zur Problematik des Zugangs zu der jeweiligen Tätigkeit als *private* Tätigkeit gleich unten fünfter Teil, B. IV. 1. b) und c), S. 215 ff.

[1149] Vgl. auch *Seewald*, NZS 1997, S. 346.

[1150] In diesen Urteilen ging es um Kündigungen von Angehörigen des öffentlichen Dienstes in den neuen Bundesländern (u.a. wegen Stasi-Tätigkeit).

[1151] BVerfGE 96, 152 (163); 96, 171 (180 f.); 96, 189 (197); 96, 205 (211).

[1152] BVerfGE 96, 152 (164 ff.); 96, 171 (181 ff.); 96, 189 (197 ff.); 96, 205 (211 ff.).

GG unter dem Aspekt der „Eignung“) stellt einen ausreichend wichtigen Allgemeinwohlgrund dar, um den Eingriff zu rechtfertigen[1153].

Art. 33 GG verkürzt also nicht den Schutzbereich des Art. 12 I GG[1154], sondern erweitert die Rechtfertigungsmöglichkeiten für einen Eingriff[1155]. Es greift daher zu kurz, wenn man die Bedeutung des Art. 12 I GG für den öffentlichen Dienst auf die Sicherstellung des Gesetzesvorbehalts gegenüber Eingriffen in Art. 33 GG reduziert[1156].

Zu beachten ist noch, daß die hergebrachten Grundsätze des Berufsbeamtentums in Art. 33 V GG nicht nur (eingriffsrechtfertigende) Pflichten, sondern auch (grundrechtsgleiche[1157]) Rechte des Beamten mit sich bringen. Bezüglich dieser Rechte wird man Art. 33 V GG allerdings doch als lex specialis[1158] ansehen müssen. Rechte wie der Anspruch auf amtsangemessene Besoldung und Versorgung[1159] oder die aus der Fürsorgepflicht des Dienstherrn folgenden Ansprüche[1160] lassen sich nämlich kaum in die Struktur des primär abwehrrechtlich konzipierten[1161] Art. 12 I GG einfügen[1162].

[1153] Vgl. BVerfGE 39, 334 (369 f.); beachte hierzu allerdings noch (unter dem Aspekt der Meinungsfreiheit, nicht der Berufsfreiheit, welche in der EMRK nicht enthalten ist) EGMR NJW 1996, S. 375 ff.

[1154] BVerfGE 84, 133 (147); mißverständlich formuliert in BVerfGE 16, 6 (21).

[1155] So auch *Jarass*, in: Jarass/Pieroth, Kommentar zum GG, 5. Aufl. 2000, Art. 12 Rn. 51: Keine Verdrängung des Art. 12, sondern eine zusätzliche Schranke; ebenso *Grete*, Die Verfassungsmäßigkeit berufsrechtlicher Residenzpflichten der deutschen Rechtsordnung, 1999, S. 90.

[1156] So aber *Rupp*, AöR 122 (1967), S. 223; ähnlich *Sachs*, Verfassungsrecht II, 2000, B 12 Rn. 56.

[1157] Vgl. z.B. BVerfGE 8, 1 (17); *Battis*, in: Sachs (Hrsg.), Kommentar zum GG, 2. Aufl. 1999, Art. 33 Rn. 65; a.A. *Kunig*, in: v.Münch/Kunig (Hrsg.), Kommentar zum GG, Band 2, 5. Aufl. 2001, Art. 33 Rn. 55.

[1158] So *Battis*, in: Sachs (Hrsg.), Kommentar zum GG, 2. Aufl. 1999, Art. 33 Rn. 66 (allerdings generell auf das Verhältnis von Art. 33 V und Art. 12 GG bezogen).

[1159] Vgl. hierzu z.B. BVerfGE 8, 1 (16); 16, 94 (115); 26, 141 (155).

[1160] Vgl. BVerfGE 43, 154 (165): *„Die Fürsorgepflicht verpflichtet den Dienstherrn, den Beamten gegen unberechtigte Anwürfe in Schutz zu nehmen, ihn entsprechend seiner Eignung und Leistung zu fördern, bei seinen Entscheidungen die wohlverstandenen Interessen des Beamten in gebührender Weise zu berücksichtigen.“*

[1161] Vgl. *Tettinger*, GewA 1999, S. 267.

[1162] Zumindest soweit es die Versorgungsansprüche der Beamten angeht, wäre allerdings ohnehin nicht Art. 12 I GG, sondern Art. 14 I GG naheliegend, vgl. dazu auch BVerfGE 16, 94 (110 ff.). Übrigens spricht angesichts des Wortlauts und der systematischen Stellung des Art. 33 V GG vieles dafür, aus ihm (entgegen der herrschenden Meinung) keine grundrechtsgleichen subjektiven Rechte abzuleiten (so *Kunig*, in: v.Münch/Kunig (Hrsg.), Kommentar zum GG, Band 2, 5. Aufl. 2001, Art. 33 Rn. 55; kritisch auch *Bethge*, Der verfassungsrechtliche Standort der “staatlich gebundenen Berufe”, 1968, S. 52 ff.). In diesem Fall wäre das Verhält-

Das Verhältnis zwischen Art. 12 I GG und Art. 33 GG läßt sich abschließend in etwa folgendermaßen beschreiben: Soweit Art. 33 GG Pflichten bzw. Freiheitseinschränkungen der Angehörigen des öffentlichen Dienstes vorsieht, sind diese Pflichten als Eingriffe in die Berufsfreiheit zu behandeln, welche aus den hinter den jeweiligen Pflichten stehenden Gemeinwohlgründen gerechtfertigt werden können[1163]. Dabei ist die Verhältnismäßigkeit zu beachten. Soweit Art. 33 GG (v.a. Art. 33 V GG) originäre Rechte der Angehörigen des öffentlichen Dienstes begründet, ist er lex specialis zu Art. 12 I GG[1164].

b) Berufsfreiheitliche Grenzen der Verstaatlichung von Berufen

Die staatlichen Berufe werfen noch eine weitere Frage auf. Welche beruflichen Tätigkeiten darf der Staat überhaupt an sich ziehen und dem öffentlichen Dienst eingliedern? Gibt es aus Art. 12 I GG folgende Grenzen für eine derartige Verstaatlichung von Tätigkeiten?

Diese Problematik stellt sich bei den Tätigkeiten, die von Privaten ebenso ausgeübt werden können wie von der öffentlichen Verwaltung. Nicht privatisierbare originäre Staatsfunktionen[1165] sind daher von der Betrachtung ausgeschlossen.

Hier ist insbesondere die Zulässigkeit von Verwaltungsmonopolen[1166] zu untersuchen. Ein Verwaltungsmonopol führt dazu, daß in den vom Monopol erfaßten Bereichen gar keine private Berufstätigkeit mehr möglich ist. Art. 33 GG rechtfertigt derartige Monopole nicht, sondern regelt lediglich deren Rechtsfolgen im Hinblick auf die im Dienst des Verwaltungsmonopols Beschäftigten[1167]. Fraglich

---

nis zu Art. 12 I GG etwas unkomplizierter.

[1163] So für Art. 33 V GG auch *Jarass*, in: Jarass/Pieroth, Kommentar zum GG, 5. Aufl. 2000, Art. 33 Rn. 32: Art. 33 V rechtfertigt Beschränkungen der Berufsfreiheit.

[1164] Vgl. auch *Maunz*, in: Maunz/Dürig (Hrsg.), Kommentar zum GG, Art. 33 Rn. 72: Die *„grundrechtliche Position des Beamten [...] erfährt [...] einerseits eine bestimmte Ausdehnung hinsichtlich der aus Art. 33 Abs. V fließenden subjektiven Rechte, andererseits eine Einschränkung [...] Auszugehen ist dabei davon, daß Grundrechtseinschränkungen nur insoweit zulässig sind, als sich das zur Aufrechterhaltung des durch die hergebrachten Grundsätze geprägten Beamtentums als erforderlich erweist.“*

[1165] Vgl. dazu *Bethge*, Der verfassungsrechtliche Standort der “staatlich gebundenen Berufe”, 1968, S. 135 ff.; *Papier*, in: Festschrift für Klaus Stern zum 65. Geburtstag, 1997, S. 549, spricht von Verwaltungsmonopolen „genuin-hoheitlicher Art“ gegenüber sozialwirtschaftlichen Verwaltungsmonopolen.

[1166] Zum Begriff des Verwaltungsmonopols vgl. *Breuer*, in: Isensee/Kirchhof (Hrsg.), Handbuch des Staatsrechts, Band VI, 2. Aufl. 2001, § 148 Rn. 63 sowie *Bethge*, Der verfassungsrechtliche Standort der “staatlich gebundenen Berufe”, 1968, S. 178 ff. (vgl. dort jeweils auch die Abgrenzung zum Finanzmonopol).

[1167] *Breuer*, in: Isensee/Kirchhof (Hrsg.), Handbuch des Staatsrechts, Band VI, 2. Aufl. 2001, § 147 Rn. 48; ähnlich *Maunz*, in: Maunz/Dürig (Hrsg.), Kommentar zum GG, Art. 33 Rn. 13; ausführlich *Bethge*, Der verfassungsrechtliche Standort der “staatlich gebundenen Berufe”, ist nun, ob die Zulässigkeit eines Verwaltungsmonopols (aus Sicht der vom Beruf ausgeschlossenen Privaten) an Art. 12 I GG zu messen ist.

In der Literatur wird vertreten, daß Aufgaben, die der Staat an sich gezogen hat, „von vornherein“ nicht der Berufsfreiheit unterfallen sollen[1168]. Die Grenzziehung zwischen staatlicher und privatwirtschaftlicher Betätigung sei eine politische Frage und „die Wirkkraft“ der Berufsfreiheit sei mit der Beantwortung dieser Frage überfordert[1169].

Dieser Ansicht kann nicht gefolgt werden[1170]. Es ist die klassische Aufgabe eines Grundrechts, der staatlichen Tätigkeit Grenzen zu ziehen. Die Grundrechtsauslegung darf sich vor Entscheidungen mit politischen Auswirkungen nicht scheuen, wenn sie ihren Zweck erfüllen will. Auch das Argument von der angeblichen wirtschaftspolitischen Neutralität des Grundgesetzes[1171] hilft hier nicht weiter; diese ist ja nicht etwa ein positiv festgeschriebenes Staatsstrukturprinzip des Grundgesetzes, sondern lediglich eine Folge einer Gesamtschau seiner wirtschaftsrelevanten Vorschriften. Mit anderen Worten: Die wirtschaftspolitische Neutralität ergibt sich aus einer Auslegung (unter anderem) des Art. 12 I GG, und sie ist nicht eine vorgegebene Auslegungsleitlinie für Art. 12 I GG[1172].

Wollte man Verwaltungsmonopole unbesehen zulassen, so würden sie zum „Trojanischen Pferd der Berufsfreiheit“[1173]. Man muß sich vor Augen halten, daß im Bereich eines Verwaltungsmonopols eine absolute Berufssperre für private Tätigkeiten herrscht. Sie ist also noch einschneidender als eine objektive Zulassungsschranke, welche private Berufstätigkeit immerhin noch zuläßt[1174]. Daß ein Eingriff dieser Intensität nur schwer gerechtfertigt werden kann, darf nicht unter

---

1968, S. 166 f.

[1168] So *Wieland*, in: Dreier (Hrsg.), Kommentar zum GG, Band I, 1996, Art. 12 Rn. 74; *Bachof*, in: Bettermann/Nipperdey/Scheuner, Die Grundrechte, Band III/1, 1. Aufl. 1958, S. 201.

[1169] *Wieland*, in: Dreier (Hrsg.), Kommentar zum GG, Band I, 1996, Art. 12 Rn. 74.

[1170] *Bethge*, Der verfassungsrechtliche Standort der "staatlich gebundenen Berufe", 1968, S. 182 ff.; *Breuer*, in: Isensee/Kirchhof (Hrsg.), Handbuch des Staatsrechts, Band VI, 2. Aufl. 2001, § 148 Rn. 66; *Papier*, in: Festschrift für Klaus Stern zum 65. Geburtstag, 1997, S. 548 f.

[1171] Dieses Argument verwendet *Wieland*, in: Dreier (Hrsg.), Kommentar zum GG, Band I, 1996, Art. 12 Rn. 74.

[1172] *Sachs*, Verfassungsrecht II, 2000, Rn. 30.

[1173] So pointiert *Breuer*, in: Isensee/Kirchhof (Hrsg.), Handbuch des Staatsrechts, Band VI, 2. Aufl. 2001, § 148 Rn. 66; vgl. auch *Bethge*, Der verfassungsrechtliche Standort der "staatlich gebundenen Berufe", 1968, S. 195: *„Die Schutzfunktion des Art. 12 GG kann der Gesetzgeber jedenfalls nicht dadurch leerlaufen lassen, daß er bestimmte Tätigkeiten als staatlich (und daher nicht mehr der privaten Initiative offenstehend) bezeichnet.“* Ähnlich *Papier*, in: Festschrift für Klaus Stern zum 65. Geburtstag, 1997, S. 548.

[1174] *Breuer*, in: Isensee/Kirchhof (Hrsg.), Handbuch des Staatsrechts, Band VI, 2. Aufl. 2001, § 148 Rn. 62; *Rausch*, GewA 2001, S. 108.

Berufung auf deutsche Verfassungstradition[1175] zum Anlaß genommen werden, die Verwaltungsmonopole gleich von vornherein aus dem Schutzbereich der Berufsfreiheit herauszunehmen, um dadurch dem Ergebnis ihrer verfassungsrechtlichen Unzulässigkeit zu entgehen[1176]. Verwaltungsmonopole sind deshalb an Art. 12 I GG zu messen; sie stehen bezüglich der Rechtfertigungsanforderungen aus den genannten Gründen zumindest auf der Stufe von objektiven Zulassungsschranken[1177]. Somit sind Verwaltungsmonopole nur dann zulässig, wenn es ein überragend wichtiges Allgemeininteresse zwingend erfordert[1178].

c) Zusammenfassung

Es ergibt sich bezüglich des Zugangs zum öffentlichen Dienst folgendes Bild: Einerseits kann sich ein Bewerber, der einen staatlichen Beruf ausüben will, nur auf das Gleichheitsrecht des Art. 33 II GG berufen. Andererseits hat er jedoch grundsätzlich freien Zugang zu eben dieser beruflichen Tätigkeit, soweit sie – ohne die Monopolisierung – privat ausgeübt werden kann. Wenn die private Ausübung der Tätigkeit allerdings (aufgrund eines Verwaltungsmonopols) verboten ist, dann muß dieses Verbot den Anforderungen einer objektiven Berufszulassungsschranke genügen. Der Grundrechtsschutz ist also in vollem Umfang gewährleistet.

2. Die staatlich gebundenen Berufe

Art. 33 GG spielt nach der Rechtsprechung des Bundesverfassungsgerichts nicht nur bei den staatlichen, sondern auch bei den sogenannten staatlich gebundenen

---

[1175] Gegen eine Argumentation, die auf vorkonstitutionellen Rechtseinrichtungen beruht, auch *Bethge*, Der verfassungsrechtliche Standort der "staatlich gebundenen Berufe", 1968, S. 184.

[1176] Darauf läuft die Argumentation von *Wieland*, in: Dreier (Hrsg.), Kommentar zum GG, Band I, 1996, Art. 12 Rn. 74, hinaus.

[1177] So BVerfGE 21, 245 (249 ff.). *Breuer*, in: Isensee/Kirchhof (Hrsg.), Handbuch des Staatsrechts, Band VI, 2. Aufl. 2001, § 148 Rn. 62, 64 sieht Verwaltungsmonopole als Eingriffe „jenseits der Stufenkonzeption des Apothekenurteils". Ähnlich *Tettinger*, in: Sachs (Hrsg.), Kommentar zum GG, 2. Aufl. 1999, Art. 12 Rn. 113; *Papier*, in: Festschrift für Klaus Stern zum 65. Geburtstag, 1997, S. 554. *Stober*, Allgemeines Wirtschaftsverwaltungsrecht, 12. Aufl. 2000, § 21 III 8 (S. 246), erkennt zwar die höhere Intensität des Eingriffs an, sieht aber keine Möglichkeit, die Rechtfertigungsanforderungen gegenüber der dritten Stufe der Dreistufentheorie noch zu verschärfen. So wohl auch BVerwGE 97, 79 (84).

[1178] BVerfGE 21, 245 (251); BVerwGE 96, 293 (298 f.); 96, 302 (311); Zu großzügig in diesem Zusammenhang das Bundesverfassungsgericht, das bestimmte Monopole, die schon vor Inkrafttreten des GG bestanden, unter bloßem Hinweis auf Kompetenzvorschriften im GG für zulässig erachtete, vgl. BVerfGE 37, 314 (322); 41, 205 (217 f.); kritisch dazu auch *Breuer*, in: Isensee/Kirchhof (Hrsg.), Handbuch des Staatsrechts, Band VI, 2. Aufl. 2001, § 148 Rn. 65.

Berufen[1179] eine Rolle. Der Begriff des staatlich gebundenen Berufs ist schillernd[1180]; weder über seine Definition noch über die ihm im einzelnen zuzurechnenden Berufsgruppen ist man sich einig. Als Ausgangspunkt soll daher die Rechtsprechung des Bundesverfassungsgerichts genommen werden, welches im Apothekenurteil auch zu den staatlich gebundenen Berufen grundsätzliche Anmerkungen gemacht hat: *„‚Staatliche gebundene' Berufe sind in mannigfaltiger Gestalt möglich und wirklich. Sie fallen ebenfalls unter Art. 12 Abs. 1. Die Frage, an welchem Punkt zwischen ‚freiem' Beruf mit gewissen öffentlich-rechtlichen Auflagen und Berufen mit völliger Einbeziehung in die unmittelbare Staatsorganisation solche Berufe ihren Platz erhalten sollen, hängt von Eigenart und Gewicht der hier zu erfüllenden öffentlichen Aufgaben ab. Je näher ein Beruf durch öffentlich-rechtliche Bindungen und Auflagen an den ‚öffentlichen Dienst' herangeführt wird, um so stärker können Sonderregelungen in Anlehnung an Art. 33 GG die Wirkung des Grundrechts aus Art. 12 Abs. 1 tatsächlich zurückdrängen."*[1181]

Insbesondere der letzte Satz dieser Passage hat heftige Kritik auf sich gezogen, weil er einen Zirkelschluß nahelegt[1182]: Je mehr öffentlich-rechtlichen Bindungen ein Beruf unterliegt, um so eher können diese Bindungen gerechtfertigt werden[1183]. Die Berufsfreiheit stünde so zur Disposition des einfachen Gesetzgebers[1184]. Diese Interpretation wies das Bundesverfassungsgericht jedoch in einem späteren Urteil zurück und stellte klar: *„Die staatlichen Bindungen sind nicht aus sich selbst heraus gerechtfertigt, sondern finden ihre Rechtfertigung in den wahrzunehmenden Funktionen."*[1185]

[1179] Der Begriff geht zurück auf *Triepel*, Festschrift für Karl Binding, 1911, Bd. 2, S. 1 ff.; *Bethge*, Der verfassungsrechtliche Standort der "staatlich gebundenen Berufe", 1968, S. 204, schlägt vor, auf den „jeder terminologischen Trennschärfe entbehrenden" Begriff zu verzichten; vgl. dazu auch *Bethge*, aaO. S. 23 ff.

[1180] Vgl. *Bethge*, Der verfassungsrechtliche Standort der "staatlich gebundenen Berufe", 1968, S. 23 ff.

[1181] BVerfGE 7, 377 (398).

[1182] So z.B. *Breuer*, in: Isensee/Kirchhof (Hrsg.), Handbuch des Staatsrechts, Band VI, 2. Aufl. 2001, § 147 Rn. 51; Leisner, AöR 93 (1968), S. 179; *Bethge*, Der verfassungsrechtliche Standort der "staatlich gebundenen Berufe", 1968, S. 15 ff.; *Grete*, Die Verfassungsmäßigkeit berufsrechtlicher Residenzpflichten der deutschen Rechtsordnung, 1999, S. 96.

[1183] Pointiert *Bethge*, Der verfassungsrechtliche Standort der "staatlich gebundenen Berufe", 1968, S. 16: *„Zum anderen dürfte in einer Verfassungsordnung, die die Rechtmäßigkeit staatlichen Handelns an den Grundrechten mißt, die bloße Faktizität des Zurückdrängens des Grundrechtsgeltungsbereichs kaum die Prüfung der Legalität eines solchen Vorgehens ersetzen."*

[1184] Kritisch deshalb z.B. *Bethge*, Der verfassungsrechtliche Standort der "staatlich gebundenen Berufe", 1968, S. 15 ff.

[1185] BVerfGE 73, 280 (293).

Damit ist der Weg vorgezeichnet für die gleiche Lösung wie bei den völlig im staatlichen Verantwortungsbereich wahrgenommenen Berufen: Auch staatlich gebundene Berufe genießen volle Berufsfreiheit; Beschränkungen dieser Freiheit müssen verfassungsrechtlich gerechtfertigt werden[1186]. Als Rechtfertigungsgründe kommen insbesondere die Gemeinwohlbelange in Betracht, welche von Art. 33 GG angesprochen werden. Die bloße „Nähe zum öffentlichen Dienst" als solche rechtfertigt gar nichts, sondern nur die durch den Beruf berührten Gemeinwohlbelange[1187]. Art. 33 GG schränkt also weder den Schutzbereich des Art. 12 I GG ein[1188], noch rechtfertigt er *per se* Berufsfreiheitseingriffe. Diese müssen vielmehr in jedem Fall dem Übermaßverbot standhalten. Die Divergenz zwischen dem Bundesverfassungsgericht und der Lehre besteht hier hauptsächlich darin, daß das Bundesverfassungsgericht Formulierungen verwendet, welche zumindest als mißverständlich[1189] bezeichnet werden müssen. In der Sache nähert sich die Rechtsprechung der Literaturmeinung mehr und mehr an[1190].

Am Beispiel des Notarberufs läßt sich das Zusammenspiel der Lösungen für staatliche und staatlich gebundene Berufe demonstrieren. Die Beschränkung der Notarstellen stellt eine objektive Zulassungsschranke dar[1191]. Deren Zulässigkeit ist an Art. 12 I GG zu messen; sie läßt sich sachlich (wenn überhaupt) nur rechtfertigen durch „das öffentliche Interesse an einer geordneten Rechtspflege"[1192]. Wenn der Staat die den Notaren vorbehaltenen Aufgaben in eigener Regie wahrnehmen wollte, d.h. den Notarberuf verstaatlichen und ein Verwaltungsmonopol errichten, dann wäre dies im Hinblick auf die ausgeschlossenen priva-

---

[1186] Vgl. *Bethge*, Der verfassungsrechtliche Standort der "staatlich gebundenen Berufe", 1968, S. 162 ff.; *Breuer*, in: Isensee/Kirchhof (Hrsg.), Handbuch des Staatsrechts, Band VI, 2. Aufl. 2001, § 147 Rn. 51; *Wieland*, in: Dreier (Hrsg.), Kommentar zum GG, Band I, 1996, Art. 12 Rn. 53.

[1187] Vgl. *Sachs*, Verfassungsrecht II, 2000, B 12 Rn. 57: *„Letztlich dürften die besonderen sachlichen Gegebenheiten dieses Bereichs auch im Rahmen der allgemeinen Regeln zu Art. 12 Abs. 1 GG angemessen Berücksichtigung finden können."*

[1188] A.A. wohl *Peter M. Huber*, in: Festschrift für Martin Kriele, 1997, S. 391.

[1189] *Bethge*, Der verfassungsrechtliche Standort der "staatlich gebundenen Berufe", 1968, S. 16; vgl. auch aaO., S. 166: „bemerkenswert vieldeutig und sybillinisch".

[1190] Vgl. *Wieland*, in: Dreier (Hrsg.), Kommentar zum GG, Band I, 1996, Art. 12 Rn. 53 („in diese Richtung deuten nunmehr auch neuere Entscheidungen des Bundesverfassungsgerichts"); *Tettinger*, in: Sachs (Hrsg.), Kommentar zum GG, 2. Aufl. 1999, Art. 12 Rn. 51; vgl. dazu BVerfGE 54, 237 (249 ff.); 69, 373 (378 ff.); 73, 280 (294 ff.); 73, 301 (315 ff.).

[1191] Vgl. BVerfGE 17, 371 (380).

[1192] BVerfGE 17, 371 (380). Es ist allerdings zweifelhaft, ob das Bundesverfassungsgericht bei seiner Bewertung tatsächlich den für objektive Zulassungsbeschränkungen (gem. der Dreistufentheorie) geltenden strengen Maßstab (nachweisbare oder höchstwahrscheinliche Gefahren für ein überragend wichtiges Gemeinschaftsgut) konsequent angewendet hat. Kritisch deshalb *Bethge*, Der verfassungsrechtliche Standort der "staatlich gebundenen Berufe", 1968, S. 21 ff.

ten Berufstätigen ebenfalls als an Art. 12 I GG zu messen. Da allerdings schon Zweifel bestehen, ob die objektiven Zulassungsschranken für die private Wahrnehmung der Notartätigkeit mit der Berufsfreiheit vereinbar sind, würde man eine mit einem Verwaltungsmonopol verbundene objektive Zulassungssperre erst recht kaum rechtfertigen können[1193].

C. Vergleich der Lösungen

Abschließend sollen die Lösungen für die Eingriffsrechtfertigung im Gemeinschaftsrecht und im Verfassungsrecht noch einmal verglichen werden.

I. Zugang und Ausübung

Im Gemeinschaftsrecht spielt die Unterscheidung zwischen den Regelungen, die den Zugang zum Markt betreffen, und solchen, die das Verhalten auf dem Markt regulieren, eine wichtige Rolle bei der Annahme eines Eingriffs. Typischerweise haben unter den unterschiedslos anwendbaren Maßnahmen nur diejenigen Eingriffscharakter, welche zugangsrelevant sind.

Im Verfassungsrecht unterscheidet man auf der Rechtfertigungsebene die Regelungen, die den Zugang zum Beruf betreffen, von denen, die sich lediglich auf die Berufsausübung auswirken. Geradezu frappierend ist die Parallele zur Keck-Rechtsprechung[1194] des EuGH in einer Formulierung, die *Friauf* knapp 10 Jahre vor dem Keck-Urteil verwendete: „Im Gegensatz zur Berufswahlfreiheit, die sich auf die Substanz des Berufs bezieht, ist die Ausübungsfreiheit *modalitäts-*

[1193] Für staatlich gebundene Berufe wird übrigens unter anderem folgende Definition verwendet (*Tettinger*, in: Sachs (Hrsg.), Kommentar zum GG, 2. Aufl. 1999, Art. 12 Rn. 46 im Anschluß an BVerfGE 73, 301 (315 f.): *„Als staatlich gebundene Berufe bezeichnet man diejenigen Berufsgruppen, denen funktionell die Wahrnehmung solcher Aufgaben übertragen worden ist, die der Gesetzgeber auch dem eigenen Verwaltungsapparat hätte vorbehalten können."* Wenn man das wörtlich nimmt, setzt die Einordnung als staatlich gebundener Beruf voraus, daß ein Verwaltungsmonopol bezüglich des jeweiligen Berufes zulässig gewesen wäre. Dies darf man angesichts der hohen Anforderungen an ein derartiges Verwaltungsmonopol jedoch nicht vorschnell annehmen. Ist die (potentielle) Zulässigkeit eines Verwaltungsmonopols gegeben, kann man das als starkes Indiz dafür nehmen, daß auch im Falle einer (zumindest teilweisen) privaten Wahrnehmung der Tätigkeit weitgehende Beschränkungen zulässig sind. In diesem Sinne kann man daher mit *Bethge*, Der verfassungsrechtliche Standort der "staatlich gebundenen Berufe", 1968, S. 166, feststellen, *„daß die eigentliche verfassungsrechtliche Problematik der „staatlich gebundenen" Berufe im Grunde nur ein Teilaspekt der generellen Frage ist, ob, unter welchen Voraussetzungen und bis zu welcher Grenze der Staat einzelne Berufe total oder partiell monopolisieren (verstaatlichen) darf".*

[1194] Auch *Kingreen*, Die Struktur der Grundfreiheiten des Europäischen Gemeinschaftsrechts, 1999, S. 125 weist auf die Parallele zwischen Keck-Rechtsprechung und Dreistufentheorie hin.

bezogen."[1195] Im Keck-Urteil unterscheidet der EuGH zwischen Regelungen, die sich auf die Substanz des Produktes beziehen und solchen, die sich auf die Modalitäten des Vertriebes beziehen. Die Ähnlichkeit der Formulierungen ist kein Zufall; in beiden Fällen geht es um die Unterscheidung von „Ob" und „Wie", von Zugang und Ausübung.

Die Unterscheidung, welche im Gemeinschaftsrecht vorgenommen wird, ist allerdings nicht völlig identisch mit der Unterscheidung im Verfassungsrecht: Im Gemeinschaftsrecht geht es um den Zugang zum ausländischen Markt, und im Verfassungsrecht geht es um den Zugang zum Beruf. Allerdings werden Vorschriften, die den Zugang zum ausländischen Markt im Sinne der Art. 39, 43 und 49/50 EG beschränken, regelmäßig auch den Berufszugang im Sinne des Art. 12 I GG betreffen[1196]. Nur im Bereich des freien Warenverkehrs ist die Sichtweise anders, weil es dabei um den Zugang von Waren zum Markt geht. Produktbezogene Regelungen werden in der Regel keine Berufszulassungsregeln darstellen[1197]. Warenzulassungsbeschränkungen unterliegen also im Gemeinschaftsrecht strengeren Anforderungen als im Verfassungsrecht.

Unterschiedlich sind die Folgen, die an die Differenzierung geknüpft werden. Bei den Grundfreiheiten werden die Regelungen, die keine Relevanz für den Zugang zum Markt haben, regelmäßig nicht als Eingriff gewertet; bei der Berufsfreiheit hingegen sind Ausübungsregelungen sehr wohl Eingriffe, allerdings lassen sie sich leichter rechtfertigen als Zugangsbeschränkungen. In beiden Fällen steht dahinter die Wertung, daß Ausübungsbeschränkungen eher zulässig sind als Zugangsbeschränkungen.

Eine weitere Gemeinsamkeit besteht in der „Faustregelqualität" der jeweiligen Unterscheidung. Weder im Verfassungsrecht noch im Gemeinschaftsrecht ist die Qualifizierung als Zugangs- oder Ausübungsbeschränkung von definitiver Bedeutung. Im Gemeinschaftsrecht kann ausnahmsweise eine rechtlich unterschiedslose Regulierung des Verhaltens auf dem Markt faktisch diskriminierend wirken und deshalb die Eingriffsschwelle überschreiten. Bei Art. 12 I GG kann ausnahmsweise eine Berufsausübungsregelung zugangsbeschränkende Wirkung haben und damit den erhöhten Rechtfertigungsanforderungen unterliegen. Immer kommt es entscheidend auf die Wirkung der Regelung an[1198].

[1195] So *Friauf*, JA 1984, S. 542 (Hervorhebungen im Original).

[1196] Vgl. *Wunderlich*, Das Grundrecht der Berufsfreiheit im Europäischen Gemeinschaftsrecht, 2000, S. 91.

[1197] Vgl. z.B. *Wieland*, in: Dreier (Hrsg.), Kommentar zum GG, Band I, 1996, Art. 12 Rn. 78.

[1198] Vgl. *Kingreen*, Die Struktur der Grundfreiheiten des Europäischen Gemeinschaftsrechts, 1999, S. 125 f.

II. Objektive und subjektive Regelungen

Auch die Unterscheidung zwischen objektiven und subjektiven Schranken klingt im Gemeinschaftsrecht an einer Stelle an. Der oben erwähnte Art. 3 I der Richtlinie 64/221/EWG läßt nur solche freizügigkeitsbeschränkenden Maßnahmen zu, die an das persönliche Verhalten des Grundfreiheitsberechtigten anknüpfen. Das heißt mit anderen Worten, daß objektive Freizügigkeitsbeschränkungen unzulässig sind. Dahinter steht die gleiche Wertung wie im Verfassungsrecht: Objektive Schranken sind eher unzulässig als subjektive Schranken. Im Verfassungsrecht lassen sich deshalb objektive Zulassungsschranken schwerer rechtfertigen als subjektive. Im Gemeinschaftsrecht lassen sie sich (im Anwendungsbereich der Richtlinie 64/221/EWG[1199]) gar nicht rechtfertigen.

III. Die öffentliche Verwaltung

Parallelen zwischen Verfassungsrecht und Gemeinschaftsrecht lassen sich auch im Bereich der öffentlichen Verwaltung finden. Eingriffe in die Berufsfreiheit lassen sich im Bereich der öffentlichen Verwaltung leichter rechtfertigen. Bei der Arbeitnehmerfreizügigkeit ist die öffentliche Verwaltung sogar schon von vornherein ausgenommen. Allerdings unterliegt, wie oben dargestellt, auch diese Bereichsausnahme einer Abwägung. Das führt dazu, daß lediglich die Stellen von der Berufsfreiheit ausgenommen sind, *„die eine unmittelbare oder mittelbare Teilnahme an der Ausübung hoheitlicher Befugnisse und an der Wahrnehmung solcher Aufgaben mit sich bringen, die auf die Wahrung der allgemeinen Belange des Staates oder anderer öffentlicher Körperschaften gerichtet sind“*[1200]. Diese Formulierung erinnert an Art. 33 IV GG. Es wird daher auch mit gutem Grund vertreten, daß sich die Anwendungsbereiche von Art. 39 IV EG und Art. 33 IV GG decken[1201]. Würde der Gesetzgeber den Verfassungswortlaut des Art. 33 IV GG also tatsächlich vollständig umsetzen, und die „Ausübung hoheitlicher Befugnisse“ (nur) Beamten anvertrauen, und andererseits Beamten nur mit eben dieser „Ausübung hoheitlicher Befugnisse“ betrauen, dann könnte man alle Beamten von der Freizügigkeit nach Art. 39 IV EG ausnehmen. Dies zeigt allerdings gleichzeitig, daß die Berufsfreiheit weiterreicht als die Freizügigkeit, weil Art. 12 I GG eben auch solche Beamte erfaßt, die im Bereich des Art. 33 IV GG tätig sind.

[1199] Dabei ist zu beachten, daß versteckte Diskriminierungen und spezifische Beschränkungen nicht nur über Art. 46 EG, sondern auch über sonstige zwingende Gründe des Allgemeininteresses gerechtfertigt werden können. In diesem Fall gilt die Richtlinie 64/221/EWG nicht.

[1200] EuGH, Kommission/Belgien, Slg. 1980, S. 3881 (3900).

[1201] Vgl. dazu *Veltmann*, Der Anwendungsbereich des Freizügigkeitsrechts der Arbeitnehmer gem. Art. 48 EGV (Art. 39 EGV n.F.), 1999, S. 126 ff.; *Eschmann*, Die Freizügigkeit der EG-Bürger und der Zugang zur öffentlichen Verwaltung, 1992, S. 143.

IV. Vorbehalt des Gesetzes und Verhältnismäßigkeit

Erwähnenswert ist, daß der verfassungsrechtliche Vorbehalt des Gesetzes im Gemeinschaftsrecht über einen Rechtsnormvorbehalt eine gewisse Parallele zu finden scheint; allerdings wird hier noch die weitere Entwicklung vor allem der EuGH-Rechtsprechung abzuwarten sein.

Bei den Grundfreiheiten wie bei der Berufsfreiheit ist schließlich die Verhältnismäßigkeit das Herzstück der Rechtfertigungsprüfung. Die Struktur dieses Grundsatzes ist in beiden Rechtskreisen gleich und besteht aus den drei Punkten der Geeignetheit, Erforderlichkeit und Angemessenheit. Der EuGH legt allerdings den Schwerpunkt erkennbar auf die Erforderlichkeit. Das Bundesverfassungsgericht hat versucht, die Verhältnismäßigkeitsprüfung durch die Drei-Stufen-Theorie stärker zu konturieren. Der EuGH berücksichtigt die jeweiligen Aspekte der Drei-Stufen-Theorie auf anderen Prüfungsebenen.

SECHSTER TEIL: ZUSAMMENFASSUNG IN THESEN

Die Ergebnisse der Untersuchung lassen sich im wesentlichen wie folgt zusammenfassen:

1. Berechtigte

Grundfreiheiten und Berufsfreiheit schützen sowohl Arbeitnehmer als auch Selbständige.

Der Schutz der Grundfreiheiten kommt unmittelbar auch den Vertragspartnern der von den Grundfreiheiten primär anvisierten Personengruppen zugute, also insbesondere den Käufern, den Arbeitgebern, den Vertragspartnern der Niedergelassenen und den Dienstleistungsempfängern. Die Vertragspartner der Berufsfreiheitsträger kommen mittelbar in den Schutz der Berufsfreiheit über Art. 2 I GG i.V.m. der Elfes-Konstruktion.

Die Berufsfreiheit ist im Grundgesetz als Deutschenrecht ausgestaltet; über die Elfes-Konstruktion i.V.m. Art. 2 I GG genießen jedoch auch Gemeinschaftsbürger verfassungsrechtlich gleichwertige Rechte, soweit eventuellen Diskriminierungen nicht schon auf einfach-rechtlicher Ebene abgeholfen werden kann. Die Arbeitnehmerfreizügigkeit, Niederlassungsfreiheit und Dienstleistungsfreiheit sind Gemeinschaftsbürgerrechte. Die Warenverkehrsfreiheit ist hingegen ein Menschenrecht.

Auch die juristischen Personen des Privatrechts zählen zu den Berechtigten von Grundfreiheiten und Berufsfreiheit. Der Vorrang des Gemeinschaftsrechts setzt sich dabei gegen Art. 19 III GG durch, soweit dieser juristischen Personen aus anderen Mitgliedstaaten die Berufsfreiheitsberechtigung verweigert.

Die Grundfreiheiten sind auch auf juristische Personen des öffentlichen Rechts anwendbar, wobei allerdings die Organisationsgewalt des Staates als zwingendes Erfordernis weitgehende Eingriffe rechtfertigt. Träger der Berufsfreiheit sind juristische Personen des öffentlichen Rechts hingegen grundsätzlich nicht.

2. Verpflichtete

Grundfreiheiten und Berufsfreiheit verpflichten primär den Staat und seine Untergliederungen. Alle drei Staatsgewalten sind umfassend an sie gebunden. Auch das Verwaltungsprivatrecht, die Hilfsgeschäfte der Verwaltung und die wirtschaftliche Betätigung des Staates werden von der Bindung erfaßt.

Die Europäische Gemeinschaft ist nicht an die deutsche Berufsfreiheit gebunden. Die Grundfreiheiten verpflichten die Gemeinschaft nur in ihrer Qualität als Gemeinschaftsziele.

Eine unmittelbare Drittwirkung entfalten weder Berufsfreiheit noch Grundfreiheiten. Die Drittwirkungsproblematik ist jeweils über die Bindung der drei Staatsgewalten und die Schutzpflichten des Staates zu lösen.

3. Rechtscharakter

Die Grundfreiheiten schützen vor offenen und versteckten Diskriminierungen sowie vor spezifischen Beschränkungen. Offene Diskriminierungen liegen dann vor, wenn der Anknüpfungspunkt für die Anwendbarkeit des Gemeinschaftsrechts gleichzeitig der Anknüpfungspunkt für eine Benachteiligung der gemeinschaftsrechtlichen Sachverhalte ist. Eine versteckte Diskriminierung wird dadurch gekennzeichnet, daß gemeinschaftsrechtliche Sachverhalte aufgrund des Anknüpfungspunktes für eine rechtliche Unterscheidung eher zur benachteiligten Gruppe gehören als inländische Sachverhalte. Eine spezifische Beschränkung ist schließlich anzunehmen, wenn eine rechtlich unterschiedslose Beschränkung sich faktisch nachteiliger auf gemeinschaftsrechtliche Sachverhalte auswirkt als auf inländische Sachverhalte. Beschränkungen ohne rechtlich oder faktisch nachteiligen Effekt für gemeinschaftsrechtliche Sachverhalt werden von den Grundfreiheiten nicht erfaßt.

Die Berufsfreiheit ist hingegen primär ein Freiheitsrecht. Jedoch schützt sie in Verbindung mit Art. 3 I GG auch vor Gleichheitsverstößen, die mit Freiheitseingriffen einhergehen. Der Gleichheitssatz kann dabei als eine Schranken-Schranke der Berufsfreiheit aufgefaßt werden. Zudem können Gleichheitsverstöße insbesondere in Konkurrenzsituationen Freiheitsbeschränkungen verschlimmern. Sie sind insoweit bei der Prüfung der Verhältnismäßigkeit des Freiheitseingriffs zu berücksichtigen.

Verkürzt lassen sich damit die Grundfreiheiten als freiheitsschützende Gleichheitsrechte und die Berufsfreiheit als gleichheitsschützendes Freiheitsrecht charakterisieren.

4. Eingriff

Eingriff ist jedes dem Staat zurechenbare aktive Tun mit grundfreiheits- bzw. berufsfreiheitsverkürzender Wirkung. Die Kriterien Rechtsförmigkeit, Imperativität, Unmittelbarkeit und Finalität sind nicht geeignet, diese Definition einzuschränken.

Auch die vom Bundesverfassungsgericht für die Berufsfreiheit entwickelten Kriterien der „berufsregelnden Tendenz“ und des „engen Zusammenhangs mit der

Berufsausübung“ sind als Korrektive des weiten Eingriffsbegriffs abzulehnen. Ein Berufsfreiheitseingriff liegt jedoch dann nicht vor, wenn weder Imperativität noch Finalität noch Intensität gegeben sind.

Ein Eingriff in die Grundfreiheiten ist dann zu verneinen, wenn seine Auswirkungen zu mittelbar und zu ungewiß sind.

5. Rechtfertigung

Offene Diskriminierungen im Bereich der Grundfreiheiten können nur über die geschriebenen Rechtfertigungsgründe und Bereichsausnahmen gerechtfertigt werden, wobei letztere, streng genommen, zur Tatbestandsebene gehören. Versteckte Diskriminierungen und spezifische Beschränkungen verlieren ihre Eingriffsqualität, wenn sie aus zwingenden Erfordernissen des Allgemeinwohls sachlich geboten sind. Eingriffe in die Grundfreiheiten unterliegen dabei einem Rechtsnormvorbehalt und dem Verhältnismäßigkeitsprinzip.

Die Berufsfreiheit unterliegt einem einheitlichen Regelungsvorbehalt in Art. 12 I S. 2 GG. Entscheidende Schranken-Schranke ist auch hier das Verhältnismäßigkeitsprinzip bzw. Übermaßverbot, welches seine Ausprägung in der Dreistufentheorie findet. Danach sind die Rechtfertigungsanforderungen bei Berufsausübungsregelungen niedriger als bei Berufswahlregelungen, und bei subjektiven Berufswahlregelungen niedriger als bei objektiven Berufszulassungsregelungen. Die Dreistufentheorie ist jedoch nur eine Faustregel; entscheidend bleibt die umfassende Abwägung zwischen Eingriffsschwere und Schutzzweck.

Bei den Grundfreiheiten gilt letztlich das Gleiche, soweit hier über die Keck-Rechtsprechung ebenfalls eine Unterscheidung zwischen Ausübungs- und Zugangsregelungen eingeführt wurde. Diese Unterscheidung wird bei den Grundfreiheiten zwar schon auf der Eingriffsebene relevant, weil nichtdiskriminierende Ausübungsregelungen (regelmäßig) schon keinen Eingriff darstellen; jedoch muß auch hier die konkrete Wirkung der Maßnahme geprüft werden.

Der öffentliche Dienst ist gemäß Art. 39 IV EG von der Arbeitnehmerfreizügigkeit ausgenommen. Die Berufsfreiheit gilt hingegen im Grundsatz auch für den öffentlichen Dienst. Allerdings kommen die in Art. 33 GG aufgeführten Gemeinwohlbelange als Rechtfertigungsgründe für Berufsfreiheitseingriffe in Betracht. Gleiches gilt für staatlich gebundene Berufe. An Verwaltungsmonopole ist ein strenger Prüfungsmaßstab anzulegen.

LITERATURVERZEICHNIS

Achterberg, Norbert: Allgemeines Verwaltungsrecht, 2. Aufl. 1986.

Adrian, Axel: Juristische Methodenlehre und die „Keck-Entscheidung" des EuGH, EWS 1998, S. 288 – 294.

Ahlt, Michael: Europarecht, 2. Aufl. 1996.

Alber, Siegbert/Widmaier, Ulrich: Die EU-Charta der Grundrechte und ihre Auswirkungen auf die Rechtsprechung / Zu den Beziehungen zwischen EuGH und EGMR, EuGRZ 2000, S. 497 – 510.

Alexy, Robert: Theorie der Grundrechte, 1985.

Azzola, Axel u.a. (Mitverf.): Kommentar zum Grundgesetz für die Bundesrepublik Deutschland (Reihe Alternativkommentare), Band 1: Art. 1 – 37, 2. Aufl. 1989.

Barents, René: New Developments in Measures having Equivalent Effect, CMLR 1981, S. 271 – 303.

Bauer, Hartmut/ Kahl, Wolfgang: Europäische Unionsbürger als Träger von Deutschen-Grundrechten?, JZ 1995, S. 1077 – 1085.

Becker, Ulrich: Von „Dassonville" über „Cassis" zu „Keck" – Der Begriff der Maßnahmen gleicher Wirkung in Art. 30 EGV, EuR 1994, S. 162 – 174.

Ders.: Voraussetzungen und Grenzen der Dienstleistungsfreiheit, NJW 1996, S. 179 – 181.

Behrens, Peter: Das Wirtschaftsrecht des Europäischen Binnenmarktes – Ein Überblick, Jura 1989, S. 561 – 576.

Ders.: Die Konvergenz der wirtschaftlichen Freiheiten im europäischen Gemeinschaftsrecht, EuR 1992, S. 145 – 162.

Benda, Ernst/Maihofer, Werner/Vogel, Hans-Jochen (Hrsg.): Handbuch des Verfassungsrechts, 2. Aufl. 1995.

Bethge, Herbert: Der verfassungsrechtliche Standort der „staatlich gebundenen" Berufe – Berufliche Teilhabe an Staatsfunktionen oder Verstaatlichung berufsgrundrechtsgeschützter Tätigkeiten?, 1968.

Ders.: Probleme des Zitiergebots des Art. 19 Abs. 1 Satz 2 GG, DVBl. 1972, S. 365 – 371

Ders.: Zur Problematik von Grundrechtskollisionen, 1977.

Ders.: Grundrechtsträgerschaft juristischer Personen – Zur Rechtsprechung des Bundesverfassungsgerichts, AöR 104, 1979, S. 45 – 111, 265 – 298.

Ders.: Die Grundrechtsberechtigung juristischer Personen nach Art. 19 Abs. 3 Grundgesetz, 1985.

Ders.: Der Grundrechtseingriff, VVDStRL 57 (1998), S. 7 – 56.

Bettermann, Karl August: Juristische Personen des öffentlichen Rechts als Grundrechtsträger, NJW 1969, S. 1321 – 1328.

Bettermann, Karl August/Nipperdey, Hans Carl/Scheuner, Ulrich (Hrsg.): Die Grundrechte, Handbuch der Theorie und Praxis der Grundrechte, Band III, 1. Halbband, 1. Aufl. 1958, 2. unveränderte Aufl. 1972.

Bleckmann, Albert: Die Freiheiten des Gemeinsamen Marktes als Grundrechte, in: Bieber, Roland/Bleckmann, Albert/Capotorti, Francesco u.a. (Hrsg.), Das Europa der zweiten Generation, Gedächtnisschrift für Christoph Sasse, 1981, Band II, S. 665 – 684.

Ders.: Europarecht, 6. Aufl. 1997.

Ders.: Staatsrecht II – Die Grundrechte, 4. Aufl. 1997.

Blumenwitz, Dieter: Rechtsprobleme im Zusammenhang mit der Angleichung von Rechtsvorschriften auf dem Gebiet des Niederlassungsrechts der freien Berufe, NJW 1989, S. 621 – 627.

Britz, Gabriele: Örtliche Energieversorgung nach nationalem und europäischem Recht – Unter besonderer Berücksichtigung kommunaler Gestaltungsmöglichkeiten, 1994.

Burgi, Martin: Die öffentlichen Unternehmen im Gefüge des primären Gemeinschaftsrechts, EuR 1997, S. 261 – 290.

Ders.: Mitgliedstaatliche Garantenpflicht statt unmittelbare Drittwirkung der Grundfreiheiten, EWS 1999, S. 327 – 332.

Calliess, Christian/Ruffert, Matthias (Hrsg.): Kommentar zu EU-Vertrag und EG-Vertrag, 1999.

Chwolik-Lanfermann, Ellen: Braucht die Europäische Union einen Grundrechtskatalog?, ZRP 1995, S. 126 – 130.

Classen, Claus Dieter: Auf dem Weg zu einer einheitlichen Dogmatik der Grundfreiheiten?, EWS 1995, S. 97 – 106.

Clérico, Laura: Die Struktur der Verhältnismäßigkeit, 2001.

Constantinesco, Léontin-Jean: Die unmittelbare Anwendbarkeit von Gemeinschaftsnormen und der Rechtsschutz von Einzelpersonen im Recht der EWG, 1969.

Czub, Hans-Joachim: Verfassungsrechtliche Gewährleistungen bei der Auferlegung steuerlicher Lasten – Die zweckmäßige Gestaltung der Sozialhilfe, der steuerlichen Grundfreibeträge und des Kinderlastenausgleichs, 1982.

von Danwitz, Thomas: Zur Grundlegung einer Theorie der subjektiv-öffentlichen Gemeinschaftsrechte, DÖV 1996, S. 481 – 490.

Degenhart, Christoph: Die allgemeine Handlungsfreiheit des Art. 2 I GG, JuS 1990, S. 161 – 169.

Di Fabio, Udo: Information als hoheitliches Gestaltungsmittel, JuS 1997, S. 1 – 7.

Dolzer, Rudolf/Vogel, Klaus (Hrsg.): Bonner Kommentar zum Grundgesetz, Loseblattsammlung (Stand: 98. Lieferung, Dezember 2001).

Drathen, Klaus: Deutschengrundrechte im Lichte des Gemeinschaftsrechts, 1994.

Dreier, Horst (Hrsg.): Grundgesetz, Kommentar, Band I: Art. 1 – 19, 1996.

Dütz, Wilhelm: Arbeitsrecht, 6. Aufl. 2001.

Eberhartinger, Michael: Konvergenz und Neustrukturierung der Grundfreiheiten, EWS 1997, S. 43 – 52.

Eckhoff, Rolf: Der Grundrechtseingriff, 1992.

Ehlers, Dirk: Rechtsstaatliche und prozessuale Probleme des Verwaltungsprivatrechts, DVBl. 1983, S. 422 – 430.

Ders.: Die Weiterentwicklung des Staatshaftungsrechts durch das europäische Gemeinschaftsrecht, JZ 1996, S. 776 – 783.

Emmerich, Volker: Die Fiskalgeltung der Grundrechte, namentlich bei erwerbswirtschaftlicher Betätigung der öffentlichen Hand – BGHZ 42, 352 und BGH, Betr. 1969, 1791 –, JuS 1970, S. 333 – 338.

Emmert, Frank: Europarecht, 1996.

Enders, Christoph: Neubegründung des öffentlich-rechtlichen Nachbarschutzes aus der grundrechtlichen Schutzpflicht?, AöR 115 (1990), S. 610 – 636.

Enneccerus, Ludwig/Nipperdey, Hans Carl: Allgemeiner Teil des Bürgerlichen Rechts, 1. Band, 1. Halbband, 15. Aufl. 1959.

Epiney, Astrid: Umgekehrte Diskriminierungen, 1995.

Erichsen, Hans-Uwe: Das Grundrecht der Berufsfreiheit, Jura 1980, S. 551 – 560.

Eschmann, Harald: Die Freizügigkeit der EG-Bürger und der Zugang zur öffentlichen Verwaltung, 1992.

Everling, Ulrich: Zur Begründung der Urteile des Gerichtshofs der Europäischen Gemeinschaften, EuR 1994, S. 127 – 143.

Ders.: Richterliche Unbefangenheit? Gastkommentar in EuZW 8/1999.

Faber, Angela: Drittschutz bei der Vergabe öffentlicher Aufträge, DÖV 1995, S. 403 – 413.

Feige, Konrad: Der Gleichheitssatz im Recht der EWG, 1973.

Fezer, Karl-Heinz: Anmerkung zu EuGH „CMC Motorradcenter“, JZ 1994, S. 623 – 625.

Fleiner, Fritz: Institutionen des deutschen Verwaltungsrechts, 8. Aufl. 1928, Neudruck 1960.

Forsthoff, Ernst: Der Staat als Auftraggeber, 1963.

Friauf, Karl Heinrich/Scholz, Rupert: Europarecht und Grundgesetz, 1990.

von Friesen, Alexander: Umgestaltung des öffentlichrechtlichen Bankensektors angesichts des Europäischen Beihilferechts, EuZW 1999, S. 581 – 587.

Frotscher, Werner: Wirtschaftsverfassungs- und Wirtschaftsverwaltungsrecht, 3. Aufl. 1999.

Füller, Jens Thomas: Grundlagen und inhaltliche Reichweite der Warenverkehrsfreiheit nach dem EG-Vertrag, 2000.

Gallwas, Hans-Ullrich: Faktische Beeinträchtigungen im Bereich der Grundrechte – Ein Beitrag zum Begriff der Nebenwirkungen, 1970.

Ganten, Ted Oliver: Die Drittwirkung der Grundfreiheiten, 2000.

Geiger, Rudolf: EUV/EGV: Vertrag über die Europäische Union und Vertrag zur Gründung der Europäischen Gemeinschaft, Kommentar, 3. Aufl. 2000.

Gesser, Ulrich: Die Nichtigkeitsklage nach Art. 173 EGV, 1994.

Giegerich, Thomas: Luxemburg, Karlsruhe, Straßburg – Dreistufiger Grundrechtsschutz in Europa?, ZaÖRV 50 (1990), S. 836 – 868.

Ders.: Europarecht und deutsches Recht – Wechselwirkungen in der Fallbearbeitung, JuS 1997, S. 522 – 528.

Grabitz, Eberhard: Der Grundsatz der Verhältnismäßigkeit in der Rechtsprechung des Bundesverfassungsgerichts, AöR 98 (1973), S. 568 – 616.

Ders.: Das Recht auf Zugang zum Markt nach dem EWG-Vertrag, in: Stödter, Rolf/Thieme, Werner: Hamburg, Deutschland, Europa; Festschrift für Hans Peter Ipsen zum siebzigsten Geburtstag, 1977, S. 645 – 667.

Ders./Hilf, Meinhard (Hrsg.): Das Recht der Europäischen Union, Kommentar, Loseblattsammlung
Altband I: EUV, Art. 1 – 136a EGV (Maastrichter Fassung), Stand: 14. Ergänzungslieferung, Oktober 1999
Altband II: Art. 137 – 248 EGV (Maastrichter Fassung), EWGV (Römische Fassung), Stand: 14. Ergänzungslieferung, Oktober 1999
Band I: EUV/EGV, Stand: 17. Ergänzungslieferung, Januar 2001.

Gramlich, Ludwig: Grundfreiheiten contra Grundrechte im Gemeinschaftsrecht? – Überlegungen aus Anlaß der EuGH-Entscheidung „Bosman“, DÖV 1996, S. 801 – 811.

Grete, Dirk: Die Verfassungsmäßigkeit berufsrechtlicher Residenzpflichten der deutschen Rechtsordnung: Zum Verhältnis der Grundrechte der Berufsfreiheit und der Freizügigkeit, 1999.

von der Groeben, Hans/Thiesing, Jochen/Ehlermann, Claus-Dieter (Hrsg.): Kommentar zum EWG-Vertrag, 4. Aufl. 1991.

Dies.: Kommentar zum EU-/EG-Vertrag, 5. Aufl. 1997.

Groepper, Michael: Berufsfreiheit und freie Berufe, GewA 2000, S. 366 – 372.

Gröschner, Rolf: Öffentlichkeitsaufklärung als Behördenaufgabe, DVBl. 1990, S. 619 – 629.

Gundel, Jörg: Die Rechtfertigung von faktisch diskriminierenden Eingriffen in die Grundfreiheiten des EGV, Jura 2001, S. 79 – 85.

Hammerl, Christoph: Inländerdiskriminierung, 1996

Heintzen, Markus: Die „Herrschaft" über die Europäischen Gemeinschaftsverträge – Bundesverfassungsgericht und Europäischer Gerichtshof auf Konfliktkurs?, AöR 119 (1994), S. 564 – 589.

Ders.: Gemeineuropäisches Verfassungsrecht in der Europäischen Union, EuR 1997, S. 1 – 16.

Henke, Wilhelm: Das Recht der Wirtschaftssubventionen als öffentliches Vertragsrecht, 1979.

Herdegen, Matthias: Europarecht, 3. Aufl. 2001.

Hesse, Konrad: Grundzüge des Verfassungsrecht der Bundesrepublik Deutschland, 20. Aufl. 1995.

Hintersteininger, Margit: Binnenmarkt und Diskriminierungsverbot – Unter besonderer Berücksichtigung der Situation nicht-staatlicher Handlungseinheiten, 1999.

Hödl, Sascha Oliver: Die Beurteilung von verkaufsbehindernden Maßnahmen im Europäischen Binnenmarkt – Neue Interpretationsansätze zu Art. 30 EGV auf der Grundlage der Keck-Entscheidung, 1997.

Hoffmann, Michael: Die Grundfreiheiten des EG-Vertrags als koordinationsrechtliche und gleichheitsrechtliche Abwehrrechte, 2000.

Hofmann, Herwig: Normenhierarchien im europäischen Gemeinschaftsrecht, 2000.

Hohmann, Harald: Berufsfreiheit (Art. 12 GG) und Besteuerung – Eine Würdigung der Rechtsprechung des Bundesverfassungsgerichts, DÖV 2000, S. 406 – 416.

Horn, Hans-Detlef: Die grundrechtsunmittelbare Verwaltung – Zur Dogmatik des Verhältnisses zwischen Gesetz, Verwaltung und Individuum unter dem Grundgesetz, 1999.

Hösch, Ulrich: Öffentlicher Zweck und wirtschaftliche Betätigung von Kommunen, DÖV 2000, S. 393 – 406.

Huber, Peter-Michael: Konkurrenzschutz im Verwaltungsrecht, 1991.

Ders.: Recht der Europäischen Integration, 1996.

Ders.: Zur verfassungsgerichtlichen Kontrolle von Berufsausübungsregelungen – Am Beispiel des notariellen Gebührenrechts, in: Ziemske, Burkhardt/Langheid, Theo/Wilms, Heinrich/Haverkate, Görg (Hrsg.), Staatsphilosophie und Rechtspolitik, Festschrift für Martin Kriele zum 65. Geburtstag, 1997, S. 389 – 407.

Hufen, Friedhelm: Verwaltungsprozessrecht, 4. Aufl. 2000.

Huster, Stefan: Rechte und Ziele – Zur Dogmatik des allgemeinen Gleichheitssatzes, 1993.

Hutzelmann, Helmut: Die prozessuale Bedeutung des Elfes-Urteils des Bundesverfassungsgerichts, 1970.

Ipsen, Hans Peter: Verfassungsfragen zur Handwerksordnung, DVBl. 1956, S. 358 – 363.

Ders.: Europäisches Gemeinschaftsrecht, 1972.

Ipsen, Jörn: Staatsrecht II (Grundrechte), 3. Aufl. 2000.

Isensee, Josef: Die staatsrechtliche Stellung der Ausländer in der Bundesrepublik Deutschland, VVDStRL 32 (1974), S. 49 - 106.

Ders.: Bildersturm durch Grundrechtsinterpretation, ZRP 1996, S. 10 – 15.

Ders.: Vorrang des Europarechts und deutsche Verfassungsvorbehalte – offener Dissens, in: Burmeister (Hrsg.), Verfassungsstaatlichkeit, Festschrift für Klaus Stern zum 65. Geburtstag, 1997, S. 1239 – 1268.

Ders./Kirchhof, Paul (Hrsg.): Handbuch des Staatsrechts der Bundesrepublik Deutschland
Band III: Das Handeln des Staates, 2., durchgesehene Aufl. 1996
Band V: Allgemeine Grundrechtslehren, 2., durchgesehene Aufl. 2000
Band VI: Freiheitsrechte, 2., durchgesehene Aufl. 2001
Bd. VII: Normativität und Schutz der Verfassung – Internationale Beziehungen, 1992.

Jäkel, Rainer: Anmerkung zu BVerfGE 52, 42 (DVBl. 1980, S. 49), DVBl. 1980, S. 829 – 831.

Jarass, Hans D.: Richtlinienkonforme bzw. EG-rechtskonforme Auslegung nationalen Rechts, EuR 1991, S. 211 – 223.

Ders.: Die Niederlassungsfreiheit in der Europäischen Gemeinschaft, RIW 1993, S. 1 – 7.

Ders.: Konflikte zwischen EG-Recht und nationalem Recht vor den Gerichten der Mitgliedstaaten, DVBl. 1995, S. 954 - 962.

Ders.: Elemente einer Dogmatik der Grundfreiheiten, EuR 1995, S. 202 – 226.

Ders.: Elemente einer Dogmatik der Grundfreiheiten II, EuR 2000, S. 705 – 723.

Ders./Pieroth, Bodo: Grundgesetz für die Bundesrepublik Deutschland, Kommentar, 5. Aufl. 2000.

Jellinek, Georg: System der subjektiven öffentlichen Rechte, 2. Aufl. 1905.

Jestaedt, Thomas/Kästle, Florian: Kehrtwende oder Rückbesinnung in der Anwendung von Art. 30 EGV: Das Keck-Urteil, EWS 1994, S. 26 – 29.

Jürgensen, Thomas/Schlünder, Irene: EG-Grundrechtsschutz gegenüber den Mitgliedstaaten, AöR 121 (1996), S. 200 – 228.

Keßler, Jutta: Das System der Warenverkehrsfreiheit im Gemeinschaftsrecht, 1997.

Kingreen, Thorsten: Die Struktur der Grundfreiheiten des Europäischen Gemeinschaftsrechts, 1999.

Kischel, Uwe: Zur Dogmatik des Gleichheitssatzes in der Europäischen Union, EuGRZ 1997, S. 1 – 11.

Klein, Eckart: Grundrechtsdogmatische und verfassungsprozessuale Überlegungen zur Maastricht-Entscheidung des Bundesverfassungsgerichts, in: Gedächtnisschrift für Eberhard Grabitz, 1995, S. 271 – 286.

Ders.: Gedanken zur Europäisierung des deutschen Verfassungsrechts, in: Burmeister (Hrsg.), Verfassungsstaatlichkeit, Festschrift für Klaus Stern zum 65. Geburtstag, 1997, S. 1301 – 1315.

Klein, Friedrich: Rechtsgutachten für die Niedersächsische Landesregierung (31. Oktober 1952), in: Der Kampf um den Wehrbeitrag, 2. Halbband, 1952.

Kloepfer, Michael: Gleichheit als Verfassungsfrage, 1980.

Kluth, Winfried: Die Bindung privater Wirtschaftsteilnehmer an die Grundfreiheiten des EG-Vertrages, AöR 122 (1997), S. 556 – 582.

Ders.: Eingriff durch Konkurrenz – Zur grundrechtsdogmatischen Verortung kommunaler Teilnahme am wirtschaftlichen Wettbewerb, in: WiVerw 2000, S. 184 – 207.

Koenig, Christian: Öffentlich-rechtliche Anstaltslast und Gewährträgerhaftung als staatliche Beihilfen gem. Art. 92 EGV?, in: EuZW 1995, S. 595 – 602.

Ders./Haratsch, Andreas: Europarecht, 3. Aufl. 2000.

Ders./Sander, Claude: Einführung in das EG-Prozeßrecht, 1997.

Körber, Torsten: Innerstaatliche Anwendung und Drittwirkung der Grundfreiheiten, EuR 2000, S. 932 – 952.

Kort, Michael: Schranken der Dienstleistungsfreiheit im europäischen Recht, JZ 1996, S. 132 – 140.

Kreuzer, Karl F./Scheuing, Dieter H./Sieber, Ulrich (Hrsg.): Europäischer Grundrechtsschutz, 1998.

Krüger, Herbert: Die Einschränkung von Grundrechten nach dem Grundgesetz, DVBl. 1950, S. 625 – 629.

Küchenhoff, Dietrich: Grundrechte und europäisches Staatengemeinschaftsrecht, DÖV 1963, S. 161 – 168.

Kühling, Jürgen: Grundrechtskontrolle durch den EuGH: Kommunikationsfreiheit und Pluralismussicherung im Gemeinschaftsrecht, EuGRZ 1997, S. 296 – 303.

Ders.: Staatliche Handlungspflichten zur Sicherung der Grundfreiheiten, NJW 1999, S. 403 f.

Lecheler, Helmut: Freiheit des Berufs – Grundrecht der Arbeit, VVDStRL 43 (1995), S. 48 – 75.

Leisner, Walter: Öffentliches Amt und Berufsfreiheit, AöR 93 (1968), S. 161 – 199.

Lenz, Carl Otto (Hrsg.): Entwicklung und unmittelbare Geltung des Gemeinschaftsrechts, DVBl. 1990, S. 903 – 910.

Ders.: EG-Vertrag, Kommentar, 2. Aufl. 1999.

Lerche, Peter: Übermaß und Verfassungsrecht, 1961.

Listl, Joseph/Pirson/Dietrich (Hrsg.): Handbuch des Staatskirchenrechts, 2. Aufl. 1994.

Löwer, Wolfgang: Der Staat als Wirtschaftssubjekt und Auftraggeber, VVDStRL 60 (2001), S. 416 – 455.

Löwisch, Manfred/Schwerdle, Jutta: Anmerkung zu BVerfG JZ 1992, 913 ff., JZ 1992, S. 916 – 918.

Lücke, Jörg: Die Berufsfreiheit – Eine Rückbesinnung auf den Text des Art. 12 Abs. 1 GG, 1994.

von Mangoldt, Herrmann/Klein, Friedrich: Das Bonner Grundgesetz, Band I, 2. Aufl. 1957, unveränderter Nachdruck 1966.

Dies./Starck, Christian (Hrsg.): Das Bonner Grundgesetz, Kommentar
Band 1: Präambel, Art. 1 bis 19, 4. Aufl. 1999
Band 2: Art. 20 bis 78, 4. Aufl. 2000.

Manssen, Gerrit: Staatsrecht I – Grundrechtsdogmatik,1995.

Ders.: Grundrechte, 2000.

Matthies, Heinrich: Die Verantwortung der Mitgliedstaaten für den freien Warenverkehr im Gemeinsamen Markt, in: Stödter, Rolf/Thieme, Werner: Hamburg, Deutschland, Europa; Festschrift für Hans Peter Ipsen zum siebzigsten Geburtstag, 1977, S. 669 – 684.

Maunz, Theodor/Dürig, Günter u.a. (Hrsg.): Grundgesetz, Kommentar, Loseblattsammlung (Stand: 39. Lieferung Juli 2001).

Maurer, Hartmut: Allgemeines Verwaltungsrecht, 13. Aufl. 2001.

Mayer, Franz/Kopp, Ferdinand: Allgemeines Verwaltungsrecht, 5. Aufl. 1985.

Meier, Gert: Anmerkung zu EuGH, EuZW 1998, S. 84 ff., EuZW 1998, S. 87 f.

Menger, Christian-Friedrich: Die Problematik des sogenannten kommunalen Vertretungsverbotes, NJW 1980, S. 1827 – 1830.

Meurer, Thomas: Verpflichtung der Mitgliedstaaten zum Schutz des freien Warenverkehrs, EWS 1998, S. 196 – 202.

Molinier, Joël: Droit du marché intérieur européen, 1995.

Müller-Graff, Peter-Christian: Die Rechtsangleichung zur Verwirklichung des Binnenmarktes, EuR 1989, S. 107 – 151.

Müller-Michaels, Olaf: Grundrechtlicher Eigentumsschutz in der Europäischen Union, 1997.

von Münch, Ingo/Kunig, Philip (Hrsg.): Grundgesetz-Kommentar
Band 1 (Präambel bis Art. 19), 5. Aufl. 2000
Band 2 (Art. 20 – 69); 5. Aufl. 2001
Band 3 (Art. 70 – 146); 3. Aufl. 1996.

Murswiek, Dietrich: Die staatliche Verantwortung für die Risiken der Technik, 1985.

Ders.: Staatliche Warnungen, Wertungen, Kritik als Grundrechtseingriffe – Zur Wirtschafts- und Meinungslenkung durch staatliches Informationshandeln, DVBl. 1997, S. 1021 – 1030.

Neßler, Volker: Das neue Auftragsvergaberecht – ein Beispiel für die Europäisierung des deutschen Rechts, EWS 1999, S. 89 – 94.

Nettesheim, Martin: Die europarechtlichen Grundrechte auf wirtschaftliche Mobilität (Art. 48, 52 EGV), NVwZ 1996, S. 342 – 345.

Nicolaysen, Gert: Europarecht II – Das Wirtschaftsrecht im Binnenmarkt, 1996.

Novak, Meinhard: EG-Grundfreiheiten und Europäisches Sozialrecht, EuZW 1998, S. 366 – 369.

Nowak, Carsten/Schnitzler, Jörg: Erweiterte Rechtfertigungsmöglichkeiten für mitgliedstaatliche Beschränkungen der EG-Grundfreiheiten, EuZW 2000, S. 627 – 631.

Oliver, Peter: Free movement of goods in the E.E.C., 2nd Edition 1988.

von Olshausen, Henning: Zur Anwendbarkeit von Grundrechten auf juristische Personen des öffentlichen Rechts, 1969.

Oppenheimer, Andrew (Hrsg.): The Relationship between European Community Law and National Law: The Cases, 1994.

Oppermann, Thomas: Europäisches Gemeinschaftsrecht und deutsche Bildungsordnung, 1987.

Ders.: Europarecht, 2. Aufl. 1999.

Ossenbühl, Fritz: Daseinsvorsorge und Verwaltungsprivatrecht, DÖV 1971, S. 513 – 524.

Papier, Hans-Jürgen: Beeinträchtigungen der Eigentums- und Berufsfreiheit durch Steuern, Der Staat 11 (1972), S. 483 – 514.

Ders.: Art. 12 GG – Freiheit des Berufs und Grundrecht der Arbeit, DVBl. 1984, S. 801 – 814.

Ders.: Staatliche Monopole und Berufsfreiheit – Dargestellt am Beispiel der Spielbanken, in: Burmeister (Hrsg.), Verfassungsstaatlichkeit, Festschrift für Klaus Stern zum 65. Geburtstag, 1997, S. 543 – 565.

Pernice, Ingolf: Grundrechtsgehalte im Europäischen Gemeinschaftsrecht, 1979.

Pescatore, Pierre: Bestand und Bedeutung der Grundrechte im in den Europäischen Gemeinschaften, EuGRZ 1978, S. 441 – 445.

Pieroth, Bodo/Schlink, Bernhard: Grundrechte,Staatsrecht II, 17. Aufl. 2001.

Pietzcker, Jost: Rechtsschutz bei der Vergabe öffentlicher Aufträge, NVwZ 1983, S. 121 – 125.

Puhl, Thomas: Der Staat als Wirtschaftssubjekt und Auftraggeber, VVDStRL 60 (2001), S. 456 – 512.

Püttner, Günter: Die öffentlichen Unternehmen, 2. Aufl. 1985.

Rausch, Jan-Dirk: Die verfassungsrechtliche Unzulässigkeit staatlicher Monopole bei Sportwetten, GewA 2001, S. 102 – 111.

Rengeling, Hans-Werner: Europäisches Gemeinschaftsrecht und nationaler Rechtsschutz – unter besonderer Berücksichtigung der Rechtsprechung des Europäischen Gerichtshofs und deutscher Gerichte, in: Bieber, Roland/Bleckmann, Albert/Capotorti, Francesco u.a. (Hrsg.), Das Europa der zweiten Generation, Gedächtnisschrift für Christoph Sasse, 1981, Band I, S. 197 - 214.

Ders.: Grundrechtsschutz in der Europäischen Gemeinschaft, 1993.

Ress, Georg: Staatszwecke im Verfassungsstaat – nach 40 Jahren Grundgesetz, VVDStRL 48 (1989), S. 110.

Röhl, Hans Christian: Verwaltung und Privatrecht – Verwaltungsprivatrecht? In: VerwArch 86 (1995), S. 531 – 578.

Roth, Wulf-Henning: Drittwirkung der Grundfreiheiten?, in: Due, Ole/Lutter, Marcus/Schwarze, Jürgen (Hrsg.), Festschrift für Ulrich Everling, 1995, Bd. II, S. 1231 – 1247.

Röthel, Anne: Anmerkung zu EuGH, EuZW 2000, S. 371 ff. und 375 ff., EuZW 2000, S. 379 f.

Ruffert, Matthias: Die Mitgliedstaaten der Europäischen Gemeinschaft als Verpflichtete der Gemeinschaftsgrundrechte, EuGRZ 1995, S. 518 – 530.

Rupp, Hans Heinrich: Demokratie und Wissenschaftsverwaltung, in: Demokratie und Verwaltung, Festschrift zu 25 Jahren Hochschule für Verwaltungswissenschaften Speyer (1972), S. 611 – 628.

Ders.: Das Grundrecht der Berufsfreiheit in der Rechtsprechung des Bundesverfassungsgerichts, AöR 92 (1976), S. 212 – 242.

Ders.: Europäische „Verfassung" und demokratische Legitimation, AöR 120 (1995), S. 269 – 275.

Sachs, Michael: Ausländergrundrechte im Schutzbereich von Deutschengrundrechten, BayVBl. 1990, S. 385 – 389.

Ders.: Die relevanten Grundrechtsbeeinträchtigungen, JuS 1995, S. 303 – 307.

Ders. (Hrsg.): Grundgesetz, Kommentar, 2. Aufl. 1999.

Ders.: Verfassungsrecht II – Grundrechte, 2000.

Sack, Rolf: Staatliche Regelungen sogenannter „Verkaufsmodalitäten" und Art. 30 EG-Vertrag, EWS 1994, S. 37 ff.

Sangmeister, Bernd: „Der Krieg der Richter" – BVerfG NJW 1998, 519, JuS 1999, S. 21 – 28.

Schärf, Wolf-Georg: Vertragsverletzung wegen Nichteinschreitens von Behörden, EuZW 1998, S. 617 f.

Schilling, Theodor: Gleichheitssatz und Inländerdiskriminierung. JZ 1994, S. 8 – 17.

Ders.: Zu den Grenzen des Vorrangs des Gemeinschaftsrechts, Der Staat 1994, S. 555 – 580.

Schlaich, Klaus/Korioth, Stefan: Das Bundesverfassungsgericht, 5. Aufl. 2001.

Schmidt-Aßmann, Eberhard: Deutsches und Europäisches Verwaltungsrecht – Wechselseitige Einwirkungen, DVBl. 1993, S. 924 – 936.

Schmitt, Carl: Verfassungslehre, 3. unveränderte Auflage 1928, unveränderter Neudruck 1957.

Schmitt Glaeser, Alexander: Grundgesetz und Europarecht als Elemente Europäischen Verfassungsrechts, 1996.

Schnapp, Friedrich E.: Die Grundrechtsbindung der Staatsgewalt, JuS 1989, S. 1 – 8.

Schneider, Hartmut: Die öffentliche Ordnung als Schranke der Grundfreiheiten im EG-Vertrag, 1998.

Schneider, Hannes/Busch, Torsten: Anstaltslast und Gewährträgerhaftung als Beihilfen im Sinne von Art. 92 EGV?, EuZW 1995, S. 602 – 608.

Scholz, Rupert: Das Grundrecht der freien Entfaltung der Persönlichkeit in der Rechtsprechung des Bundesverfassungsgerichts, AöR 100 (1975), S. 80 – 130.

Ders.: Frauen an die Waffe kraft Europarechts? Zum Verhältnis von Art. 12a Abs. 4 S. 2 GG zur EU-Gleichbehandlungsrichtlinie, DÖV 2000, S. 417 – 420.

Schüle, Adolf: Grenzen der Klagebefugnis vor dem Gerichtshof der Montanunion, ZaöRV 16 (1955/56), S. 227 – 255.

Schulte, Martin: Informales Verwaltungshandeln als Mittel staatlicher Umwelt- und Gesundheitspflege, DVBl. 1988, S. 512 – 520.

Schunder, Achim: Das Ladenschlußgesetz – eine verfassungswidrige Beschränkung der Berufsfreiheit?, in: Anzinger, Rudolf/Wank, Rolf (Hrsg.), Entwicklungen im Arbeitsrecht und Arbeitsschutzrecht, Festschrift für Otfried Wlotzke zum 70. Geburtstag, 1996, S. 599 – 615.

Schwabe, Jürgen: Mißdeutungen um das „Elfes-Urteil" des BVerfG und ihre Folgen, DÖV 1973, S. 623 – 630.

Ders.: Anmerkung zu BVerfG NJW 1974, S. 1043 f., NJW 1974, S. 1044 f.

Ders.: Probleme der Grundrechtsdogmatik, 1977.

Ders.: Die „Stufentheorie" des Bundesverfassungsgerichts zu Art. 12 GG, JA 1981, S. 319.

Schwarze, Jürgen: Anmerkung zu EuGH, EuR 1998, S. 47 ff., EuR 1998, S. 53 – 59.

Ders. (Hrsg.): EU-Kommentar, 2000.

Schweitzer, Michael: Staatsrecht III, Staatsrecht, Völkerrecht, Europarecht, 7. Aufl. 2000.

Ders./Hummer, Waldemar: Europarecht, 5. Aufl. 1996.

Schwemer, Rolf-Oliver: Die Bindung des Gemeinschaftsgesetzgebers an die Grundfreiheiten, 1995.

Seewald, Otfried: Eingriffe in die Berufsfreiheit durch neue Qualifikationsvoraussetzungen (am Beispiel des § 35a Abs. 6 SGB IV), NZS 1997, S. 345 – 354.

Seidel, Martin: Die Auswirkungen des Europäischen Gemeinschaftsrechts auf das Wirtschaftsverfassungsrecht der Mitgliedstaaten, in: Due, Ole/Lutter, Marcus/Schwarze, Jürgen (Hrsg.), Festschrift für Ulrich Everling, 1995, Band II, S. 1393 – 1408.

Selmer, Peter: Generelle Norm und individueller Grundrechtsschutz. Gedanken zum Thema Recht und Individualität, DÖV 1972, S. 551 – 560.

Siebert, Wolfgang: Privatrecht im Bereich der öffentlichen Verwaltung, in: Festschrift für Hans Niedermeyer zum 70. Geburtstag 1953, S. 215 – 247.

Stadler, Rupert: Die Berufsfreiheit in der Europäischen Gemeinschaft, 1980.

Steindorff, Ernst: Drittwirkung der Grundfreiheiten im europäischen Gemeinschaftsrecht, in: Badura, Peter/Scholz, Rupert (Hrsg.), Wege und Verfahren des Verfassungslebens, Festschrift für Peter Lerche zum 65. Geburtstag, 1993, S. 575 – 590.

Stern, Klaus: Das Staatsrecht der Bundesrepublik Deutschland
Band I: Grundbegriffe und Grundlagen des Staatsrechts, Strukturprinzipien der Verfassung, 2. Aufl. 1984
Band III: Allgemeine Lehren der Grundrechte (unter Mitwirkung von Michael Sachs), 1. Halbband, 1988
2. Halbband, 1994.

Stober, Rolf: Allgemeines Wirtschaftsverwaltungsrecht, 12. Aufl. 2000.

Störmer, Rainer: Gemeinschaftsrechtliche Diskriminierungsverbote versus nationale Grundrechte?, AöR 123 (1998), S. 541 – 576.

Streinz, Rudolf: Anmerkung zu EuGH, Kommission/Italien, JuS 2000, S. 907 f.

Ders.: Europarecht, 5. Aufl. 2001.

Ders./Leible, Stefan: Die unmittelbare Drittwirkung der Grundfreiheiten, EuZW 2000. S. 459 – 467.

Szczekalla, Peter: Grundfreiheitliche Schutzpflichten – eine „neue“ Funktion der Grundfreiheiten des Gemeinschaftsrechts, DVBl. 1998, S. 219 – 224.

Tettinger, Peter J.: Das Grundrecht der Berufsfreiheit in der Rechtsprechung des Bundesverfassungsgerichts, AöR 108 (1983), S. 92 – 133.

Ders.: Aktuelle Akzente der Berufsfreiheit für Freie Berufe auf europäischer und deutscher Ebene, GewA 1999, S. 265 – 270.

Thiel, Markus: Spielbankenmonopol und Berufsfreiheitsgarantie,: GewA 2001, S. 96 – 101.

Tomuschat, Christian: Die Europäische Union unter der Aufsicht des Bundesverfassungsgerichts, EuGRZ 1993, S. 489 – 496.

Triepel, Heinrich: Staatsdienst und staatlich gebundener Beruf, in: Festschrift für Karl Binding zum 4. Juni 1911, Band 2, Neudruck der Ausgabe Leipzig 1911, 1974, S. 1 – 85.

Unruh, Peter: Zur Dogmatik der grundrechtlichen Schutzpflichten, 1996.

Veltmann, Doris: Der Anwendungsbereich des Freizügigkeitsrechts der Arbeitnehmer gem. Art. 48 EGV (Art. 39 EGV n.F.), 1999.

Vogel, Klaus: Die Verfassungsentscheidung des Grundgesetzes für eine internationale Zusammenarbeit, 1964.

Vitzthum, Wolfgang Graf: Völkerrecht, 1997.

Völker, Stefan: Passive Dienstleistungsfreiheit, 1990.

Wahl, Rainer/Masing, Johannes: Schutz durch Eingriff, JZ 1990, S. 553 – 563.

Warmke, Reinhard: Die Subsidiarität der Verfassungsbeschwerde, 1993.

Weber-Dürler, Beatrice: Der Grundrechtseingriff, VVDStRL 57 (1998), S. 57 – 99.

Wetzel, Uwe: Die Dienstleistungsfreiheit nach den Art. 59 – 66 des EWG-Vertrags, 1992.

Weyer, Hartmut: Freier Warenverkehr und nationale Regelungsgewalt in der Europäischen Union, 1997.

Wichmann, Julia: Dienstleistungsfreiheit und grenzüberschreitende Entsendung von Arbeitnehmern,1998.

Wohlfahrt, Ernst/Everling, Ulrich/Glaesner, Hans Joachim/Sprung, Rudolf (Hrsg.): Die Europäische Wirtschaftsgemeinschaft, Kommentar zum Vertrag, 1960.

Wolff, Hans J.: Verwaltungsrecht I, 1. Aufl. 1956.

Ders./Bachof, Otto/Stober, Rolf: Verwaltungsrecht, Band 1, 11. Aufl. 1999.

Wunderlich, Nina: Das Grundrecht der Berufsfreiheit im Europäischen Gemeinschaftsrecht, 2000.

Zeidler, Karl: Schranken nichthoheitlicher Verwaltung, VVDStRL 19 (1961), S. 208 – 241.

Zieger, Gottfried: Das Grundrechtsproblem in den Europäischen Gemeinschaften, 1970.

Zuleeg, Manfred: Die Verfassung der Europäischen Gemeinschaft in der Rechtsprechung des Europäischen Gerichtshofs, BB 1994, S. 581 – 587.

Ders.: Zum Verhältnis nationaler und europäischer Grundrechte – Funktionen einer EU-Charta der Grundrechte, EuGRZ 2000, S. 511 – 517.

Studien und Materialien zum Öffentlichen Recht

Herausgegeben von Herbert Bethge

Band 1 Hans-Georg Kamann: Die Mitwirkung der Parlamente der Mitgliedstaaten an der europäischen Gesetzgebung. National-parlamentarische Beeinflussung und Kontrolle der Regierungsvertreter im Rat der Europäischen Union im Spannungsfeld von Demokratie und Funktionsfähigkeit des gemeinschaftlichen Entscheidungsverfahrens. 1997.

Band 2 Gerhard Spieß: Der Grundrechtsverzicht. 1997.

Band 3 Stefan Hepach: Der Grundrechtsstatus der Landesmedienanstalten. 1997.

Band 4 Michael Fraas: Sicherheitsrat der Vereinten Nationen und Internationaler Gerichtshof. Die Rechtmäßigkeitsprüfung von Beschlüssen des Sicherheitsrats der Vereinten Nationen im Rahmen des VII. Kapitels der Charta durch den Internationalen Gerichtshof. 1998.

Band 5 Friedrich Loschelder: Die Durchsetzbarkeit von Weisungen in der Bundesauftragsverwaltung. 1998.

Band 6 Gunila Dieterich: Rechtsschutz der deutschen Bundesländer vor dem Bundesverfassungsgericht in Angelegenheiten der Europäischen Union. 1998.

Band 7 Wolfgang Weiß: Die Personenverkehrsfreiheiten von Staatsangehörigen assoziierter Staaten in der EU. Eine vergleichende Analyse der Assoziationsabkommen. 1998.

Band 8 Christian Bamberger: Verfassungswerte als Schranken vorbehaltloser Freiheitsgrundrechte. Vom Verfassungs- zum Gegenseitigkeitsvorbehalt. 1999.

Band 9 Andreas Rohde: Freier Kapitalverkehr in der Europäischen Gemeinschaft. 1999.

Band 10 Herbert Bethge: Rechtsberatung im privaten Rundfunk. Rechtsgutachten, erstattet auf Ansuchen von SAT 1, unter Mitwirkung von Christian von Coelln. 2000.

Band 11 Marcel Vachek: Das Religionsrecht der Europäischen Union im Spannungsfeld zwischen mitgliedstaatlichen Kompetenzreservaten und Art. 9 EMRK. 2000.

Band 12 Kerstin Ebock: Der Schutz grundlegender Menschenrechte durch kollektive Zwangsmaßnahmen der Staatengemeinschaft. Vom Interventionsverbot zur Pflicht zur humanitären Intervention? 2000.

Band 13 Christiane Gucht: Das Zensurverbot im Gefüge der grundrechtlichen Eingriffskautelen. 2000.

Band 14 Markus Ruttig: Der Einfluß des EG-Beihilferechts auf die Gebührenfinanzierung der öffentlich-rechtlichen Rundfunkanstalten. 2001.

Band 15 Jochen Murach: Die Haftung der öffentlichen Hand im Verwaltungsschuldrecht. 2002.

Band 16 Holger Schäfer: Die ungeschriebenen Freiheitsrechte in der schweizerischen Bundesverfassung von 1874 im Vergleich mit dem Grundgesetz. 2002.

Band 17 Alexander Glos: Die deutsche Berufsfreiheit und die europäischen Grundfreiheiten. Ein Strukturvergleich. 2003.

Kolibri 360 GmbH
Ferdinand-Jühlke-Straße 7
99095 Erfurt, Deutschland
produktsicherheit@kolibri360.de

Druck:
CPI Druckdienstleistungen GmbH
im Auftrag der
Kolibri 360 GmbH
Ferdinand-Jühlke-Str. 7
99095 Erfurt